读史观天下·廿五史解读

晋书解读

華齡出版社

责任编辑　张三杰　孟淑贤

图书在版编目(CIP)数据

晋书解读/白玉林,曾志华,张新科主编。-北京:华龄出版社,2006.7

(读史观天下:廿五史解读)

ISBN 7-80178-388-3

Ⅰ.晋…　Ⅱ.①白…②曾…③张…　Ⅲ.中国-古代史-晋代-纪传体-通俗读物　Ⅳ.K237.042

中国版本图书馆 CIP 数据核字(2006)第 073415 号

书　　名:晋书解读

本册主编:张新科

撰 搞 人:卢　静　王渭清　臧传永

出版发行:华龄出版社

印　　刷:北京市兆成印刷有限责任公司

版　　次:2006 年 9 月第 1 版　　2006 年 9 月第 1 次印刷

开　　本:660×960　1/16　　印张:19

字　　数:297 千字

定　　价:28.00 元

地　　址:北京西城区鼓楼西大街 41 号　　邮编:100009

电　　话:84044445(发行部)　　传真:84039173

前　言

中国的历史记载从先秦时代萌芽、发展，此后历代不绝，犹如一条长河，奔流不息。中国是世界上最早用文字记载历史的国家，“唐虞三代，《诗》、《书》所及，世有史官，以司典籍”[①]。从殷商时期的甲骨文到周代的金文，历史记录逐渐发展。西周共和（前841）开始，我国历史有了明确的纪年。春秋以后，不仅周王朝有史官史书，各诸侯国也有自己的史官史书。《春秋》、《左传》、《国语》等历史著作相继问世。《春秋》一字褒贬，寓意深刻，对后来的史书产生了深远影响。《史记》的出现，无论从史学意识、史学目的、史学编纂，还是史学规模、史学语言等，都是对先秦史学的一次系统总结，同时又开辟了史学的新道路，是中国史学史上的一次革命。而后来的史学，基本都是沿着司马迁开创的史学道路继续前进，所谓“二十四史”、“二十五史”，就是以《史记》为代表的纪传体形式的不断发展。正如黑格尔所说：“中国历史作家的层出不穷，继续不断，实在是任何民族所比不上的。”[②]

“历史是现实的一面镜子”，阅读史书，以史为鉴，可以鉴往知来。司马迁曾指出历史的“自镜”作用：“居今之世，志古之道，所以自镜也。”[③]唐太宗李世民更是重视历史著作的认识作用，曾提出著名的“三镜”说法：“以铜为镜，可以正衣冠；以古为鉴，可以知兴替；以人为鉴，可以明得失。”[④]生活在当代的人们，不可能割断与历史的联系。在认识历史的同时，提高自己认识社会的能力。从自己民族的早期经典中寻找可依靠的东西，不断校正前进的方向，故而史籍中记载的先民的生活智慧、精神信仰、价值原则就是中华民族走向未来的宝贵的精神财富和凭借。

历史具有劝善惩恶的榜样作用，同时也是一个民族精神的集中体现。唐代史学理论家刘知几在《史通·史官建置篇》论述历史的作用时说："史官不绝，竹帛长存。则其人已亡，杳成空寂。而其事如在，皎同星汉。用使后之学者，坐披囊箧，而神交万古，不出户庭，而穷览千载，见贤而思齐，见不贤而内自省。"史书中记载了大量的历史人物，他们所体现出的人性的善恶、美丑，无疑成为后人的警示牌。"富贵不能淫，贫贱不能移，威武不能屈"是我们民族人性的精华所在。这是一种根植于现实人生社会、却又超越一般生命意义的道义精神。

历史具有重要的人生教育价值。李大钊说："吾人浏览史乘，读到英雄豪杰为国家为民族舍身效命以为牺牲的地方，亦能认识出来这一班所谓英雄所谓豪杰的人物，并非有与常人有何殊异，只是他们感觉到这社会的要求敏锐些，想要满足这社会的要求的情绪热烈些，所以挺身而起为社会献身，在历史上留下了可歌可泣的悲剧、壮剧。我们后世读史者不觉对之感奋兴起，自然而然的发生一种敬仰心，引起'有为者亦若是'的情绪，愿为社会先驱的决心亦于是乎油然而起了。"⑤历史如同一部百科全书，教人如何处世、如何做人，一个具有丰厚历史知识的人，才有可能成为一名真正的智者。

阅读史书，是传承中华民族优秀文化的重要途径。特别是我国当前正处于大变革、大转型时期，同时又受到全球化浪潮的冲击，继承优秀文化传统的意义更显深远而重大。我们要从史籍中汲取精华，建设和谐社会。"修己以敬"，实现个人身心和谐；"亲亲"，实现家庭和谐；"仁者爱人"，实现群体和谐；"天下为公"，实现社会和谐；"不违农时，……斧斤以时入山林，数罟不入洿池"，实现人与自然的和谐。

阅读史书，我们还可以清楚地看到，社会历史是不断发展变化的，尽管有时出现曲折乃至于暂时的分裂，但它的总趋势是朝着统一的方向前进；尽管有时有外敌入侵，但志士仁人不屈不挠，保家卫国。经历了许多磨难的中华民族始终屹立在世界的东方。

中国的史书浩如烟海，有正史、杂史、野史等，有编年体、国别体、纪传体、纪事本末体等。如何去读史书？我们认为首先读正史，从纪传体入手。它们是中国历史记载的主体和主流，可以从整体上认识中国历史发展的基本线索和脉络，认识古今之变的基本规律。第二，读史要善于发现问题，思考问题，并且解决问题，从而达到思想的觉醒和提高、精神的陶冶和升华。孔子曰："学而不思则罔，思而不学则殆。"第三，读史要有史学意识。我们应把它们放到中国史学发展的历史长河中去认识，以历史的眼光去挖掘历史典籍的思想意义，去认识历史典籍的作用和价值。第四，读史要有现代意识。历史已经过去，成为一种传统，但它并没有凝固，而是一个继续流淌着的跨时间的文化流程，对今天和未来发生重要作用。读史就是要立足现实，审视历史，继承优秀的传统，以史为鉴，为今天的现实服务，把握好历史传统与现实社会的关联。开卷有益，我们都能从丰富的历史典籍中得到教益，得到启迪。

本丛书首先从"二十五史"入手，因为它们是中国历史著作的代表，也是中华民族文明进程的直接记录。本书以历史事实为依据，采用答问的形式，从典籍中提炼出有代表性、有价值的问题，并用原典中所载内容进行了简明扼要的回答，以期达到"原汤化原食"的目的，赋予死的冷冰冰的资料以活的热乎乎的生命。其内容涉及政治、经济、文化、社会生活各个方面；在语言上，采用明了易读的白话文，既避免了一般史书的枯燥，又无随意发挥"戏说"之嫌。真实的故事、精彩的解读将把你带进中华历史的悠悠长河，让你感受朝代交替的残酷无情，领略帝王将相的雄才大略，惊叹古代文化的灿烂不息，使你了解中国历史的大略，深刻体会读史的乐趣。

坐观千年风云之变幻，笑谈古今世事之沉浮！

编　者

2006 年 5 月

---

①《后汉书·班彪传》

② 黑格尔：《历史哲学》中译本 161 页，三联书店 1956 年

③《李大钊史学论集》第 247 页，河北人民出版社 1984 年版

④《史记·高祖功臣侯者年表》

⑤《旧唐书·魏征传》

《晋书》简介

《晋书解读》主要参考“二十五史”中的《晋书》。《晋书》为唐代房玄龄等人所撰，共一百三十卷，包括帝纪十卷，志二十卷，列传七十卷，载记三十卷，记载了从司马懿开始到晋恭帝元熙二年为止一百五十六年的历史，包括西晋和东晋，并且用“载记”的形式兼述了十六国割据政权的兴亡。

按照“二十五史”所记载历史的先后顺序，《晋书》紧随《三国志》之后，属于第五史，但其成书年代却在南北朝各史书之后。关于两晋的历史，从晋代到南北朝时期有很多人撰写，其数量多达二十家以上，即使到了唐初，还有所谓“十八家晋书”之说。唐太宗李世民十分重视史书的撰修工作，撰写一部较为严密详细的晋史是唐太宗的一大心愿。贞观二十年（646），李世民下诏让房玄龄、褚遂良、许敬宗担任监修，组织编写《晋书》，到贞观二十二年（648）成书，历时不到三年。《晋书》之后，历代正史的编撰都是非官修不可。可以说，《晋书》的修撰是中国史学史上由私人修史到国家修史的一个转折点。

《晋书》修撰时间之所以较短，主要有两个原因：一是《晋书》作为官修史书，人力、物力、财力和图书档案资料都有足够的保障，这些条件，是私人修史无法比拟的；二是有很多以前的晋史著述可供参考，由于有蓝本作为依据，成书自然就快得多。

《晋书》所参考的资料，主要是臧荣绪的《晋书》，另外还有其他的晋史资料和文集，比如《世说新语》、《幽明录》、《搜神记》等。这就造成《晋书》在取材方面不太注意史料的甄别取舍，语涉神怪，选材芜杂，有损于它的史料价值。另外，书中记事有前后矛盾、疏漏和重复的地方。此外，《晋书》还有一些缺陷：作为官修史书，它的忌讳很多，这就不能较为真实地反映历史；晋代佛教和道教较为发达，但书中对士大夫与道教的关系以及对高僧和佛教的记载不甚全面。但是，《晋书》毕竟是参考了很多史书编撰而成的，可以说，两晋时期重要的史实，《晋书》保存得最为集中和系统。

目　　录

1. 两晋时期中国历史的总体状况如何?

两晋时期的主要特征是分裂多于统一，混乱多于安定。

魏咸熙二年（265），司马炎代魏称帝，建立西晋政权。不久，灭掉吴国，统一了全国。为了稳定政治、发展经济，司马炎采取了一些进步措施，如修订法律、鼓励农耕等，取得了较好的效果，出现了太康年间（280～289）短暂的繁荣局面。但西晋王朝代表的是士族大地主的利益，因而又导致各种现实矛盾迅速加剧。太康元年，颁布了占田制，士族凭借官位可以合法占有大量的土地。同时，九品中正制则成了士族享受政治特权的工具。这些制度加深了统治阶级与下层人民的阶级矛盾。西晋初期，又推行分封制，大封司马氏诸王，并使他们拥有武装。晋武帝死后，诸侯王争权夺利，导致了“八王之乱”，前后持续长达十六年（291～306）。中原地区战乱频繁，社会经济惨遭破坏，西晋国力大大削弱了。这时，北方的一些少数民族首领乘机入侵，西晋也就在内乱外患相继发生下灭亡了。从此，以淮河为界，进入了南北分裂时期。

西晋亡后，司马睿在南北士族的联合支持下，于建武元年（317）在建康（今江苏南京）称帝，史称东晋。东晋仍是士族特权政治，门阀制度更加严格，各种现实矛盾继续发展。统治阶级偏安江南，过着奢侈享乐的生活。虽然也有过祖逖等人的北伐行动，但统治阶级为了私利竟蓄意加以阻挠，使北伐无法成功。而内部为权力争夺不已，常常爆发混战。从王敦之乱到桓玄篡位，内战不断发生，政局动荡不安。东晋偏安的江南地区经济有进一步的发展，但因为政治腐败，赋税徭役不断加重，终于在东晋末年激起了以孙恩为首的江南诸郡人民大起义。在镇压农民起义中兴起的刘裕，于元熙二年（420）废掉恭帝，自立为帝，东晋便灭亡了。

东晋灭亡后，北方进入了五胡十六国时期。入居中原的几个少数民族统治者互相攻杀，混战了一百多年，中原经济、文化遭到严重破坏。

2. 司马氏是如何一步步夺取曹魏政权的?

在夺取曹魏政权的斗争中，关键人物是司马懿（179～251）。他出身于河内温县（今河南温县西南）望族，字仲达，少年时即得名士赞誉，颇有名气。曹操当政时，请司马懿出来做官，司马懿称病不去。后来，曹操再次召用他，并以拘捕相威胁，司马懿才被迫应召。司马懿与曹丕相交甚好，曹丕称帝后，委任司马懿以要职。黄初七年（226），曹丕死，遗诏司马懿与曹真等共同辅佐明帝曹叡（ruì）。魏明帝时宫人众多，农桑失业，国库空虚，而统治阶级竞效侈靡，政权衰落，日益腐败。景初三年（239）曹叡死，司马懿又受遗诏与曹爽共同辅佐幼主齐王曹芳。屡次率兵抵御蜀、吴和平定辽东公孙渊，威望日重的司马懿，这时又进位太傅，权势越来越大，与曹爽集团的权力之争日益尖锐。在曹爽掌握军政大权，排斥司马懿的情况下，司马懿就装病在家，表面上不参与政事。有一次，曹爽集团的一个官僚李胜去观察司马懿。司马懿让两个婢女扶着出来见他，故意错乱其辞，言语荒唐，装作衣服也拿不住；喝粥时，粥都流出来沾湿前胸，好像命在旦夕。李胜受骗回去便对曹爽说："司马公病入膏肓，形神已经离散，只是一具尚有余气的尸体，不足为虑了。"司马懿骗过曹爽，就与长子司马师在暗中加紧筹划。这时，司马师任中护军，仍然统领一部分中央军队，又暗中养敢死士卒三千人，潜伏在洛阳城内，准备随时集中使用。齐王曹芳嘉平元年（249），曹爽陪同皇帝外出谒祭魏明帝陵墓，司马懿父子突然关闭洛阳城门，控制了中央禁军，发动政变，将曹爽兄弟及其集团人物全部杀掉，诛灭三族。这样，司马氏控制了曹魏中央政权。

嘉平三年（251），司马懿死，长子司马师（209～255）继掌大权。司马师当政后，搜罗人才，培植自己的力量。正元元年（254），齐王曹芳与中书令李丰、国丈张缉等谋以夏侯玄代司马师辅政。然而，事情泄露，李丰、张缉等被司马师诛杀。接着，司马师废掉曹芳，而立高贵乡公曹髦为帝。第二年，司马师镇压了反对他的毌丘俭、文钦。不久，司马师病死。

司马师死后，弟弟司马昭（211～265）继掌朝政。甘露二年（257），拥护曹魏政权的诸葛诞起兵。第二年，司马昭诛杀了诸葛诞，被封为晋公。由此，司马昭掌握了军政大权，威势更盛。景元元年（260），魏帝曹髦不甘心于政权旁落，召大臣王沈、王经、王业等谋议说："司马昭之心，路人所知也。吾不能坐受废辱，今日当与卿自出讨之。"曹髦亲率近侍童仆讨伐司马昭，但由于王沈、王业等的告密，司马昭早有准备，其僚属贾充的部下成济，挥戈直刺魏帝，洞胸而刃出于背。魏帝曹髦被杀后，司马昭斩成济以遮掩人的耳目。而没有随王沈等奔告魏帝亲自用武的王经，也被司马昭所杀。

曹髦死后，司马昭立傀儡皇帝曹奂。景元四年（263），司马昭派钟会、邓艾等平蜀成功，次年，受封为晋王。咸熙二年（265），司马昭出入仪仗皆同皇帝，封国内建置了御史大夫、侍中等正式官员，但他还没来得及戴上皇冠，就病死于这年的秋天。

同年，司马昭长子司马炎继立为晋王，他用“禅让”的方式，代魏称帝，都洛阳（今河南洛阳东），史称西晋。司马炎就是晋武帝。

3. 晋武帝司马炎采取了哪些有利于统治的措施?

晋武帝（236～290），字安世。在西晋初年采取了一些政治上的措施，主要有以下几个方面：

一是选举制度。西晋初期沿袭曹魏九品中正制，选拔人才仍注意到其人的才德。具体选举事宜，中央由吏部尚书、司徒左长史掌选，地方中州由大中正，郡国由小中正掌选。但应指出的是，这一选举制度在晋武帝时已被世族所利用。虽是“用人唯才”，却也多凭家世。

二是刊修律令。泰始三年（267）修成《晋律》二十篇，共六百二十条。武帝司马炎亲自讲解《晋律》，并命人抄写新修成的律令中关于死罪的条目，张贴悬挂，使百姓知道哪些是违法的行为。《晋律》内容比司马昭当政时定的律令精简得多。

三是分封宗室。武帝建国之初，在泰始元年（265），分封司马氏诸侯王。这种分封，是因为武帝看到了曹魏宗室孤立，很快就灭亡的教训，便采取这一办法，并让诸王手握兵权，镇守地方，以作为保护西晋皇室的屏障。但这些诸侯王军权太重，又很容易拥兵作乱，威胁晋室。

四是鼓励农耕，颁行占田、课田制。泰始二年（266），武帝废除屯田制，使屯田民变成了州郡编户，生产积极性提高，便于增加生产。太康元年（280），武帝颁布户调的法令和占田法、课田法。这些措施，有利于农业生产的发展，人民相当安居，人口也增加了。

4. 什么是“太康之治”?

西晋统一后的十年中，即从晋武帝太康元年（280）到十年（289），是西晋比较繁荣的时期，社会生产一度获得发展，史称“太康之治”。

西晋初期，晋武帝曾多次下诏劝农务本，督促垦荒，发展农业。太康元年平吴之后，实现了全国的统一。分裂局面的结束，无疑有利于农业的发展。同年，晋武帝颁布了占田、课田和户调的法令。所谓占田，是政府规定农民占有土地的一个假定目标。所谓课田，是征课田赋，即规定每个农民所必须向政府交纳田租的法定指标。户调是指政府以户为单位向农民征收的赋税。占田、课田制下的农民，他们的粮食除缴纳田租外，都归自己所有，这就进一步调动了农民的生产积极性，于是出现了“太康之治”的繁荣局面。据干宝《晋纪总论》记载，当时有“天下无穷人”之谚。太康时期的这一局面虽仅有十年，但仍是社会相对安定，人民相当安居的历史时期。

5. 为什么说西晋皇室祸乱在晋武帝时即已酿成？

晋武帝于太康元年（280）统一全国后，尚能励精图治，一度出现了“太康之治”的繁荣局面。但晋武帝死后，白痴太子司马衷即位。次年，即爆发了“八王之乱”。这场祸乱愈演愈烈，外戚宗室之间混战不止。究其原因，与晋室的腐朽统治集团内部争权夺利的斗争密切相关。这种斗争应该说在晋武帝时即已酿成。

晋武帝建国之初，鉴于晋皇室孤立之弊，于是，大封同姓诸侯王，用以巩固皇权。这些诸侯王多握有一方军政大权，有的还兼领中央军政大权。这样，就埋下了日后诸王拥兵作乱，成为地方割据势力的祸根。

晋武帝临死前，诏由汝南王司马亮与皇后杨氏之父杨骏共辅朝政。但杨氏父女伪造遗诏，在惠帝司马衷即位后，杨骏依倚杨太后，独揽大权。而惠帝的皇后贾氏凶狠毒辣，怀有野心。如此一来，杨氏父女与贾后矛盾激化，终于导致了破坏性极大的“八王之乱”。

6. 白痴司马衷何以能登上帝位？

晋惠帝司马衷（259～306），字正度，是个白痴。当他为太子的时候，朝廷大臣都知道司马衷不能处理政事，司马衷的父亲晋武帝也有所怀疑。武帝曾经出题试他，司马衷的妻子贾氏（即后来的贾后）命人作答，然后让司马衷抄写下来，交给武帝。武帝看了很高兴，这次算是遮掩了过去。司马衷在华林园听到虾蟆叫，问左右的人这是为官鸣叫，还是为私鸣叫。有人就敷衍他说，在官地叫的是为官，在私地叫的是为私。等到天下大乱，百姓饿死的时候，他竟说："怎么不给他们吃肉羹?"

然而，这样一个白痴为什么就登上帝位了呢？武帝末年，也知道司马衷不堪重任，但是，司马衷的长子司马遹幼年聪慧。武帝喜欢这个皇孙，所以，没有废掉太子司马衷，以便将来皇位传给司马遹。可惜的是，晋武帝未能如愿。在他死后，司马衷继承皇位，却由贾后专权。因为武帝喜爱的皇孙司马遹不是贾后所生，最终被贾后毒死。

7. 如何看待晋惠帝的统治?

惠帝从即位到被司马越毒杀，总共在位十七年（290～306）。

惠帝登基之初，辅政的杨骏大权独揽，接着，又有贾后专政、"八王之乱"。政权更迭，惠帝形同傀儡，纲纪大坏。为了夺权，外戚宗室各树党羽，扩充势力，贿赂腐败之风盛行。朝政为豪门贵族所把持，忠臣贤士难以得志。而生活在下层的农民在动荡的社会中，颠沛流离，饱受饥冻战乱之苦。武帝时期"太康之治"的成果消失殆尽，西晋王朝统治大大削弱了。

8. 什么是"八王之乱"? 它对西晋政权产生了怎样的影响?

"八王之乱"是指西晋惠帝时发生的一场皇室祸乱。先后主要有八个诸侯王为争权而互相残杀，分别是：汝南王司马亮、楚王司马玮、赵王司马伦、齐王司马冏（jiǒng）、长沙王司马乂（yì）、成都王司马颖、河间王司马颙、东海王司马越。

太熙元年（290），晋武帝因荒淫过度病死，年五十五岁。司马衷登基，即晋惠帝，他自然无法掌管朝政，而由杨骏辅政。这就使贾后十分恼怒。元康元年（291），贾后与司马玮合谋发动政变。在一天夜里，突然包围杨骏的相府，借口杨骏谋反，把他抓起来杀了，并灭了三族，杨氏亲属徒党死者几千人。随后，贾后又使惠帝下诏，让司马玮杀掉掌权的司马亮、卫瓘，事后又以"矫诏"（伪造诏书）之罪，处死司马玮，由此，大权落入了贾后之手。元康九年，贾后废掉太子司马遹，次年杀之。司马伦、司马冏遂以此为由，合谋杀贾后。

永宁元年（301），赵王司马伦废掉惠帝，自立为帝。为了拉拢文武百官，赵王封了几千个侯爵。由于封官太多，官帽上做尾巴的貂尾不够用，就用狗尾巴凑数。民间有人讽刺说："貂不足，狗尾续。"

各地诸侯王听说赵王称帝，很不服气。被赵王赶出洛阳、出镇许昌的齐王司马冏首先发难，司马颖、司马颙纷纷起兵响应。禁军将领王舆杀司马伦，复立惠帝，由司马冏执政。司马冏大造宫第，沉湎酒色。

太安元年（302），司马颙派兵两万攻伐司马冏，司马乂在洛阳为内应。双方在京城展开激战，连战三日，齐王兵败被杀，其党羽死者达两三千人。司马冏既死，由司马乂执政。

太安二年，司马颙又联合司马颖，杀司马乂，打败司马越，掌握了中央权力。

永兴二年（305），司马越率军攻打司马颙，因司马颙、司马颖联军反击，结果战败逃走。永兴三年，司马越又起兵杀司马颖、司马颙。同年，毒死惠帝，另立司马炽为怀帝。至此，除司马越以外，八个王在互相残杀中死了七个，一场混战才告结束。

这次长达十六年之久的"八王之乱"极大地破坏了社会生产。太康年间，社会曾出现了"太康之治"的繁荣景象，但"八王之乱"又使人民饱经战乱苦难。诸侯王相互攻杀，所到之处，大肆抢夺，破坏水利，百姓流离失所，伤亡的军民达三十万。

这次战乱，更直接削弱了西晋王朝的统治，使其政权渐趋崩溃。诸王在争权夺利中，还利用少数民族势力作为外援，如司马颖引匈奴族刘渊之兵参加混战。司马氏骨肉相残，少数民族首领乘机入塞，"永嘉之乱"接踵而至，西晋很快就灭亡了。

9. 晋怀帝司马炽何以被杀?

司马炽（284～313），字丰度，武帝第二十五子，封豫章郡王。"八王之乱"时，他"冲素自守，门绝宾游，不交世事，专玩史籍，有誉于时"。永兴元年（304），授镇北大将军，都督邺城守诸军事，立为皇太弟。光熙元年（306），即位为怀帝，时东海王司马越专权。永嘉五年（311），刘聪派刘曜、王弥围攻洛阳，晋怀帝被俘虏到平阳（今山西临汾西南），西晋王公百官及百姓死者三万多人，洛阳失陷。建兴元年（313），刘聪在这年的元旦，大会群臣，而让被俘的怀帝穿着青衣行酒，随后把他杀死，并且杀掉晋臣十余人。

当初，司马炽为皇太弟在东宫时，"恂恂谦损，接引朝士，讲论书籍"。即位后，遵袭旧制，宴会之上，常与群官议论众务，考核经籍。黄门侍郎傅宣感叹地说："今日复见（晋）武帝之世矣！"秘书监荀崧又常对人说："怀帝天资清劭，少著英猷，若逢太平之世，足为守文佳主。然而，怀帝身继惠帝扰乱之后，东海王司马越专政，而有流亡之祸。"

10. 什么是"永嘉之乱"?

"永嘉"是西晋怀帝年号（307～313），共七年。

西晋惠帝时，政治腐败，外戚宗室之间争权夺利，酿成了"八王之乱"，内迁各族人民纷纷起兵反晋。永兴元年（304），匈奴贵族刘渊（约251～310，字元海）起兵于左国城（今山西离石北）。怀帝永嘉二年（308），刘渊称帝，国号汉。他年幼习汉文化，自负文武兼备。命其子刘聪与王弥攻洛阳。永嘉四年，刘渊病死，儿子刘聪即位，继续进攻洛阳。次年，刘聪的部下石勒在攻破许昌（今河南许昌县东）后，又率兵追击司马越的军队，在苦县宁平城（今河南鹿邑西南）大败晋军，俘虏并杀死太尉王衍，晋军将士十余万人无一人生还。六月，刘聪派刘曜、王弥围攻洛阳，俘虏了怀帝。

怀帝被俘后，豫州刺史阎鼎与雍州刺史贾疋等，拥立武帝之孙、吴王晏之子司马邺于长安（今陕西西安西），号称皇太子。怀帝被杀，司马邺于长安称帝，即西晋愍帝。愍帝在长安，经常处在刘曜的围攻之中。当时，长安城中户不盈百，墙宇颓毁，蒿棘成林。建兴四年（316），长安久围，米一斗黄金二两，人饿死大半。这年十月，愍帝出降于刘曜，被送至平阳，也在青衣行酒、执盏洗爵后被杀，西晋灭亡。这就是历史上所称的"永嘉之乱"。

11. 晋愍帝司马邺为什么成了傀儡皇帝?

晋愍帝（301～318），字彦旗，建兴元年（313）到建兴四年在位。愍帝即位时，西晋政权已近崩溃。如果没有雄才大略，不能挽救当时破败的时局。愍帝在长安，经常被刘曜围攻。当时，长安城中断壁残墙，满目凄凉。由于长久被围困，米价昂贵，饿死的人不计其数。朝廷的太仓贮存的粮食也仅剩下面饼数十枚，磨成碎屑做粥供给愍帝，也都吃完了。长安危急，又外无救援，愍帝虽贵为皇帝，徒有虚名，形同傀儡。因而，当建兴四年刘曜再度攻打长安时，晋愍帝只得坐着车子，光着膀子，口里衔了传国玉玺，向刘曜投降，最终被辱杀。

12. 西晋是怎样灭亡的?

魏咸熙二年(265),司马炎代魏称帝,史称西晋。鉴于曹魏政权孤立的教训,司马炎即晋武帝大封同姓王,这些诸侯王各自拥有武装。武帝死,惠帝立,外戚杨氏和贾氏争权,接着是"八王之乱"。八王混战期间,政治腐败,社会混乱,加上天灾不断,各地大量人口开始流亡,居于北方内迁的一些少数民族首领纷纷起兵。怀帝永嘉二年(308),刘渊称帝。永嘉四年,刘渊死,子刘聪继立。此时,已被刘聪两次围攻的洛阳危急,掌权的司马越眼看洛阳难守,竟以讨伐刘聪部将石勒为名,率领晋军主力和大批朝臣离开洛阳,东驻于项(今河南项城南)。洛阳守备空虚,又遭遇饥荒。永嘉五年,司马越死。石勒率兵围攻司马越军队,大败晋军。晋军主力被歼,更有利于刘聪攻陷洛阳。也就在这一年,刘曜、王弥又围攻洛阳,怀帝被俘,洛阳失陷。建兴元年(313),怀帝被刘聪所杀。司马炽在长安称帝,即晋愍帝。建兴四年,刘曜攻长安,愍帝出降,后来也被刘聪所杀。至此,晋政权彻底崩溃,西晋亡。

13. 晋元帝司马睿是如何成为东晋第一个皇帝的?

司马睿(276~323),字景文,是司马懿的曾孙。生性简俭冲素,容纳直言,虚己待物。十五岁时,继承父亲爵位为琅邪王,交结了琅邪郡的大世族王导。西晋怀帝时,司马越掌权,司马睿受司马越的提携,被任命为安东将军,都督扬州江南诸军事。司马睿接受了王导的建议,移镇建康(今江苏南京)。

司马睿刚到建康时,江南世族看不起他。于是,在王导的谋划下,利用三月初三,当地人的"禊(xì)节"(到水边求福去灾)这一天,司马睿坐着华丽的轿子,观看官民欢度禊节,簇拥跟随在后边的是王导、王敦等人。江南名门望族顾荣、贺循等人,看到王导、王敦对司马睿的拥戴,也赶忙到路旁拜见司马睿。司马睿趁机派王导亲自拜访顾荣、贺循等人,招请他们出来做官。一时之间,江南世族纷纷出来拥护司马睿。

这时北方大乱,中原世族大量南逃。王导又劝司马睿努力争取北方世族的支持,司马睿就把这些人中有名望的一百多人征召出来做官。这样，司马睿很快得到了南渡的北方世家大族和江南本地世家大族的拥护，在江南站稳了脚跟。西晋灭亡后，司马睿就在江南做起了皇帝。

14. “王与马，共天下”是怎么回事?

由于王导在东晋政权建立过程中起了很大作用，司马睿称王导为“仲父”，把他比作汉朝的萧何。东晋开国大典那天，司马睿称帝，百官陪列，司马睿硬是要拉王导一起坐在御床上接受百官朝拜。这是史无前例的。王导坚决推辞，说：“如果太阳与天下万物相同，那么老百姓怎么能得到阳光的照耀呢?”元帝听了很高兴，封他为侍中、司空、录尚书、领中书监，掌握朝政大权。又以王敦为江州刺史，控制上游武装。王氏家族子弟大都在朝廷上任职。当时民间谚语说：“王与马，共天下。”“马”即司马氏的简称。“共”字说明东晋政权离不开大族的支持。

15. “日近长安远”说的是谁的故事?

“日近长安远”说的是晋明帝司马绍的故事。

司马绍（299~325），字道畿，是晋元帝的长子，幼年聪敏，深受元帝宠爱。小时候，有一次他坐在元帝膝前，适逢有人从长安来，于是，元帝问他：“你说说太阳与长安哪个离我们远?”司马绍回答说：“长安离得近。没听说过有人从日边来，由此我知道长安离得近些。”元帝大为惊异。第二天，元帝大宴群臣的时候，又问司马绍这个问题。不料司马绍却回答说：“太阳离得近。”元帝惊慌失色，很奇怪地问他：“为什么这次你的回答与昨天的不一样呢?”司马绍答道：“抬头就能看到太阳，却看不到长安，所以说，太阳离得近。”于是，元帝更加惊奇，将他看做奇才。

16. 晋明帝司马绍是怎样的一个帝王?

晋明帝司马绍在位三年（323~325），死时年仅二十七岁。

明帝比他的父亲元帝有胆略，能决断。在他即位之前，王敦就已谋反。当初，元帝依靠王氏等江南士族建立东晋政权后，王氏势力日大。王敦是王导的堂兄、晋武帝女襄城公主之夫，性情很残忍。王恺、石崇以豪侈相尚时，王恺设宴，女伎吹笛，小失声韵，就被殴杀。时王敦、王导皆在座，诸客皆失色，而王敦神色自如。王敦还曾杀死其堂兄弟王澄。所以，时人说王敦蜂目豺声。王敦既拥兵上游，遂欲专制朝廷，有问鼎之心。晋元帝畏王氏势力之逼，逐渐用刘隗、刁协等人，以疏远王导，王敦上疏为王导申诉，矛盾渐渐加深。永昌元年（322），王敦起兵于武昌，与其党羽沈充从东、西两路攻入建康。这一仗王敦打胜了，自为丞相，都督中外诸军、录尚书事，仍还武昌。元帝即在这一年忧愤而死，明帝即位，王导受遗诏辅政。王敦虽在武昌，但掌握大权，自行任免官吏。

明帝即位后，知道王敦又会起兵，曾骑骏马微服察看王敦的营垒。有军士怀疑明帝非常人，而王敦当时正躺着休息，梦见日环其城，遂惊起曰："此必黄须鲜卑奴来也。"于是，派五骑追明帝，但明帝已奔驰而去。明帝亲自探知王敦军队的情况后，于太宁二年（324），部署军事，下诏讨伐王敦。后来，王敦病死，军队溃败，党羽皆被杀。王敦之乱平定后，明帝又改授荆州、湘州等地官位，命王导综理朝政，以强晋室。

明帝聪敏，有文武才略，受到众人的拥戴。在政事上，明帝也想有所作为，如太宁三年四月曾下诏，命臣下直言敢谏，参议政道。八月又下诏，意欲选拔忠孝仁义之士。临死前，仍然不忘告诫贤臣齐心合力辅佐幼主成帝，并且，遗诏说他的丧礼要遵先王制度，以简约为度。

17. 晋成帝司马衍何以被俘至石头城?

晋成帝司马衍（321～342），字世根，明帝长子。太宁三年（325），晋明帝病死，司马衍即帝位。时年五岁，由王导、庾亮等辅政，而庾亮是成帝的舅舅，因此，朝政一决于庾亮。

成帝年少聪敏，有成人之量。明帝病重时，受遗诏辅政的大权几乎都在南顿王司马宗手里。庾亮一得势，司马宗深为不满，不久被庾亮杀掉。成帝很长时间不见司马宗，便问庾亮："平日里那位白头公（司马宗一头白发）在哪儿?"庾亮回答说，因为司马宗谋反，已经伏诛了。成帝哭着对庾亮说："舅言人作贼便杀之，人言舅作贼复若何?"庾亮听了，心生恐惧，脸色都变了。

庾亮既杀司马宗，又图排挤王导、陶侃等人。接着，他又想召历阳内史苏峻入朝为大司农，实际欲夺其兵权。朝廷大臣几乎都认为不可，庾亮不听。咸和二年（327），苏峻拒不应召，联合祖约，起兵反晋。第二年，攻入建康，将成帝俘虏到石头城（今江苏南京西清凉山）。直至咸和四年，苏峻、祖约之乱才最终平定。

据史书记载称："成帝雄武之度，虽有愧于前王；恭俭之德，足追踪于往烈矣"。年少时，因为受舅舅庾亮所制，不得亲理政务。长大后，颇留心万机，务在简约。成帝常想在后园建射堂，但计算了一下，需用四十金，觉得劳人费财，也就不再建了。

18. 晋成帝为什么要下诏实行土断？

晋成帝先后于咸和年间（326~334）、咸康七年（341）两次实行土断。

所谓土断，东晋时是针对南渡人民，将他们编户，负担赋税徭役，以增加朝廷收入。当时，由于西晋灭亡，北方陷入一片混乱，大量人口南渡。这些南渡流民往往散居，或者经常迁徙，没有当地居民的户籍，自然也没有固定的赋役负担。户籍混乱的情况，不仅使东晋朝廷失去大量的赋税收入，而且，也容易造成乱子，不利于晋朝的统治。所以，东晋成帝下诏实行土断，规定南渡流民要编户籍，和本地居民一样承担赋役。

19. 东晋前期北伐情况如何？

东晋初期，偏安江南的北方世族，还有着故乡之思。祖逖就是当时立志振兴晋室，积极北伐的一位。晋元帝派祖逖驻军雍丘（今河南杞县），祖逖联合黄河以南的武装力量，屡次打败石勒的进攻。一时之间，黄河以南的地方，都被晋朝收复。在这样的大好形势下，正可以乘势渡过黄河，收复北方。但晋元帝见祖逖力量日益强大，便派戴渊为都督兖豫等六州诸军事、司州刺史，以此来限制祖逖的权力。祖逖归戴渊的管辖，心里很不痛快。又听说王敦与执政大臣刘隗、刁协等不和，祖逖知道朝廷内部不稳，将有内乱，势必影响到北伐之事，很是担忧。大兴四年（321），祖逖在雍丘发病而死。这样，北伐的事被耽搁了下来，原来已收复的失地，又再次失去了。

祖逖之后，庾亮、庾翼兄弟也有北伐之志。咸和八年（333），石勒病死，庾亮认为趁此机会可以一举收复中原。但殊不知，石勒死后，北方由石虎统治，兵力仍很强大。而这时的东晋世族已偏安江南二十多年，多数不愿意再回到北方，因此，对庾亮的北伐多有异议。这次北伐，庾亮驻有重兵的邾城（今湖北黄冈）被石虎攻破，庾亮战败，忧愤发病，在咸康六年（340）死去。庾亮死后，他的弟弟庾翼接替他的职务，驻军武昌。庾翼有才干，在任军政严明，经略深远，数年之中，公私充实，由是，自黄河以南，皆归心于他，他也常以“灭胡平蜀为己任”。康帝建元元年（343），庾翼上疏请求北伐。他不顾许多人的反对，由武昌驻军到襄阳。但不久，即在穆帝永和元年（345），庾翼病死，北伐终无所成。

继庾亮、庾翼兄弟之后北伐的是褚裒（póu）和殷浩。永和五年（349），后赵石虎死去，褚裒上表请求北伐。晋朝即命褚裒为征讨大都督，率兵北伐。然而，褚裒被后赵大将李农打得大败，最终忧愤而死。褚裒失败后，东晋接着用殷浩进军北伐。殷浩是豫章太守殷羡的儿子，弱冠时就很有名气，善于玄谈，时人将他比作管仲、诸葛亮。大名士王濛与谢尚甚至以他的出仕与否来作为江左兴亡的标志，还说如果殷浩不出仕，江左百姓可怎么办呢？永和八年（352），殷浩上疏请求北伐许昌、洛阳。军队到达许昌时，安西将军谢尚的部将张遇叛变，殷浩只好暂停进军。永和九年，殷浩又率兵七万北伐。姚襄带领军队来归附他，但殷浩不善于抚慰这些归顺的将士，致使姚襄又叛变，殷浩大败。这时，与殷浩不和的桓温，听到殷浩失败，幸灾乐祸，上疏谴责殷浩的过失。于是，殷浩被废为庶人，徙于东阳信安县（今浙江衢县），整天对着空中写“咄咄怪事”这四个字，数年后病死于贬所。

东晋前期的这几次北伐，有时虽然进攻到洛阳，但由于东晋统治集团内部的矛盾斗争，削弱了统治力量，使北伐总是中途败退。

20. 晋哀帝司马丕后期褚太后临朝摄政情况如何？

晋哀帝司马丕（341～365），字千龄，是晋成帝的长子。升平五年（361），晋穆帝死，哀帝即位。兴宁二年（364），哀帝因为吃长生不老药吃得太多，中毒昏迷，不能处理朝政，所以，就由褚太后临朝摄政。

褚太后临朝摄政时，掌权的是桓温。也就在兴宁二年，由桓温主持实行土断法。这次土断，桓温雷厉风行，严格制度，对于违反规定的王室贵族也给予打击，将侨迁人口变成了朝廷所掌握的编户。这次收效较好，国库得到充实，晋朝收入大大增加。

哀帝后期，北方前燕政权威胁着偏安的东晋。兴宁二年，桓温率军驻扎合肥（今属安徽），后来又驻扎到赭圻（今安徽宣城境内）。这一年，前燕在悬瓠（今河南汝南）打败了晋朝军队，之后，燕将慕容恪进攻洛阳。洛阳守备不足，将士寡不敌众，慕容恪随即攻占洛阳。会稽王司马昱知道洛阳守不住，便与桓温一起商量北伐，但适逢哀帝死去，北伐的事就暂时停止了。

21. 海西公司马奕为什么被废?

海西公司马奕（342～386），字延龄，是晋成帝的小儿子，哀帝的弟弟。兴宁三年（365），哀帝死，司马奕即位为皇帝。咸安二年（372），司马奕被废为海西县公，总共在位七年。其被废的原因，要从桓温的专权说起。

早在永和三年（347），桓温灭掉蜀地的成汉，由此威名大震。东晋朝廷很害怕，所以，用殷浩进军北伐以对抗桓温。但殷浩没有多少才略，北伐多次失败，心怀怨恨的桓温就趁机上疏朝廷，谴责殷浩。朝廷只好将殷浩废为庶人，这样，内外大权，都掌握在了桓温的手上。哀帝兴宁元年（363），朝廷又加授桓温为侍中、大司马、都督中外诸军事、录尚书事，桓温权势更大，位极人臣。

海西公司马奕即位后，在太和四年（369），桓温北伐前燕。在进军途中，晋军也打了几次小胜仗。但时间一长，军队疲惫不堪，屡战屡败，粮食也吃完了。这时，又听说前秦军队打了过来，桓温的部队便仓皇由陆路往回逃。在枋头（今河南浚县西南）这个地方，桓温的部队遭到前燕将士的追击攻杀，死亡三万人。

桓温灭掉成汉，先后有三次北伐，确实立了不少功劳。然而，桓温心怀野心，想要夺权称帝。他本想借助北伐在东晋朝廷树立自己的权威，但在枋头被前燕军队打得大败，威望大大受损。于是，桓温就阴谋废掉海西公司马奕，而另立晋简文帝司马昱，以便独揽大权，图谋篡位。

司马奕被废的这一年十一月，卢竦（sǒng）遣弟子殿中监许龙诈称太后密诏，奉迎司马奕复位。刚开始时，司马奕想跟着许龙去，但听了保母（古代君主姬妾中专事抚养子女的人）的劝谏又不去了。许龙说："大事将取得胜利，您还用得着听女子之言吗？"司马奕说道：

“我得罪于此，幸蒙宽宥，哪里还敢妄动！况且，太后若有诏，理应派官属来，为何只让你一个人来了？你必定是为乱之人。”于是，声叱左右要将许龙抓起来，许龙心中十分害怕，赶紧逃走了。海西公司马奕心知天命不再，深怕再遭来横祸，便无思无虑，终日酣畅，庶保天年。桓温见他安于屈辱，就不复以他为虑了。

22. 简文帝司马昱为何只能拱手听命于桓温?

简文帝（320～372），字道万，元帝少子。年幼聪敏，受到元帝宠爱。甚有风仪，清虚寡欲，尤善玄谈。有一次，他与武陵王司马晞、桓温同载出游时，桓温故意下令鸣鼓吹角，使车驰狂奔，想看看他们的反应。司马晞见状大恐，请求下车，而简文帝安然无恙，毫无惧色，桓温由此惮服。

简文帝即位后，桓温谋杀庾倩、殷涓、曹秀等人，以排除异己，达到大权独揽的目的。而且，桓温以大司马的职位掌管重兵，镇守在姑孰（今安徽当涂），控制朝政。这样，桓温集内外大权于一身，多次立功，再加上他废掉海西公司马奕，威震朝廷，桓温的权势已是无以复加，非常显赫。就连当时的侍中谢安，见了他也远远地就要给他行礼。简文帝司马昱虽是尊贵的皇帝，也只能拱手听命于桓温。由于桓温的专权，简文帝又没有济世的大才干，竟被逼得咏庾阐的诗道：“志士痛朝危，忠臣哀主辱。”吟罢痛哭流涕，仅做了两年的皇帝，就忧愤而死。

23. 如何评价晋孝武帝司马曜的统治?

晋孝武帝（362～396），字昌明，简文帝第三子。年幼聪悟。简文帝死的时候，他才十岁，居丧吃不下饭，左右之人劝谏，他说：“哀至则哭，何常之有?”谢安感叹地说他精理不减先帝。

孝武帝即位后，雅有人主之量。然而，到了晚年，“溺于酒色，始为长夜之饮”。有一次，孝武帝见到长星出现，心里很不高兴，于是，举酒祷祝道：“长星，劝你进一杯酒，自古哪有什么万岁天子?”孝武帝酒醒的日子既少，又任用同母弟会稽王司马道子等人辅政，以排斥谢安。司马道子也是非常昏聩腐化，贪于酒色，荒怠政务，弄得民不堪命。

当时，张贵人受宠幸，但已年近三十岁，孝武帝戏弄她说：“依你的年龄，你也该被废掉了。”由此，张贵人心中含恨，孝武帝终因喝得大醉而暴卒。当时，司马道子昏聩，其子司马元显专权，孝武帝竟不推究他们的罪过。

24. 什么是淝水之战？它对当时南北局势有何影响？

前秦苻坚统一北方后，在太元八年（383）下诏南下灭晋。苻坚发动战争之前，曾大会群臣，说明灭晋的意图，群臣表示反对。苻坚的弟弟苻融也不同意攻打晋国，苻坚很不高兴地说："我有强兵百万，资仗如山，仗着我屡次打胜仗的声威，攻打一个即将灭亡的晋国，还怕打不胜吗？"前秦是由众多被征服的少数民族组成的，这些少数民族因为迫于前秦的军事压力而屈从于苻坚的统治。少数民族首领希望苻坚战败，好乘机恢复自己的统治，于是，他们分别来见苻坚，怂恿苻坚伐晋。

这时的东晋，是由谢安等人执政。谢安能识大体，尽力协调朝廷内部的矛盾，群臣和睦，社会相对稳定。再加上又有一支强大的北府（北府是指京口，在今江苏镇江）兵，晋朝的实力不容忽视。

苻坚总共调集了军队一百多万人，晋军总数是八万人。这年的十月，苻融率领的二十五万军队攻占寿阳（今安徽寿县）。东晋派去救援寿阳的胡彬率领的军队，因为还没有赶到，寿阳就已失守，只好退保硖（xiá）石（今安徽凤台县西南），并写信向征虏将军谢石求援。书信被前秦截获，苻坚见信后，将大军留在项城（今河南项城），带领轻骑兵八千，赶到寿阳，并派俘虏来的东晋将军朱序到晋军中去劝降。朱序私下里告诉谢石前秦军队的虚实，建议东晋在苻坚大军还没有集中之前，打败前秦的先头部队，先发制人，以夺取胜利。朱序的建议被东晋将领采纳，于是，谢玄派刘牢之带领五千人直攻洛涧（今安徽怀定县西南洛水入淮处），大破前秦军。谢石、谢玄大军乘胜水陆并进，与苻坚军队对峙于淝水两岸。苻坚和苻融登上寿阳城，看到晋军阵势严整，开始害怕起来，甚至远远望见城外八公山上的草木在摇动，也以为是晋军。

因为双方隔着淝水，不便于作战，谢玄就设下计谋，派使者请苻坚将军队稍微向后撤，以便晋军能渡河与前秦军交战。苻坚部下主张不让晋军渡过淝水，苻坚、苻融则企图等晋军渡过一半时，袭击晋军。因此，苻坚下令军队向后撤。朱序这时乘机在军中大呼："秦军失败了！秦军失败了！”前秦军方阵大乱，一退就再也停不住。晋军乘机猛攻，苻融出马想要阻止后退的前秦兵，但马被挤倒，苻融被晋军所杀。前秦军大败，自相践踏而死的，不计其数。其余逃跑的将士，听到风声鹤唳（lì），也以为是晋兵追来了，就日夜不停地奔逃。苻坚也被箭射中，一路收集残兵败将，逃回长安（今陕西西安西）。淝水一战，东晋取得了巨大的胜利。当捷报传来时，谢安正在与客人下棋。谢安看了看，将捷报放在桌上，不动声色，继续下棋。客人忍不住询问战况，谢安则徐徐答道：“这是小儿辈打败了敌兵。”等到下完棋回到内室，谢安再也按捺不住内心的喜悦，以致过门槛时，鞋子下面的木齿被折断都没有觉察到。

这就是著名的“淝水之战”。

“淝水之战”后，因为苻坚惨败，原来屈服于前秦势力的各少数民族首领，乘机恢复各自的政治势力。前秦瓦解了，北方分裂为后燕、后秦、后凉三个部分，许多小国之间攻夺不息。晋孝武帝太元十年（385），苻坚被姚苌（cháng）所杀。晋安帝隆安元年（397）到义熙五年（409），后凉又分裂出北凉、南凉、西凉，后燕分裂出南燕、北燕，后秦分裂出夏。

淝水战后，东晋乘机收复了北方的一些失地。但同时，在统治阶级内部也产生了权力上的矛盾。主政的谢安在这次战役中，功劳很大，进位太保。他担心自己权位太高，便让桓氏家族掌握长江上游军政大权，以调和内部矛盾。然而，谢安威望日重，却引起了孝武帝的猜忌。孝武帝为排斥谢安，任用弟弟司马道子辅政。太元十年，谢安死去，司马道子也就继谢安之后执掌大权。司马道子贪恋酒色，昏庸腐化，荒废政事，弄得官场混乱，百姓苦不堪言。他又任用王国宝、司马元显等人，最终导致了桓玄之乱。

25. 晋安帝时期东晋政局如何?

晋安帝司马德宗（383～418）是孝武帝的长子。太元二十一年（396），孝武帝死去，安帝即位。安帝生来就不聪慧，从小到大，不会说话，也不知道冷热饥饱。他的一举一动，都要由别人来照料。虽是皇帝，却没有处理朝政的能力，这样，大权就掌握在了司马道子的手里。司马道子先后任用王国宝、司马尚之、王愉等人，以对抗王恭、殷仲堪等，企图削弱地方势力。隆安二年（398），王恭与殷仲堪、桓温共同起兵讨伐王愉、司马尚之。司马道子便让儿子司马元显领兵讨伐王恭等人。后来，王恭被杀。司马道子又设计拆散桓玄、殷仲堪等的联合，使桓玄、殷仲堪等互相猜疑，还没有打仗，便各自领兵撤回荆州。这次兵退之后，司马元显便想夺取司马道子的大权。司马道子有病，又每天喝酒喝得醉醺醺的。司马元显就设法使朝廷免除司马道子的司徒、扬州刺史的职务，而自任扬州刺史。等司马道子酒醒后，知道了这件事，但已无法挽回。司马元显又生性苛刻，刚愎自用。当时的国库空虚，他的家财却是富过皇帝。在这样的情况下，终于激起了隆安三年（399）由孙恩领导的江南诸郡农民大起议。孙恩起义虽然失败了，但在起义军的严重打击下，东晋政权已是摇摇欲坠了。

在孙恩起义期间，东晋统治阶级内部斗争也十分激烈，这主要是桓玄的篡位活动和刘裕的专权。

桓玄（369～404）是桓温的儿子。桓温死的时候，由桓玄继承他的位置。当时，桓玄虽然年幼，但桓氏家族仍掌握着各地军政大权。桓玄年少时，对自己的才能很自负，以雄豪自处。东晋曾任命他为义兴太守，他登高而叹说："父为九州伯，儿为五湖长。"因为东晋朝廷压制桓玄，桓玄便辞官回到自己的封地。隆安三年，桓玄杀掉殷仲堪、杨佺期。这样，桓玄控制了长江上游大部分地区，而东晋朝廷只有三吴之地。元兴元年（402），司马元显率军讨伐桓玄。桓玄领兵东下，直达建康（今江苏南京），杀掉司马元显。桓玄大权在握，封楚王。元兴二年，桓玄篡位称帝，国号楚。安帝被废为平固王，迁到寻阳（今江西九江）。

在桓玄的统治下，楚国朝廷"骄奢荒侈，游猎无度"，弄得百姓痛苦不堪。于是，元兴三年，在镇压孙恩起义中逐渐崭露头角的刘裕等人乘机起兵，攻破京口（今江苏镇江）、广陵（今江苏扬州）。桓玄战败时，是挟持着安帝一起逃走的。桓玄后来被杀。义熙元年（405），桓氏被消灭，刘裕迎安帝回到建康，复了皇位。桓玄之乱虽然平定了，而以安帝这样的傻瓜当皇帝，军政大权也就落入刘裕的手中。

刘裕（363～422），字德舆，小名寄奴，彭城（今江苏徐州）人。据说他是汉高祖刘邦的弟弟楚元王刘交的后代。因为家贫，他以种地、砍柴、捕鱼、卖鞋为业。刘裕少年时，曾与刁逵赌博，输了没有钱付，被刁逵绑在马桩上。后来，刘裕投到东晋北府军刘牢之的手下，帮助东晋平了桓玄之乱，镇压了孙恩起义，并由此起家，掌握了东晋的朝政。

刘裕专权后，在义熙五年，率军北伐南燕，第二年，灭掉南燕。就在刘裕攻打南燕时，孙恩的残余部队由卢循等人领导想乘机拿下建康。义熙七年，卢循被刘裕打败，投水而死。此后，刘裕开始注意加强中央集权，打击门阀贵族势力，实行土断法，禁止世族豪强霸占土地。与此同时，刘裕继续消灭地方割据势力，收复北方失地。先后铲除荆州刺史刘毅、蜀地谯纵的势力。义熙十三年，灭掉后秦。随后，刘裕被封为相国、宋公，住在彭城。义熙十四年，刘裕派人勒死安帝，另立恭帝。

26. 晋恭帝司马德文为什么欣然逊位于刘裕?

晋恭帝（386~421）是安帝的弟弟，初封琅邪王。幼时性颇忍急，到藩国后，曾令善射者以射马为戏。既而有人说：“马是国姓（司马氏简称“马”），你自己却去杀马，这是非常不祥的。”恭帝醒悟过来，也很懊悔。后来，恭帝又深信佛教，铸币千万，造一丈六高的金像，并亲自到瓦官寺迎佛像。因为安帝不惠，恭帝常侍其左右，照料安帝的饮食起居，知寒问暖，时人都称赞他的恭谨之德。

桓玄篡位，恭帝被贬为石阳县公，与安帝俱居寻阳。桓玄死后，党羽桓振跃马奋戈，直接来到安帝面前，瞋目质问道：“臣门户何负国家，而竟遭屠灭?”恭帝见状，下床答道：“这难道是我们兄弟的意思吗?”桓振这才下马致拜。桓振被杀后，恭帝复为琅邪王。

恭帝即位后，并无实权，而由刘裕掌握朝政。刘裕有勇有谋，先后两次北伐，灭掉南燕、后秦，威权日重。元熙二年（420），刘裕到京师。傅亮承刘裕密旨，要求恭帝写禅位草诏。恭帝欣然对左右之人说：“晋氏久已失之，今复何恨。”遂以赤纸写诏书，禅位于刘裕。

27. 晋文帝明王皇后有何过人之处?

晋文帝明王皇后（232~283），名元姬，三国时东海郯（今山东郯城北）人。祖父王朗，魏文帝时官拜司空，魏明帝时转任司徒。父亲王肃，魏高贵乡公曹髦时为中领军，死后谥为景侯。王肃精通贾逵、马融之学，曾作《孔子家语》十卷，与郑玄学派对立，当时号称

“王学”。

王皇后八岁通读《诗经》、《论语》，尤其是对于丧服礼制，读得精熟。书中的文义，她看一遍就能了然于心。九岁时，母亲有病，她一直是衣不解带，服侍于母亲左右。每次她都是先听听父母的意思，再去做，所做的令父母满意，于是，父母让她掌管家务事，而她都能料理得妥当适宜。祖父王朗对她非常喜爱，很看重她，评价说：“使我们家兴旺起来的人，一定是她，只可惜她不是个男儿身!”王皇后十二岁时，祖父王朗去世，她由于真情所致，哀戚哭泣，痛心不已，父亲因而更加喜欢她，视她不同于一般人。

等到王皇后行笄礼①成年之后，嫁给司马昭，生下晋武帝司马炎、司马攸等五个儿子和京兆公主。王皇后侍奉公婆尽守妇道，对待侍从谦和宽仁，内宫在她的主持下，尊卑有序。当时，钟会很受司马昭的宠信。王皇后屡次对文帝说：“钟会见利忘义，好惹事端，太过宠信他，他必会作乱，不可委他以重任。”钟会（225～264），颍川长社（今河南长葛东）人。魏高贵乡公曹髦为帝时，钟会先后在平定毌丘俭、诸葛诞的兵乱中克敌有功。经司马昭多次提拔，他做过黄门侍郎、司隶校尉。钟会曾诬陷嵇康，致使司马昭杀掉嵇康。后来伐蜀时，司马昭派他进军成都并委以大权。钟会由此自谓功高盖世，召集众将，竟如王皇后所说，起兵反司马昭。

武帝做了皇帝后，尊母亲王皇后为皇太后。她虽然地位尊贵，仍亲自纺线绩麻，衣着朴素，吃的也非山珍海味。她能和睦九族，言必循礼，以德行受人敬重。

28. 晋武帝元杨皇后为人如何?

晋武帝元杨皇后（238～274），名艳，字琼芝，西晋弘农华阴（今陕西华阴东南）人。父亲杨炳，母亲赵氏早死。后来，依靠舅家，舅舅的妻子仁爱待人，亲自乳养杨皇后，自己的儿子则找别人抚养。等到她长大后，又跟着继母生活。

元杨皇后幼年聪慧，擅长书法，天生丽质，熟习女工。曾有善于看相的人看了元杨皇后的面相，认为她生有贵相。司马昭听说后，便

---

① 据《礼记·内则》：女子“十有五年而笄（jī）。”笄是一种簪子。笄礼是古代女子十五岁时所行之礼，表示女子已成年，可以许嫁。

为儿子司马炎聘娶她。她很受恩宠，生下司马轨、惠帝等三个儿子和三个公主。司马炎做了皇帝后，立她为皇后。元杨皇后感念舅家当年对她的恩遇，便提携赵俊做大官，将赵俊之兄赵虞的女儿赵粲纳入后宫为夫人。

武帝司马炎认为皇太子（即后来的惠帝）不堪即位为皇帝，便私下里向元杨皇后说。元杨皇后力主立继承人时，要选择长子，而不选择贤德的儿子，这样，太子才没有被废掉。等到商议太子婚事时，因为贾充的女儿个子矮、脸黑又好妒，而卫瓘的女儿个子高、白净漂亮，武帝想为太子聘娶卫瓘的女儿。但元杨皇后受了贾充的妻子郭槐的贿赂，便盛赞贾充的女儿（即后来的贾后）有贤德，又密使太子太傅荀颛（yǐ）劝说武帝，武帝于是为太子聘娶了贾充之女。

武帝曾大选良家女以充实后宫，先下诏禁止天下嫁娶，然后将选来的女子交由元杨皇后挑选。元杨皇后生性好妒，她只选皮肤洁白、身材高大的女子，不选端正美丽的女子。卞藩的女儿姿色美丽，武帝用扇子遮着，偷偷对元杨皇后说："卞家女子长得美。"元杨皇后答道："卞藩是三世后族①，他的女儿不可以屈尊居后宫下位。"武帝这才作罢。

元杨皇后有病时，见武帝宠幸胡夫人，害怕她死后，武帝立胡夫人为皇后，太子的位置就会保不住。于是，元杨皇后病死之前，劝武帝说："我的叔父杨骏的女儿男胤有贤德，姿色也好，愿陛下立她为皇后。"武帝流着泪答应了。

29. 晋武帝悼杨皇后因何绝食而死?

晋武帝悼杨皇后（259～292），名芷，字季兰，小字男胤，西晋弘农华阴（今陕西华阴东南）人，是杨骏之女。咸宁二年（276），立为皇后。她柔顺和善，美丽贤淑，很受武帝宠爱。生有渤海殇王，但早死。

太子妃贾氏好妒，武帝想废掉她，经悼杨皇后多次劝谏，贾氏才

---

① 卞皇后是三国时琅邪开阳（今山东临沂北）人，本是乐伎。建安二十四年，即公元219年，被曹操拜为王后。曹丕称帝，尊母亲卞皇后为皇太后。魏明帝时尊为太皇太后。卞皇后可以说是历经三代，位居后宫之首。所以说，卞藩是三世后族。

没有被废黜。悼杨皇后又多次劝诫贾氏，贾氏不知道她在暗中帮助自己，反以为悼杨皇后在武帝面前说自己的不是，更加怨恨她。武帝死后，悼杨皇后被尊为皇太后。惠帝即位，贾氏为皇后。贾后凶悍，嫉恨杨太后的父亲杨骏执掌大权，于是，诬告杨骏作乱，和掌禁军的司马玮、司马繇等合谋，诛杀杨骏。由于当时兵乱，内外隔绝，杨太后写了一封帛书，射到城外，上面写着："救太傅（指杨骏）者有赏。"贾后因此宣称杨太后与杨骏同谋作乱。随后，贾后废杨太后为庶人，囚于金墉城（今河南洛阳西北），本来杨太后尚有侍从十多人，贾后却将侍从全部撤走。元康二年（292），杨太后也就绝食而死了，时年三十四岁。

30. 左芬为何被晋武帝所看重?

左芬（? ~300），齐国临淄（今山东淄博东北）人，是西晋文学家左思的妹妹，家世儒学。左芬年少好学，善于作文，名气亚于左思，武帝听说了她的才名，便将她纳入后宫。

泰始八年（272），左芬被拜为修仪，后为贵嫔。她姿色一般，没有受到武帝的宠爱，但她的才德被武帝看重。左芬体弱多病，常住在简陋的居室里。武帝每次游华林园（本名芳林园，在洛阳东北隅），总是来看望她。当说到文义时，左芬对答的语言秀美华丽，左右在旁侍听的人，没有不称好的。

左芬曾受武帝诏作《离思赋》，又曾为元杨皇后和万年公主献诔词（历述死者功德以示哀悼的文章），文章写得很有辞采。武帝看重左芬文章的辞采，因而一有方物异宝，就诏左芬作赋颂文章，也屡次赐她赏物。左芬另有答兄左思诗、书法作品及杂赋颂数十篇，并行于当时，但这些作品现在已经散佚了。

31. 司马炎乘羊车是怎么回事?

泰始九年（273），武帝司马炎下诏选公卿以下女子以充实后宫，在选女之事结束前，禁止人间婚嫁。司徒李胤、镇军大将军胡奋、廷尉诸葛冲等许多士族官僚的女儿，被选入宫。当时，多数名家望族女子故意穿着破旧的衣服，丑化容貌，以避免被选中。

太康元年（280），武帝灭吴，吴主孙皓请降。武帝又选孙皓妓妾五千人入宫，自此后宫近万人。因为所宠爱的人很多，武帝莫知所适。于是，他便常常乘着羊车，任由羊车所至，羊车停的地方即是他当夜宿泊之所。宫人取竹叶插户，以盐汁洒地，用以引武帝羊车。

32. 贾南风是如何专权弄政的?

贾南风即贾皇后（256～300），西晋平阳（今山西临汾东南）人，名南风，小名旹（shí），是晋武帝宠臣贾充的女儿。泰始八年（272），她被纳为太子妃。

贾南风妒忌多权诈，而太子不慧，是个白痴，很害怕她。她本性凶悍残酷，曾亲手杀死数人。又曾以戟抛向孕妾，腹中子随刃落地。武帝听说后，大怒，想废掉她，幸赖荀勖、元杨皇后等人救她，她才免于被废。

太子即位为惠帝，贾南风立为皇后，生有四女。贾后先是与掌禁军的楚王司马玮、东安公司马繇等合谋，杀掉总揽朝政的杨骏，囚禁杨太后，继而，用汝南王司马亮为太宰、卫瓘（guàn）为太保，共同辅政。司马玮手握禁军，司马亮、卫瓘欲谋夺司马玮兵权。贾后怨恨卫瓘当年劝武帝废太子，便使惠帝下诏，令司马玮诛杀卫瓘、司马亮。之后，贾后设计称司马玮伪造诏书，诛大臣，又处死司马玮。这样，贾后掌握了大权，与妹贾午的儿子贾谧商量，任命张华、裴頠（wěi）共掌机要，这期间有几年“八王之乱”中比较安定的日子。

贾后生活荒淫放恣，与太医令程据等淫乱。贾后无子，却谎称有身孕，将妹夫韩寿的儿子慰祖抱来抚养，并假托是居丧时所生。随后，贾后就图谋废太子（即愍怀太子，惠帝长子），欲以所养的慰祖代立。当时，洛阳城有歌谣说：“南风烈烈吹黄沙，遥望鲁国郁嵯峨，前至三月灭汝家。”贾后的母亲广城君很敬重愍怀太子，屡次劝贾后，要对太子施以慈爱。贾谧倚仗贾后的权势，对愍怀太子骄纵不敬，因而受到广城君的严厉责备。广城君病重时，愍怀太子常去探望，恭谨尽礼。临终前，广城君拉着贾后的手，言语很恳切地要求贾后善待太子，并且说：“赵粲和贾午一定会扰乱你的事，我死后，千万记着不要听他们的谗言。”

但是，贾后不能遵从广城君的遗言，而是专制天下，威服内外。她和赵粲、贾午谋划，诬害愍怀太子，众恶彰著。当初，诛杀杨骏、司马亮、卫瓘、司马玮等人，都是贾后临机专断，宦官董猛曾参与谋划。董猛在晋武帝时为寺人监，侍御东宫，得以受到贾后的宠信，因杀杨骏之功，他被封为武安侯，其三个兄长也都做了亭侯，弄得天下怨声载道。

愍怀太子被废杀后，赵王司马伦、孙秀等人乘机杀掉贾后，贾谧、赵粲、贾午、董猛等皆被处斩。贾后在位专权弄政总共十一年。

33. 晋惠帝羊皇后有何曲折经历?

羊皇后，名献容，泰山南城（今山东平邑南）人。父亲是羊玄之，爵兴晋公。在贾后被废之后，她于太安元年（302）立为惠帝皇后。据记载，羊皇后将入宫时，衣服中有火。

太安二年，成都王司马颖等上表指责长沙王司马乂等与羊玄之专擅朝政，杀害忠良，遂以讨伐羊玄之为名，起兵伐司马乂。羊玄之忧惧而死。司马乂败，司马颖奏请废羊皇后为庶人，并将她囚禁于金墉城。右卫将军陈昣（zhěn）等又伐司马颖，司马颖挟惠帝去洛阳，羊皇后之位被恢复。河间王司马颙部将张方攻入洛阳，又废羊皇后。张方挟惠帝到长安（今陕西西安西），留台[①]复羊皇后位。不久，张方又废羊皇后。当时，掌权的司马颙伪造诏书，以羊皇后屡次为奸人所立，派尚书田淑敕令留台赐羊皇后死。诏书多次传过来，刘暾（tūn）与荀藩、周馥赶紧上表，请求勿杀羊皇后。司马颙见表大怒，派陈颜、吕朗去拘捕刘暾。刘暾逃往青州，羊皇后遂免于被废。光熙元年(306)，东海王司马越迎惠帝还洛阳，惠帝迎羊皇后复位。后来，洛阳令何乔又废羊皇后。等到张方被司马颙所杀后，羊皇后才又得以复位。

光熙元年，惠帝死，怀帝立。洛阳败守，羊皇后被前赵刘曜纳为皇后。刘曜曾问她："我与司马衷（惠帝）相比，哪个好?"羊皇后答道："他怎么能与你相提并论? 陛下是开国圣主，他则是亡国暗夫，仅有一妇一子及他自己三个人而已，而且还不能保全。他虽贵为帝王，而妻子辱于凡庶之手。妾遭废辱时，实不望苟活，没想到又有今日。妾生于高门，常谓世间男子皆像他那样。自从侍奉陛下以来，才知道天下有大丈夫。"刘曜甚为宠幸羊皇后，生有二子。

---

① 留尚书仆射荀藩、司隶刘暾、河南尹周馥在洛阳，承制行尚书台事，号为东台。于是，有留台之名。

34. 晋康帝褚皇后为什么能屡次临朝称制?

褚皇后（324～384），东晋河南阳翟（今河南禹州）人，名蒜子。父亲褚裒为卫将军，领中书令。褚皇后聪明有才识，年少时以名家女人为琅邪王妃。及康帝即位，她为皇后，封母谢氏为寻阳乡君。

建元二年（344），穆帝即位，尊褚后为皇太后。当时，穆帝年仅两岁，不能亲政。领司徒蔡谟等上表，奏请褚太后临朝摄政，以宁天下。于是，褚太后临朝称制。有司上奏说，太后之母谢氏既已受封赏，太后的前母荀氏、卞氏二夫人亦应追封。太后没有准奏。又有太常殷融议朝廷礼制，认为褚裒在宫廷之上，对褚太后要尽臣敬；太后回家省亲之日，则依家人之礼。太后下诏说："有关典礼知道得不够详细，如果依所奏请，我心不安，令再细说有关礼制。"于是，又有人奏议说，父尊，为一家之长；君王贵，为天下人所敬重，这是情理之中的事。褚太后遂从所议，从此，朝臣都礼敬褚裒。

穆帝亲政后，褚太后居崇德宫。及哀帝在位时，因服长生药中毒昏迷，又由褚太后临朝摄政。兴宁三年（365），哀帝死，海西公司马奕即帝位。时桓温专权，阴怀野心。当他上表欲废海西公时，褚太后正在佛堂烧香，听到内侍外有急奏的禀告，遂走出佛堂。她倚门看了奏折数行，说："我本来就怀疑会有这种事。"将奏折只看到一半，太后就拿笔写下："我这个未亡人遭此百忧，感念存亡生死之事，心如刀割。"桓温起初呈上奏折时，担心太后与己意不同，紧张得发抖流汗，惊慌失色。等到太后诏出，才心中大喜。太和六年（371），桓温废掉海西公，立简文帝司马昱，尊褚太后为崇德太后。及简文帝死后，孝武帝司马曜继立。不久，桓温死，太后复临朝。太元元年（376），孝武帝行过冠礼①后，太后归政。

太元九年（384），褚太后驾崩，时年六十一岁。她历经康帝、穆帝、哀帝、废帝海西公、简文帝、孝武帝六朝，三次临朝称制，共四十年。

35. 简文帝郑太后有何事迹?

郑太后（？～326），河南荥阳（今河南荥阳东北）人，名阿春。

① 据《礼记·内则》：男子"二十而冠"，结发加冠，表示成年。

世为冠族。祖父郑合，为临济令。父亲郑恺，任安丰太守。

郑太后少孤，没有兄弟，仅有姐妹四人，她年纪最长。郑太后先嫁渤海田氏，生一男而寡，投靠舅吴氏。愍帝时，元帝为丞相，妃虞氏已死，将纳吴氏女为夫人。郑太后与吴氏女一起游后园，有的人见到了，就告诉元帝说："郑氏女（指郑太后）虽是寡妇，但才德远远好于吴氏女。"于是，建武元年（317），元帝纳郑太后为琅邪王夫人，甚是宠爱她。郑太后虽贵幸，而常有忧色。元帝问原因，她答道："贱妾有三个妹妹，大妹妹已嫁给王褒，另外两个妹妹尚未出嫁，担心我现在为人侍妾，无人来聘娶。"元帝遂遣宠臣刘隗为郑氏两个妹妹物色佳偶。刘隗举荐兄弟之子刘傭娶郑太后的第二个妹妹，最小的妹妹则嫁给了汉中李氏。二人嫁的都是南渡的北方世族中人。元帝又召王褒为尚书郎，以取悦于郑太后。

郑太后生琅邪悼王、简文帝、寻阳公主。建武二年，元帝即位。郑太后虽为夫人，但元帝诏告太子等都要以侍奉母亲之礼对待郑太后。元帝崩，郑太后称建平国夫人。咸和元年（326），郑太后死，被追号为会稽太妃。孝武帝时，定其尊号为简文太后。

36. 晋孝武帝李太后有何传奇经历?

李太后名陵容，出身微贱。简文帝为会稽王时，曾有三子，但都早夭。自从道生被废黜①，简文帝的众多姬妾绝孕近十年。简文帝令卜者扈谦为其筮占，扈谦说："后宫有一女子，当能抚育二男，其中一男终会使晋室强盛。"当时，徐贵人生新安公主，以贤德美貌受宠幸。简文帝希望徐贵人能有身孕，却仍然多年无子。恰好有一位道士许迈，朝臣多认为他是个得道之人。简文帝就召问他，许迈回答说，此事非他所能下断语，当从扈谦之言，以存广接之道。简文帝认为许迈说得对，更加广为采纳姬妾。然而，数年仍无子，简文帝于是令善相者来为诸爱妾看相，看相的人都说这些爱妾中没有能抚育贵子之人。于是，简文帝又召来诸婢媵②（yìng）去。当时，李太后为宫人，在织坊中做活，个子高而肤色黑，宫人都称她为崐崘③。她被召来后，

① 道生是简文帝的王皇后所生，为世子。永和四年即公元348年，母子都被废。

② 指古代随嫁的女子。

③ 古代对黑色皮肤人的称呼。

相面者惊叹道："贵人就是她。"简文帝遂召她侍寝。据记载，李太后多次梦见两龙枕膝，日月入怀，料想这是吉祥之兆，就向同辈人说起所梦之事。简文帝听说了，很惊异，之后便生下孝武帝、会稽文孝王、鄱阳长公主。

37."卧冰求鲤"的故事是怎样的?

"卧冰求鲤"说的是王祥的故事。王祥（184~268），西晋琅邪临沂（今山东费县东）人，字休徵。他是汉代谏议大夫王吉的后人。父亲王融，公府召其为官，不肯出仕。

王祥本性至孝。早年丧母，继母朱氏不慈爱，屡次说坏话诬陷他，父亲因而不喜欢他。尽管如此，父母有病时，王祥衣不解带，在汤药端给父母之前，必先亲自尝一尝。继母常常想吃生鲜活鱼，王祥不畏天寒冰冻，解开衣服，将要剖冰捉鱼时，冰忽然自己裂开了，有两条鲤鱼跳出来，王祥便带着鱼而回。这就是"卧冰求鲤"的故事。

据载，王祥的继母想吃烧烤的黄雀，于是，又有数十只黄雀飞入他家的帐幕，王祥就用以供奉继母。乡里人惊叹不已，认为是王祥的孝心上感于天，才致于此。有丹柰（nài，木名）结果，继母便让王祥看守这棵树，每逢风雨天，他就抱树而哭。其笃孝竟至如此。

汉末动乱，王祥与继母、弟弟王览隐居庐江（今安徽庐江县西南）三十余年。继母去世后，王祥居丧尽礼，伤心憔悴，要扶着木杖才能站起来。

38.王祥为何被司马昭父子所信重?

王祥侍奉继母以孝出名，后来，为避汉末动乱，在庐江隐居，不应州郡之命。徐州刺史吕虔欲召其为别驾①，时王祥已近耳顺（六十曰耳顺）之年，一再拒绝。王祥弟弟王览劝说他，并为他备好牛车，王祥这才应召，吕虔遂委以州事。当时，社会动荡不安，寇盗众多，王祥率领兵士，奋勉讨伐，频频破敌。因而，州界清静，政化大行。有首歌谣称颂他说："海沂之康，实赖王祥。邦国不空，别驾之功。"

---

① 别驾是刺史的佐吏。刺史巡视时，别驾乘驿车随行，故名。

魏曹髦帝正元二年（255），镇东将军毌丘俭、扬州刺史文钦起兵反对司马师。司马师统兵十余万平乱，王祥随从讨伐毌丘俭，以功迁太常①。曹髦帝驾临太学②，命王祥为三老③。王祥南面几杖，以师自居。曹髦帝北面求教，王祥陈述明王圣帝君臣政化之要旨，以训导曹髦帝。甘露五年（260），曹髦帝被杀，朝臣举哀，王祥大声哭着说："老臣无能，没有什么功劳呀！"哭得涕泪横流，使众人都感到惭愧。不久，王祥迁太尉，加侍中。

司马昭为晋王时，王祥与司空荀颉（yǐ）一起去拜见他。荀颉对王祥说："晋王位尊权重，连何侯（朗陵侯何曾）都行拜礼致敬，如今我们见晋王也应当行拜礼④。"王祥答道："晋王确实是尊贵之人，然而，他是曹魏之宰相。我们是曹魏之三公，公与王官位相距仅一级，上朝时站的队列也大致相同，哪有天子的三公总给人行拜礼的道理！果真那样的话，不仅有损于曹魏威望，也有亏于晋王之德。君子爱人以礼，我不会那样做的。"等到入见司马昭时，荀颉行拜礼，而王祥只是拱手行礼。司马昭说："我今日才知道魏帝对王祥的信任有多厚重！"

及武帝司马炎建立西晋，王祥拜太保，晋爵睢陵公。王祥因年事已高，很少去朝见武帝，武帝则派侍中任恺去向他咨询得失及政化所先。王祥以年老为由，多次请求让位，武帝不允许。御史中丞侯史光以王祥久病，不来朝会行礼，上表请免王祥官职，武帝将侯史光的奏表扣住不发，不从所议。经王祥一再请求告老还乡，武帝这才下诏，令王祥仍留居京邑，禄赐如前，另赐有侍从车马钱物等。

泰始四年（268），王祥死。去世后，前来凭吊者并非朝廷之贤士，只是亲戚和以前的僚属而已。王祥在正始（240～249）时期，不在能言之流。但与之言，亦能清谈，理致清远。

39. 王览有何孝友之行？

王览（206～278），字玄通，西晋琅邪临沂（今山东费县东）人，

① 为九卿之首，官三品，掌邦国礼乐、郊庙祭祀，兼选试博士。

② 即国学，设在京城的最高学府之一。当时，太学设在洛阳。

③ 掌教化的乡官。

④ 古代表示敬意的一种礼节。行礼的时候，两腿跪地，低头向下与腰齐平，两手至地。

王祥异母弟。他以孝友恭恪闻名。

王览的生母朱氏是王祥的继母，虐待王祥。王览几岁时，见王祥被母亲鞭打，总是抱着王祥流泪。等到长大以后，王览常常劝谏母亲，朱氏因而稍微收敛了些。朱氏屡次无理驱使王祥做事，王览总是与王祥一起去做。朱氏又虐待役使王祥的妻子，王览的妻子也跑去和王祥妻一起干活。这样一来，弄得朱氏心中忧虑，才不再虐待王祥及其妻子。王祥丧父之后，渐渐出了名。朱氏大为嫉妒，暗中在酒里下毒，想毒杀王祥。王览知道后，特意站起来取酒。王祥怀疑酒中有毒，争着取酒，不肯给王览。朱氏见状，就赶紧把酒夺过来倒掉。从此，凡是朱氏给王祥的饮食，王览总要先尝一尝。朱氏害怕王览尝到有毒的饭食会致命，遂不再下毒杀王祥。

等到王祥出仕时，王览也应本郡之召，稍迁司徒西曹掾、清河太守。后来，转太中大夫，位至光禄大夫。咸宁四年（278），王览死，时年七十三岁。

据载，当初徐州刺史吕虔有一把佩刀，当时人们认为只有位居三公之人才可佩戴此刀。吕虔对王祥说："如果所佩非位居三公之人，这把刀也许会成为祸害。我看你有公辅之量，是尊贵之人，故以此刀相赠。"王祥一再推辞，但因为吕虔执意相赠，才收下佩刀。王祥临死前，将此刀送给王览，说："你的后人一定会兴盛，能配得起这把刀。"

后来帮助晋元帝司马睿建立东晋政权的王导，即是王览的孙子。王览后人累世多贤才，在江南是名门望族。

40. 郑冲其人学识如何?

郑冲（？~274），字文和，西晋荥阳开封（今河南开封县西南）人。他出身寒微，清恬寡欲，好读经史，遂博究儒术及百家之言。仪容风雅，动必循礼，任真自守，不求名誉。

东汉末，曹丕为太子，命郑冲为文学①，累迁尚书郎，出补陈留太守。郑冲以儒雅为德，任职不干政局，用竹器盛饭，穿旧絮袍，不谋置资产，世人因此看重他。魏齐王曹芳嘉平三年（251），郑冲拜司空。及高贵乡公曹髦读《尚书》，郑冲亲自为帝讲经。不久，转司徒。

① 三国魏诸王府开始有此吏名，为侍奉文章之职。

常道乡公曹奂即位，郑冲拜太保，封寿光侯。郑冲虽位高而不预政事。当时，司马昭主政，平蜀之后，命贾充、羊祜等分定礼仪、律令，这些都要先请教于郑冲，然后再施行。西晋建立，郑冲拜太傅，晋爵为公。屡次请求免官还乡，晋武帝皆不许。泰始十年（274），郑冲死，武帝亲自于朝堂发哀。

郑冲与何晏等人著有《论语集解》，集《论语》诸家训注之善者，因袭其义，有不妥处则有所改易。此书后来收入《十三经注疏》中。

41. 何曾对晋室有何贡献?

何曾（199～278），字颖考，西晋陈国阳夏（今河南太康）人，魏太仆何夔之子。何曾年少袭父爵位，好学博闻，与同郡袁侃齐名。

魏明帝时，何曾补河内太守，在任有威严之称。魏齐王曹芳嘉平年间，为司隶校尉。抚军校事尹模恃宠作威，奸利盈积，朝野畏惧，无人敢说他。何曾上奏弹劾尹模，遂受朝廷颂扬。当时，与司马懿同受魏明帝遗诏辅政的大将军曹爽专权，司马懿便称病不问政事，何曾亦称病。后曹爽被司马懿诛杀，何曾才又在朝议事。及司马师废魏齐王曹芳，何曾与之有过谋划。

司马昭执政时，因为步兵校尉阮籍负才放诞，遭母丧仍然在司马昭面前饮酒食肉，何曾便当着司马昭的面，诘问阮籍：“你纵情悖礼，是败俗之人。当今忠贤执政，综核官吏名实，像你这类人，是不可能长久的。”进而又劝司马昭将阮籍发配到边远之地。司马昭不听，何曾就又引据申述，辞理很是激切，时人因此而敬惮他。另据载，毌丘俭因起兵反对司马师，兵败被杀。其妻荀氏有个女儿也在株连论斩之列，但因为已有身孕，暂时被囚于牢中。荀氏乞请何曾相助，说自己愿没为官婢，来为女儿赎命。何曾听后，哀有所感，立即上表。朝廷上下都以为何曾所论恰当中正，遂改判荀氏之女。又据记载，司马昭为晋王时，何曾与高柔、郑冲俱为三公。三人去见晋王，高、郑二人只是拱手行礼，唯独何曾行拜礼，以尽显敬意。

司马炎袭晋王位，以何曾为晋王丞相，加侍中。何曾与尚书仆射裴秀、御史大夫王沈等劝司马炎代魏称帝。司马炎即帝位，何曾拜太尉，晋爵为公。西晋泰始初年，他又官至太傅。后来，何曾屡以年老，乞求让位。武帝不许，之后，每次召见他，敕令何曾可自带饮食服物。咸宁四年（278），何曾死。

何曾性至孝，内室整肃，他从小到大，无声乐宠幸之好。年老之后，与妻相见，都是衣冠端正，相待如宾。何曾南向，妻北面，拜两次上酒，酬酢结束便出去。而一年中像这样情况的也不过两三次。

42. 何劭为什么能从容处于晋室交争之中?

何劭（shào）（约 236～302），字敬祖，何曾之子。年少时，与武帝交好。及武帝即位，何劭为散骑常侍，甚受亲信、优待。何劭仪态风雅，如果有远客朝见，武帝必会召他随从接见。每有各地贡献之物，武帝总是对他有所赏赐，而观察他问候酬谢之态。惠帝继立，何劭为太子太师，累迁尚书左仆射。

何劭博学，善写文章，对近代事了如指掌。永康元年（300），迁司徒。永康二年，赵王司马伦篡位，以何劭为太宰。何劭辗转交游于齐王司马冏、河间王司马颙、成都王司马颖之间，这三王虽争权夺利，却没有怨恨他的。何劭优游自足，不贪权势。他撰有《荀粲传》、《王弼传》及诸奏议文章并行于世。

43. 何曾、何劭父子奢侈情况如何?

何曾性好奢豪，务在华侈。帷帐车服，穷极绮丽，厨膳滋味，超过王者。据载，魏曹髦帝正元年间，何曾为镇北将军、都督河北诸军事。上任前，司马昭、齐王司马攸为其送行。何曾备太牢①之食，盛宴款待众人。侍从吏员，无不醉饱。每次宴饮朝见时，何曾不吃太官所设饮食，武帝就命由他自备。蒸饼如果裂开成十字，他也不吃。饮食每日花费万钱，但何曾仍然说，没有下筷子的地方。有人以小块纸写文书，他便敕令记室不要呈报。刘毅等多次弹劾何曾奢侈无度，武帝以其为重臣，不去过问。

都官从事刘享尝奏言何曾侈华，以铜钩丝绳引车，用似玉美石装饰牛犄角。后来，何曾征召刘享为属官。有的人劝刘享不要去，刘享却认为这是属于公事，不会是用以报私仇，遂去应召。谁知去了之后，何曾常因小事杖罚刘享，其外宽内忌，由此可见一斑。当时，司空贾充权比人主，何曾便卑事依附于贾充。及贾充与关内侯庾纯因酒相争，何曾评论是非，偏袒贾充而贬抑庾纯，以此受到了正直之人的

---

① 古礼：天子用太牢，牛、羊、猪俱全；诸侯用少牢，仅有羊、猪。

讥刺。

何劭骄奢简贵，亦有父亲何曾之风。新旧衣物及供玩赏的东西，加到一起非常多。他的饮食必须是四方珍异应有尽有，一日的花销值两万钱。时人议论说，太官备办的皇帝御膳，也比不过何劭。

44. 何绥为何被杀？何嵩又为何事而痛哭？

何曾有二子:何遵、何劭。何遵有四子:何嵩、何绥、何机、何羡。

何绥（？～309），字伯蔚，位至侍中尚书。其奢侈过于父、祖，自以出身名贵，性轻物，所上奏札文辞简傲。城阳王尼看到他的奏疏，对人说："伯蔚生逢乱世，却如此矜夸豪奢，难道他能免除灾难吗?"刘舆、潘滔又在东海王司马越面前说坏话诬陷何绥，司马越遂杀何绥。

当初，何曾侍从武帝宴饮，退出宴席后，告诉何遵等人说："国家应天受禅，创业垂统。我每次宴饮朝见，未尝听到关于治国远图的谋议，大家只说平生常事，这恐怕不是造福孙辈的兆头。武帝之后，其子嗣怕是会殆危的。整个晋国如此，家也难以保全，这就是作为子孙后代所忧虑的。你们这代人尚可无恙，平安度过一生。"何曾又指着孙子们说:"到你们这代人就会遇到乱亡之祸了。"等到何绥被杀，何嵩痛哭着说:"祖父真是通达事理呀!"

据载，何嵩宽弘爱士，博览坟籍，《史记》、《汉书》读得尤其精熟。官领著作郎。何机为邹平令，性亦矜傲。何羡为离狐令，骄纵吝啬，欺凌别人，乡间闾里疾之如仇。殆至晋怀帝永嘉末年，何氏一族也就灭亡无遗了。

45. 石苞有何战功？

石苞（197～272），字仲容，西晋渤海南皮（今河北南皮东北）人。雅旷有智局，容仪伟丽，不修小节。所以，时人有谣谚说："石仲容，姣无双。"

三国魏时，县召他为吏，给农司马。恰逢阳翟郭玄信奉使来召御吏，司马便让石苞、邓艾[①]去充任。走了十余里，郭玄信对二人说:

---

① 邓艾是三国时人，司马懿任为尚书郎。平蜀之役中，邓艾进军成都城外，迫使刘禅出降。以功拜太尉。

“你们以后当会做到卿相。”石苞说：“只是去做个御吏，哪来卿相之尊?”不久，石苞又被派到邺（今河北临漳西南），事久不决，困而贩铁于邺市①。市长②赵元儒以知人出名，见到石苞，视其不同于寻常人。于是，与石苞结交往来，感叹石苞前途远大，当至公辅之位，石苞因此而知名。

司马师主政，用石苞为中护军司马，徙邺典农中郎将。当时，曹魏王侯多住在邺下，丁谧为尚书，受到辅政的曹爽的敬重，对其言无有不从，贵倾一时。石苞奏劾丁谧，由此而见称于世。历任东莱、琅邪太守，都有威惠，迁徐州刺史。

司马昭伐吴，败于东关（今安徽含山西南），唯独石苞能全军而退。司马昭遂迁石苞为奋武将军、监青州诸军事。甘露二年（257），诸葛诞起兵反对司马昭，石苞统领青州诸军，选拔骁勇士兵为游击部队，以备外寇。吴国则派大将朱异、丁奉等援助诸葛诞，诸葛诞等人将装有军需物资的载重车留在都陆，轻兵渡黎水。石苞等率兵迎击，大破敌军。泰山太守胡烈出兵袭都陆，焚毁诸葛诞留下的物资，吴国朱异等援军也撤退了。平乱之后，石苞被封为东光侯、督扬州诸军事，后迁骠骑将军。及武帝代魏称帝，石苞迁大司马，晋封乐陵郡公，加侍中。

自从诸葛诞之乱平定后，石苞便镇抚淮南。士马强盛，边境多务，他既勤于诸事，又以威德施政。淮北监军王琛看不起出身低微的石苞，又听到有童谣说：“宫中大马几作驴，大石压之不得舒。”于是，王琛秘密上表，说石苞与吴国有往来。武帝疑心石苞会作乱，便下诏免其官，并派大军征讨。石苞用属官孙铄的计谋，放兵步出，住在都亭待罪。武帝听到后，心中的怀疑减轻了些。等到石苞到宫殿朝见，武帝让他以公还第，石苞自耻在官无政绩而无怨色。泰始八年（272），石苞死。临终前，他定下丧葬礼制，规定不得厚葬，诸子皆奉遵遗令。

46. 石崇与王恺是怎样斗富的?

西晋是由世家豪族建立起来的，社会风气穷奢极欲。晋武帝就是

---

① 集中进行交易的场所。

② 掌管市场的官长。

一个荒淫之人，后宫近万人。《世说新语·汰侈》记载，武帝的驸马王济用人奶喂养小猪，这样，蒸出来的小猪肥美，异于常味。武帝曾到王济家做客，得知他用人乳养猪的情况后，心中非常不快，还没吃完就离席而去。石崇与王恺斗富的事例，也正是这种风气典型的真实写照。

王恺是西晋东海郯县（今山东郯城北）人，字君夫，有才干而行为不检。他是司马昭妻弟，司马炎的舅舅，封山都县公，官至后将军，是当时有名的豪富之家。

石崇是石苞的小儿子，字季伦，生于青州，故小名齐奴。年幼敏惠，勇而有谋。石苞临终时，分财给诸子，唯独没有分给石崇。石崇母问及原因，石苞说："此儿虽小，但以后他自己就能获得财富。"二十多岁时，石崇为修武令，有能名。入为散骑郎，迁城阳太守。攻吴有功，封安阳乡侯。虽有职务之事，仍好学不倦。不久，拜黄门郎，累迁侍中。惠帝即位，石崇因忤怒辅政的杨骏，出为南中郎将、荆州刺史，在任期间，劫夺远来商客，致富不赀。转监徐州诸军事，镇下邳。因与徐州刺史高诞争酒相侮，被免官。后来，石崇复拜卫尉，谄事侍中贾谧，为"二十四友"之一。

石崇有别墅在河阳之金谷（又名梓泽，在今河南洛阳东北），有水碓（duì）三十余区，苍头（奴仆）八百余人，珍宝田宅无数。他的财产丰积，室宇宏丽，后房百数，都是衣着华丽，戴金翠耳环。他过的生活是"丝竹尽当时之选，庖膳穷水陆之珍"。

王恺、石崇二人争豪比富，企图压倒对方。王恺家以麦糖洗锅，石崇家把蜡当柴烧。王恺用紫色的丝布，做步障四十里；石崇就用织锦做更华丽的布障五十里。石崇以椒涂屋，王恺就用赤石脂。武帝也每每助王恺，曾赐给王恺一株珊瑚树。这株珊瑚树，高二尺许，枝条扶疏多姿，世所罕比。王恺得意地向石崇炫耀，谁知石崇用铁如意，一下子就把这株珊瑚树击碎了。王恺惋惜不已，认为石崇嫉妒自己的宝物，便厉声斥责石崇。石崇说："不值得这么恼火，我现在就可以还你一株。"于是，命左右将家里的珊瑚树都取来，其中，高三四尺的有六七株，条干绝俗，光彩夺目，像王恺的珊瑚树那样的，就更多了。王恺一看，怅然若失，自叹不如。

石崇为客做豆粥，一霎时就做成了。每到冬天，又有韭蓱（píng）齑（jī，用酱拌和所细切的菜）。石崇曾经与王恺乘车出游，争入洛城，石崇的牛迅若飞禽，王恺的牛怎么也赶不上。王恺每每对这三件事感到不满意，于是，私下里贿赂石崇的属下，问其原因。石崇的属下回答说："豆子很难煮熟，因而，便提前将豆子做成煮熟的碎末，客人来了，只要再把它做成粥就可以了。韭蓱齑是用韭根加上麦苗做成的。牛本来跑得不慢，驾车的人却因赶不上牛，反而加以控制，使牛慢下来。如果听任牛放行，则牛奔走就快了。"王恺听了恍然大悟，也照样去做，遂超过石崇。石崇后来知道了，便杀掉告密者。

47. 石崇缘何被杀?

贾谧被赵王司马伦杀掉后，石崇因为是依附贾谧的党羽而被免官。当时，赵王司马伦专权，石崇的外甥欧阳建与司马伦有嫌隙。石崇有一爱妾，叫绿珠，据唐刘恂《岭表录异》说，她是白州（今广西博白）梁氏之女，石崇为交趾采访使时，用三斛珍珠买下了她。绿珠长得美艳，善吹笛。司马伦宠臣孙秀派人到石崇那里，想求得绿珠。当时，石崇正在金谷别墅，刚登上凉台，听到使者禀告，就将婢妾数十人都叫出来，让使者挑选。使者说："我本受命索要绿珠，不知道哪一个是她?"石崇勃然大怒："绿珠是我的爱妾，不可能交给你。"使者劝其三思，石崇坚决不答应。孙秀因而发怒，劝司马伦诛杀石崇、欧阳建。石崇、欧阳建知道了孙秀的阴谋，便偷偷劝谏淮南王司马允、齐王司马冏杀赵王司马伦、孙秀。不料，孙秀有所觉察，遂矫诏逮捕石崇、欧阳建等人。拘捕的士兵来到时，石崇正在楼上宴饮，见状后，对绿珠说："如今我是为了你才得此罪的。"绿珠哭着说："我当死在你面前。"于是，自投楼下而死。石崇以为，不过会被流徙到交、广之地而已，等到被车载到东市，才感叹道："原来你们这帮奴才，是贪图我的家财。"逮捕他的人答道："既然你知道家财会招来祸害，为什么不早些时候就疏散家财呢?"石崇无言以对。石崇死时年五十二岁，其母、妻、子无论老幼皆被害。

48. "渤海赫赫，欧阳坚石"说的是谁?

"渤海赫赫，欧阳坚石"说的是欧阳建。他是西晋渤海重合（今山东乐陵西北）人，字坚石，石崇的外甥。他家世代为渤海豪强。欧阳建雅有理思，文辞美赡，擅名北州。历任山阳令、尚书郎、冯翊太守，受到时人的赞誉。因赵王司马伦扰乱关中，主掌朝政，欧阳建常常有匡正之议，致使司马伦有怨恨在心。后来，他与石崇等人谋划杀司马伦，但事情泄露，反而被司马伦诛杀。死时年仅三十多岁，知道的人莫不悼惜感叹。临死前所作的诗，文辞很是凄楚哀痛。著有《欧阳建集》二卷，后散佚。

49. 孙铄为何见称于当时?

孙铄，字巨邺，西晋河内怀县（今河南武陟西南）人。年少时，为县吏，转郡主簿。因为他出身微贱，官僚大姓看不起他。唯独太守吴奋赏识他，对他受轻视之事很生气，遂举荐孙铄为司隶都官从事。司隶校尉刘讷很欣赏孙铄。后来，吴奋又将孙铄推荐给大司马石苞，石苞征召他为属官。就在孙铄将去应召，走到许昌（今河南许昌县东）时，恰逢武帝怀疑石苞有叛乱之心，派军队袭击石苞。当时，汝阴王坐镇许昌，孙铄去拜见他。汝阴王以前就认识孙铄，便以乡里之情私下里劝告孙铄："不要掺和到这次祸乱中去。"孙铄出来后，赶紧跑到石苞那里，劝其放兵待罪，石苞依赖他的帮助而免于祸。后孙铄迁尚书郎，在职期间，驳议十余事，为当时所称。

50. 羊祜有何远见卓识?

羊祜（hù）（221～278），字叔子，西晋泰山南城（今山东平邑南）人。世吏二千石。父亲羊衜，仕为上党太守。羊祜是汉左中郎将蔡邕的外孙，晋景帝司马师羊皇后的同父异母弟。

羊祜十二岁时，父亲去世。他曾在汶水边上游玩，碰到一个老人对他说："你有好面相，不到六十岁，就会建立天下大功。"说完就走了。羊祜长大后，博学能做文章，身高七尺三寸，美须眉，善谈论。郡将夏侯威视他非同常人，将兄长夏侯霸之女嫁与羊祜为妻。羊祜与王沈都被大将军曹爽征召，王沈劝羊祜应召，羊祜说："寄人篱下，侍奉于人，又有什么容易的呢?"等到曹爽为司马懿所杀，王沈被免官，遂对羊祜感叹地说："我常常记起你以前说过的话。"羊祜答道："人事变迁并非刚开始就能预料得到。"羊祜有先见之明，却又如此不矜夸自己。

魏末，羊祜任相国从事中郎，与荀勖共掌机密。迁中领军，执掌军事要权，兼理内外政事。晋武帝泰始初年，以羊祜为尚书左仆射、卫将军，给本营兵。

武帝有灭吴之志，泰始五年（269），以羊祜任都督荆州诸军事。羊祜率营兵出镇南夏，开设地方学校，怀柔安抚远近，很得江汉人心。吴国石城距离西晋的襄阳有七百多里，每每侵扰，造成西晋边患。羊祜为此心中忧虑不安，以计谋使吴国罢免石城长官，之后，他将用于戍守的人员减半，分出人力来垦田八百余顷，广积军粮，大获其利。

后来，武帝加羊祜为车骑将军，适逢吴将步阐举城投降西晋，受到吴将陆抗的猛烈攻击，武帝下诏命羊祜救援步阐。羊祜率兵五万，派荆州刺史杨肇攻陆抗，没有打胜，步阐被陆抗所擒。羊祜也因此被贬为平南将军。

羊祜注意经营谋略，占据险要，收膏腴之地，夺吴人之资，石城以西，尽为西晋所有。由此，先后来归降的吴人不断。羊祜更加注意增进德信，奉行怀柔政策，慨然有吞并吴国之心。每次与吴人交战，都是约定好时间再战，不作突袭之计。将帅有想进献诡诈策略的，羊祜就拿酒给他们喝，使他们没机会说。有人抓了吴国的两个俘虏，羊祜便将俘虏遣送回家。吴将陈尚、潘景带兵来攻，羊祜将二人斩杀，并厚加葬敛。陈尚、潘景的子弟来奔丧，羊祜则以礼遣送回去。羊祜率军路过吴国，收割谷子作粮食，都要计算所得数量，送绢作为抵偿。每次聚集众人游猎，常限于晋国地界之内。如果禽兽是吴人先打伤的，又为晋兵所得到，羊祜则将禽兽还给吴人。这样一来，吴人对羊祜心悦诚服，称他为羊公。

羊祜缮甲训卒，增强戒备，并造船只，大治水军，筹备伐吴。咸宁二年（276），羊祜除征南大将军。当初，羊祜认为伐吴一定要凭借上流之势。时有吴地童谣说："阿童复阿童，衔刀浮渡江。不畏岸上兽，但畏水中龙。"羊祜听到后，说："水军会有功于伐吴，但应考虑与童谣中的名字相验合。"恰有益州刺史王濬征为大司农，羊祜知他可堪任使，且王濬又小字阿童，因而，便举荐王濬监益州诸军事，密令其修舟楫，为顺流之计。羊祜又上疏请求伐吴，但朝议多不同，没有准他所奏。

羊祜的女婿曾劝其结党营私，他默然不应，随后就此事对诸子说，为人臣子树私心而背公，是头脑昏乱的表现。又碰上吴人侵扰弋阳、江夏，武帝下诏派侍臣去诘问羊祜为何不追讨来犯的吴兵，并想让他迁徙州府所在地。羊祜说，江夏距他镇守的襄阳有八百里，等知道吴人来袭的消息，吴人早已经离去了；疆场之间，一彼一此，古训里说重在小心守备，如果因此而迁徙州地，敌人出没无常，那不知州府应盘踞何处为好。这一番话，说得被派来诘问他的侍臣无话可说。

咸宁四年，羊祜有病，请求入朝，面陈伐吴之计。武帝考虑到他有病在身，不宜经常出入宫廷，便派中书令张华去问他有关筹策。十一月，羊祜病重，举荐杜预接任自己的职位，不久病死，追赠侍中、太傅。他死后两年，吴国为西晋所灭，武帝端着酒杯，流着眼泪说："这是羊太傅的功劳啊！"

51."堕泪碑"为谁而立?

"堕泪碑"是为羊祜而立。羊祜立身清俭，穿戴朴素，所得俸禄，都给了九族亲人，或赏赐军士，家无余财。羊祜喜好山水，每有美景致，他一定会到岘山（又名南岘或岘首山，在今湖北襄阳南）置酒言咏，终日不倦。有一次，他在山上感叹，回头对从事中郎邹湛等人说："自从有宇宙，就有这座山。自古以来，贤达圣士，登此山远望，像我与你们这样的太多了！然而，这些人现在都已经湮灭无闻了，使人想起来就悲伤。如果百年后地下有知，我的魂魄还会登上此山。"邹湛说道："公德冠四海，道嗣前哲，你美好的名望，一定会与这座山一样流传后世。至于像我们这些人，才会如你说的那样，最终湮没无闻。"

羊祜死后，武帝素服而哭，很是哀痛。他死的那一天，又是二十四节气中的大寒，武帝的涕泪都沾到了胡须、两鬓上，并且都结成了冰。南州人征市日听到羊祜死去的消息，无不悲恸号泣，竟为之罢市，巷道痛哭之声不绝于耳，连吴国守边将士也在为羊祜之死而哭泣。羊祜的仁德感人至于此。

羊祜镇守襄阳十年，很得江汉众人之心。他死后，襄阳百姓就在岘山之上，羊祜生前游憩的地方建碑立庙，并岁时来祭祀他。看到这块碑的人莫不流涕痛哭，于是，杜预将这块碑起名为"堕泪碑"。荆州人则为羊祜讳名，凡是屋室都称作门，户曹也改称辞曹。

据记载，羊祜五岁时，让乳母去取自己所把玩的金环。乳母说："你以前并没有金环。"羊祜就立即到邻居李氏家东墙的桑树间找到了金环。李氏惊奇地说："这个金环是我死去的儿子所丢失的东西，怎么会被你找到呢?”乳母详细地告诉了缘由，李氏悲惋不已。当时的人很惊异，认为李氏之子是羊祜的前身。又有善于看墓地风水的人，说羊祜祖父的墓地有帝王之气，若凿开它则会无后人，羊祜遂凿开了墓地。看风水的人见了，说：“虽然墓地被凿开，仍然会出折臂三公。”羊祜后来因为从马上掉下来而折臂，官至公位却无儿子。

52. 杜预有何战功与政绩?

杜预（222~285)，字元凯，西晋京兆杜陵（今陕西西安东南）人，魏幽州刺史杜恕之子。

杜预娶司马昭之妹高陆公主，起家拜尚书郎。武帝泰始年间，守河南尹。当时，敌方侵扰陇右（泛指陇山以西地区)，杜预被任命为安西军司。到长安后，转秦州刺史。安西将军石鉴命杜预出兵击敌。杜预以敌人乘胜，而官军疲乏，认为应春天再去讨伐，并陈述了五不可、四不须。石鉴闻听大怒，遂奏劾杜预擅自装饰城门官舍，稽乏军兴，派御史将他送到廷尉那里治罪。但杜预是公主驸马，有被减免刑罚的特权，只以侯赎论。其后陇右之事终如杜预所陈述的那样。

当时，朝廷皆认为杜预明于筹略，正碰上有匈奴主将刘猛举兵反叛，于是，诏命杜预以散侯定计省闼，不久拜度支尚书。杜预奏请立籍田，建边防，论处军国之要。他又创造人排新器，兴常平仓①，定谷价，较盐运，制课调，内以利国外以救边者五十余条，都被朝廷采纳。杜预又以时历差舛，不应晷度，奏上《二元乾度历》，传行于世。他认为孟津渡口险要，有覆没之患，请建河桥。议者以为不可建河桥。及桥建成，武帝率百官来观，举着酒杯对杜预说：“若不是你，此桥不可能建起来。”咸宁四年（278）秋，天下大雨，发生蝗虫之灾。杜预又上疏多陈言农事之要。他在朝内任职七年，损益万机，不可胜数，朝野称美，号其为“杜武库”，言其无所不有。

武帝心有灭吴之计，而朝议多有不同，唯杜预、羊祜等与武帝心意相合。咸宁四年，羊祜卒，杜预拜镇南大将军，都督荆州诸军事。杜预到任后，缮甲兵，耀威武，选拔精锐兵勇，袭击吴国西陵督张政，大破而还。张政是吴国名将，认为自己占据要害之地，却因事先无所戒备而战败，于是，他深以为耻，没有将战败的实情禀告给吴主

---

① 汉以后为调节粮价而设置的粮仓，谷贱时收进，贵时卖出。

孙皓。杜预想离间吴国边地将领，便呈表把战胜所得俘虏放还给孙皓。孙皓果然召回张政，而派武昌监刘宪继任。如此一来，临阵易帅，犯了兵家大忌就促成了吴国倾颓之势。

经过一番经营谋划之后，到了咸宁五年，杜预与王濬等连表请求伐吴。不久，诸将分路进兵，杜预自率一军南进。太康元年（280），杜预驻兵江陵（今湖北中部偏南、长江沿岸），派参军樊显、尹林等人率众沿长江西上，并授以大权，旬日之间，多次攻克城邑，都如杜预计谋的那样。杜预又派牙门管定、周旨等率奇兵八百，泛舟夜渡，以袭击乐乡，并张设众多旗帜，起火巴山，出没于要害之地，使敌人心中慌乱。吴都督孙歆为此震恐不已，称从北来的晋军飞渡长江。孙歆遣军迎战王濬，大败而还。周旨等人于是发伏兵，乘机随吴军入城，而孙歆没有觉察到，直至帐下，遂被晋军俘虏。所以，军中称这次智取是："以计代战一当万。"由此，晋军进逼江陵。吴督将伍延诈请降，列兵登上城墙上的矮墙，杜预乘机发兵一举攻克江陵。攻下长江上游之后，沅、湘以南，至于交、广，吴之州郡皆望风而降，奉送印绶，杜预则依武帝诏加以安抚。杜预又借军威，徙将士屯戍之家充实到江北，南郡故地各设置长吏，荆（今湖北西部一带）土为之肃然，吴人奔赴如归。

江陵被攻克后，在当时的众军会议上，有人认为宜等来年冬天，再大举攻吴。杜预则认为，今兵威已振，若乘胜攻吴会势如破竹，遂指授群帅，往攻秣陵（即吴都城建业，在今南京市。晋灭吴后，改名为秣陵）。晋军所过城邑，吴军莫不束手而被攻破。吴主孙皓投降后，杜预以灭吴功，封当阳县侯。

杜预平吴后还镇，认为天下虽安，但忘战必危，因而，他勤于讲武，修立泮（pàn）宫（西周诸侯所设大学），由此，江、汉之人怀德，化被万里。杜预又将军营分别屯扎于要害之地，以巩固平吴胜利的成果。他曾修西汉召信臣所筑之水利工程，引滍（zhì）水（今河南鲁山、叶县境内的沙河）、淯（yù）水（今河南白河）灌田万余顷，众庶民因此而拥戴和信赖他，称他为"杜父"。杜预又开杨口（今湖北潜江北汉水南岸），起自夏水，止于巴陵（今湖南岳阳），共千余里，内泻长江之险，外通零、桂漕运。南方地区由是有歌谣说："后世无叛由杜翁，孰识智名与勇功。"

杜预后来被征为司隶校尉，走到邓县而卒，时年六十四岁。武帝甚为哀叹、悲伤，追赠他为征南大将军、开府仪同三司。

53. 杜预为何被称为“《左传》功臣”?

杜预博学多通，明于兴废之道。他常道：“我不敢奢望立德，立功、立言倒还有可能。”[①] 他好为后世名，常言：“高岸为谷，深谷为陵”[②]。为此，他刻了两块石碑，以纪其勋绩，将其中的一块石碑沉埋于万山之下，另一块立于岘山之上，并且说：“怎么知道这些地方以后不会变成陵谷呢!”

杜预身不跨马，射不穿札[③]，而每任大事，辄居将帅之列。他结交接物，恭而有礼，问无所隐，诲人不倦，敏于事而慎于言。既立功之后，杜预从容无事，乃耽思经籍，著有《春秋左氏经传集解》、《春秋释例》、《盟会图》、《春秋长历》、《女记赞》，备成一家之学，明代张溥辑有《杜征南集》行世。

当时，论者认为，杜预所著文义质直，故没有受到世人重视，唯有秘书监挚虞欣赏其作，说：“左丘明本为《春秋》作传，而《左传》遂自孤行。《释例》本为《左传》而设，而其中的创见何止于《左传》，故亦孤行。”因而，可以说杜预为“《左传》功臣。”[④] 至唐代，孔颖达等又据《春秋左氏经传集解》加以疏解，成为唐代颁布的官书《五经正义》之一，后收入《十三经注疏》。杜预所著《春秋释例》，大旨以为“经之条贯必出于传，传之义例归总诸凡”，参考经义，阐释《左传》的凡例。原书已佚，今本从明代类书《永乐大典》中辑出。

当时，司徒王浑之子王济懂得如何相马，又很喜爱马，而袭父爵起家的和峤，家豪富，却性吝啬。杜预常称：“王济有马癖，和峤有钱癖。”武帝听说后，就问他：“卿有什么癖好?”杜预答道：“臣有《左传》癖。”

---

① 古时人有所谓的“三不朽”：立德、立功、立言。见于《左传·襄公二十四年》。

② 此为《小雅·十月之交》中的诗句，言发生地震时的状况。

③ 古时铠甲上的金属叶片。

④ 原本《春秋》与《左传》是各自单行的史书，到杜预则“分经之年与传之年相附”，将二者合著，写成《春秋左氏经传集解》，最终使《左传》、《春秋经》紧密地联系到了一起。而且，该书汇集了西晋以前的研究成果，并用史实注释。

54. 杜锡忠直有何表现?

杜锡（254～301），字世嘏，杜预之子。少有盛名，起家长沙王司马乂文学，累迁太子中舍人。

杜锡亮直忠烈，屡次劝谏愍怀太子，言辞恳切，太子心以为患。后来，太子将针扎在杜锡常坐之处的毡片中，使杜锡被刺得流血。之后有一天，太子问杜锡："针被扎在毡片里，是为了何事才如此?"杜锡答道："我这人糊涂，不知道所为何事。"太子诘问说："你喜欢责备别人，怎么自找过失?"后杜锡转为卫将军长史。

赵王司马伦篡位，以杜锡为治书御史。司马伦的党徒孙秀欲与杜锡结交，杜锡拒绝了。孙秀虽对此心怀怒恨，但惮其名高，不敢加害。司马伦被杀后，惠帝复位，杜锡仍迁尚书左丞。杜锡年四十八岁而卒，追赠散骑常侍。

55. 陈骞为何被晋室视为勋臣?

陈骞（201～281），西晋临淮东阳（今江苏盱眙东南）人，魏司徒陈矫之子。陈骞沉厚有智谋。当初，陈矫为尚书令时，侍中刘晔受魏明帝宠幸，诬陷陈矫专权。陈矫为此而忧惧，便问陈骞。陈骞说："陛下明圣，大人大臣若不合其意，也不过是不作公位而已。"后来，明帝果然消除了谗言的影响。陈骞年纪还小的时候，受到很有名气的夏侯玄的欺侮，却意色自若，夏侯玄因此而视其非同一般人。

陈骞起家魏尚书郎，迁尚书。蜀兵袭扰陇右，陈骞以尚书持节征讨蜀将军，破敌而还。适逢诸葛诞反，陈骞又于寿春（今安徽寿县西南）平定这次叛乱，因而官至督淮北诸军事、安东将军。后徙都督荆州诸军事、征南大将军。

武帝登基，以陈骞佐命之勋，晋其为车骑将军，迁侍中、大将军，出为都督扬州诸军事，假黄钺。又因陈骞攻拔吴枳里城，破涂中屯戍，武帝赐其兄之子陈悝爵关中侯。

咸宁初，陈骞迁太尉，转大司马。时陈骞言于武帝说："胡烈、牵弘二人都是勇而无谋，强于自用，非安边之材，将会带来国耻。希望陛下审慎。"当时，牵弘为扬州刺史，不顺从陈骞之命。所以，武帝以为陈骞是因为与牵弘不和才这么说的，于是，征召牵弘，召来之后，不久又以牵弘为凉州刺史。陈骞私下里叹息不已，以为必有败乱之事发生。后来，胡烈、牵弘二人果然失和于羌戎，都被敌人所杀。晋军连年征讨羌戎，才得以平定下来，武帝这时方知后悔。

陈骞年少有度量，含垢匿瑕，所在有绩。他与贾充、石苞、裴秀等皆为武帝亲信得力之人，而陈骞智慧度量又超过其他几人，贾充等也自以为不及他。陈骞多次在地方任职，为士庶心之所向。

56. 裴秀对晋室制度方面有何贡献?

裴秀（224～271），字季彦，西晋河东闻喜（今属山西）人，魏尚书令裴潜之子。裴秀年少好学，有风操，八岁即能作文。他的叔父裴徽有盛名，宾客很多。裴秀十余岁时，有到裴徽那里去的人，出来后还要看看裴秀。然而，裴秀之母微贱，嫡母宣氏对他不加礼遇，尝使裴秀给客进献饮食，见到他的人都站了起来。他的母亲说："我如此微贱，客人站起来应当是为了小儿裴秀的缘故。"宣氏知道后，就不再这样驱遣裴秀了。时人称道说："后进领袖有裴秀。"

魏大将军曹爽征召裴秀为僚属，及曹爽被诛，裴秀以故吏免官。他仕魏累迁尚书仆射。魏咸熙初年，他调整改革宪司，议改官制，又议实行五等之爵。

司马昭立嗣，裴秀力主定世子司马炎。司马炎受禅即帝位，裴秀迁尚书令，封巨鹿郡公，久之，拜司空。裴秀儒学洽闻，且留心政事，创制朝仪，广陈刑政，朝廷多遵用之，以为成例。裴秀在位四年，为当世名公。因服寒食散，当饮热酒而饮冷酒，于泰始七年（271）死去，时年四十八岁。

57. "言谈林薮"是谁?

"言谈林薮"说的是裴頠。裴頠（267～300），字逸民，裴秀少子。他弘雅有远识，博学稽古，自少知名。御史中丞周弼见到他，感叹地说："頠若武库，五兵纵横，一时之杰也。"

裴頠袭父爵为巨鹿公，征为太子中庶子，迁散骑常侍。惠帝即位，转国子祭酒，兼右军将军。在杨骏被杀后，累迁侍中。时天下暂宁，裴頠奏请修国学，刻石写经。善谈论的乐广尝与裴頠谈玄，想以理使其钦服，而裴頠辞论丰博，致使乐广笑而不言。时人因称裴頠为"言谈林薮"。

贾后专权，裴頠颇受信用。他以贾后不悦愍怀太子，抗表请崇太子生母谢淑妃位号，并增太子宿卫。有人劝他说，如果他所言不被采纳，则可称病隐退，裴頠却不能听从。之后，裴頠迁尚书左仆射，专任门下事。及愍怀太子被贾后所废，他与张华苦争不从。裴頠曾谏拒赵王司马伦为尚书令之请，等到司马伦掌握了朝政，裴頠遂被杀，时年三十四岁。

58. 裴頠《崇有论》为谁而发?

“頠深患时俗放荡，不尊儒术，何晏、阮籍素有高名于世，口谈浮虚，不遵礼法，尸禄耽宠，仕不事事；至王衍之徒，声誉太盛，位高势重，不以物务自婴，遂相放效，风教陵迟。”于是，裴頠作《崇有论》以释其蔽。

《崇有论》坚持“无”不能生“有”，认为整个世界由万有本身组成，否定何晏、王弼等的“贵无”思想。并且，提出“夫至无者，无以能生，故始生者自生也”和“济有者皆有也，虚无奚益于已有之群生”的思想。其《崇有论》在当时思想界影响较大。

59.“玉人”、“玉山”说的是谁?

“玉人”、“玉山”说的是裴楷。

裴楷（约 240 ~ 约 294），字叔则，西晋河东闻喜（今属山西）人，魏冀州刺史裴徽之子，裴秀堂弟。裴楷明悟有识量，弱冠知名，尤精于《老子》、《易经》。

司马昭征召他为相国掾，迁尚书郎。贾充改定律令，以裴楷为定科郎。事毕，诏他于御前执读，平议当否。裴楷善宣吐，左右为之瞩目，听者忘倦。司马炎为抚军，以他为参军，后迁吏部郎。

裴楷风神高远，容仪俊爽，博涉群书，尤其精于理义，时人称其为“玉人”，又称“见裴叔则如近玉山，映照人也。”

武帝司马炎即帝位，裴楷拜散骑侍郎，累迁侍中，直言贾充之徒在朝害政，与太傅杨骏虽为姻亲而不阿附。杨骏被杀，裴楷转尚书。后来，裴楷知道楚王司马玮欲加害于己，便匿于岳父王浑家，曾一夜八徙，才得免于难。司马玮伏诛之后，裴楷为中书令，加侍中，与中书监张华、右仆射王戎等并掌机要。

裴楷性宽厚，与物无违。尝营别宅，见其堂兄裴衍很喜欢，便将它送给了裴衍。

60. 裴宪为何受到石勒、石虎礼重?

裴宪（? ~约 343），字景思，裴楷之子。年少而颖悟，好交轻侠。及弱冠之年，修尚儒学，数年足不出户。陈郡谢鲲、颍川庾敳都是俊朗之士，见到裴宪，感到惊异，二人交谈说：“裴宪亮直宏达，通机识命，不知其何如父；至于深弘保素，心不为世物所系累，却恐怕超过其父。”

裴宪初侍进东宫，历黄门吏部郎、侍中。东海王司马越任用他为豫州刺史、北中郎将。永嘉三年（309），裴宪奉诏讨石勒，军败奔淮南。永嘉五年，大司马王浚称受中诏承制封拜，以他为尚书。建兴二年（314），石勒杀王浚，查抄王浚部属家财。许多人莫不争相进献贿赂，以求保全，唯有裴宪与司空从事中郎荀绰在私室恬然处之。石勒素闻裴宪之名，便把他召过来，问他在王浚被杀之后，他意欲归附何方。裴宪神色侃然，泣而对答说，如今不免于就戮，这是为人僚属的职分，请将我交给有司惩治。他说完，也不拜就出去了。石勒见状很是赞赏，待他以宾礼。石勒又派人通过查抄，发现王浚官僚亲属都是资财巨万，只有裴宪与荀绰家里仅有书百余帙，盐米各数十斛而已。石勒知道这个情况后，对其长史张宾说：“二人之名果然不虚。我高兴的不是得到幽州，而是得到这两个人。”于是，任裴宪为从事中郎，出为长乐太守。及石勒称帝，裴宪又为其撰朝仪。石勒大为欢喜，任裴宪为太中大夫，迁司徒。

石虎之世，更加礼重裴宪。裴宪的两个儿子豪侠耽酒，好臧否人物，因与人有嫌隙，为人所诬陷，石虎遂杀了裴宪的两个儿子，裴宪也因此坐罪，免官。不久，裴宪复为司徒、太傅，封安定郡公。

裴宪任职期间，虽无才干政绩之称，然而，在朝玄默，从不以物务萦怀。他以德重名高，受到石氏的尊敬礼重。

61. 裴遐性格虚和有何表现?

裴遐是裴楷弟裴绰之子，善谈玄理，音辞清畅，泠然若琴瑟。尝与河南郭象谈论，使在座之人为其叹服。又曾在平东将军周馥处，与人下棋。周馥的司马行酒时，裴遐没有立即喝，司马遂酒醉发怒，把裴遐拉坐到地上。裴遐则慢慢地从地上起来，回到原来坐的地方，颜色不变，下棋如故。其性格虚和，由此可见一斑。

后来，裴遐被东海王司马越引为主簿，竟为司马越的儿子司马毗所害。

62. 卫瓘为何上疏请罢九品中正制?

卫瓘（220～291），字伯玉，西晋河东安邑（今山西夏县西北）人，魏尚书卫觊之子。卫瓘十岁丧父，很孝顺，袭父爵为阌（wén）乡侯。初任魏尚书郎，后迁侍中、廷尉卿。卫瓘明于法理，每次有诉讼案件，都以情加以处理。

景元四年（263），卫瓘持节监邓艾、钟会伐蜀，以克蜀之功，封菑阳侯。泰始初年，转征东将军，晋爵为公。咸宁初，征拜尚书令，加侍中，复迁司空。卫瓘性严整，以法治御群下。为政清简，朝野对其是一片赞誉之声。

卫瓘上疏议罢九品中正制，复古乡举里选。他说，乡举里选是先王之令典，是用以使人知道名不可虚求，转而修身养性的。魏氏起自汉末动乱之世，实行九品中正制，是为了适应当时的情况。在魏氏刚实行这一制度时，乡邑清议，不拘爵位，对人物的褒贬，还能起到劝勉激励人的作用，犹有乡论余风。但渐渐地，清议人物计资定品，使天下人唯以居官之位为贵，伤损风俗，其弊端不在少数。如今，西晋一统，应该荡除九品中正制，沿袭先王令典，使举荐贤才，各由乡论。这样一来，人就会知道善与不善之教，不在于交游，而争相竞逐、营私舞弊之风也会因而中止，人则各反求诸自身。武帝看了他上的疏表，也认为他说的好，但终不能废除九品中正制。

63. 卫瓘是怎么死的?

惠帝当初为太子时，朝臣都知道他是个白痴，认为太子不能亲政。卫瓘每每想劝武帝废太子，都未敢开口。后来，有一次宴饮时，卫瓘假托喝醉了，跪在武帝坐榻前说：“臣有话想说。”武帝说：“公要说什么呢?”卫瓘欲言又止，这样反复了三次之后，便以手抚坐榻说道：“此座可惜！”武帝心有所悟，却问：“公真的大醉了吗?”卫瓘于此再不发议论，而贾后由是对他心怀怨恨。

惠帝即位，在杨骏被杀后，卫瓘与汝南王司马亮共辅朝政。司马亮奏请遣诸王还藩，在朝臣廷议时，没人附和他，而唯有卫瓘赞同，因此，卫瓘又招来楚王司马玮的不满。贾后素怨卫瓘当初议废太子，而且，心忌卫瓘方直，使自己不得专权；又听说卫瓘与司马玮有嫌隙，遂让惠帝下诏，派司马玮去免了卫瓘官职。司马玮为人轻狂险诈，欲乘机报私仇，便让清河王司马遐夜间去抓捕卫瓘。左右之人怀疑司马遐伪造诏命，都劝谏卫瓘拒捕，并上表朝廷，然后再就戮也不晚。然而，卫瓘不听，与子孙等九人一同被害，时年七十二岁。

64.《四体书势》的作者是谁?

《四体书势》的作者是卫恒（? ~291）。他是卫瓘之子，字巨山。少辟司空齐王府，转太子舍人、秘书丞、黄门侍郎。

卫恒家传书学，书法宗尚东汉张芝，善作草、章草、隶、散隶四种书体。作云书笔动若飞，字张如云。他的《四体书势》是我国书论史上第一篇全面探讨诸体书法源流及风格特点的书学专文，在中国书法理论史上占有独特地位。文章前一部分主要探讨书体发展源流，后一部分主要揭示诸体书法形式美特征。文中列举了曾流行于世的四种主要书体，其中有两篇是辑录前人著述（崔瑗《草势》、蔡邕《篆势》）。在卫恒本人撰写的《字势》、《隶势》中，他认为汉字自身具有天然的审美特征，即形象性；汉字书法形象之美的创造，有赖于艺术家的艺术智慧的发挥；书法之美的获得也有赖于鉴赏者瞬间的感悟，等等。《四体书势》还辑录了一些前代或当时书坛的珍闻轶事，如魏武帝好梁鹄书，“悬著帐中”，复“订壁玩之”。这些又为后人了解汉魏时期书法史状况提供了宝贵的资料。另外，卫恒的父亲卫瓘，弟弟卫宣、卫庭，儿子卫璪、卫玠，也都以书法著名。其中，卫瓘工草书，与敦煌索靖并称“二妙”，在书法史上颇有影响。

当楚王司马玮派人来拘捕父亲卫瓘时，卫恒惊闻有变，便到嫂之父何劭那里，从墙孔中探问消息。何劭却知而不告。卫恒返回来，经过厨下，正碰上执行抓捕命令的人在吃东西，因而遇害。死后追赠他为长水校尉，谥“兰陵贞世子”。

65.“卫玠谈道，平子绝倒”所指何事?

卫玠（jiè）（286 ~312），字叔宝，卫恒之子。年五岁，风神秀异。祖父卫瓘感叹道：“此儿不同于众人，而我已年老，不能看着他长大了!”童年时，卫玠乘羊车入市，见到他的人皆以为是玉人，整个都城的人都来看他。骠骑将军王济是卫玠的舅舅，俊爽有风姿，每次见到卫玠，总是感叹说："珠玉在侧，觉我形秽。"王济又曾对人说："与玠同游，冏若明珠之在侧，朗然照人。"

卫玠长大后，好谈玄理。但他多病体弱，母亲常禁其言谈。遇有好日子，亲友有时会请他谈玄，所言入微，令亲友无不嗟叹。琅邪王澄名望很高，每听卫玠之言，总是叹息绝倒。故时人说："卫玠谈道，平子绝倒。"当时，王澄、王济、王玄并有盛名，然而，名气皆出于卫玠之下，世人云"王家三子，不如卫家一儿"。卫玠与司徒王浑弟之子王承被誉为"中兴名士第一"。

66."看杀卫玠"是怎么回事?

卫玠历官太傅西阁祭酒、太子洗马。时因天下大乱，他移家江夏（今湖北安陆市北）。卫玠之妻先亡，征南将军山简见了卫玠，对他很是钦服看重，便将女儿嫁给他。卫玠随后到了豫章。其时，大将军王敦镇守豫章，长史谢鲲先雅重卫玠，相见后很高兴，彼此谈论多日。王敦对谢鲲说："昔王辅嗣（王弼）吐金声于中朝，此子复玉振于江表，微言之绪，绝而复续。不意永嘉之末，复闻正始之音，何平叔（何晏）若在，当复绝倒。"

卫玠终身不见喜怒之色。因为王敦豪爽不群，好凌驾于人，恐非国之忠臣，所以，卫玠请求到建邺（今江苏南京）。京师之人听说他姿容俊美，前来看他的人多得好像围了一堵墙。如此一来，卫玠劳疾更重了，于永嘉六年（312）卒，时年二十七岁，世人谓卫玠被看杀。死时，谢鲲痛哭流涕，有人问谢鲲："你是怜悯什么，竟至于这样悲哀?"谢鲲答道："栋梁折断了，不自觉地就如此哀伤。"

67.张华的杰出才华表现在哪些方面?

张华（232~300），字茂先，西晋范阳方城（今河北固安南）人，魏渔阳郡守张平之子。张华年少孤贫，曾放过羊。同郡卢钦见了他，认为他有才能，很器重他。乡人刘放也以张华才能不凡，把女儿嫁给了他。

张华的文章辞藻温丽，当初，他还不出名的时候，写下《鹪鹩赋》，"竹林七贤"之一阮籍看到了，感叹说："张华是辅佐君王之才。"由此，张华才开始出名。张华诗委婉妍丽，《诗品》评为"儿女情多，风云气少"，他也有感慨忧时之作。后人辑有《张司空集》。张华另著有《博物志》，分类记载异境奇物及古代琐闻杂事，也宣扬神仙方术。原书已佚，今有后人辑本。

张华强记默识，对四海之内，了如指掌。晋武帝曾问他汉代宫室制度，以及建章宫千门万户，张华应对如流，且能画出地图，令听者忘倦，左右瞩目。武帝很是惊异，时人将张华比为子产①。

张华学识优博，雅好书籍，死的时候，家无余财，唯有文史之书满箱。有一次，他家迁居，载书的车就达三十辆。天下奇秘，世所稀有之物，在张华那里都可以找到。因而，张华博物洽闻，世无与比。惠帝在位年间，有人得到长三丈的鸟毛，便拿给张华看。张华一见，惨然说道："这是海凫的毛，它出现则天下有乱事。"文坛才子陆机曾用鲊（zhà）鱼款待张华，其时宾客满座，张华揭开盖便说："这是龙肉。"众人不信，张华说："可尝试用苦酒洗洗它，一定会有异样。"于是，照他说的那样去洗，果然有五色光出现。陆机去问鲊鱼的主人，主人说："这条白鱼是在园中得到的，质状不同寻常，以为是鲊鱼，所以献给了你。"武库封闭严密，却忽然有鸡叫声。张华说："这必是蛇化成了鸡。"打开武库一看，鸡的旁边果然有蛇蜕下来的皮。吴郡临平岸崩陷，出现一面石鼓，捶打它竟无声响。惠帝去问张华，张华说："取蜀中桐材，刻为鱼形，用它来叩击石鼓，就能敲响了。"结果，依其言去做，鼓声传至数里。张华博物之例，多如此类，不胜枚举。

68. 张华在匡辅晋室方面有何贡献?

司马昭时，张华官至中书郎。晋初，拜黄门侍郎，封关内侯，迁中书令。武帝与羊祜密谋伐吴，群臣多以为不可，唯张华赞成其计。及举兵攻吴，张华为度支尚书，供应军粮。灭吴后，封广武县侯，名重一时。晋史及仪礼宪章皆交付给他，多有增删，诏诰也都由他草定，时有台辅之望。后来，张华为人所诬陷，出为持节，都督幽州诸军事。抚旧纳新，为戎夏人心之所向。远方的少数民族也都前来宾服，晋朝四境无虞，士马强盛，东北地区的统治加强了。不久，张华被征为太常。

---

① 子产是春秋时郑国贵族，曾在本国执政，实行一些改革措施，给郑国带来了新气象。

惠帝即位，张华为太子少傅，因遭外戚杨骏所忌，不得参与朝政。楚王司马玮受密诏杀太宰汝南王司马亮、太保卫瓘等，致使内外动荡不安，朝廷大惊，一阵慌乱。张华禀告惠帝说：“司马玮矫诏害二公，将士以为是国家之意，所以，服从了司马玮的命令。如今，可派驺虞幡使外面的军队解严，这样处理一定能见效。”惠帝接纳了他的建议，果然奏效。及司马玮被诛杀，张华因首谋之功，拜右光禄大夫、侍中、中书监。

贾后专权时，与贾谧共同谋议，认为张华出身庶族，儒雅有筹略，进无逼上之嫌，退为众望所依，便重用张华来辅政。史书上称，张华“尽忠匡辅，弥缝补阙，虽当暗主虐后之朝，而海内晏然，华之功也”。张华受贾后信重，但惧贾氏一族之盛，曾作《女史箴》规谏贾后。及贾后谋废愍怀太子，张华亦曾加以劝阻。

69. 张华之死为什么令朝野悲痛?

赵王司马伦为镇西将军时，扰乱关中，致使氐羌反叛，于是，朝廷以梁王司马肜代替司马伦之职。有人对张华说：“赵王信用孙秀，所在为乱，而孙秀机变狡诈，是一个奸雄。今可遣梁王斩杀孙秀，削减赵王一半的威势，以向关右之人道歉，不也是可以的吗?”张华采纳了这一建议，梁王也答应杀孙秀。谁知孙秀的友人辛冉从西边来，对梁王说：“氐羌是自己要反叛的，而不是由于孙秀的缘故。”梁王遂不杀孙秀。赵王还朝后，谄事贾后，乘机请求录尚书事，后又求为尚书令。张华与裴頠都固执认为不可，由是致怨，赵王、孙秀视张华如仇人一般。

及赵王司马伦、孙秀将废贾后，孙秀派司马雅夜间去告诉张华：“如今社稷将危，赵王想与你共同辅政，为霸者之事。”张华知道孙秀等人必会篡夺帝位，便拒绝了。司马雅发怒说：“刀都快压到脖子上了，还这么说!”说完，头也不回，扬长而去。也就在这天夜里，赵王、孙秀诈称诏命，将张华、裴頠抓捕起来。死之前，张华说：“臣是先帝老臣，忠心于朝廷。臣死不足惜，但担心王室之难，祸不可测。”终被斩，夷灭三族，令朝野无不悲痛。

张华好援引提携他人，诸如出身穷贱之士只要有一点长处的，他便加以称咏，为之延誉。当初，陆机、陆云兄弟志气高爽，自以为是吴之名家，初到洛阳（今河南洛阳东）时，看不起中原人士，然而，却对张华一见如故，钦佩其德范，以师礼待张华。

70. 刘卞为何饮药自尽?

刘卞（？~299），字叔龙，西晋东平须昌（今山东东平西北）人。本为兵家子，质直少言。

他年少为县小吏时，功曹夜里喝醉了酒去厕所，让刘卞拿着火把照路，刘卞不从，功曹由此怀恨在心，借别的事将刘卞补为亭子。有一个祖秀才，在亭中给刺史写书笺，很长时间都写不成，刘卞教他数言，既明确又得体。于是，秀才对县令说："刘卞是公府僚属里的精英分子，可为什么却做了亭子?"县令听了，即令召刘卞为门下史。后来，县令到洛阳（今河南洛阳东），刘卞随行，得入太学，试经为台四品吏。访问令他写黄纸一鹿车，刘卞说："我不是那种为人写黄纸的人。"访问知道他发怒了，说话又是刚正不阿，不卑不亢，便退而让他做尚书令史。有人劝他说："君才简略，堪做大，不堪做小，不如做个守舍人。"刘卞接受了此人的建议。

刘卞后来迁齐王司马攸司空主簿，转太常丞、尚书郎，历任皆称职。累迁散骑侍郎，任命为并州刺史。又入朝为左卫率，因为他知道贾后欲废愍怀太子，非常忧虑，便以计劝说司空张华，谋废贾后，张华却不采纳他的言论。而贾后亲党微服听察，颇闻刘卞所言，因而，贾后就迁刘卞为轻车将军、雍州刺史。刘卞知道所言泄露，害怕被贾后诛杀，于是，饮药而死。

当初，刘卞到并州时，以前与他同时为须昌小吏的有十余人设宴为他送行。其中，有一人轻视刘卞，刘卞就将此人遣扶出去，而因为这件事，人都看不起刘卞。

71. 司马孚何以自称曹魏“纯臣”?

司马孚（180~272），字叔达，三国时河内温县（今河南温县西南）人，司马懿之弟。司马孚温厚廉让，博涉经史。汉末丧乱，他与兄弟处危亡之中，箪食瓢饮，而仍然读书不倦。他通达宽仁，以贞白自立，未尝招人怨恨。有一个叫殷武的，海内知名，曾遭罪责，司马孚就前去探望他，与他同处共食，此举一时为谈论者所称道。

东汉末，司马孚为临淄侯曹植文学掾。曹植才华横溢，然而恃才傲物，对此，司马孚每每恳切劝谏，后迁为太子中庶子。建安二十五年（220），曹操死，司马孚与尚书和洽奉太子曹丕即位。当时，有一些官位空缺，太子左右旧人就想乘机为官，不再任用外人。司马孚则说，如今太子刚即位为帝，应当选用海内英贤，就连这样尚且忧虑得不到才德之人，怎么能趁此机会自相荐举呢？于是，便更换掉太子左右旧人，另择他人。司马孚被封为黄门侍郎。

魏明帝时，司马孚转度支尚书。司马孚曾遣冀州农夫屯田于上邽（今甘肃天水），秋冬练习战阵，春夏从事田桑，以备兵御蜀。大将军曹爽专权时，司马孚正身远害，不亲庶事。及司马懿诛曹爽，司马孚与司马师屯军于司马门（王宫的外门），以功晋爵长社县侯，加侍中。累迁司空、太傅。

魏高贵乡公被杀，百官无人敢去奔丧，司马孚却枕着已死的高贵乡公的大腿，痛哭着说："陛下被害，是臣的罪过。"他还上奏推究主凶。适逢又有太后命令以庶人之礼葬高贵乡公，司马孚便与群公上表，乞请以王礼安葬。司马孚为人非常谨慎。司马懿执政时，他常自退损。后来，在废立高贵乡公之际，他也未曾参与预谋。到司马师、司马昭当权时，因为司马孚辈分在尊长之列，也不敢对他有所逼迫。

咸熙二年（265），武帝代魏，废曹奂为陈留王，并将之安置于金墉城（今河南洛阳西北）。陈留王临行之前，司马孚赶来拜辞，拉着陈留王的手，感叹歔欷，泪落不止，自陈说道："臣死之日，也一定是曹魏的纯臣。"司马孚后被封为安平王，拜太宰。

72. 司马望有何事迹传世?

司马望（205～271），字子初，司马孚第二子，出继给伯父司马朗。司马望宽厚有父风，举孝廉，仕魏为中护军将军、散骑常侍，封安乐乡侯。有才望，与裴秀、王沈、钟会等同受魏高贵乡公亲待，屡次侍帝宴筵。其时，司马氏主政，司马望虽受宠遇，心却不安，因此，请求出为征西将军，都督雍、凉二州诸军事。在任八年，威化明肃。此前，蜀将姜维多次侵扰关中，司马望到任后，广设方略，姜维遂不得来犯，关中也赖以保持安定。司马望以御姜维有功，加骠骑将军、开府，咸熙年间，为司徒。

武帝代魏，封司马望为义阳王。因东吴来犯，司马望出屯龙陂（即摩陂，在今河南郏县东南），加大都督诸军事，后拜大司马。泰始七年（271），司马望死，时年六十七岁。

司马望性俭吝而好聚敛，死后，金帛不计其数，因此而受到世人讥刺。

73. 司马楙为人如何?

司马楙（mào）（？～311），字孔伟，司马望之子。武帝受禅时，封东平王，入为散骑常侍、尚书。

司马楙善谄谀事人，阿附外戚杨骏。杨骏被诛，司马楙依法当死，但因为与东安公司马繇关系好，得以免死。不久，司马楙迁大鸿胪，加侍中。司马繇欲擅权，与汝南王司马亮不和。司马亮遂免去司马繇、司马楙官职，遣司马楙回到自己的封地。八王之乱时，司马楙先依附赵王司马伦，司马伦败，后又依附齐王司马冏。

惠帝北征时，曾以司马楙为车骑将军并都督徐州诸军事，后来他上疏天子，愿改都督兖州军事，获准，但兖州刺史苟晞不愿意避位，他便派人假托惠帝诏去诛苟晞。其时，苟晞已避位，司马楙仍在州找寻苟晞不止，弄得郡县疲惫不堪。于是，范阳王司马虓遣苟晞还兖州，而徙司马楙都督青州诸军事。司马楙不接受命令，却与豫州刺史刘乔结交。司马虓派人来攻，司马楙大败，这才逃走，回到自己的封国。

怀帝立，司马楙改封为竟陵王，拜光禄大夫。他出任豫州官长时，留下儿子司马毗及党羽何伦访察朝政。司马楙禀告怀帝，讨伐东海王司马越，却纠集军队袭击司马伦，因攻之不克，畏罪奔窜，后免罪，但直到司马越死了，他才出来。及洛阳被汉刘曜攻陷后，司马楙遂被乱兵所害。

74. 司马晃为何被宗室称善?

司马晃（？～296），字子明，司马懿从孙。魏时，封武始亭侯，出为东莞太守。晋武帝受禅，封他为下邳王，邑五千一百七十六户。司马晃孝友贞廉，谦虚下士，很受西晋宗室称誉。

太康年间，司马晃拜尚书，迁右仆射。出为镇东将军，都督青徐二州诸军事。惠帝即位，入为车骑将军，加散骑常侍。贾后将要诛杀杨骏，以司马晃领护军，屯军于东掖门。元康元年（291），司马晃迁尚书令，位至司空。元康六年，司马晃卒，死后追赠太傅。

75. 司马纮有何事迹?

司马纮（？～342），字伟德，彭城穆王司马权的曾孙。东晋元帝时，拜国子祭酒，加散骑常侍，迁大宗正。

司马纮有风疾，性理不常。时而想上疏陈事，历示公卿。时而又闭门辞让，请求退还印章、貂蝉（官帽上的装饰物），著《杜门赋》以彰显其志。由此，司马纮更拜光禄大夫。后来，病重无法控制自己，或攻劫军寺，或冒犯官属，恶言大骂，诽谤上下。司马纮又曾坐车突然进入端门，到达太极殿前。御史中丞车灌奏劾司马纮，请免其官，将其遣送至封国严加看管。因而，成帝下诏，解除司马纮常侍、光禄、宗师之职。咸康八年（342），司马纮以疾卒。

76. 司马泰为人廉简有何表现?

司马泰（？～299），字子舒，彭城穆王司马权之弟。仕为魏阳亭侯，迁扶风太守。西晋建立，封陇西王。惠帝永熙初年，为司空。杨骏被诛后，司马泰领杨骏营，加侍中。及楚王司马玮死，司马泰迁太尉，守尚书令，改封高密王。

司马泰性廉静，不近声色。虽位至宰辅，服饰肴膳却如布衣寒士一般。他任真简率，每次朝会时，不认识他的人都不知道他竟是个王公大臣。司马泰事亲恭谨，居丧哀戚，谦虚下物，堪称晋宗室仪表。当时，司马氏诸王皆崇尚奢华，只有司马泰与下邳王司马晃能以节制见称。

77. 司马腾为何被杀?

司马腾（？～307），字元迈，司马懿从孙。晋初封东嬴公，后官并州刺史。八王之乱时，成都王司马颖劫惠帝到邺（今河北临漳西南），司马腾与幽州刺史王浚联兵攻邺，逼司马颖挟惠帝返回洛阳。司马腾由此进位安北将军。永嘉元年（307），司马腾迁车骑将军，都督邺城守诸军事，镇守邺，又以迎驾之勋，改封新蔡王。

当初，司马腾发并州，曾临时驻军于真定（今河北正定南）。恰好碰上下大雪，雪下得有数尺厚，而唯独司马腾军营门前有数丈大的地方，雪下到地上就融化了。司马腾感到奇怪，便动手挖地，发掘出玉马，高约有一尺。司马腾上表将玉马献给了朝廷。

司马腾镇守邺时，有平阳人汲桑、李丰等为群盗，率众千余人来攻邺。司马腾说："当年我在幽州七年，胡人围城都不能攻克。汲桑这个小贼，不足忧虑。"当时，邺城中府库虚竭，但司马腾资财甚多。他又是俭啬之人，从不救济施惠于人。等到汲桑来攻，危急之时，他才赐给将士大约数升米，帛各丈尺，因而，他的手下不愿意为他所用。及李丰等人来到邺城，司马腾守卫不住，率轻骑逃走，终被李丰所害。时当盛夏，尸体烂坏不可分辨，连司马腾的骸骨都找不到。

78. 司马虓有何事迹见于记载？

司马虓（xiāo）（270～306），字武会，范阳王司马绥之子。年少时，以好学出名，研考经记，清辩能言论。以宗室选拜散骑常侍，累迁尚书。出为安南将军、豫州都督，镇许昌（今河南许昌县东）。

八王之乱发生后，在永兴元年（304），司马颙部将张方挟惠帝到长安，由司马颙主政。而司马虓与平昌公司马模、长史冯嵩等杀白马歃血而盟，推东海王司马越为盟主，司马虓任都督河北诸军事，领豫州刺史。永兴二年，因为司马虓官职非天子所命，原任豫州刺史的刘乔拒不让位，乘虚攻袭许昌。司马虓出奔河北，不久，领冀州刺史，率兵又南渡黄河，大败刘乔。河间王司马颙听到刘乔战败的消息后，便杀了张方，并将张方首级送给司马越。永兴三年，司马越军队攻入长安，司马颙败逃于太白山，司马虓遂与司马越迎惠帝还都洛阳，司马虓拜司徒。同年，司马虓暴病而死，时年三十七岁。

79. 司马勋因何为西土所患？

司马勋（？～366），字伟长，济南王司马遂曾孙。建兴四年（316），长安为刘曜攻破，司马勋当时十余岁，被刘曜部将令狐泥收为养子。长到壮年时，司马勋就已擅长弓马，能左右射。咸和六年（331），他从关右回到东晋王朝，因为是宗室子弟，拜谒者仆射，以骁勇名闻于世。后为梁州刺史，适逢石虎死去，中原大乱，他便率兵伐关中，以功封通吉亭侯。

司马勋为政暴虐残酷，如果他治下的辅佐僚属及豪族大家不合他的心意，他就会将人斩首示众，或者引弓将其射死。所以，西土患其凶虐。而且，在担任梁州刺史时，司马勋常想着占据蜀地，心怀僭越。兴宁三年（365），他领兵入剑阁（在今四川广元南），自号益梁二州牧、成都王。兴宁四年，此时东晋主政的桓温派朱序前来征讨司马勋，司马勋兵败，为朱序所抓，送到桓温那里后，遂被杀。

80．王敦为什么要执杀司马承？

司马承（264～322），字敬才，谯王司马逊之子。年少笃厚有志行。惠帝时，历任奉乐都尉、游击将军。永嘉年间，依附征南将军山简，后回到建康（今江苏南京），补军咨祭酒。元帝建武元年（317），嗣封谯王。

司马承居官俭约，家无别室。当时，江州、荆州牧王敦手握强兵，欲专擅朝政，有无君之心，所上表疏轻慢。元帝心中惧怕，想树立皇室藩屏，以节制王敦，便命司马承监湘州诸军事，任南中郎将、湘州刺史，后又任刘隗为镇北将军、青州刺史，兵镇泗口（今江苏淮阴西南）。

司马承受命到达武昌（今湖北鄂州），放下戎备来见王敦。王敦设宴款待他，想看看他此行的意图，因问道："大王你是雅素佳士，恐非将帅之才。"司马承知道王敦是在试探他，就故意说道："这你就不知道了，铅刀难道不能一割吗？"王敦听了，对钱凤说："他到这里不知畏惧，却还要学说什么豪言壮语，像他这样的人，又能有什么作为？"遂放松了警惕，听任司马承回到武昌镇守。其时，湘州土地荒废，公私困弊。司马承亲自带头行俭约之风，又致力于绥抚当地人，一时很有能名。王敦知道后，怕他成为自己心头之患，就诈称北伐，要将司马承所辖境内的船车都收过来。司马承心知这是王敦的奸计，只分出一半船车给王敦。

不久，王敦欲以讨伐刘隗等为名，起兵反叛，派参军桓罴来游说司马承，请他为军司马。司马承感叹说："我的死期快到了！湘州地荒人稀，我在这里势孤援绝。奔赴君难，是忠；死于王事，是义。唯有忠与义，别的又有什么呢？"又说道："我受皇恩，义无二心。"于是，司马承囚禁桓罴，传檄本州，又派邓骞到襄阳去游说安南将军甘卓出兵相助。

王敦遣魏乂等人率军两万来攻司马承。司马承且战且守，等待援兵的救援，但城池难守，人心为之震恐。有人劝司马承南投陶侃，又有的说，可以退踞零、桂之地。他则说："我举义众，志在死节，怎能苟且偷生，做败逃之将！现在事情不利，我要让百姓知道我坚守城池的决心。”这样相持了百余日，又外无援兵，城池终于被攻陷。魏乂将司马承押送到荆州，刺史王廙（yì）则奉王敦之令在路上杀了司马承。

81. 司马尚之与司马元显之间有何矛盾?

司马尚之（？～402），字伯道，敬王司马恬之子。初拜秘书郎，迁散骑侍郎。后为掌权的骠骑将军司马道子的咨议参军，被引为心腹。隆安二年（398），兖州刺史王恭等以讨伐司马尚之为名起兵，司马尚之率军迎战，大胜于牛渚（今安徽当涂西北），进建威将军、豫州刺史。他与弟弟司马恢之、司马允之、司马休之都官居要职，各自拥有兵马，一时势倾朝廷。

隆安三年，司马元显在夺取了父亲司马道子之权之后，执掌朝政，也很倚重司马尚之。司马元显性苛刻，骄奢淫暴，生杀由己，引树亲党，朝臣贵戚都畏惧他。当时，司马元显宠信一个叫张法顺的，每次宴会上，二人同起同坐，没有身份地位之别。司马尚之入朝，正色对司马元显说道：“张法顺只是一个供役使驱遣的小人，他有什么才干异能，竟被提拔得这么快。当今圣世，不应出现这种情况。”司马元显默然不语。司马尚之接着又说：“晋宗室虽多，但匡辅劝谏的人少。为君王者尚且采纳草野鄙陋之人的言论，何况我与你的血缘关系并不疏远，又蒙你恩宠累世，怎能坐视得失而不尽言!”于是，司马尚之叱责张法顺，命令他退下。举座之人见状皆失色，而司马尚之谈笑自若，司马元显因此深有怨恨。后来，司马元显下令给司马尚之，命他出勇力之士两千人。司马尚之不答应，司马元显就更气愤了。但时逢司马元显想讨伐桓玄，正是用人之际，所以，并没有惩治司马尚之，暂时相安无事。

元兴元年（402），司马尚之随司马元显西伐桓玄，败于历阳（今安徽和县），最后被桓玄杀害。

82. 司马休之与刘裕之战结局如何?

司马休之（？～417），字季预，敬王司马恬之子。隆安二年（398），因平王恭等兵乱之功，拜龙骧将军、襄城太守，镇历阳。元兴元年（402），桓玄攻历阳，司马休之携子侄弃城奔南燕，等桓玄失败后，他才南归东晋。拜为荆州刺史，镇江陵（今属湖北）。义熙元年（405），桓振来袭江陵，司马休之战败，出奔襄阳（今湖北襄樊），因为戍守失职，被免去官职。

义熙八年，司马休之复督六州军事，任平西将军、荆州刺史。儿子司马文思作乱，司马休之上疏谢罪，请求解除所任官职，归罪阙庭，当时辅政的刘裕没有准其所奏。后来，司马休之因为司马文思之事心生怨恨，遂于义熙十一年起兵，意欲诛杀刘裕。刘裕亲自率军征讨，大败司马休之。司马休之逃往北方，投奔后秦姚兴，为镇南将军、扬州刺史。义熙十三年，刘裕平后秦，司马休之又出奔北魏，还没有到达，在路上就死了。

83. 司马睦因何事而被贬?

司马睦（？～约291），字子友，司马懿弟司马进之子。仕魏为安平亭侯，历侍御史。入晋，封中山王。

咸宁三年（277），司马睦遣使募徙国内八县受逃亡、私占及变易姓名、诈冒复除名的有七百余户。冀州刺史杜友上奏弹劾他招诱逃亡，不宜君国。因此，武帝下诏贬其为丹水县侯。太康元年（280），灭吴之后，武帝又下诏复其爵为高阳王。元康元年（291），司马睦为宗正，死于任上。

84. 司马榦清虚静退有何表现?

司马榦（gàn）（232～311），字子良，司马懿之子。魏时，封定陶伯。入晋，封平原王。咸宁初年，遣诸王到各自的封国去，但因为他有病，性理不常，而且，他颇为清虚静退，简于情欲，所以，诏命他留在京师。太康末，拜光禄大夫，加侍中。

司马榦虽位高禄重，但不事其务，所得官俸布帛，好像不是自己的一样，都露积于外，以致腐烂。朝士有来拜访他的，即使通报了姓名，也一定要将车马立于门外，若不如此，他则终夕不见。他与人交往应酬，也是谦恭谨慎，并没有什么缺失。

八王之乱起，赵王司马伦辅政，以司马榦为卫将军。齐王司马冏起兵杀司马伦后，宗室朝臣都拿着牛酒来向司马冏道贺。唯独司马榦以百钱作礼金，并且，对司马冏说："赵王逆乱，你行义举，是你的功劳，所以，我以百钱相送，表示庆贺。但是，大势难居，不可不慎。"司马冏辅政之后，司马榦去见他，司马冏出来迎拜。司马榦进去后，坐在司马冏的座位上，也不让他坐下，就对他说：“你千万别学赵王司马伦。”及司马冏被长沙王司马乂袭杀，司马榦为之恸哭，向左右之人说：“宗室日衰，只有司马冏尚可，而现在他又被害死，晋室从今以后也就危险了！”等到东海王司马越兴兵到洛阳，曾前往造访司马榦，司马榦闭门不见。司马越在外面驻车良久，司马榦才派人辞谢，打发他回去，而司马榦本人则从门缝里偷窥司马越。当时没人能猜到他这种做法是什么意思，有的人说他有病，有的人认为他是想隐匿踪迹。永嘉五年（311），司马榦死，时年八十岁。

85. 司马伷有何功名著世？

司马伷（227～283），字子将，司马懿之五子。仕魏，封南安亭侯。起家宁朔将军，监守邺城（今河北临漳西南）。累迁至兖州刺史，监兖州诸军事。入晋，封东莞郡王，入为尚书右仆射，出为镇东将军，假节，都督徐州诸军事，镇下邳（今江苏睢宁西北）。司马伷镇御有方，又得将士拼死效命，令吴人畏惧。因此，司马伷以御吴之功，加开府，改封琅邪王。

平吴之役，司马伷率众数万出涂中（今江苏六合），阻断吴国援兵，并令琅邪相刘弘等率军进逼长江，吴军震恐，遂使吴主孙皓上表送玺绶投降。他又派长史王恒领诸军渡江，破吴兵边守，俘获都督蔡机，斩首降附之人有五六万人。司马伷功勋卓著，晋拜大将军。

司马伷虽出身尊贵，又有平吴之功，但克己恭俭，没有矜夸自满之色，由是僚吏为其尽力，百姓钦服。太康四年（283）死，时年五十七岁。

86. 司马骏在朝野为何德望颇高？

司马骏（232～286），字子臧，司马懿之七子。年幼聪慧，五六岁就能写疏表，讽诵经籍，见到他的人都很惊奇。在宗室之中，他的声望最好。仕魏，封平阳亭侯。魏齐王曹芳立，当时，司马骏八岁，即为散骑常侍，侍讲于帝。入晋，封汝阴王。迁镇西大将军，使持节，都督雍凉等州诸军事，镇长安（今陕西西安西）。

司马骏善抚御，有威恩，劝督农桑，与士卒分役，规定自己及僚佐属官、将帅兵士等每人限占田十亩。咸宁初，因北方羌族树机能起兵反叛，司马骏派文俶去安定西戎，前来投降的有二十余万口。随后，司马骏入朝，封扶风王。

司马骏有孝行，母亲伏太妃随他的兄长司马亮而住，他常因此哭泣，想念母亲。若听说母亲有病，他总是忧惧不安，吃不下饭，或者时常派人向母亲问安。后来，司马骏因恳谏武帝关于齐王司马攸出镇之事，武帝不听，终发病而死。西土之人听到他死去的消息，为他哭泣的人满路都是，百姓还为他立碑，年长白发之人见碑也无不下拜。

87. 司马肜何以被人议谥为“灵”？

司马肜（róng）（？～302），字子徽，司马懿之三子。清修恭慎，没有什么才能。入晋，封梁王，为北中郎将，督邺城守事。

元康六年（296），司马肜为征西大将军，都督雍、梁诸军事，领西戎校尉，屯好畤（今陕西乾县东），督建威将军周处、振威将军卢播等讨伐齐万年。因为他与周处有嫌隙，促令周处进军，却绝其后路，卢播又不去救援，致使周处兵败被杀。赵王司马伦辅政时，将司马肜视为心腹之臣。司马伦被杀，司马肜晋太宰，领司徒，为宗师。

永宁二年（302），司马肜死。博士蔡克议其谥号说，司马肜位居宰相，责任深重，是晋室尊亲，为朝廷上下所仰望，“而临大节，无不可夺之志；当危事，不能舍生取义；愍怀（太子）之废，不闻一言之谏；淮南之难，不能因势辅义；赵王伦篡逆，不能引身去朝”。《谥法》里说，不勤成名曰灵。司马肜见义不为，不能称作是勤，因此，应定其谥号为“灵”。朝廷采纳了蔡克的建议，后来因为司马肜故吏追诉不已，所以，才又改了谥号。

88. 司马攸为何怨愤而卒？

司马攸（248～283），字大猷，小字桃符，司马昭次子。他亲贤好施，喜爱经籍，能做文章，擅长文辞，为世人模范。才望超出司马炎。袭封舞阳侯，历散骑常侍、步兵校尉，迁卫将军。

司马炎即帝位，封司马攸为齐王。时晋朝草创，由司马攸总统军事，抚宁内外，天下无不景附。迁骠骑将军，开府。咸宁二年（276），为司空，声望日隆。

当初，司马攸深受父亲司马昭的宠爱。司马昭每次见到他，总是抚座呼着他的小字说：“这是桃符的座位。”司马攸多次差一点儿成了太子（最终是立司马炎为太子）。司马昭死前，担心司马攸将来受司马炎的打击，就把司马攸的手拉着，交给司马炎。此前，太后有病，病好了以后，司马攸因为想到太后以前病得厉害，便歔欷流泪，这使与他一起去的司马昭感到惭愧。司马攸曾在司马昭有病时侍奉在侧，常有忧戚之色，时人以此称叹他的孝心。太后临崩时，也是流着泪对司马炎说："桃符性急，而你为兄不慈，我若突然起不来死了，恐怕你即位后，一定容不下他。所以，我叮嘱你这些，千万不要忘了我说的话。"

武帝司马炎晚年时，诸子并弱，而太子（即惠帝）又是个白痴，朝臣内外，都仰瞻司马攸的举动。中书监荀勖、侍中冯统等都以谄谀事武帝，司马攸向来厌恶他们。荀勖、冯统等因为朝望在司马攸，担心将来司马攸登上皇帝宝座，会降祸到他们头上，于是，就向武帝进谗言，建议遣送司马攸到他自己的封国去。司马攸知道是荀勖、冯统等人进的谗言，因而愤怨发病，不久死去，时年三十六岁。

司马攸以礼自拘，少有过失。向人借的书，他必亲自校勘书中的错误，然后再还给书主。他初被封为齐王时，并未到封国。若封国内逢有水旱之灾，他就救济百姓，到丰年才会收债，并且十成的债务只收八成。对文武官属，甚至士卒，他都施以恩惠，对生病死丧的则有赐赏，因此，国人都仰赖他。

89. 王沈有何学识与建树?

王沈（? ~266），字处道，西晋太原晋阳（今山西太原西南）人，魏东郡太守王机之子。少孤，好读书，善著文。大将军曹爽辟为属官，累迁中书门下侍郎。司马懿杀曹爽，王沈也因而被免官。后起为治书侍御史，迁侍中、典著作。曾与荀颉、阮籍共撰《魏书》，多为时讳，不如陈寿《三国志》的实录。

王沈曾为魏帝高贵乡公讲宴属文，号为文籍先生。高贵乡公将要攻伐司马昭时，召他和王业等人来议事，他和王业却奔告于司马昭。高贵乡公被杀，王沈以功封安平侯，因为这件事，王沈受到了众论的谴责。

王沈探寻善政，研究以前的法制禁令及其施行的情况，择其善者而从之。又曾建议敦学，于是，九郡之士，都乐于致学，起到了移风易俗的作用。王沈以才望，累迁御史大夫，守尚书令，加给事中，曾参与谋议武帝代魏之事。入晋，王沈转骠骑将军、录尚书事，加散骑常侍，统领城外诸军事，晋爵县公。武帝正欲委他以万机重任时，在泰始二年（266），王沈却死了。王沈素来清俭，不营产业，死后，武帝诏令为其造屋五十间。

90. 王浚为人操行如何?

王浚（252～314），字彭祖，王沈之子。母亲赵氏，出身贫贱，因出入于王沈家，被王沈诱奸，遂生下王浚。王沈开始时不认他这个儿子。王浚十五岁时，王沈死，无子，亲戚便共立王浚为嗣，拜驸马都尉。

惠帝时，王浚为东中郎将。曾承贾后之旨，与人共谋害死愍怀太子。不久，徙为宁朔将军，都督幽州诸军事。其时，朝廷昏乱，盗贼蜂起，王浚为求自安，就将两个女儿分别嫁给鲜卑段部中人，以结好夷狄。

八王之乱时，王浚率鲜卑兵攻入邺城，讨伐成都王司马颖。他手下将士暴掠邺城，死者很多。鲜卑兵则强取妇女，王浚命令敢有挟藏者斩，于是，被杀沉下易水中的有八千人。生灵涂炭，自此而始。惠帝回到洛阳复位后，加王浚骠骑大将军，都督东夷河北诸军事，领幽州刺史。怀帝即位，以他为司空。永嘉中，石勒侵袭冀州，王浚大树威令，专于征伐，调兵遣将，打败了石勒，因而，他又兼领冀州，后称受中诏承制。

王浚为政苛暴，手下将吏又贪婪残忍，广占山泽，频繁驱遣下民，致使下不堪命，人多叛离，投奔鲜卑。从事韩咸为此切谏，王浚发怒，竟将其杀掉。

永嘉五年（311），刘聪部将攻陷洛阳，杀太子，俘怀帝。王浚权势日以盛隆，于是，他假意立皇太子，自领尚书令，备署众官，欲谋僭号。有许多人劝谏他，不要心存不轨，王浚皆怒而杀之。如此一来，士人愤怨，内外都不亲近他。王浚一天比一天矜豪骄奢，不亲自处理政务，所任用的又多是苛刻之人，再加上有亢旱灾蝗，士卒衰弱疲惫不堪。

王浚专权任命大臣时，参佐僚属都因而得官，唯有司马游统被派外出任职。游统由此心怀怨恨，就与石勒密谋。于是，石勒诈降于王浚，许诺奉王浚为主。王浚大为高兴，又见石勒进献珍宝，以为他是诚心来降，遂对石勒不设防备。石勒领兵前来见王浚，众人都说其中有诈，请求以兵阻挡石勒。王浚发怒，欲斩杀说这些话的人，众人也就不敢再劝谏。最终，王浚被石勒袭杀，死前，竟不屈服，大骂石勒而死。

91. 荀顗博学而为何受世人讥评?

荀顗（？～274），字景倩，西晋颍川颍阴（今河南许昌）人，魏太尉荀彧（yù）之子。小的时候，他就已知名于世，博学洽闻，理思周密。

魏时，荀顗以父勋除中郎。司马懿辅政，他拜散骑侍郎，迁侍中。正元二年（255），因为随从司马师讨伐毌丘俭、文钦等有功，又迁左仆射，领吏部。魏咸熙元年（264），为司空，曾议定礼仪制度。

入晋，荀顗晋爵临淮公，迁侍中、太尉。他精通朝廷礼制，却无质直劝谏的操行，只是阿顺苟合于荀勖、贾充之间。当初太子（即惠帝）将纳妃时，荀顗上表说，贾充之女德貌淑好，可以参选。因为这件事，荀顗获讥于世。

92. 荀勖有何固宠之术?

荀勖（xù）（？～289），西晋颍川颍阴（今河南许昌）人，字公曾，汉司空荀爽曾孙。年十岁能写文章，长大后，博学洽闻，通于从政之道。

荀勖初被魏大将军曹爽征召为属官，及曹爽被诛，门生故吏中没人敢去凭吊，唯独荀勖去了，众人这才跟着临丧。荀勖后为司马昭参军，与裴秀等共掌机密。入晋，拜中书监，加侍中，领著作，与贾充共定律令。贾充将出镇关右，荀勖害怕自己因此而失势，便找机会在武帝面前夸贾充之女，说她才色绝世，若纳为太子妃，必能辅佐太子，因而，促成了这桩婚事，贾充也得以留在京师。时人讥讽荀勖为佞媚之人。不久，荀勖晋位光禄大夫，旋领秘书监。咸宁初年，王濬上表请求伐吴。荀勖认为不宜伐吴，与尚书张华之议不同，后灭吴成功，他竟屡次在武帝面前诬害张华。时议省州郡县半吏以赴农功，荀勖以为，省吏不如省官，省官不如省事，省事不如清心。他又深忌齐王司马攸德望日隆，便进言于武帝，遣令齐王到封国。

当时，武帝也知道太子（即惠帝）暗弱，怕太子即位后国家混乱，就派荀勖、和峤两个人前往观察。唯独荀勖回来后，盛赞太子之德。因为太子妃贾氏凶暴，武帝想把她废掉，荀勖与冯紞等又谏请，贾妃才得以不废。时人评价说荀勖倾国害时。

然而，荀勖性缜密，每次有诏令大事，即使已经宣布，但他始终不说，不想让人知道自己提前就已知晓。他曾对儿子们说："人臣不密则失身，树私则背公，这是大戒。"久之，荀勖任尚书令，专掌机密之事。他有才思，善伺帝旨，不犯颜迕（wǔ）争，且以守密自戒，所以，他能固其宠。太康十年（289），荀勖死。

93. 荀组为何为司马睿所重？

荀组（258～323），字大章，荀勖之子。初为司徒左西曹倏属，历太子中庶子、荥阳太守。赵王司马伦篡位，任他为侍中。惠帝迁长安，荀组为河南尹，迁尚书，转卫尉，加散骑常侍、中书监。

永嘉五年（311），刘曜攻陷洛阳，荀组与兄荀藩奔轘辕（今河南偃师东南），传檄四方，推琅邪王司马睿为盟主。荀组的外甥秦王司马邺来投靠他，他便鼎力扶持司马邺入长安，奉其为皇太子。司马邺即帝位（愍帝），以舅舅荀组为司空，领尚书左仆射兼司隶，复行留台事。后荀组晋位太尉，领豫州牧。及愍帝被刘聪俘虏，荀组乃于建武元年（317），上表劝司马睿即位。荀组有推举扶持之功，因而为晋元帝司马睿所重。太兴元年（318），荀组在许昌（今河南许昌县东）为石勒所逼，率领部属数百人渡江，元帝诏拜其为隶尚书事。

94. 冯紞是如何得幸于晋武帝的？

冯紞（dǎn），字少胄，西晋安平（今河北衡水西北）人，魏汲郡太守冯员之子。冯紞年少时，博涉经史，识悟机辩。

冯紞历仕为魏郡太守，转步兵校尉。因为得幸于晋武帝，稍迁左卫将军。冯紞承颜悦色，武帝对其宠爱日隆，贾充、荀勖等都与冯紞相友善亲近。对贾充之女被纳为太子妃事，冯紞曾出过力。及贾妃将被武帝废掉，冯紞与荀勖等又上表恳请，贾妃才没有被废。冯紞后来随王濬伐吴，迁御史中丞，转侍中。

武帝晚年时，因太子是白痴，朝野之望尽在齐王司马攸。司马攸向来看不起荀勖，荀勖担心将来司马攸即位，会有害于己，于是，就让冯紞去对武帝说，令齐王回自己的封国。武帝听从了他的劝谏，及齐王死，朝野为之悲恨。武帝知道后，也大声痛哭。当时，侍立在一旁的冯紞则说：“齐王名过于实，如今死了，这是晋室之福。陛下为何如此哀痛呢?”武帝遂不再哭。

当初，武帝、张华谋欲伐吴时，冯紞与贾充、荀勖都苦谏，认为不可。及吴灭，张华威德大振，朝议以为张华当为尚书令。冯紞为此心里忧惧，视张华如仇人，便找机会劝武帝，说不可授张华以重任，武帝因而默然接受。

95. 贾充为何贵盛无比?

贾充（217～282），字公闾，西晋平阳襄陵（今山西临汾东南）人，魏豫州刺史贾逵之子。少孤，袭父爵为侯，拜尚书郎，后参大将军司马师军事，随从征讨毌丘俭、文钦。又为大将军司马昭司马，转右长史。贾充曾以时事探问诸葛诞的态度，认为其必反叛，于是，向司马昭献计讨平诸葛诞，因而得迁廷尉，转中护军。景元元年(260)，魏帝高贵乡公攻司马昭相府，贾充乃率众迎战，示意太子舍人成济杀魏帝。贾充甚得司马昭信重，参与朝廷机密。司马昭意欲传位给司马攸，而贾充则称司马炎为人宽仁，有人君之德，应该立之为嗣。及司马炎称帝，贾充转车骑将军、散骑常侍、尚书仆射，封鲁郡公，后为尚书令、侍中。

贾充为政，务农节用，武帝以之为善。贾充颇好提携士人，每对人有所举荐，他会始终加以爱护，因而人多归附于他。武帝舅王恂曾毁誉贾充，贾充则更加推赏王恂。然而，贾充善谄媚，他的一个女儿贾荃为齐王司马攸之妃，另一个女儿为太子妃（即贾后），在当时贵盛无比。太康三年（282），贾充死，时年六十六岁。

96. 贾谧门下“二十四友”都是什么人?

贾谧（？～300），字长渊，西晋南阳堵阳（今河南方城东）人。母贾午为贾充之女，父韩寿是魏司徒韩暨曾孙。贾充无子，在他死后，其妻郭槐遂以外孙贾谧为嗣。

贾谧好学，有才思。既为贾充之嗣，又逢贾后专权，贾谧因而权过人主，负其骄宠，奢侈无度。贾谧广延士大夫，贵游豪戚及浮竞之徒，无不尽礼附事于他。有的则著文章赞美他，将其比为贾谊。这些人是：石崇、欧阳建、潘岳、陆机、陆云、缪征、杜斌、挚虞、诸葛诠、王粹、杜育、邹捷、左思、崔基、刘瓌、和郁、周恢、索秀、陈眕、郭彰、许猛、刘讷、刘舆、刘琨。他们皆附会于贾谧，当时号为“二十四友”。

97. 贾谧是怎样死的?

贾谧恃贾后之势，甚有威福。起为秘书监，掌国史，惠帝从其议，以泰始元年武帝即位为晋朝修史之始限。

不久，贾谧转侍中。他以朝廷亲贵，多次与愍怀太子一起游玩，却无屈降之心，不敬愍怀太子。他常与太子下棋争道，有一次，成都王司马颖正好也在坐，便叱责贾谧说：“太子是国之储君，你岂可无礼!”贾谧害怕了，跑去告诉贾后，竟出司马颖为平北将军，镇邺（今河北临漳西南）。

及贾谧为常侍，侍讲东宫，太子心有不悦，贾谧因而引以为患。贾谧家中，屡有妖异之事。风将他的朝服吹得飞到上面数百丈，然后落到中丞台；他的被子里竟有蛇；夜里有暴雷震其室，柱子都陷入到地里了，床帐也被压毁了，如此等等，令贾谧更加恐惧不安。及贾谧迁侍中，专掌禁内，遂与贾后谋议，诬陷太子。到赵王司马伦起兵废贾后时，贾谧也被杀。

98. “三杨”何以能势倾天下?

杨骏（？～291），字文长，西晋弘农华阴（今陕西华阴东南）人。初为高陆令，骁骑、镇军二府司马。咸宁二年（276），因其女杨芷立为武帝皇后，迁车骑将军，封临晋侯。当时，有人评议说，杨骏是外戚，刚开始就封为侯，这是乱事之始。尚书褚䂮等也上表说，杨骏不可任以社稷之重，但武帝不听。武帝自太康以后，天下无事，便不再留心朝政，唯耽溺酒色，宠幸外戚。因而，杨骏与弟弟杨珧、杨济势倾天下，时人有“三杨”之号。

太熙元年（290），武帝临终，诏杨骏为太尉、太子太傅，假节，都督中外诸军事，并为侍中、录尚书，总揽朝政。杨骏专权好利，刚愎自用，又多树亲党，令晋宗室和贾后极为不满。杨珧、杨济二人都有俊才，曾屡次劝谏杨骏，却不见采纳。

元康元年（291），贾后与楚王司马玮、东安公司马繇等合谋，杀“三杨”及杨氏党羽，皆夷三族。

99. 魏舒为何能获誉于当世?

魏舒(209~290),字阳元,西晋任城樊县(今山东兖州西南)人。身高八尺二寸,姿望秀伟,能饮酒石余。少孤,好骑射,以渔猎为事。

他年四十余时,郡上计掾察孝廉。宗党以魏舒无学业,劝他不要去应试,这样就可以自命清高。魏舒则说:"若应试而不中,其责任在我,怎么能以不去应试,虚窃清高之名来为自己脸上添光彩呢!"于是,他督促自己,百日学习一经,最终对策①升第。除渑池长,迁浚仪令,入为尚书郎。

魏舒累迁后将军钟毓长史,转相国司马昭参军。他处理的琐碎府务,未尝见有是非之处;至于废兴大事,众人没有能决断的,他则慢慢加以筹划,其思虑多超过众人。由此司马昭很器重他,每次朝会结束,都目送他说:"魏舒堂堂,人之领袖。"

后来,魏舒迁宜阳、荥阳二郡太守,甚有声誉。出为冀州刺史,在任三年,以简惠见称。晋太康初年,拜右仆射,官至司徒。魏舒有威重德望,所得禄赐则分给九族,家无余财。以年老辞官,中间曾被起用为兖州中正,又以灾异逊位。魏舒做事必先去做,然后再去说。太熙元年(290)卒,时年八十二岁。

100. 李憙不惮权贵有何表现?

李憙(xǐ)(? ~282),字季和,西晋上党铜鞮(今山西沁县南)人,汉大鸿胪李佺之子。少有高行,博学多识。魏时,司马懿征召他为太傅僚属,他一再以有病推辞,最终还是郡县将他扶到车上上道的。时逢母亲病重,他在途中又逃了回来。后为并州别驾。

司马师辅政,命李憙为大将军从事中郎。李憙到了之后,司马师见到他问道:"以前先公(指司马昭)征召你而你不应召,如今我命你来,你就来了,这是为什么?"李憙回答说:"先公是以礼征召我,使我能以礼不应召。如今你是以法来命令我,我畏法而至。"一番话让司马师很器重他。不久,李憙拜右长史,后随司马师讨伐毌丘俭而还,迁御史中丞。他为官正色,不惮强御,令百官震肃。后除凉州刺

---

① 应荐举的人对答有关政治、经义的策问。

史，领护羌校尉，绥御华夷，甚有声绩，累迁司隶校尉。

晋初，李憙以本官行司徒事，封祁侯。泰始三年（267），他弹劾立进令刘友、前尚书山涛、中山王司马睦、尚书仆射武陔等各占官稻田，不避亲贵，受到武帝的褒扬。后迁太子太傅。在位累年，迁尚书仆射，拜特进、光禄大夫，以年老逊位，卒于家。

101.《崇让论》是一篇什么样的文章？

《崇让论》的作者刘寔（shí）（约 220 ~ 约 310），字子真，西晋平原高唐（今山东禹城西南）人，汉济北王刘寿的后人。年少时，家境贫苦，以卖牛衣（亦称“牛被”，给牛御寒用的覆盖物）自给。因为他看到世人多意在求取仕进，而廉逊道缺，便写下《崇让论》，以纠正这种风尚。

《崇让论》首先指出“古之圣王之化天下，所以贵让者，欲以出贤才，息争竞也”，进而说明推让的作用。接着，作者说自魏代以来，推让之风息，争竞之心生。时人评议都说，当今世上少有高名之才，朝廷没有大才之人可以为大官的；山泽之人、小官吏也说，朝廷之士虽有大官名德，却都赶不上以前的官吏。对于这些看法，作者认为都失之妥当，而应该说是“非时独乏贤也，时不贵让”。并进一步阐明，之所以推让之道废，是因为用人注重看其资历，是否是出于权贵之门。由此，作者又以“滥竽充数”的故事，说明“推贤之风不立，滥举之法不改，则南郭先生之徒盈于朝矣”。接下来，作者点出，让道不兴之弊，不仅使贤人处下位，且会使国之良臣不得见用于当世。最后，作者认为改变让道不兴的状况很容易，并进而提出改易此俗的方法。文章条理清晰，逻辑严密，层层递进，主旨鲜明。

102. 刘寔俭素笃学有何表现？

刘寔曾历任吏部郎，参司马昭相国军事。镇南将军杜预伐吴时，他以尚书行镇南军司。后来，他因儿子刘夏受赂而免官。他每次回到州里，乡人总是带着酒肉等着他。刘寔难以推却其盛意，便与其一起吃，而把剩下的又返回去。有人对刘寔说：“你是高行一世，而你的儿子却不能像你这样。你为何不旦夕与儿子切磋，让其知过而自改呢？”刘寔答道：“我的举止，是通过见闻有所修为才如此的，不是从祖辈那里学来的，对于此，教诲又能有多大作用呢？”世人听了，觉得他所言得当。

刘寔后起为国子祭酒、散骑常侍，迁右光禄大夫，领冀州都督。元康九年（299），策拜司空，迁太保，转太傅。太安初年，以老病逊位。怀帝即位，复授太尉。

刘寔年少贫困，曾拄着棍步行，每到休息歇脚之处，不给主人添麻烦，薪水之事，都是自己营给。及位望通显，却总是崇俭素，不尚华丽。有一次，他到豪富石崇家，上厕所时，看到厕所里挂着绛色纹帐，有衣着华丽的女婢持香囊。刘寔一见便退，笑着对石崇说："不好意思，误入你家的内室。"石崇答道："那就是厕所。"刘寔说："贫士不曾享受这个。"于是，他又去找其他的厕所。刘寔虽处荣宠尊位，然而，居无第宅，所得俸禄，用于赡恤亲故。当时之世，礼教衰颓，但他行己以正。

刘寔自少及老，笃学不倦，博通古今，虽居官任职，书卷未尝离手。他尤精于"三传"（指《春秋左氏传》、《春秋公羊传》、《春秋穀梁传》），辨正《春秋公羊传》，著有《春秋条例》二十卷，后散佚。

103. 高光有何为人称道之处？

高光（？～308），字宣茂，西晋陈留圉县（今河南杞县西南圉镇）人，魏太尉（典兵狱）高柔之子。高光少习家业，明练刑理。初以太子舍人累迁尚书郎。出为幽州刺史、颍川太守。武帝时，以高光历世明于刑法，用其为黄沙御史，后迁廷尉，拜尚书。时赵王司马伦篡位，高光守节不预。后从惠帝讨成都王司马颖有勋，封延陵县公。当时，朝廷皆推高光明于用法，所以，高光屡次掌管狱讼之事。及惠帝被张方挟迫迁于长安，朝臣奔散，没有随帝而从的，唯高光侍帝左右。惠帝还洛阳后，选高光为皇太弟少傅。怀帝即位后，任高光为尚书令。

高光的兄长高诞任纵放恣，行无伦次，而决烈过人，与高光的操行不同。高诞常说高光小节，轻侮他，而高光对兄长则更加谨慎了。

104. 王浑伐吴有功而为何受人讥议？

王浑（223～297），字玄冲，西晋太原晋阳（今山西太原西南）人，魏司空王昶之子。王浑沉雅有器量，袭父爵京陵侯。

晋初，王浑为安东将军，都督扬州诸军事。咸宁五年（279），他与王濬共同领兵伐吴。第二年，王濬攻入建邺（今江苏南京），吴主孙皓投降。而王浑自以为先占据了江上，破吴中军，遂摆酒高会，按兵不进，致使进入建邺落在了王濬之后。对此，王浑愧恨不已，有不平之色，便频奏王濬罪状，以此受到时人讥议。

吴灭，王浑转征东大将军。又拜尚书左仆射，迁司徒。惠帝即位，加侍中。楚王司马玮举兵杀汝南王司马亮、卫瓘时，想引王浑为参乘，王浑托病回到府第，令家兵千余人闭门拒绝司马玮。司马玮被杀，王浑乃率兵赴宫，以功录尚书事。

105. 王济的清谈与豪奢都有何表现?

王济字武子，是王浑之子，娶常山公主。好弓马，有勇力。少有逸才，善《周易》及《庄子》、《老子》，文词俊茂，有名于当世。

王济二十岁时，起家拜中书郎，累迁侍中。每次侍见武帝，未尝不咨论人物及朝政得失。王济善于清谈，修饰辞令，讽议将顺，朝臣中没有能超过他的，由此武帝更加亲贵于他。他仕进虽快，但论者认为这并非是由于他是公主夫婿之故，都说这是因为他确实有才能。然而，表面上看他弘雅，实则内多忌刻，好以言伤物，同辈之人都因此而看不起他。

王济性极豪侈，丽服玉食。当时，洛阳（今河南洛阳东）地价很贵，而王济好马射，就买地为马埒（liè，指马射场的围墙），将钱编串起来放在围墙四周，时人称之为“金沟”。据《世说新语·汰侈》记载，武帝舅王恺奢豪，有一头牛名叫“八百里驳”，其牛蹄角常被磨拭得光洁如玉。王济对王恺说：“我射箭比不过你，现在我和你各以千万钱和这头牛为赌注来打赌射箭。”王恺自恃手快，让王济先射。谁料王济一下子就射中了箭的，竟靠着胡床（一种可以折叠的轻便坐具）叱令左右之人赶快将牛心取来。过了一会儿，烤好的牛心就拿来了，王济切了一小块就扬长而去。

和峤性至俭，家里有好李，武帝去求取李子，也不过数十个。王济则等和峤上朝不在的时候，带着一帮少年到和峤的李树园里，大开吃戒，吃过之后，又把李树砍倒才离开。武帝曾到王济家做客，菜肴丰盛，食器全是琉璃器皿。其中，有一道乳猪味道非常鲜美，武帝就忍不住问原因，王济说：“这道菜是用人乳喂养的小猪做的。”武帝听了，心中非常不快，还没有吃完就离席而去。

王济后领太仆。四十六岁时，先父亲王浑而死。

106. 王濬任地方官时都有何声望？

王濬（206～285），字士治，小字阿童，西晋弘农湖县（今河南灵宝西北）人。他博涉坟典，姿貌俊美，不修名行，不为乡里所称。然而，疏通亮达，恢廓有大志。他曾盖宅院，将门前的路拓宽有数十步。有人问他为何将路拓得这么宽，他说："我想使门前能容下长戟幡旗。"众人听了，都笑话他，而他却说："陈胜说过，燕雀安知鸿鹄之志。"

州郡征召王濬做河东从事，后他为羊祜参军，受到羊祜的赏识。他为巴郡太守时，因为郡边临近吴境，兵士不堪苦役，所以，生下的男孩多无人抚养。王濬乃严其科条律令，宽其徭役课税，有生育孩子的都与休复，所以，得以全活者有数千人。他又转任广汉太守，以恩惠施政，由此百姓很信赖他。王濬曾夜梦有三把刀悬在他的卧室房梁之上，一会儿又增加了一把刀，王濬被惊醒之后，心中很是不快。主簿李毅两次向他拜贺说："三刀为州字，又加了一把刀，不就是说你要到益州为官了吗？"果然，王濬迁为益州刺史。在任时，待人以威信，少数民族也多来归附。

107. 王濬为何能在伐吴战役中立有首功？

自泰始八年（272）起，王濬受武帝诏命，大造舟舰。据史书记载说，他所造之船"方百二十步，受（容纳）二千人，以木为城，起楼橹，开四出门，其上皆得驰马往来。又画鹢首怪兽于船首，以惧江神。舟楫之盛，自古未有"。王濬造船的木排蔽江而下，而吴主孙皓耽于逸乐，不加防备。王濬受命进军伐吴。他与广武将军唐彬率巴蜀之众，顺江而下，连克沿江险隘，又与胡奋、王戎共平夏口、武昌。吴人曾在长江要害处，做铁锁横江，又做一丈多长的铁锥，暗置江中，以阻舟师。此前，羊祜抓获了一个吴国间谍，知道了这个情况。于是，王濬做大竹筏数十个，亦方百余步，缚草为人，被甲持杖，立于筏上，又令善游水者以筏先行，遇到铁锥，锥便著筏而去。王濬又做火炬，长十余丈，大数十围，灌以麻油，放在船的前面，烧融铁锁，使船行无碍。这样一来，王濬率军就顺流而下，势如破竹。攻克武昌之后，王濬直向建邺，吴军非溃即降。所以，唐代的刘禹锡《西塞山怀古》一诗里说："王濬楼船下益州，金陵王气黯然收。千寻铁锁沉江底，一片降幡出石头。"也就在这一年的三月，在其他各路大军的联合进攻下，王濬所率将士八万人，方舟百里，声势浩大地攻入石头城（今江苏南京清凉山），使吴主孙皓面缚请降，至此吴亡。

王濬以伐吴立有首功，封襄阳县侯。此后，他以勋高位重，不再以素业自居，而是玉食锦服，纵奢侈自逸。后又转抚军将军，卒于太康六年，时年八十岁。

108. 唐彬一生立有哪些战功?

唐彬（235～294），字儒宗，西晋鲁国邹县（今山东邹城东南）人。他长于骑射，好游猎，身长八尺，后来转而好读经史，尤其精通《易经》。

唐彬初为郡门下僚属，举孝廉，州征召为主簿，累迁别驾，又为魏相国司马昭属官。晋泰始初年，赐爵关内侯，出补鄴令，迁弋阳太守，明设禁防，百姓安居。随后，唐彬监巴东诸军事，加广武将军。曾上征吴之策，很合武帝的心意。

太康元年（280），唐彬跟从王濬伐吴，为众军前驱。他总是布设疑兵，应机制胜，多有擒获，令敌兵闻之莫不震惧。唐彬知道孙皓将降，于是，在未至建邺二百里的地方，称疾迟留，以示自己无意于争功。果然，先到建邺的人争物，后到者争功，由此有识之人无不以唐彬的举动为高。吴平，唐彬以功征拜翊军校尉，封上庸县侯。

鲜卑人侵扰北方时，唐彬被朝廷命监幽州诸军事，领护乌丸校尉、右将军。他到任后，训卒利兵，重视农事，震威耀武，示以恩信。兼修学校，诲诱无倦，仁惠广施。于是，开拓旧境，却地千里。又复秦长城塞，分军屯守，边境三千里由此而获安。元康初，唐彬为雍州刺史，元康四年卒于官，时年六十岁。

109. 何谓《山公启事》?

《山公启事》是奏议名，其作者是山涛。山涛（205～283），字巨源，西晋河内怀县（今河南武陟西南）人。他早孤，居贫，少有器量，介然不群。性好《庄子》、《老子》，每以隐身自晦，与当时名士阮籍、嵇康交游，为"竹林七贤"之一。

西晋武帝时，山涛自吏部郎迁至吏部尚书，典掌选拔官吏十余年。每有一官位缺，他总是选择才资可为者启拟数人，得诏旨所向，然后，再显奏上去，以武帝之意为先。山涛甄拔人物，各作品鉴而奏之，时称之为《山公启事》。已散佚，近人有辑本。

110. 山涛为人如何？

山涛年四十，始征召为郡主簿。入晋，守大鸿胪，后除尚书仆射，领吏部。太康初年，迁右仆射，加光禄大夫、侍中。当初，山涛为布衣时，家贫，曾对妻韩氏说："你暂且忍受饥寒，我日后当做三公，但不知道你是否堪做公夫人！"及居官荣贵，贞慎俭约，他虽爵高位重，却不纳嫔媵侍妾。所得禄赐俸秩，则散给了亲故。

陈郡有个叫袁毅的人，曾做过鬲令，此人贪浊，贿赂公卿，以求虚誉，也曾送给山涛丝百斤。因当时受贿之风盛行，山涛不想与别的官员有所不同，以免别人说自己故作清廉，于是，他接受了袁毅送的礼，并将之藏于阁楼上。后来，袁毅事发，被送到廷尉处问罪，凡受过袁毅贿赂的人，都被他供了出来，接受督检。山涛则把丝百斤取出，交给官吏，只见原物积年尘埃，印封如初。

山涛饮酒到八斗才醉，武帝想以此试试他的酒量，于是，拿八斗酒让山涛喝，但又偷偷地将酒多加了些，谁知山涛喝到八斗酒时就不再喝了。

111. "日夕倒载归，酩酊无所知"咏唱的是谁？

"日夕倒载归，酩酊无所知"咏唱的是山简。他是山涛之子，字季伦，性温雅。初为太子舍人，累迁尚书左仆射，领吏部，曾上疏请求拓广得才之路。

永嘉三年（309），山简出为征南将军，都督荆、湘、交、广四州诸军事，镇襄阳（今湖北襄樊）。其时四方寇乱，天下分崩，王威不振，朝野危惧。山简则是优游卒岁，耽溺于酒。荆土豪族习氏有好园池，山简每次出去嬉游，多是到习氏园池之上，总是喝得大醉，称这个地方叫高阳池。上面所引的儿歌说的就是这件事。

及刘聪攻洛阳（今河南洛阳东），山简派都护王万增援京师，在涅阳（今河南邓州东北）为王如领导的义军所败。王如进逼襄阳，山简乃退迁夏口（在今湖北武汉黄鹄山上），招纳流亡，江汉归附。年六十时，病卒于镇。

112. 王戎为人明鉴而为何受时人所讥?

王戎（234～305），字濬冲，西晋琅邪临沂（今山东费县东）人，凉州刺史王浑之子。与阮籍、嵇康交游，为“竹林七贤”之一。年幼颖悟，神采秀彻。六七岁时，听猛兽在围场槛中吼叫，众人皆奔走，唯独他站立不动，神色自若。王戎又曾与一群小孩在路边嬉戏，见李树结有很多果子，其他小孩都争着上去摘李子，只有王戎不动。有人问他原因，他说：“李树在路边，果实却很多，这一定是苦李。”摘下李子一尝，果然是苦李。

王戎为人短小，任率不修威仪，善发谈端，为人所赏识。曾征召为相国司马昭僚属，累迁豫州刺史。吴平，晋爵安丰县侯。迁尚书左仆射，领吏部，转司徒。因晋室方乱，王戎明哲保身，委事于僚佐。

王戎有人伦鉴识，尝视山涛如璞玉浑金，人皆钦其宝，莫知名其器；王衍神姿高彻，王戎将其看为如瑶林琼树，自然是风尘表物；评鉴裴颜拙于用长，荀勖工于用短，如此等等，不一而足。王戎族弟王敦有高名，而王戎却厌恶他。王敦每次来问候王戎，王戎总是称病不见。王敦后来果然作乱，王戎鉴赏先见如此。

然而，王戎好财，广收八方园田，积钱无数，每每亲自用象牙筹码，昼夜不停地算计家产，还常常不以为足。他又俭啬无比，不自奉养，天下人谓其有膏肓之疾。他的女儿嫁给裴颜时，曾借了他数万钱财，时间很长了仍然未还。后来，女儿回娘家探亲，见王戎脸色不悦，很快就把钱还了回来，王戎这才高兴起来。他的侄子将要结婚时，王戎送了一件单衣，但等侄子结婚之后，他又将单衣要了回来。王戎家有好李，常对外出售，而他又怕别人得到了树种。于是，在卖出李子之前，他总是取出里面的核。因而，王戎获讥于世。

113. “口中雌黄”说的是谁?

“口中雌黄”说的是王衍。他是西晋琅邪临沂（今山东费县东）人，字夷甫，王戎的堂弟。十四岁时，曾造访仆射羊祜，申陈事状，辞甚清辩。羊祜名德贵重，而王衍幼年却无屈下之色，令众人都感到惊异。

王衍既有盛才美貌，明悟若神，又加上声名藉甚，倾动当世。他妙善玄言，为元城令时，终日清谈，推重何晏、王弼，惟以谈《老子》、《庄子》为事。每捉玉柄尘尾，与手同色。所说义理若有不安之处，他则随即改变，世号“口中雌黄”。王衍累居显职，令后进之士莫不景慕仿效。其矜高浮诞，遂成一时风俗。

114. 王衍临死为何后悔嗟叹?

王衍历经贾后专权、司马伦篡位、齐王司马冏专政，到成都王司马颖时，王衍为中军师，累迁司徒。他虽居宰辅，不念经国之治，专思自全保身之计。

永嘉二年（308），刘聪等进攻洛阳，洛阳危急。西晋主政的东海王司马越和王衍等为了保全自己，于永嘉四年，畏缩逃跑，把保卫京师的西晋主力军也带走。永嘉五年，司马越死，众人推王衍为元帅。不久，王衍等所率军队被石勒追及，王公以下士卒被杀死的有十多万人，王衍及晋宗室四十八王，皆被石勒俘虏。王衍被俘后，陈说祸败的原因，云计不在己，自言己本无宦情，少不豫世事，欲求自免，因劝石勒称帝。石勒大怒，反驳他说：“君名盖四海，身居重位，少壮登朝，至于白首，何得言不豫世事邪！破坏天下，正是君罪。”于是，石勒在夜里排墙压死王衍。王衍临死前后悔嗟叹道：“呜呼！吾曹虽不如古人，向若不祖尚浮虚，戮力以匡天下，犹可不至今日。”时年五十六岁。

115. 王澄为何被王敦所杀?

王澄（269～312），字平子，西晋琅邪临沂（今山东费县东）人，王衍的弟弟。他生而警悟，见人举动，虽不能言，便知其意。王衍有重名于世，尝评天下人士次第，称“阿平第一”，王澄由此而显名。王澄累迁成都王司马颖从事中郎。及司马颖败，为东海王司马越司空长史。当时，王敦等与王衍相亲善，亦与王澄狎戏，酣宴纵诞，穷欢极娱。

惠帝末，王澄为荆州刺史，临行前，来为他送行的人倾朝而动。到任后，他日夜纵酒，与人博戏，不亲庶事，从而上下离心。后来，琅邪王司马睿征召他为军咨祭酒，他经过王敦辖地时，来见王敦。因为王澄夙有盛名，出于王敦之右，使士庶莫不倾慕；再加上他勇力绝人，为王敦所惮，而王澄犹以旧交情慢侮王敦，这样，王敦就更加愤怒，便派力士扼杀了王澄。

116. 成语“杯弓蛇影”出自何事?

乐广，字彦辅，西晋南阳淯阳（今河南南阳南）人，父亲乐方早卒。乐广年幼孤贫，寒素为业，无人知道他。然而，他性冲约，有远识，寡嗜欲，与物无争。尤善谈论，每以约言析理，以餍人之心，对其所不知道的，则沉默不语。

裴楷尝引乐广共谈，自夕申旦，雅相钦挹，自叹不如。尚书令卫瓘亦叹其谈论如魏正始音，评价说：“此人之镜，见之莹然，若披云雾而睹青天也。”乐广为识者所叹美如此。

乐广累迁侍中、河南尹，所在为政，无当时功誉，然而，每次离职，总令人怀念他。他评论人时，必先称其所长，如此人之所短则不言而自见。逢人有过，乐广就先尽弘恕，然后善恶自明。因为乐广与王衍都是名重于时，故天下言风流者，谓王（衍）、乐（广）称首。

当时，王澄、胡毋辅之等皆任达放诞，甚至散发裸体。乐广尝讥笑他们说：“名教内自有乐地，何必这样呢!”在乐广就任河南尹之前，河南官舍里多妖怪，前任长官多不敢处正寝，乐广则居之不疑。有一次，外面的门竟能自己关上，左右之人见状皆惊，唯独乐广镇静自若。他回过头来，发现墙上有孔，便派人挖墙，得狸而杀之，从此怪异之事就再也没有了。

乐广很聪明，史书上记载了一个关于他的“杯弓蛇影”的故事。他做河南尹时，有一天，发现一个朋友很久没来做客了，便问是什么原因。客人说：“上次在这里喝酒的时候，看到杯中有一条蛇，心里很难受。等喝了这杯酒，就开始生病了。”乐广一想，明白是什么原因了。原来墙壁上挂着一张角弓，弓上漆画作蛇，映在客人的酒杯中了。于是，乐广重新倒了一杯酒，还放在原来的地方，问客人说：“你在酒中又见到蛇了吗?”客人说：“与原来所见一样。”乐广便告诉客人真实原因。客人恍然大悟，病顿时痊愈。

乐广后迁尚书仆射，领吏部，拜尚书令。他的女婿成都王司马颖与长沙王司马乂相攻伐，而乐广当时既处朝望，便有群小进谗。司马乂责问他，乐广遂以忧卒。

117. 郑袤卒时司马炎为何亲自发哀?

郑袤（189～273），字林叔，西晋荥阳开封（今河南开封县西南）

人，扬州刺史郑泰之子。郑袤少孤，早有识鉴，后随叔父郑浑避难江东，豫章太守华歆抚养他，视如己出。

郑袤为人清正，东汉建安年间，初为临淄侯文学，后转济阴太守。在任期间，旌表孝悌，敬礼贤能，兴立学校，开诱后进。在广平做太守时，他以德化为先，善作条教，郡中之人都很爱戴他，以致等他征拜侍中要离任时，百姓恋慕不已，涕泣路隅。

高贵乡公即位，郑袤以备法驾奉迎之功，封广昌亭侯。正元二年（255），镇东大将军毌丘俭、扬州刺史文钦起兵于淮南，司马师亲自率军征讨。临行时，司马师问郑袤讨兵之计，郑袤分析说，毌丘俭其人好谋而不达于事情，志望无限；文钦则勇而无谋，今大军出其不意，江、淮之卒锐而不能固，可深沟高垒以挫其气。司马师听了，点头称善。

魏帝常道乡公景元初年，郑袤有病失明。入晋，封密陵侯。他虽寝疾十余年，而时贤并相推荐。泰始中，武帝下诏称赞其“履行纯正，守道冲粹，退有清和之风，进有素丝之节”，及郑袤死，武帝亲自为他发哀。

118. 郑默是如何洁身敦行的?

郑默（213～280）是郑袤长子，字思元。起家魏秘书郎，迁司徒左长史。武帝即位，常嘉奖郑默，诏使他骖乘。

父亲去世时，郑默离职回家守丧，不久，任廷尉。当时，鬲令袁毅因为交通货赂，牵连甚广，大兴刑狱，唯独郑默及其兄弟以洁慎不染其流。郑默为人敦重，柔而能整，他在任太常时，仆射山涛曾想举荐亲戚为博士，但不敢向郑默提及。

武帝皇后之父杨骏尝欲将女儿嫁给郑默的儿子郑豫，郑默却以累世畏远权贵之语，回绝了杨骏，因而招来杨骏的怨恨。郑默宽冲博爱，谦虚温谨，不以才地矜物，事上以礼，待下以和，即使是对僮仆杂役也不加声色，然而，像他这样的人仍然招人嫌怨，由此，士君子叹以为居世之难。

119. 李胤为何受到晋室美誉?

李胤（？～282），字宣伯，西晋辽东襄平（今辽宁辽阳）人，汉河内太守李敏之孙。李胤幼孤，以孝闻。初仕郡上计掾，后迁乐平侯相，为政尚清简。司马昭主政时，引他为大将军从事中郎，迁御史中丞，恭恪直绳，为百官所惮。

西晋泰始初，李胤拜尚书，晋爵广陆侯，迁吏部尚书仆射，转太子少傅。咸宁初，皇太子出居东宫，武帝以太子少傅有旦夕辅导之务，而李胤向来羸弱，不宜久劳之故，转拜他为侍中，不久迁尚书令。李胤虽历任有职，家里却极其贫俭，儿子病了都没钱买药。武帝听说了，就赐给他钱十万。其后，武帝诏以李胤为司徒。他在位五年，简亮持重，堪称称职，受到晋室美誉。

120. 卢钦清廉有何表现?

卢钦（? ~278），字子若，西晋范阳琢县（今河北涿州）人，魏司空卢毓之子。世以儒业显。卢钦清澹有远识，笃志经史。

卢钦曾为魏大将军曹爽僚属，历任琅邪、阳平太守。入晋，官至尚书仆射，加侍中，领吏部。他履道清正，举荐人必以才，称为廉平。卢钦为人忠清高洁，虽历为州郡之长，却不尚功名，唯以平理为务。所得爵禄秩俸则散给亲故，不营产业。去世之后，家无所庇，因而武帝特赐其家人钱五十万，并建造第舍。

卢钦著有诗赋论难数十篇，辑在一起名《小道》，今已佚。

121. 卢谌一生有何曲折经历?

卢谌（284 ~350），字子谅，十六国时范阳涿县（今河北涿州）人，卢钦弟卢珽之孙。清敏有理思，好《老子》、《庄子》，善做文章。

西晋时，卢谌被州举为秀才，征召为太尉属官。永嘉之乱后，他随父亲卢志北依刘琨，却被汉刘粲所虏，留为参军。刘琨收集散兵，击败了刘粲，卢谌又得以归附刘琨。刘琨为司空，以卢谌为主簿，转从事中郎。刘琨之妻是卢谌从母，因而，刘琨对卢谌加以亲爱，又重其才地。

建兴末年，卢谌随刘琨投奔段匹磾。段匹磾自领幽州，用卢谌为别驾。刘琨为段匹磾所害后，卢谌又往投辽西段末波，为其所留，竟不得南渡。段末波死，其弟代立，卢谌流离二十载。及后赵石虎破辽西，用卢谌为中书侍郎、国子祭酒、侍中、中书监。冉闵灭石氏，卢谌又归冉闵。东晋穆帝永和元年（350），卢谌随冉闵与石祗战于襄国（今河北邢台），兵败遇害，时年六十七岁。

卢谌本为名家子，早有声誉，才高行洁，为一时所推。然而，值中原丧乱，流离非所，虽为石氏所重，却常以为辱。他总是对儿子们说："我死了之后，只可称我为晋司空从事中郎。"卢谌撰有《祭法》，注《庄子》，还有文集，但都已佚。

122. 华廙为何多次得罪朝廷权贵?

华廙（yì），字长骏，西晋平原高唐（今山东禹城西南）人，魏太尉华歆之孙，华表之子。华廙弘敏有才义。其岳父卢毓掌选拔官吏，不宜举荐姻亲，因而，华廙已三十五岁了仍不得调任。晋泰始初，迁冗从仆射，官至都督河北诸军事。后居父丧，依遭丧旧例，安葬了父亲，应复官任，而华廙固辞抗旨不返。

当初，华表有赐客①在鬲地，便派华廙通过县令袁毅录名②三客，及袁毅因为货赂官员而致罪，在陈述狱辞时，不再说是以奴代客，却直言送了三奴给华廙。而中书监荀勖曾为其第二子求娶华廙之女，华廙不答应，由此荀勖心中怨恨，便趁机密告于武帝，指责华廙应当罪罚。再加上华廙此时居父丧，有抗旨之咎，武帝遂于丧服中免去华廙官职，并削夺其爵土。

太康初大赦，华廙才得袭封，后拜城门校尉，迁中书监。惠帝时，晋位光禄大夫、开府仪同三司。当时，河南尹韩寿曾托贾后，求以女配华廙孙华陶，被华廙拒绝了，贾后深以为恨，所以，华廙遂不得登台司，年七十五岁而卒。

123. 华恒清素有何表现?

华恒，字敬则，是华廙的少子。娶武帝女荥阳长公主，拜驸马都尉。博学多才，以清素名重于时。清者，谓其为人清白，操行高洁。素者，谓其生活朴素，律己甚严。

愍帝即位之初，局势不稳。不久，刘聪进逼长安，愍帝下诏任命华恒为镇军将军，领颍川太守发兵增援。华恒招募兵士，联合义军，引兵两千人准备救援，未及西赴，匈奴铁骑已趋入长安，愍帝出降，关中被叛军占领。之后，北方大部分州郡相继失守。这时，南方的士

---

① 客，地位仅高于奴隶，有同"雇工"。

② 时人认为蓄奴远较养客有利，故以奴代客。

著士族和南渡大官僚拥立琅邪王司马睿即皇帝位，是为晋元帝。华恒打算东渡追随元帝。然而，元帝对他有所疑虑，原因是元帝诛杀过华恒的堂兄华轶，担心华恒心存怨恨。于是，华恒写信给骠骑将军王导言明自己的忠心。元帝立即召见了他，并封华恒为卫将军，加封散骑常侍，本州大中正。后来又拜为太常。华恒任太常之后，准备修立郊祀，祭祀宗庙。当时，尚书刁协、国子祭酒杜彝认为，应该回到洛阳后再行祭祀之礼。华恒反对这种意见。他认为汉献帝当年离开洛阳居于许昌时，就在当地烧柴祭天，祭祀祖宗。现在也应该于此修立郊祀，祭天祭祖。

明帝太宁初年，王敦奏请朝廷封华恒为护军。华恒却以患病为由，坚决推辞。后来，王敦反叛，华恒在征讨王敦叛乱中立了大功。不久苏峻谋反，成帝逃亡。华恒陪伴在年幼的皇帝身旁，不离左右，一直陪从至石头城（南京清凉山），辗转奔波一年有余，饱受艰辛，历经磨难。

华恒的高洁品行在当时就有口皆碑，即便是被他处罚过的人都对他的为人敬仰备至。还在他任本州大中正时，同乡任让轻薄无礼，没有德行，华恒严惩了他。后来，任让得到苏峻的赏识提拔，在军中非常得势，许多人被他杀害。然而，任让对华恒却是毕恭毕敬，不敢有丝毫暴虐。甚至华恒后来险遇杀身之祸，还是在任让的尽心救护下才幸免于难。

到了成帝成年又要大婚，按祖制需要执行婚冠之礼。然而，朝廷久经战乱，典册书籍很多已经丢失。华恒依据旧典，撰写礼仪，制定祭祀，设立了皇家学校等朝廷礼制。这些制度很快都予以实施。皇帝下诏给他晋爵左光禄大夫，开府，华恒力辞不就。

这之后不久，华恒病逝，卒年六十九岁。华恒一生位居显贵，但生活极为简朴，身着布衣，粗茶淡饭。死后家无余财，只有数百卷书册而已。

124. 华峤著述《后汉书》情况如何?

华峤（jiào）是华廙的三弟，字叔骏。才学深厚，饱读诗书。很年轻的时候就以博学闻名于世。华峤素有良史之志，立志做一名好的史官。他感慨于前人著述的《汉纪》行文繁琐，条理不清，一直有重新梳理这段历史的想法。后来，华峤做了台郎，台郎是起草典章制度，书写文书，编纂文章典籍的官职。这一官职极其清美，号为大臣之副，是一个很悠闲的职位。这为他收集史料带来了很大的便利，同时也坚定了他完成这部史书的决心。这期间，华峤遍览群书，读到了许多不为外人所知的秘籍，经过仔细揣摩完成了这部记录东汉王朝一百九十五年历史的史书。时间起自于光武帝刘秀，终于汉献帝刘协。史书的体制为：帝纪十二卷、皇后纪两卷、十典十卷、人物传记七十卷以及三谱、序传、目录总共九十七卷。华峤认为皇后是匹配天子的，和天子是天作之合。而以往的史官仅仅只是为外戚立传，并不将皇后专门列出单独记录，这样就有损于皇后作为天子配偶本应具有的地位。所以华峤创立了皇后纪，用以说明其地位仅次于皇帝。他取《尧典》的意思改志为典。华峤将《后汉书》的情况奏请朝廷，皇帝下诏让群臣讨论。当时，中书监荀勖、令和峤、太常张华、侍中王济都认为这部史书文字质朴，史料详实准确，有司马迁、班固的风范。先藏于秘府，后来太尉汝南王司马亮、司空卫瓘作为东宫太子的老师将这部史书用作教授太子的教材，《后汉书》得以流传于世。

125. 石鉴为何两次被罢官?

石鉴（约215～294），字林伯，西晋大臣，乐陵厌次（今山东惠民东）人，出身贫寒。石鉴曾两次被晋武帝免去官职。一次是晋武帝做皇帝不久，当时鲜卑族在其酋长树机能的率领下拥众造反，气焰甚胜，雍凉边境，多被劫掠，十室九空。武帝委派石鉴总领陇右各路人马，以图收复失地。石鉴一再发兵，都被树机能击退。日久无功，于是谎报军功，被武帝免官。不久石鉴做了镇南将军，豫州刺史。此时，武帝决意灭吴。在征讨孙吴的过程中，石鉴为了争功，虚报俘虏人数，再一次被免去官职。武帝非常生气，在诏书中这样说：“当初云中太守魏尚因为斩首不实，判罪；武牙将军田顺因为多报俘虏人数被赐死。欺瞒、诬陷这些败坏法纪的事情，古往今来，人所公愤。石鉴作为朝廷重臣，朕一向十分信任，以前督军陇右的时候，公然欺骗朝廷，战败了却谎称得胜，朝廷并没有深究罪责。免官不长时间又复起用，就是希望能改过从新，将功补过。然而石鉴不思悔改，居然和下属共同诈瞒，这难道是大臣的信义吗？有司上奏，朕不忍心重惩，从此以后，解甲归田，终生不再录用！”

后来，石鉴仍被起用，拜光禄勋，复为司隶校尉，迁右光禄大夫，领司徒。太康末年，拜司空，领太子太傅。武帝驾崩后，封昌安县侯。惠帝永熙元年（290）为太尉，卒年八十。

126. 温羡为何力主张华追复爵位?

温羡，字长卿，西晋大臣，太原祁（今山西祁县东）人。兄弟六人皆知名于当世，号称“六龙”。温羡少时即以俊朗聪慧著称。齐王司马攸辟为掾，迁尚书郎。惠帝即位，拜豫州刺史，入为散骑常侍，累迁尚书。司马伦被诛灭后，齐王司马冏辅政，请求朝廷恢复张华的爵位。皇帝下诏让群臣商议，朝中有些大臣持反对意见。这样，这件事情搁浅下来，一直悬而未决。于是温羡站出来为张华辩解，力主追复张华的爵位。温羡的理由有四：一是，他认为贾后之乱并不应归罪于司空张华一人。他用许多的史实诸如春秋时，晋国发生骊姬之乱，公子重耳出奔他国，大臣里克杀死了晋献公的两位庶子迎立重耳归国；齐国的大臣田乞拥立了逃往鲁国的公子阳生，废杀了晏孺子；西汉初年，太尉周勃和丞相陈平诛杀吕氏集团，恢复汉室正统等事件来说明国家发生混乱是时有发生的，要拨乱反正，并不是一朝一夕的事情。而在这种时候，一个人的力量是微薄的，臣子们会有许多不得已与无奈。二是，像贾后杀死太子这样的宫闱内乱，作为司空的张华，的确是始料未及的。对于这一突发事件，他不可能防患于未然。三是，张华为国家立过大功。当初，还没有攻陷吴国的时候，群臣都认为不可以轻易进军，只有张华一人非常坚定地坚持进军，认为一定能够成功。武帝采纳了张华的建议，终于平定了东吴，建立了不朽功业。四是，皇后的地位是何等的尊贵，大臣们尊重她就如同尊重皇帝一般。皇后的罪过在于杀死了皇子，她并没有篡逆。她的罪过没有严重到一定要诛灭的地步。张华没有废除贾后就如同春秋时赵盾不讨杀弑君的赵穿。

鉴于以上四个原因，一味地责难张华未免有悖情理。一年之后，朝廷终于为张华平冤昭雪。拨回原产，且遣使吊祭。

127. 刘毅敢于正言直行有何表现?

刘毅，字仲雄，西晋大臣，东莱掖人（今山东莱州人）。生性梗直，刚直不阿，好藏否人物。王公贵人都对他敬畏三分。初为平阳太守杜恕功曹,魏末郡察孝廉，辟司隶都官从事。任职期间，恪尽职守，京邑肃然。后弹劾河南尹，司隶没有采纳他的意见，刘毅弃官而去。晋武帝受禅以后，刘毅为尚书郎，累至尚书，后为司隶校尉。他执法严厉，打击豪右绝不容情，京城豪强因为害怕他的铁面无私，纷纷收敛他们的劣迹。甚至对于皇亲国戚，他也敢上言直谏。一次，皇太子上朝，车驾行至东掖门，仍然吹吹打打，鼓声咚咚。刘毅认为这是对皇帝的不敬，让太子停车于门外。在得到皇帝的赦免之后，才让太子入朝。

太康三年（公元282）元旦，武帝亲至南郊祭天，祭礼完毕，武帝很感慨地问道："朕可比汉朝的哪一位皇帝呢？"刘毅应声道："可比桓灵。"满朝文武，无不惊骇。刘毅却神色自若。武帝说："朕虽不德，也不至于像桓灵那样腐败吧？"刘毅回答说："桓帝灵帝卖官，钱入官库；陛下卖官，钱入私门，两相比教，恐怕陛下还不及桓灵呢！"武帝忽然大笑说："桓灵时不闻有此言，今朕得此直臣，终究是高出桓灵了。"百官互相惊叹，刘毅仍然不慌不忙，从容自去。在职六年，升迁至尚书左仆射，这时传说在兵器库的井中有龙出现，武帝非常高兴，亲自去观看。百官纷纷恭贺，只有刘毅对皇帝进谏说："龙降夏廷，终为周祸。《易传》说'潜龙勿用，阳在下也。'① 依据旧典，从来没有贺龙的故例。"

刘毅有感于魏时确立的九品中正制这一选拔官员制度是当时的权宜之策，并不能真正地唯才是举，上疏指出这种官制有"八损"，请朝廷废除，武帝虽优诏答之，但并没有采纳实施。

刘毅七十岁时告老还乡，武帝赐封他为光禄大夫。归田以后，司徒荐举他为青州大中正，尚书认为刘毅年事已高，不宜过多操劳。青州二品以上的官员联名上书请求，力荐刘毅为青州大中正。皇帝准奏。刘毅在青州上任，果然公正行事，凡事先严格要求自己的亲属及州郡的达官贵人，从不徇私枉法。晋武帝太康六年，刘毅病逝。

刘毅一生为官，极为勤奋，可谓殚精竭虑，鞠躬尽瘁。处理公务夜以继日，史载"夙夜在公，坐而待旦。"刘毅的这种为官态度被朝野上下奉为楷模。因此刘毅病逝后武帝极为难过，不无痛惜地说："一代名臣啊！活着的时候没有位及三公。"立即下诏为刘毅厚葬，追封为开府仪同三司。

---

① 是说阳气为水所浸，龙为阳，水主阴，潜龙并非好的征兆。

128. 刘暾为何每每令权贵惮慑?

刘暾，字长升，是刘毅的长子，西晋大臣，为人正直，有乃父之风。武帝太初为博士。后来因为与诸博士商议拥护齐王司马攸辅政这件事惹怒武帝，被免去官职。后启用为酸枣令，升至侍御史。刘暾虽然位卑却敢于弹劾朝廷重臣。司徒王浑的主簿刘舆犯了法，将要被押解到廷尉那里去判罪。王浑想要为部下开脱，打算私自放了刘舆。刘暾知道后，指责王浑假公济私。王浑大怒，拂袖而去。刘暾上奏弹劾王浑没有大臣之节，袒护部下；右长史杨丘、亭侯刘肇阿谀奉承，请求皇帝免去他们的官职。后来武库失火，贾后母亲的堂弟郭彰率百余人只知自卫而不去救火。为此刘暾当面责问郭彰。郭彰威胁说："我能剪掉你这个毛头小子头顶两边的头发。"刘暾勃然大怒，反击道："你竟敢恃宠作威作福，还有王法吗?"急索纸笔要上奏朝廷。郭彰吓得不敢说话，众人一旁解劝，才作罢。刘暾敢于仗义执言，不畏权贵的胆气为时人所重。

惠帝复位后，刘暾迁至太原内史，起兵征讨赵王司马伦，有功。历迁尚书左丞、御史中丞 、中庶子、左卫将军、司徒校尉。这期间，他先后奏免了东安公司马繇及其党羽王粹、董艾等十余人，后又奏免了武陵王司马澹及何绥、刘坦、温几、李晅等官僚。刘暾的刚正不阿、疾言厉色，满朝皆知，朝中权贵无不畏惮。

129. 被杜预称为有"钱癖"者是谁?

被杜预称为有"钱癖"的人是晋武帝时的大臣和峤。当时，侍中王济善相马，和峤善聚财，杜预称王济有马癖，和峤有钱癖。

和峤(? ~292)，字长舆，汝南西平（今河南西平）人。年少的时候以个性鲜明而享有盛名。他承袭了父亲的爵位，以太子舍人起家，后累功升迁至颍川太守。为政清廉，很受老百姓的爱戴，深得庾凯、贾充的赏识。庾凯曾称赞他"森森如千丈松"，说他是一块难得的栋梁之材。武帝对和峤也十分器重，封他为给事黄门侍郎，迁中书令。平吴之后，武帝对他愈加礼遇。和峤因太子司马衷愚笨曾劝武帝另立太子。一次他启奏武帝说："太子诚实朴素，颇有古风，但世事非常复杂，太子如此质朴，恐怕不能处理陛下的家事。"武帝默然。又有一次，和峤与荀勖入侍，武帝说："太子近日有所长进，你们去看一看怎么样?”和峤与荀勖奉旨前往，回来复命时，荀勖满口阿谀之辞，独和峤直说道:“还和以前一样，没有一点进步。”武帝脸色大变，离座而去。这话传入贾南风（太子妃）耳中，贾妃非常嫉恨。武帝太康末年，和峤拜为尚书。这时和峤母亲去世，他辞去官职为母奔丧。等到惠帝（司马衷）即位，和峤为太子少傅。惠帝受意于贾后，责问和峤说:“你曾说我不能了断家事，今天你如何解释?”和峤从容答道:“先帝在时，我说过此话，如果我说错了，便是国家的幸福了。”惠帝被和峤这样一说，反弄得哑口无言。元康二年（292）赠金紫光禄大夫，加金章紫绶。和峤家资巨万，家产丰厚，堪称豪富。然而他生性吝啬，为世人讥笑，因此杜预戏称他有“钱癖”。

130. 任恺为何纵酒耽乐?

任恺，字元褒，西晋大臣，乐安博昌（今山东博兴西南）人。晚年他日日纵酒耽乐，一掷千金，是有着深刻的政治原因的。

任恺年少的时候就很有胆识，娶魏明帝的女儿齐长公主为妻。司马炎受禅后拜为侍中，封昌国侯。任恺才识超众，有经邦济世的才干，为人忠诚正直，深得武帝赏识，每临大事常常向他咨询。任恺鄙弃贾充的为人，对贾充擅权朝政极为不满。贾充也非常嫉恨任恺，两人不和。贾充为了消解任恺的实权，在武帝面前进言说，任恺忠诚可靠，适宜于留在东宫教授太子。后来匈奴入侵中原，朝廷派人西征，任恺恐贾充威焰日加，必为后患，于是奏请武帝委派贾充都督秦凉军事。武帝允奏，骤然颁下诏书，命令贾充立即赴任，离京出师。迅雷不及掩耳之势，令贾充莫名其妙。等到仔细探听，才知是由任恺荐举，表面是推崇，实际是排斥。贾充心中十分恼恨，由此二人矛盾激化。侍中荀勖、越骑校尉冯纨（dǎn），依附贾充，朋比为奸。另一派是庾纯、张华、温颙、和峤与任恺友善，刚直守正，不肯依附贾充，自此朋党纷争。武帝知道这一情况后，在式乾殿召见贾充、任恺。武帝对他们说:“朝廷应该安定团结，大臣应该以和为贵。”贾充、任恺拜谢武帝，但各自因为武帝不责怪对方而心怀不满。此后表面上和平相处，内心积怨更深。贾充倚仗其女贾南风被立为太子妃，凭借皇亲国戚的身份，宠幸日甚。而任恺虽勤于公事，但皇恩日稀。慢慢地，贾充权势炙手可热，任恺日渐失宠。荀勖、冯纨乘机遣高阳王珪上奏武帝说任恺生活豪华奢侈，有僭越之行，用御食器（实为任恺妻得赐魏时玉器）。于是，任恺被免去了官职。任恺被免官后，不时有势利小人在武帝面前诋毁诽谤他，任恺更加失势。后山涛为他鸣不平，任恺被举为河南尹。又因没有捕获到乱贼再次免官。复迁光禄勋后，贾充等又尽谗言，后又被免官。在经历了几次的政治打击之后，任恺精神极度苦闷，深感仕途多艰。于是纵酒耽乐，日日宴饮，常喝得酩酊大醉。当时何劭一掷千金，生活豪奢，每顿饭必定珍馐美味。任恺不以为然，一顿饭花费一万钱，还说没有下酒菜。任恺朝请，武帝安慰他，他一直不说话，只是哭泣而已，那是一种无法诉说，不便明言的悲怨。所以，纵观任恺的为官经历，可以看出他的纵酒耽乐并不是贪图享乐而是他排遣自己内心愁苦的一种特殊方式罢了。

131. 崔洪为人与为官风格如何?

崔洪，字良伯，西晋大臣，博陵安平（今河北安平）人。崔宏年少时就以性情坦荡、磊落、直率扬名于世。他为人诚实率真，从不阿谀奉承、阳奉阴违。他喜欢当面指出他人的缺点而且言无不尽，但在背后缄口不言，绝不议论是非。

武帝时，长乐冯恢的父亲为弘农太守。这位父亲非常喜欢自己的小儿子冯淑，想要把爵位传给少子。冯恢深知父亲的这种想法，所以父亲去世之后，冯恢回到乡里故意装哑，他的弟弟冯淑得以承袭爵位。散骑常侍翟婴认为冯恢此举行为高尚，超越世俗，为此极力荐举冯恢。崔洪对冯恢的这种做法不以为然。他上奏武帝，认为冯恢虽有让去爵位的善举，然而败坏了长子袭爵的伦理纲常，两相比较，善是微善，错是大错。翟婴不明轻重，不辨是非，应当免官。武帝准奏，免去了翟婴的官职。由此，朝野上下，无不对他心生敬畏。当时民间就流传着这样的话：“丛生荆刺，来自博陵（崔洪是博陵人），在南为鹞，在北为鹰。”

后受封为吏部尚书，为官廉政清明，公正无私。崔洪曾推荐雍州刺史郤诜（xìshēn）为左丞相。一次郤诜上奏责难崔洪。崔洪对别人说：“我推荐郤诜，而他现在却弹劾我，是我自己拉开弓箭，射自己呀。”郤诜闻听后，说：“当初赵宣子任韩厥为司马，宣子的奴仆犯了军法，被韩厥处死。赵宣子对大夫们说：‘你们应该恭贺我啊，韩厥的确能够担当大任。’崔洪是为国家推举贤才，我是凭借才能为官。做官就应该秉公办事，怎么能徇私情呢?”崔洪听说后，更加看重郤诜这个人，引以为知己。

崔洪生活朴素，从不言及钱财，手上也从不拿珠玉等贵重之物。一次汝南王司马亮宴请公卿大臣，用琉璃做的酒杯行酒至崔洪，崔洪不接。司马亮问他不接酒杯的原因，崔洪搪塞说：“我是担心手拿玉器，不能快步疾走。”杨骏被诛杀后，崔洪由于和都水使者王佑关系亲近，受到牵连被罢免，后起用为大司农，卒于任职期间。

132. 郭奕为人有何明鉴之处?

郭奕（？～287），字大业（一作泰业），西晋大臣，太原阳曲（今山西阳曲）人。年少时就名扬于外，山涛称他才识过人，有远见，气度非凡。当年，晋武帝司马炎还未受禅之时，郭奕仕魏为野王令，羊祜常去拜访他。郭奕感慨地说：“羊叔子（叔子，羊祜的表字）比我强啊!”随着二人交往日深，郭奕更加敬重羊祜，说：“羊叔子卓尔不群，才识过人啊!”当时，羊祜和司马昭亲近，郭奕冒险为羊祜送行出界数百里，为此被免官。羊祜后来为西晋名臣，为西晋灭吴一统天下立下了汗马功劳。郭奕慧眼识人，可见一斑。咸熙末年，郭奕为司马昭相国主簿，进谏司马昭不要任用荀勖，文帝虽然没有听从他的建议，但心知郭奕雅正。后荀勖果然为人卑劣，一味钻营献媚，为西晋一大奸臣。

晋武帝受禅后，郭奕与郑默并为太子中庶子。迁右卫率、骁骑将军，封平陵男。咸宁初（275）迁雍州刺史、鹰扬将军。当时亭长李含非常有才干，然而由于出身卑微而被豪门大族排挤，郭奕鼎力提拔，后李含果为一代名臣。

太康中，征为尚书。这时，杨皇后之父杨骏颇受宠幸，日益骄纵，郭奕上表称杨骏气量狭小，不可委以重任。武帝溺爱皇后，没有采纳，后来杨骏果然飞扬跋扈，擅权专制，最终落得死于非命。

太康八年（287）郭奕病逝，武帝对他评价颇高，认为郭奕一生清白正直，无懈可击，赐谥曰“简”。

133. 刘颂任职朝野都有哪些政绩?

刘颂（？～300），字子雅，西晋官吏，广陵（今江苏扬州）人。出身名门，汉室宗亲，广陵历王刘胥之后。魏末司马昭任相国时，辟刘颂为相国掾，平蜀后，出使西蜀。当时西蜀之地饱受战乱，百姓流离失所，土地一片荒芜。刘颂上表请求朝廷赈灾，因未经准奏即打开粮仓赈济灾民被除名。晋武帝受禅后，征拜为尚书三公郎，专管科律刑罚、冤讼等法律事务，累迁中书侍郎。咸宁中，转黄门郎，迁议郎，守廷尉。在职六年，恪尽职守，秉公执法，朝廷上下无不称颂。

太康初年，东吴被灭，刘颂因议论伐吴功，忤帝意，被降职为河内太守。临行前，给武帝提了诸多建议，这些建议大多被采纳。当时郡县交界处有河流的地方，被公主们强占，安置了许多水碓①。这些水碓截断了流水，老百姓深受其苦。刘颂上表，奏请朝廷拆除这些水碓，武帝诏准，老百姓再也不用担心缺水的问题，无不交口称赞。

不久，刘颂母亲去世，他离官服丧。服丧期满，武帝拜他为淮南相。在官期间，法度严整，打击豪右，体恤百姓，颇有政绩，威望很高。这期间，刘颂为了巩固晋室，上长篇奏疏，请求武帝仿效西周立封国之制，来确保晋廷千秋万代，武帝准奏，重新核定了国制。

惠帝元康初年（291），刘颂随淮南王司马允入朝，恰逢贾后要诛杀杨骏，下诏封刘颂为三公尚书。久之，转吏部尚书。这期间，刘颂起草了“九班之制”，准备推行考核制度，对百官进行审查，然后赏功罚过。可是此时正值贾后专权，专用阿谀之臣，刘颂制定的科律无法实施。

赵王司马伦诛灭贾氏集团之后，趾高气扬，拟自加九锡殊礼②。刘颂讽谏说：“从前汉锡魏武，魏锡晋宣，都是因为时局特殊，并非古礼。周勃、霍光都立过大的功勋，并没有听说有九锡的宠命。”司马伦的心腹张林趁机进谗言，以刘颂为张华余党为由，想要杀了他。孙秀担心杀死张华、裴𬱟已伤时望，不可再杀刘颂。为笼络人心，加封刘颂为光禄大夫。不久刘颂病逝，谥号为“贞”。

134. 刘颂上疏论法得失如何?

刘颂主张严格律法，以法制国。他认为创立基业的功勋，在于设立政令，制定规章，使得遗留下来的风尚能够使后人的心有所寄托，后人能够遵循前代制定的法规，天下就会安宁。当时，朝廷官员都以追求苛峻明察来比较高下，每当遇到了有疑义的问题，群臣都拿出自

① 音 duì，利用水力舂谷的设备。

② 封建帝王为尊崇优礼大臣而赐予的九种器物。

己的解释。因为刑法不够完备、条文有限，而违反法律的缘故多得漫无边际。这样，惩罚罪犯的法律不相统一，以致案件与官司层出不穷。刘颂上书建议国君与臣下，应该各有执掌的职司。各类官员应该各司其职，完全依照法规律令来处理。法律章理有不通之处，让大臣们来解释；情况特殊，可以由国君根据情况随机相应断处。刘颂升任吏部尚书以后，建立了将官员分为九个等级考核的制度，用以考核官员是否称职，明确对官员的奖惩条例。

刘颂还屡屡上书请求朝廷恢复肉刑。所谓肉刑是指墨、劓、剕、宫、大辟、刖等残害肉体的刑罚。《汉书·刑法志》载："汉文帝十三年（前167）诏除肉刑。"又载汉献帝时"天下将乱，百姓有土崩之势，刑罚不足以惩恶，于是名儒大才故辽东太守崔寔、大司农郑玄、大鸿胪陈纪之徒，咸以为宜复行肉刑。"刘颂认为肉刑的"残体为戮"既可以保全人的性命，又可以让那些奸邪之徒"终身为戒"，因为"人见其痛，畏而不乱"，所以应该大力推行肉刑。

刘颂以论法见长，熟黯法律事务。他想以法治国，廓清官场陋习的思路也是正确的。虽然诸多提议并未得以实行，但在当时的确起到了一定的纠正时弊的积极意义。然而他极力提倡肉刑未免有些偏激。他只看到了狱满为患，痛恨一批又一批的人铤而走险，违背法令。然而忽视了产生这种状况的原因，所以想通过严酷的法律来制止。其实，即使是晋武帝时期，政治上看似清平盛世，实质上内伏着危机，加之连年的天灾，人民更是饥馑相望，生活极端困苦。到了惠帝司马衷时，演成"八王之乱"，连年的战争对于老百姓来说无疑是雪上加霜。他们挣扎在死亡的边缘，为了生存，常常不得不铤而走险，劫掠食物，这是造成狱满为患的最本质的社会原因。刘颂作为西晋王朝的一个士大夫，不可能深刻地认识到这一点，即使有一些认识也无能为力，所以只能靠加重刑罚来维护晋王朝的统治。

135. 李重在吏制上有哪些建议?

李重（253～300），字茂曾，西晋官吏，江夏钟武（今河南信阳东南）人，少有文采，早年失父，友爱兄弟，以孝悌闻名乡里，弱冠之年便被荐举为本国中正。李重十分谦逊，认为自己年轻，难以胜任，力辞不就。

李重深谙吏制，素有令名。他上疏力陈九品中正制的弊端，剖析因革之理。他认为九品中正制始于丧乱，弊端甚多，绝非经国安邦的良策，应该废除。他指出，要革除九品之制，首先应该开始人口的流动迁徙，听任人们相互合并附就，使用以所在地区为主的土断之法。从公卿以下，以自己的居住地为准，不要再像客居当地似的，隶属于远处的其他地区。其次应该建立贡举的选拔制度，使得荐举选拔优秀的人才各自由乡里讨论决定，这样争相追求浮华的习气自然就会止息，人们就会尽心于自己的努力。总而言之，只有废除繁琐的等级划分，人心才能安定，礼让之风便会重新复苏、兴盛，天下将会是一片祥和。

晋武帝虽然对李重的建议很赞赏，但最终没能实行改革。李重后来迁太子舍人，转尚书郎。太熙初年迁廷尉平。永康初，赵王司马伦擅权，逼迫李重任相国左司马，李重忧愤成疾，后来病逝。时年四十八岁。

136. 傅玄有哪些政治见解?

傅玄（217～278），字休奕，西晋官吏，北地泥阳（今陕西耀县东南）人，著名的哲学家兼文学家。傅玄年少孤贫，博学多才，文采斐然，为世人瞩目，性格刚劲耿直，论人直言不讳。

武帝受禅后，欲广开言路，设置谏官，遍视群臣，因傅玄素称刚直，遂用他为此官。傅玄针对曹魏末年世人风气衰败，上疏说："我听说过去圣明的君主恩德教化力行于上，公正议论通行于下。近世以来，魏武帝喜好法家之学而天下重视刑罚，魏文帝仰慕放达、不拘小节，而天下轻视操守名节，此后纲纪不整，旷荡虚妄之风充斥朝廷，于是天下不再有公正的议论。陛下如龙之兴，接受禅让，弘扬尧舜的教化，但没有选任清廉守礼法的官员以激励风骨气节，也没有罢黜虚浮鄙陋之人以惩戒不敬不慎之人。因此我才敢冒昧上疏。"晋武帝赞许了傅玄关于行教化、移风俗的意见，命他起草诏书颁布于天下。傅玄在诏书中陈述了他的政治见解，概而言之有以下四个方面：一是针对课田制度①。提出降低租税。他指出这样可以大大提高耕夫的劳动积极性，刺激农民对生产的兴趣。二是鼓励官吏务农，开荒垦田，并

---

① 这一制度是由曹魏的屯田制转变而来，农民在政府经营的公田内耕种，交纳等于一般百姓田租一倍的课田租。

实行律法监督。对于那些虚报垦田面积的官员，要严惩不怠。三是傅玄认为，水利是直接关系到农业的大事，所以应该选拔那些懂得水利的人专司其职，而不应该由州郡的长官代为其职。四是为确保边境无事，防止外族入侵，应在边地另设一郡，再将安定、武威两郡并属秦州，委派胡烈专职镇守，方可防患于未然，杜绝胡人入侵。

晋武帝赞许并采纳了他的建议，但朝廷上下积习难改，傅玄的建议并没有得到实质性的运行。晋武帝没有雷厉风行地选用清廉礼仪之士，也没有严惩不守礼法之人，纲纪不整和虚妄之风依旧。

137. 傅玄著述及文学成就如何?

傅玄不仅是西晋初年卓有见识的政治家，而且还是名噪一时的文学家。傅玄一生勤于著述，他以主要精力撰写政治及历史故事，评断得失，集为《傅子》一书。全书分内、外、中篇，包括四部六录，合一百四十篇，共数十万言，《傅子》一书到南宋时已散佚。这部书主要体现出作者的政治伦理道德观念，表现了傅玄作为正统儒者的思想风范。从现存文字看，《傅子》一书，文体不拘一格，大致包括两大类：一类是政治、道德论、修养论；另一类是前代故事、人物传论。其成就主要在后一类，纪实记言，态度认真，文字或长或短，事理或繁或简，剪裁得当，条理明晰。因此，裴松之作《三国志》注，多所采录。

傅玄在魏晋诗坛上，也占有一席之地。他的诗今存六十余首，其中完整者四十余首，乐府占大多数。在诗歌创作中他继承了古朴、凝重、浑厚、清丽的乐府传统，表现出一种返璞归真的趋向。

傅玄亦能赋，今存较完整者三十篇左右，其中以咏物之作最多，然出色者较少，大多为模拟之作。从迹象看，傅玄也作大赋，今存《正都赋》残文。此外傅玄还写过《拟天问》、《拟招魂》、《客难》之类准赋体作品，皆是模拟产物，缺乏作者自身感情特色。他又有《七谟》，今亦残，唯序尚存，论及“七”体源流甚详；又有《连珠》，亦存序，说“连珠”体之特色，颇得其要。这两篇序文在文体论的发展史上极为重要。

总之，在西晋文坛上，傅玄不以才情闻名，而以平实拙朴为基本风貌。在玄风日盛的时风下，傅玄并未受时代风习的熏染，始终保持着正统儒者的学术观念，因而他在文学上虽称不上成就卓越，但亦自成一家。

138. 傅咸为何上疏力主务农、反对奢侈?

傅咸（239～294），字长虞，傅玄之子，承袭父爵，历任御史中丞，司隶校尉等职。他在朝风格峻整，嫉恶如仇，颇得父风。他甚至敢冒犯外戚杨骏，一时京都肃然，权贵慑服。他在思想上服膺儒术，是一个正统的儒者，与其父一脉相承。因此傅玄在《上疏陈要务》中提出的“尊儒尚学，贵农贱商，此皆事业之要务也。”的主张也是傅咸一生持守的政见。

西晋初年，由于大封宗亲，大肆赐官造成官僚机构复杂而庞大，官僚人数剧增。这些官僚安于享受，过着纸醉金迷、衣食无忧的寄生生活。庞大的官僚体系成了社会发展的严重桎梏。加之，长期以来，战乱频仍，人口锐减。据统计，西晋太康三年（282）在册户口为三百七十七万，这和东汉永嘉元年（154）全国编户九百九十三万的数字比较起来，才三分之一强。可是庞大的官僚机构的政务开支，却压在这三百七十七万国家编户头上，农民的负担可想而知。

武帝平吴之后，以为天下太平无事，国政日渐松懈，便开始纵情享乐，后宫姬妾动辄近万人。对于戚属臣下，也过于放任纵容，又倡导奢侈，支持官僚贵族炫耀阔气和排场，以淫奢相竞。在他的纵任态度下，西晋朝廷上下弥漫的，不是为新政权效力，建立功业，积极向上的清新气氛，而是贵戚大臣及其子弟们贪冒权势，炫耀财富，物欲横流，腐败奢靡等恶浊风气。

鉴于这种情况，反对奢侈、发展农业生产成为一项当务之急，作为一名正直的士大夫，傅咸清醒地认识到了这一点。他目睹奢风，痛心疾首，有心矫正。

傅咸上疏提倡节俭，在奏疏中他这样说：“臣以为谷帛虽生，而用之不节，无缘不匮，故先王之化天下，食肉衣帛，皆有其制。”并严肃地指出：“窃谓奢侈之风，甚于天灾。”他剖析了当时的社会状况：“诸所宠给，皆生于百姓。一夫不农，有受其饥，今之不农，不可胜计。”“纵使农民五稼普收，仅足相接。”倘“一岁不登，便有菜色。”因而，傅咸在奏章中急切地呼吁：“当今之急，先并官省事，静事息役，上下用心，惟农是务也。”傅咸力主精兵简政，发展农业生产。

139. 百姓为何为傅祗治河立碑?

傅祗（zhǐ）（243～311），字子庄，西晋大臣，北地泥阳（今陕西耀县东南）人。生性至孝，以孝闻名，又有才识。晋武帝立太子之初，为太子舍人，后累官至黄门郎，赐爵关内侯，食邑三百户。后母丧辞官，服丧期满，拜为荥阳太守。荥阳地处黄河中游，此处河道宽、水流大、泥沙淤积严重，河水经常泛滥成灾，百姓深受其苦。魏文帝黄初年间（220～227）黄河发生过一次大的水灾，为了治理水灾，邓艾曾采取疏导的方法，开石门而退之。在河南北部营造沁水石门，但由于对防旱和防洪的一致性认识不够，只是片面地注意于蓄水防旱，而不注意于防洪防汛，所以问题并没有得到根本的解决，因此到了西晋政权成立初期（277），水灾仍然时有发生，并且愈来愈趋于严重。傅祗决心彻底治理黄河，杜绝水患，于是修建了堤坝——沈莱堰。自此以后，兖、豫一带再也没有受到水灾的侵袭，老百姓非常感激傅祗，为他立碑，歌颂他治水的功德。

140. 向雄为人有何值得称道之处?

向雄，字茂伯，西晋大臣，河内山阳人（今河南焦作东南）人。向雄为人本色，知恩图报，恩怨分明。

向雄初任本郡主簿，和太守王经是上下级的关系，两人关系非常融洽。王经死的时候，向雄在东市扶尸痛哭。市人看到他悲痛的样子无不为之动容。后来刘毅（近人疑为刘准）任太守时，有一件公务并未牵涉到向雄，而刘毅无端地大发脾气，杖责向雄并把他赶走。继任太守吴奋又因一些无关痛痒的小事将向雄下狱。在这个时候，司隶校尉钟会把向雄从狱中放出并任命他为都官从事。钟会后来阴谋反叛，被乱军杀死，尸体无人殡殓。向雄为他收葬掩埋。文帝司马昭责怪向雄说：“从前王经死的时候，你在东市痛哭，我没有责问你。而今，你又为钟会这一叛逆之徒收葬，如果我再宽容你，王法何在?”向雄说：“钟会叛逆已经伏法被杀，他也算得到了惩罚。以前，他曾有恩于我，我现在是知恩图报为他收葬，不使他暴尸荒野，也是符合义的教化。立法者当然应该行使法令，而民间也应该弘扬道义，您又何必让我在忠义之间如此艰难地抉择呢？您现在连一具枯骨都要仇视，把他抛弃在荒野之中，将来那些仁人贤士谈及于此，他们难道就不觉得痛惜吗?”

司马炎受禅后，向雄迁黄门郎。刘毅、吴奋俱为侍中，向雄和他们从来不说一句话。武帝察觉后，命令向雄去同刘毅恢复府主与臣属的情谊，向雄只好领命去看刘毅，再拜后说：“我是受诏而来，但是我们之间的情谊已经断绝了，又有什么办法呢?”说完后便走了。武帝听说两人还是没有和解，生气地责问向雄说：“朕命令你去恢复府主和臣属的情谊，为什么还是绝交呢?”向雄说：“古时的君子，任用人时合于礼制，辞退人时也合于礼制。而今天的君子，任用人时恨不能把他放在膝盖上爱抚，辞退人时又恨不能把他丢到深渊下坠死。我对于刘河内来说，不去充作首发难者，也已是值得庆幸了。哪里再能有什么府主与臣属的情谊呢?”武帝只好听任他这么做。

向雄身上所体现出的知恩图报的浓厚的人情味和恩怨分明的坚定立场一直为人所称道。

141. 段灼三次上表分别陈述了哪些事实?

段灼，字休然，西晋大臣，敦煌（今甘肃敦煌）人，为人果敢正直有辩才，世代为当地的土著居民。年轻时在本州郡任职，不久做了邓艾的幕僚，任镇西司马，后随邓艾破蜀有功，封关内侯，累迁议郎。晋武帝即位后，段灼曾三次上长篇奏疏阐明自己的政治主张。

第一次是在晋武帝即位之初，段灼上表为大将军邓艾鸣不平。段灼说：“镇西大将军邓艾心怀忠诚之心，却枉受叛逆的恶名，建立了平定巴蜀的功业，却被诛灭三族。可惜啊！这对他来说太不公平了。我愿意冒死陈述邓艾并不是叛徒的原因。”武帝看到奏章后深为赞许。

第二次段灼上表阐述“推恩及人”、“以德治国”的道理。在表中，段灼认为百姓流离失所，饱受战乱之苦，皇帝应该体恤爱护他们。他说：“奸雄屡起，搅乱众心，刀锯相乘，流死之孤，哀声未绝。”所以朝廷应该“推恩以协和黎庶，故推恩足以保四海，不推恩不足以保妻子”。他进一步建议皇帝首先要从自己的皇亲做起，让他们回到封地去善待自己的子民，“缮修兵马，广布恩信。必抚下犹子，爱国如家”。这样才可以江山永固。最后段灼还为当年伐蜀没有受封的人讨功，认为皇帝不应该忘记他们而应该广施恩泽。

第三次是他准备请长假回归故里，临走之前给武帝写了一篇奏疏。在这篇奏疏中，段灼先言及自己想要为国尽力而又时不我待的迟暮之感，继而希望皇帝能广开言路，博采众说。他力陈五事：一是要皇帝近忠臣远奸佞；二是要选贤任能，唯才是举，征命考试，而不应一味只看门第出身；三是要广开养老之制，推行仁孝。四是赏罚分明，讲究威信；五是取消封爵之制，统归于诸侯之列。武帝看过这篇奏疏后，十分惊讶，深为赞许，加封他为明威将军，魏兴太守，后卒于官。

142. 阎缵因何事而获朝廷嘉奖？

阎缵（zuǎn），字续伯，西晋大臣，祖籍巴西安汉（今四川南充东北郊）人。阎氏家族至阎缵时侨居河南新安（河南渑池东南）。年轻时，他喜欢结交朋友，仗义侠行，晚年仍慷慨豪爽，豪侠之气不减当年。他博览群书，精通事物的道理。阎缵是一个大孝子，父亲死后，继母为人刻薄，对他非常苛刻，阎缵小心侍奉，仍不得继母欢心。后来继母竟诬陷他偷了父亲遗留下的金元宝，并将他告于官府。阎缵头顶偷窃恶名长达十年之久，然而他却从来不申诉自己的冤枉，对继母仍然恭谨有加，后来郡里来了新任的中正，这才为阎缵正了名，洗清了冤屈。

晋武帝死后，惠帝即位。惠帝“不慧”，近似于白痴，自然无法掌管朝政。惠帝即位之初，皇太后父杨骏以太傅的身份辅政，独揽大权。皇后贾南风凶险多权诈，与楚王司马玮（武帝第五子）合谋，于公元291年三月，杀杨骏、杨珧、杨济兄弟，杨骏亲族和党羽死者数千人。贾后又废黜皇太后为庶人，迫使她绝食而死。惠帝只有一个儿子——太子遹（yù），是惠帝后宫谢玖所生。太子和贾谧（贾后妹妹的儿子）有矛盾。贾氏的亲党怕太子得政后也像贾后杀杨骏，逼死杨太后一样对付他们，所以劝贾后废了太子。贾后于是诬陷太子要杀害惠帝和她自己，废太子为庶人，接着又杀害了太子。当时贾、郭掌权，气焰嚣张。愍怀太子被杀，天下皆知其冤，但惮于贾氏淫威，满朝文武无人敢言。阎缵当时只是一个小小的侍郎，位卑人微，但他心怀忠烈，轻生重义，视死如归。还在太子被废时，他就带着一口棺材上殿，冒死上表为太子讲情，恳请朝廷保全太子。在表疏的最后，阎缵说：“臣老母见臣为表，乃为臣卜卦，云‘书御即死。’妻子守臣，涕泣见止。”面对亲人的阻止，阎缵仍然直言进谏，他说：“唯当陈诚，以死献忠。”并且做好了死的准备，甚至连棺木都已备好。“辄具棺絮，伏须刑诛。”

张华遇害，贾谧被诛后，太子遹的第三个儿子司马尚被立为皇太孙，阎缵又上疏言愍怀太子之冤，复为年幼的皇太孙担心、忧虑，殷殷之情溢于言表。朝廷嘉其忠烈，擢为汉中太守，后卒于官，享年五十九岁。

143. 阮籍名士风流有何表现?

阮籍（210～263），字嗣宗，陈留尉氏（今河南尉氏县）人，魏晋名士，容貌俊雅，志气宏放。父阮瑀为建安“七子”之一。瑀卒时，阮籍年仅三岁。他幼年丧父，然颇为勤学，立志远大。少年时的阮籍由于亲身经历了建安后期以及魏文帝、明帝两代曹魏政权的发展巩固时期，感染了奋发进取的时代精神，故颇怀功业志向。他曾登广武城，面对楚汉古战场，感慨：“时无英雄，遂使竖子成名！”语气目无古人，表现出少年英雄之志。然而时局变化，曹魏大权逐渐转移到了司马氏集团手中，司马氏父子相继把持朝政，实施高压统治，动辄残杀异己，以致“魏晋名士少有全者”。由于阮籍当时盛名已著，司马氏对他备加注意，而阮籍自幼蒙曹氏恩泽，对于司马氏以卑劣残忍手段摄取政权的行为，内心怀有强烈的反感。于是他陷入深深的矛盾之中，处境维艰。在生活态度上，他放浪形骸，遗落世事，嗜酒成癖，成为当时最著名的放诞人物之一，与嵇康、山涛等七人“常集于竹林之下，肆意酣畅，故世谓竹林七贤”。

阮籍嗜酒任诞，不顾时俗礼法。母丧期间他饮酒食肉不辍，听起来，他似乎是一个不孝之子。其实，阮籍天性纯良，事母至孝。母亲死后，他伤心欲绝，几次吐血数升，形销骨立，差点送命。他认为世俗的礼仪压制性情，有违人的自然本性，内心自有真性情在，又何必依礼而行呢！阮籍提倡“自然”，要任性适意。邻居家有一个美貌少妇当垆卖酒，他时常光顾，喝醉了就躺在少妇脚下酣然入梦。一个才貌双全的少女未嫁而亡，他痛惜红颜薄命，尽管不认识她的父兄，也径自前去哭祭，尽哀而还。在嫂子回娘家时，出门送行，殷切话别。他经常独驾一车，任意行驶，无路可走时，就痛哭一场返回。他的放诞无俭的作风，颇为礼法之士所恶，时人多谓之“痴”。而阮籍本人则谓："礼岂为我辈设也！"司马昭欲施笼络，曾为其子司马炎求婚，建议联姻。阮籍不敢显拒，遂大醉六十日，司马昭无奈，终于作罢。对于时事政治问题，阮籍态度向来十分谨慎。司马昭曾说："天下最谨慎的人除了阮籍还能有谁呢？每次同他谈话，说的话都高妙脱俗，从不评论当时人物的优劣，可谓至慎呀！"

然而阮籍是非好恶之心并非完全泯灭，在某种场合仍有表现，只是方式更为含蓄隐晦而已。阮籍有个"绝活"：会作"青白眼"。凡是他看不顺眼的人，不喜欢的人，不管是什么来头，一概以白眼对之，佯佯不睬。遭他白眼的，都是当时一些礼法之士。有一回，他母亲死了，稽喜依照礼制前来吊唁，他非但不谢谢人家，反而作白眼，弄得稽喜很不痛快，怏怏而去。稽喜的弟弟稽康知道了，就提了一壶酒，挟着一张琴去拜访，阮籍非常高兴，这才见青眼，露出一对湛然有神的眼睛。

阮籍放诞不羁，特殊怪异的名士行为其实是有着特殊而深刻的政治与历史原因：一方面表现出了他对所谓的虚伪礼法的蔑弃，发泄内心的强烈不满；另一方面，面对恐怖森严的时局，这些做法也不失为一种全身远害的手段。

144. 阮籍文学成就如何？

阮籍是魏晋之际文坛上的大家，正始文学的主要代表人物之一，诗、文、赋俱佳，其文学成就对后世产生了极为深远的影响。阮籍的主要诗歌作品为《咏怀诗》，成就极高，影响颇大。《咏怀诗》今存八十二首，内容广泛，于时势、人生诸多方面，凡有所怀，无所不咏，是阮籍思想情绪的一面镜子，反映了诗人生活道路和感情变化的复杂性，风格蕴藉含蓄，自然飘逸。

阮籍之文，今存较完整的有十篇，包括奏记、书笺、论、传诸体。其中《奏记诣蒋济》、《奏记诣曹爽》二篇，为正始年间托病辞谢太尉蒋济、大将军曹爽辟召而作，《与晋王荐卢播书》、《为郑冲劝晋王笺》则是晚年向司马昭做出某种政治表示的；《与伏义书》为一书信体；阮籍有论四篇，即《通易论》、《通老论》、《达庄论》、《乐论》，皆为玄学论文；阮籍有传一篇，即《大人先生传》，此篇写得极为精彩，颇具神仙色彩，为后世传颂名篇，充分显示了阮籍思想之激进程度，堪称批判礼法之猛士。

阮籍赋今存六篇，其题材各异：《元父赋》、《东平赋》赋城市；《首阳山赋》赋山林；《鸠赋》、《猕猴赋》赋禽兽；《清思赋》赋情思，诸篇要旨，皆不离忧生、隐逸或刺时。

总之，阮籍诗文，辞赋重在抒述情志，虽有“阮旨遥深”（刘勰语），难以索解的特点，然而比兴迭出，喻象丛生，意旨成隐或显，若明若暗，情绪上忧思深远，风致摇曳，极耐寻味，堪称佳作。

145. 何谓“未能免俗，聊复尔耳”?

阮咸，字仲容，魏晋名士，陈留尉氏（今河南尉氏县）人。历任散骑侍郎，性格任达放诞，不拘小节，妙解音律，善谈琵琶，嗜酒如命，为当时礼法之士所讥嘲，常与叔父阮籍同游竹林，纵情畅饮，为七贤士之一。

在家乡，阮氏宗族分南北而居，一部分居于道南，一部分居于道北。阮咸与阮籍居道南，其他诸阮居道北。居于道北的阮姓宗亲生活富足，而居于道南的则生活贫寒。七月七日那天，道北阮氏晾晒衣服，那些衣物都是绫罗绸缎。一时间，华衣锦绣，光彩夺目。阮咸看到后，就在院子里，用竹竿挂起一块用粗布做成的大短裤晾晒。别人看了很奇怪，就问他这是为何？阮咸回答说：“我也不能免俗，只能这样了。”阮咸的这种古怪的做法其实只不过是对那些锦衣玉食的人的一种嘲弄、讽刺罢了。

146. “三语掾”指的是谁?

“三语掾”是指西晋大臣阮瞻。阮瞻，字千里，竹林七贤阮咸之子。为人恬淡冲和，性情清心寡欲，好辩而归趣难求，善弹琴，是当时的风流名士。

一次，阮瞻和太傅王戎会面，王戎问他：“圣人看重名分，老、庄明了自然，他们的宗旨是相同还是不同?”阮瞻回答说：“将无同。”意思是恐怕差不多吧。王戎很赞赏他的话，任命他为掾属。当时的人便把他叫做“三语掾”，意思是阮瞻仅由三个字“将无同”的回答而得到掾属官职。为此，卫玠还嘲讽他说：“只要一个字就能任官，何必要借助三个字呢?”阮瞻说：“如果是天下共同敬仰的人，不说话也能任官，又何必要借助于一个字呢?”于是两人还成了要好的朋友。

147. 晋元帝为什么能宽容阮孚终日酣饮?

阮孚，字遥集，东晋名士，阮咸之子，其母为胡人。初辟太傅府，迁骑兵属，后避乱渡江。时司马睿在南方建立了东晋政权，是为晋元帝。元帝封阮孚为安东参军，他整日蓬头垢面，狂饮不止，根本不留心于政务。当时晋元帝虽然用申不害、韩非的法家思想来治理朝政，然而为了笼络人心，对那些名士还是十分优待的。一方面对他们委以重任，一方面也就听任他们自由行事。阮孚整日酣饮，曾多次被有司追究，元帝都赦免了他。

琅邪王司马裒（póu）为车骑将军时，镇守广陵，曾委任阮孚为长史。元帝对他说：“你现在在军府任职，事务繁多，应该少喝一点酒了。”阮孚说：“陛下不因为我才能低微而委以重任，我应该勤勉从事。可是我想，琅邪王亲自坐镇，威风显赫；陛下皇恩浩荡，贼寇不敢来犯，天下一片太平气象，我还空占着这个官位做什么呢？现在正应该吟咏逍遥，自得其乐啊！”后迁黄门侍郎、散骑常侍。阮孚经常用黄金貂皮换酒痛饮，有司再次弹劾，元帝也没有降罪，仍然赦免了他。

阮孚终日饮酒，不理事务，但他并非不谙政治。明帝驾崩后，太子司马衍即位，是为晋成帝。成帝年幼，王导与外戚世族大地主颍川庾亮辅政。阮孚曾对自己的亲友说：“天下要大乱了。”后来果然发生苏峻之乱，了解阮孚的人不能不佩服他的远见卓识。

阮孚无子，死于赴任途中。

148. 阮修“无鬼论”为何令时人叹服?

阮修，字宣子，东晋名士，阮籍侄子，精通《易经》、老庄，喜欢说一些不着边际玄远幽缈的话。曾经有人问：“世上是否有鬼神的存在？”许多人认为人死之后便会有鬼，只有阮修认为没有。他说：“现在那些自称见过鬼的人，都说鬼穿的是活着时穿的衣服，如果说人死之后有鬼，难道衣服也会有鬼吗？”

后来，阮修要砍伐社树，有人制止他。阮修说：“如果土地神只是这一棵树的话，那么砍树之后，连土地神这个神灵也会死去；如果这一棵树算是土地神的话，那么砍树之后，土地神就会搬家了。”

阮修用浅显的话语揭开了所谓鬼神的神秘面纱，语言通俗，分析深刻，极具思辩性，不能不令时人叹服。

149. 阮裕明识精论有何表现?

阮裕，字思旷，东晋官吏，阮籍同族兄弟，以德业知名，弱冠之年被辟为太宰掾。大将军王敦想重用他，任命阮裕为主簿。阮裕明察王敦有政治野心，日后必将反叛朝廷，于是终日酣饮。王敦果然认为阮裕只知饮酒，徒有虚名，外派他为溧阳令，后被免官。数年之后，也就是公元 322 年，王敦发动叛乱，自武昌举兵，攻下建康。公元 324 年王敦病死，这场叛乱被平息下去，王敦党羽皆被诛杀。阮裕以他的明识避免了这场灭顶之灾，时人多以此贵之。

阮裕深知时局动荡，朝廷复杂艰险，不愿意卷入到政治的漩涡之中，他多次辞官还家，居会稽剡县（今浙江嵊县）。王羲之曾不无感慨地说：“像阮裕这样荣辱不惊的人，即使是古人也难有几人能比得上他啊!”

阮裕在剡县时，曾发生过这样一件事情。他有一辆非常好的车子，无论谁来向他借，他没有不答应的。有一个人要安葬母亲，心里想借车却不敢说。阮裕后来听说了这件事，感慨地说：“我有车子，却让人家不敢来借，还要这车子做什么呢?”于是把车子烧掉了。这件事情后来被传为佳话，阮裕的确是一个秉性通达，不在乎身外之物的人。

和阮氏其他子孙相比较，阮裕不算是博学之士，然而他见解独到，特别善于归纳总结。一次他问谢万：“我没有读过《四本论》，你给我讲讲吧。”谢万述说完毕，阮裕仅用几百字归纳了这部书的要旨，剖析入微，见解深刻，在座的人无不叹为观止。

阮裕多次辞官招致御史中丞周闵的不满，他上奏朝廷请求给阮裕治罪，禁锢终身，元帝没有诏准。阮裕一生游离在政治斗争的边缘，虽经王敦、苏峻之乱仍能自保，这在当时险恶的政治环境中的确是不易做到的。阮裕以他的明识谨慎得以善终，享年六十二岁。

150. 嵇康为何能成为“竹林七贤”的领袖?

嵇康（224~263），字叔夜，魏晋名士，谯国铚（今安徽宿县西）人，祖先是会稽人，本姓奚，后举家迁至谯国铚，那里有嵇山，因改姓嵇。父为治书侍御史，早卒。嵇康幼年失怙，靠母、兄抚育长大。

在家颇受娇纵，故自小形成任性不羁及疏慵散漫的习气。

嵇康在当时名气很大，和“陈留阮籍、河内山涛、河内向秀、沛国刘伶、籍兄子咸、琅邪王戎，遂为竹林之游，世谓‘竹林七贤’也。”在七贤中，论年齿，山涛、阮籍最长；论思想，阮籍更具批判锋芒；论文学修养，向秀不在他之下；论文采，阮籍亦足堪与之比肩，甚至更优，钟嵘《诗品》即叙嵇康为中品，而阮籍为上品；论任诞作风，刘伶嗜酒放恣，阮籍与群猪共饮，更令人骇异；论官位，以山涛最高；论财富，当首推王戎。然而七人集团却以嵇康为核心，“竹林之游”，即在嵇康山阳寓所。

嵇康之所以能成为七贤领袖是和他的人格魅力分不开的。嵇康的魅力自何而来呢？首先，他是一位多才多艺的全能之才。他是当时最著名的音乐理论家及演奏家。传说早年，嵇康曾游于洛西，暮宿华阳亭。夜半，有客造访，共谈音律，并授《广陵散》一曲，声调绝伦，并嘱咐嵇康不可传人。他又是一位造诣很深的书法家，唐代张怀瓘曾说：“叔夜善书，妙于草制，观其体势，得之自然，意不在于笔墨。”同时他又是画家，据载唐代尚存他的两部作品《巢由洗耳图》、《狮子击象图》。其次他是一位容止绝佳的美男子。他身材伟岸，风姿挺秀，时常采药游于山泽，樵夫遇见他，以为是神仙。山涛称赞他：“嵇叔夜之为人也，岩岩若孤松之独立；其醉也，傀俄若玉山之将崩。”其相貌被誉为“龙章凤姿，天质自然”。可知时人心仪推评到何等程度，甚至于在嵇康死后若干年，有人对王戎说：“嵇绍（嵇康之子）风度不凡，站在人群中如同鹤立鸡群，超然脱俗。”王戎说：“你还没有见过他的父亲呢！”“容止”在汉末已经成为品评人物的一种重要标准，到了魏晋更是备受士子青睐，以为容止中可见风神，所以时人看嵇康自然是推崇备至。

当然，嵇康魅力更重要的还是在于其人格。山涛谓其：“孤松之独立”并不仅仅形容其外表，实亦概括其品格：高洁、正直、孤傲、独立特行。嵇康喜好老庄，他是玄学思潮在人生追求上的典型代表。他厌恶仕途，傲视世俗，追求一种自由自在，闲适愉悦，与自然相亲，心与道冥的理想人生，以己之高洁而独立于世。这种孤高的品性为汉魏以来名士所崇仰追求，并成为汉末以来人物品鉴中最受推崇的品格。

总之，嵇康颖慧过人，卓尔不群，“风姿清秀，高爽任真”，其风采魅力，成为当时士子偶像式的人物，他集中代表了一个时代的风尚，体现出了一种理想化的人格。因此说嵇康是“七贤”领袖绝非溢美之词。

151. 嵇康被杀是否与其作《与山巨源绝交书》有关?

嵇康被杀有诸多方面的原因，《与山巨源绝交书》可以说是一根导火索。嵇康被杀，一方面有他性格本身的原因。嵇康从小因为父亲早亡，备受母亲疼爱，形成了任性不羁的性格和疏慵散漫的习气，加之他“刚肠疾恶，轻肆直言，遇事而发”、“直性狭中”的个性，使他得罪了一些人。史载，有一天嵇康和好友向秀一起在柳树下打铁为乐，司马昭的心腹钟会邀集了一群名士前来拜访。嵇康挥锤不辍，旁若无人。钟会站了半天，扫兴地转身要走。这时嵇康才冷冷地问:“何所闻而来，何所见而去?”钟会答道：“闻所闻而来，见所见而去。”从此，钟会怀恨在心，不断在司马昭面前进谗言。魏元帝景元二年（261）山涛将离职，举荐嵇康自代，嵇康以为是奇耻大辱，毅然做书与山涛绝交。他一方面痛责山涛变节从仕，一方面尽情地描述自己傲世避俗的生活态度，极力推崇老庄，强调任真，毫不掩饰自己对自由放纵生活的喜好。这样招致司马氏的不满，恰在此时，发生了吕安事件。吕安是嵇康的好友，其兄吕巽（xùn）是司马昭的亲信，也与嵇康相识。吕巽强奸了吕安的妻子，反而诬告吕安不孝。嵇康得知此事后，与吕巽绝交，并为吕安作证。吕安被诬陷下狱后，司马氏罗织罪名，也把嵇康投入监狱，后嵇康与吕安竟就此同时被害。

另一方面，嵇康被杀的主要原因是时代背景。嵇康生当曹魏末世，司马氏专政时期。而他是沛王曹林女婿，亦即曹操孙婿，有曹魏王室姻亲背景。更重要的是他与其他正直人士一样，对司马氏凶残虚伪的面目，有透彻的了解，出于孤高人格，他不愿趋附司马氏父子，因而他的处世方式虽说是“循性而动”，实质上是对司马氏采取不合作的态度。在《与山巨源绝交书》中，嵇康鲜明地表现出了自己的政治态度和刚烈个性。他以犀利的文笔无情嘲笑官场上的虚文缛礼，宣称自己不能出仕的原因有“必不堪者七，甚不可者二”。诸如：喜欢睡懒觉，但做官以后，守门的差役就要催人起床，令人无法忍受；喜欢抱着琴，漫步行吟，或在郊野，射鸟垂钓，但做官以后，出入有隶卒跟着，令人难以忍受；身上虱子多，搔起痒没完没了，却要穿上官服，去拜见上司，这也是令人无法忍受的；不喜欢吊丧，却不得不去；不喜欢俗人，做官后却要与他们共事，真令人难以忍受……他对司马氏提倡的名教礼法采取一种傲慢态度，百般嘲弄。全文喜怒笑骂、随意挥洒、痛快淋漓，自始至终贯穿着对司马氏的决绝态度。

嵇康对司马氏如此不假辞色，半点不肯敷衍，当然令司马氏震怒，必欲置之于死地，吕安事件恰恰是一个借口。嵇康被下狱后，由于他在士人中享有极高的声望，一时间朝野为之震动，太学生三千人，上书请以嵇康为师；不少知名人士为了表示抗议，随嵇康入狱。这种事态给司马氏造成了很大压力。钟会一流则借机报复，大进谗言，力劝司马昭杀掉嵇康。他说："嵇康，卧龙也，不可起。公无忧天下，顾以康为虑耳！"又造谣说嵇康有谋反之意。这样，司马昭非杀嵇康不可了！

嵇康就刑于洛阳城东那天，镇静自若，顾视日影，索琴而弹，长叹一声："《广陵散》于今绝矣！"慷慨引颈就戮。

152. 嵇康著述及文学成就如何?

就文学贡献而言，嵇康与阮籍并驾齐驱，世称"嵇阮"。

嵇康的诗和阮籍一样，历来被论为是魏末诗人中成就最高的。今存诗词共五十余首，包括四言、五言、六言等不同诗体。诗的总体特点以"清峻"见长。嵇康的赋以《琴赋》最为著名，在描绘乐器的辞赋中，此赋占有重要地位。赋体作品除此之外还有《卜疑》，仿楚辞《卜居 》而作，反映了魏末名士迷茫不知所适的心态。嵇康之文以《与山巨源绝交书》最为传颂。但最富特色的还是那些论说文。《养生论》承认神仙的存在，看法虽未必妥当，但论辩精审细密，为学者们称赞。《声无哀乐论》提出了："夫天地合德，万物贵生，寒暑代往，五行以成，故章为五色，发为五音。音声之作，其犹臭（xiù）味，在乎天地之间，其善与不善，虽遭遇浊乱，其体自若而不变也。岂以爱憎易操，哀乐改度哉。"他反对传统理论中，音乐表达哀乐，而哀乐又表现治乱，所以音乐为观风俗、行教化的手段。他认为音乐的哀与乐是决定于听众自己的情感而不是音乐的本身。所以他说："声音自当以善恶为主，则无关于哀乐，哀乐自当以情感，则无系于声音。"此论对清谈家们影响很大。直到东晋时代，人们还经常在谈论此问题。嵇康的《难张辽叔自然好学论》尤为大胆，提出了"不学未必为长夜，六经未必为太阳”的著名论点。他的《管蔡论》更是一篇值得注意的文章。在此文中他别出新意，为周代的管叔、蔡叔翻案，说他们并非像历来所说的是坏人，而是忠于周朝而不理解周公所以才起兵叛乱的。

嵇康还有一篇《太师箴》，文中对君权进行批判，旨在“明帝王之道”。《圣贤高士传》也是嵇康的重要著作。全书由一百一十九篇人物小传及赞组成，今存六十余篇。此传内容有一特点，即对传统“圣贤”观念加以改造，将它与“高士”贯通起来，宣扬“高士”即“圣贤”的思想。

嵇康有一篇类似家训性质的文章——《家诫》，是为诫其子嵇绍而作。文中告诫儿子做人的道理，和嵇康平时的言行大异其趣的是在这篇文章中，他要儿子服从礼法，小心谨慎地生活。这说明嵇康本意并不愿意那样狂放傲世，他的许多言行，实为愤世嫉俗之言，有他不得已的苦衷。

总之，嵇康对文坛贡献卓著，取得了极高的文学成就。他在整个三国后期，堪称是首屈一指的文章大家，对后世也产生了极其深远的影响。

153. 向秀为何而作《思旧赋》?

向秀（约227～约280），字子期，魏晋名士，竹林七贤之一，河内怀（今河南武陟）人。早年为山涛所赏识，又与嵇康、吕安为友。嵇康被杀后，他被迫应辟举，到了洛阳。司马昭问他：“闻有箕山之志，何以在此?”他答曰：“以为巢（文）许（由）狷介之士，未答尧心，岂足多慕。”司马昭听了很高兴，向秀从此开始了仕宦生涯，历任黄门侍郎、散骑常侍等官职。他入仕后，朝中发生任恺与贾充的朋党之争，向秀支持任恺，但最后任恺失败被免职。从此向秀在朝不再过问政事，卒于位。

《思旧赋》是向秀被迫赴洛阳应举出任，归来时经过嵇康在山阳的旧居，闻笛声幽怨，追怀故人所写。全赋笼罩着一片物是人非的凄凉之感，由邻人的笛声联想到嵇康的琴声，内心悲愤异常，欲言又止。面对残酷的政治环境，他只好以极其隐晦的方式，用《黍离》中“知我者谓我心忧，不知我者谓我何求”的诗句来暗喻自己的苦闷和彷徨。斯人已去，生者奈何！作为嵇康的好友，向秀也只能借此赋来寄托自己的哀思罢了。

154. 刘伶肆酒的原因及表现如何？

刘伶，字伯伦，生卒年不详，或说与阮籍年龄相仿，沛国（今江苏沛县）人。魏晋名士，竹林七贤之一，以嗜酒如命闻名于世。刘伶身材短小，容貌丑陋，沉默寡言，不善交游，曾为建威参军。晋武帝泰始初，应对策，他大谈“无为而化”的道理，晋武帝认为无用，未加任用，后以寿终。

刘伶为人狂诞，从不介意家产的多少，把形体看做土木一样，不当一回事。刘伶经常乘鹿车，携一壶酒，令人拿着锄头跟随，并对跟随的人说：“我死了便就地埋我。”有一次他向妻子要酒喝，其妻砸毁了酒器，哭着劝他说：“你喝得太多了，酒很伤身体，你一定要戒酒呀！”刘伶说：“好，我自己难以控制，只有当着鬼神的面发誓赌咒才可以戒掉。”妻子于是供酒肉于神前，让刘伶发誓。刘伶跪于神前发誓说：“天生刘伶，以酒为名，一饮一斛，五斗解酲。妇人之言，慎不可听！”便喝酒吃肉，一会儿又大醉不醒。

还有一次，刘伶醉了和别人争吵起来，那人十分气愤，捋起袖子准备暴打刘伶。刘伶满脸从容，不慌不忙地说：“我这如同鸡肋一样的身体实在是承受不起你的拳头。”那人大笑而止。

刘伶纵酒放达，常常纵情狂饮，放荡不羁。有时脱得一丝不挂地呆在屋中，有人看见后讥讽他。他说：“我以天地作为房屋，以居室作为衣裤，各位先生为什么要钻进我的裤子中来呢？”

刘伶为何如此嗜酒如命呢？在他所遗留下的《酒德经》中有隐晦的表现。文中所写的“大人先生”虽出假托，实际上是刘伶本人的化身。这位“大人先生”的饮酒醉态活脱脱是魏晋名士纵酒任诞的狂态。之所以要这样狂放，一方面是由于魏晋时期，尤其是正始时期，仕途十分险恶，统治集团的斗争异常残酷，名士少有全身者，他们不能不佯狂纵酒以免祸。

另一方面，从汉末到魏晋，整个时代精神发生了很大变化。就整体倾向而言，士大夫们对现实的态度由“入世”进取，转为“去世”逃避，由对功名、道德等外在之物的肯定，转为对内在自我人格、自我精神的肯定，转为追求逍遥抱一的精神陶醉。与这种变化了的人生价值观相适应，理想人格美也发生了变化。饮酒放诞，洒脱不羁成为了这种全新的时代精神的象征。刘伶肆酒当属此类。

155. 谢鲲淡薄荣辱有哪些表现?

谢鲲(? ~322),字幼舆,两晋之际官吏,陈国阳夏(今河南太康)人。祖父谢缵为典农中郎将,父亲谢衡是当时著名的儒士,官至国子祭酒。谢鲲少有盛名,喜好《老子》、《易经》,能歌善鼓琴。

谢鲲淡薄荣辱,喜怒不形于色。永兴中,长沙王司马乂辅政,当时有人记恨谢鲲,诬陷说他要外逃。司马乂想要鞭打他,谢鲲主动脱下衣服认罚,脸上没有一点怒容;司马乂放了他,谢鲲脸上也没有一丝喜色。太傅东海王司马越听说他的名声,任用他为掾,他又因家僮犯法被免职。名士王玄、阮修都为他鸣不平,而谢鲲自己不以为然,仍然清歌鼓琴,根本不屑一顾。

左将军王敦闻谢鲲大名,任其为长史。他本来可以累功升迁,可是他始终心静如水,置身于可否之间。王敦权力日盛,有不臣之心。谢鲲心知肚明,知他不能匡复社稷,所以寄情山水,整日与毕卓、王尼、阮放、羊曼、桓彝、阮孚等纵酒,打发时光。

公元322年,王敦自武昌举兵,占据石头城(南京清凉山)后,感叹地说:“我既为叛臣,再也不会做功德盛大的事情了。”谢鲲说:“为什么这样呢!只要从今以后,这些事一天天淡忘,也就会一天天从心中消失了。”

当初王敦想借重戴渊、周颉的声望,曾对谢鲲说:“我将任用周颉为尚书令,任戴渊为仆射。”攻下建康后,王敦又问谢鲲:“近来民情如何?”谢鲲说:“明公的举动,虽然是想保全国家社稷,但民间的议论却认为不合大义。如果真能举用周颉和戴渊,那么民众的心情就熨贴平静了。”王敦大怒,说:“你是粗疏不察,这二人名不符实,已被我收捕了。”谢鲲愕然自失。参军王峤说:“济济一堂人才多,文王安宁国富强,怎么能诛杀诸位名士呢?”王敦勃然大怒,要将王峤斩首,众人中没有谁敢去救。谢鲲说:“明公图谋大业,不屠戮一个人。现在王峤因陈献可否违背意旨,便要杀戮,不也太过分了吗?”王敦这才放了王峤,贬职为领军长史。

王敦将要返回武昌,谢鲲对他说:“明公自到京都以来,一直以有病为由不朝见皇上,所以虽然建有功勋,民心其实并未平服。现在如果朝见天子,使得君上和臣民都心情舒畅,那么臣民都会心悦诚服的。”王敦说：“你能保证不发生变故吗？”谢鲲回答说：“我近些天入宫觐见皇上，皇上侧席而坐，等待得见主公，宫省之内穆然整肃，必定不会有什么可担忧的。主公如果入朝，我请求充当您的侍从。”王敦发怒变色说：“我正要杀掉像你这样的数百人，这样做对时局也不会有什么损害！”最终也没有朝见天子便离开了。

当时，朝中多有大臣被王敦杀害，人人自忧，独谢鲲坦然自若，经常向王敦进忠言。王敦内心不高兴，也不采纳他的建议。后谢鲲出任郡吏，为政清廉，深受百姓爱戴，卒于官，时年四十三岁。

156. 羊聃暴戾有何表现?

羊聃，字彭祖，东晋大臣，太傅羊祜兄孙。羊聃从小就不务正业，游手好闲，口碑非常不好。当初，传说兖州有“八伯”的说法，后来又有“四伯”之说。大鸿胪江泉以能吃扬名，人称“谷伯”；豫章太守史畴因过度肥胖，人称“笨伯”；散骑侍郎张嶷狡诈阴险，人称“猾伯”；而羊聃则以暴戾凶残知名于当世，被称为“琐伯”。“四伯”皆为恶名。

初羊聃辟元帝丞相府，累迁庐陵太守。他粗暴跋扈，倚仗着皇亲国戚的身份（其祖姑为景献皇后），到处横行霸道。他心胸极为狭窄，睚眦必报，动辄杀人。一次，他怀疑同郡简良等人是贼寇，不问青红皂白，杀死二百余人，甚至连婴儿都不放过，还有几百人被抓进大牢。庾亮捉拿了羊聃并把他押解回京都。有司判羊聃死罪，因他是皇戚，所以应该八议裁决①。成帝下诏说：“这样残暴的事，古今所无，还要什么八议呢？我不忍看他暴尸街头，还是赐死吧！”羊聃哥哥羊曼的儿子羊贲尚明帝女南郡悼公主，上表自求解除婚约。成帝说：“罪不相及，羊聃犯罪与羊贲有什么关系呢？不准解除婚约。”琅邪太妃山氏是羊聃的外甥女，此时入殿叩首至血请求成帝收回成命，王导也在一旁好言相劝，成帝念及以前在沦亡过程中曾受过琅邪太妃的照顾，为报此恩，免去羊聃死罪，将他除名。不久，羊聃生病，整日梦见被冤死的简良等人的鬼魂缠绕，竟一命呜呼了。

---

① 八议：减轻刑罚的八个条件。自西周以后，历代统治者为了调整内部关系，确定了减轻刑法的八个条件，即议亲、议政、议贤、议礼、议功、议省、议勤、议实。

157. 曹志为何被司马炎免官?

曹志（? ~288），字允恭，沛国谯（今安徽亳县）人，魏陈思王曹植之子。少好学，德才兼备又善骑射，深得曹植喜爱。立以为嗣，后改封济北王。

司马炎本来非常欣赏曹志，在他还没有受禅时，就曾和曹志促膝长谈，“自暮达旦”。即位之后，也对曹志非常优待，封曹志为章武、赵郡太守，迁国子祭酒。可是后来曹志被晋武帝免官，这其中是有着深刻的政治原因的。

司马炎立司马衷为太子，朝野上下很多人是不赞成的。因为司马衷生性愚钝，类似白痴，而司马炎的弟弟司马攸则文武双全，德望很高。后来晋武帝病得很重时，朝野上下都归心于司马攸。齐王司马攸的德行与名望一天比一天受人尊崇，荀勖、冯统、杨珧都憎恨他。冯统对晋武帝说：“陛下命令诸侯回到自己的封国去，应当从亲属开始执行。与您最亲的没有人能比得上齐王了，如今却只有他还留在京城，这可以吗?”荀勖说：“朝廷内外的百官，都从心里归附齐王，陛下万年之后，太子就不可能即天子之位了。陛下可以试着命令齐王回封国去，朝廷上下必定都认为不可以，那么我说的话就应验了。”晋武帝同意了。命令太常商议敬赐齐王之物。这件事经过博士祭酒曹志时，曹志想起其父曹植屡受魏文帝曹丕猜忌，郁郁而终，不禁感慨万分，怆然叹息。他说：“哪里有如此才能，如此亲近的关系，不但不用他建立基业，辅佐教化，反而打发他去天涯海角，晋朝宗室的兴旺，恐怕危险了吧?”于是他上奏晋武帝说：“古时候在左右辅佐王室的人，同姓的是周公，异姓的是太公，他们都身居朝廷，到了第五代，都归葬于周地。后来世道衰微，即使有五霸代之而起，又怎能与周公、召公辅佐王室的政治清明同日而语呢? 自从伏羲以来，天下岂是一姓所能独自占有的? 应该以至公之心待人，与天下共有利与害，这样才能长久地拥有天下。因此秦、魏想独揽国政所以才灭亡，周、汉能够把利益分给别人，所以无论关系是亲是疏都被其所用，这些都是前车之鉴啊!”晋武帝看了曹志的上奏，大怒，说：“曹志尚且不明白我的心，更何况四海之内的人!”于是武帝一纸诏书免除了曹志的官职，让他以鄄（juàn）城县令的身份回家乡去了。

158. 庾峻有什么儒学才华?

庾峻（? ~273），字山甫，西晋大臣，颍川鄢陵（今河南鄢陵西北）人。出身于儒学世家，祖父庾乘，伯父庾嶷，父亲庾道皆以习儒显名于世。

庾峻历任郡功曹、计掾、州从事、博士等职。魏晋之际，士人好庄老，玄学兴盛，儒学衰微，世风日下，人心不古，浮华奢靡之风充斥天下。庾峻一反流俗，潜心儒典，力图扭转时俗，振兴儒学。他在一篇奏疏中集中表达了自己的儒学观点。在这篇奏疏中，庾峻深刻揭示了当时的时弊，提出了自己的政治观点，其主要内容有如下几个方面：一是，他认为士有朝廷之士和山林之士两类。朝廷之士帮助辅佐皇帝教化人心；山林之士，高风亮节，涵养自己的品性，不论哪一种士都应“德合于主”。二是提倡君子人格，认为贤士应厚德载物，保持操守，避宠忍让，不慕富贵；应该克己复礼，建功立业。三是主张尚德兼爱，抨击那些唯利是图，投机钻营的人。四是建议官吏退休制。年至七十就应该离职以断绝贪图俸禄之心，还应大力提倡孝道，提出“孝莫大于事亲”。

最后庾峻深刻地指出人的贪欲是不断膨胀，无法满足的，如果不加以制止，必定泛滥，甚于败亡国家，所以必须以德治国，以礼教化子民，这样才会万民同乐，天下太平。

159. 郭象《庄子论》是否为剽窃之作?

郭象，字子玄，西晋官吏兼文士，河南郡（今河南洛阳东北）人，曾任黄门侍郎，太傅主簿。

魏晋之际，士人好谈庄老，给《庄子》一书作注的有几十家，可是，没有谁能深探它的要旨。向秀在旧注之外重新解析它的义理，说解精妙而有奇特的理趣，深刻地阐明了道家义理的幽微含义。只是《秋水》与《至乐》两篇尚未完成向秀便死了。这时候向秀的儿子还很小，注释因而散失了，但是还有其他的抄本。郭象品行轻薄，但是才识超众。他看见向秀的注释没有在社会上流传，便剽窃下来作为自己的注解。于是自己注释了《秋水》、《至乐》两篇，又改换了《马蹄》一篇，其余各篇只不过是增删字句，写成定本而已。后来向秀注解的其他抄本流传开来，所以现在有向秀、郭象两种《庄子》注，实质上它们的意思却是一样的。

160. 庾旉为何被下狱论罪?

庾旉（fū)，字允藏，西晋官吏，颍川鄢陵（今河南鄢陵西北）人。少有清节，历任博士。

晋武帝下诏齐王攸回封国，命令太常商议敬赐之物。博士庾旉、太叔广、刘暾、缪蔚、郭颐、秦秀、傅珍联名上书反对齐王归国，表书由庾旉草拟。在表奏中，他们这样说：“从前，周选择树立有完美德行的人辅佐协助朝廷，周公、康叔、聃季都被选入朝廷任三公之职，这就显示出辅佐君王的责任重大，掌管地方的地位轻一些。汉代的诸侯王，地位在丞相、三公之上，但如果进入朝廷佐助朝政，就要有兼职，如果离开朝廷去封国，也不再给予高级职务的虚名作为尊贵的恩宠。现在假如齐王贤德的话，那么就不应当以同母之弟的尊贵与亲近去担任鲁、卫之地的寻常职务；如果他不贤德，就不应该开拓疆域，在东海边建国。……现在天下已经平定，天地四方莫非王土，应该遵循古时候的做法，让齐王参与议论太平的基业。现在反而派他出去，离开都城两千里，这样做就违反了过去的规章了。”晋武帝看了表奏之后，非常生气，说：“博士们不回答我所问的，却回答我所不问的，肆意制造不同的议论。”这时尚书朱整、褚略上奏说：“博士们脱离职责，蒙蔽朝廷，尊崇粉饰邪恶的言论，却假托直言无忌，请拘捕庾旉等七人，把他们交付廷尉，依法判罪。”

庾旉的父亲庾纯到廷尉去自首说：“庾旉上表的草稿我看到了，但我却肤浅无知没有阻止他。”晋武帝下诏免庾纯的罪。廷尉上奏判处庾旉等人死罪，陈尸街头示众。表奏在皇帝那里搁置了七天，晋武帝才复诏说：“庾旉是提出议论的主要人物，按理应杀头，但他的家人已经自首了，所以免去庾旉与太叔广等共七人的死罪，但要把他们都除去名位。”这件事情才算平息过去。

161. 秦秀刚直有何表现?

秦秀，字玄良，西晋官吏，新兴云中（今属山西）人。秦秀自幼诚实好学，以忠直知名。

当时朝廷权臣太宰何曾去世，诏令礼官商议何曾死后的谥号。秦秀说他“秽皇帝之美，坏人伦之教，生天下之丑。”生活奢侈，骄横过度，有辱君恩。提议以“缪丑公”为何曾的谥号。“缪”谓其名实不符，“丑”谓其骄奢放纵。

秦秀痛恨奸佞小人，嫉恶如仇。他非常鄙视贾充。当时武帝任命贾充为大都督准备伐吴，秦秀对亲友说：“贾充一点才华都没有，却让他担当伐吴大任，我要哭着去送军队。”在朋友的力劝下才放弃了这种做法。后来贾充病死，他的长子贾黎民死得早，没有后嗣。贾充的妻子郭槐上表说，贾充的遗愿是让外孙韩谧作为嫡长孙来继承爵位，武帝诏准。等到太常开始议论给贾充定谥号时，秦秀坦言道：“贾充违反礼法，沉迷于私情，败坏了伦理纲常。从前，鄫国养育外孙——莒（jū）公的儿子为后代，《春秋》中写道‘莒人灭鄫’，鄫国最终亡国，这是由于断绝了父系祖先的祭祀，开了朝廷败坏变乱的根源。按照《谥法》的规定：‘混淆毁坏纲纪法度叫作荒。’请求给贾充封谥号为荒公。”晋武帝没有听从秦秀的话，更改贾充的谥号为“武”。

平吴之后，王浑、王濬争功。论军功，王濬应为头功，但王浑私党充斥朝廷，王浑之子王济又尚公主，气焰逼人。朝臣都为王浑帮护，只有秦秀敢坦言直陈，认为王濬功高盖世，应该得到多于王浑的封赏。

在齐王司马攸事件中（见前文），秦秀与博士刘暾等联名上书请求晋武帝撤回让齐王归国的呈命而大忤帝意，险些被杀，不久又起用为博士。秦秀性格刚直，常直言不讳，于人于事多有得罪，因此始终不得升迁，为官二十多年，一直任博士之职，后卒于官。

162. 皇甫谧何以被称为“书淫”?

皇甫谧（215～282），字士安，魏晋著名学者，安定朝那（今甘肃灵台县）人。汉太尉皇甫嵩的曾孙。后随叔父迁徙到新安（今河南渑池东南），长到二十岁还不上进好学，整日游游荡荡，在邻人眼里，他只是一个傻乎乎的“痴”人。有一次，他得到一些好吃的瓜果，就拿回家给养母任氏品尝。养母对他说：“你都二十岁了，还是这样游手好闲，不务正业，你拿什么来安慰我呢？修养自己，勤奋好学，这些都是对你大有益处的事。我这样不厌其烦地敦促你对我又有什么好处呢？”说着就哭泣起来。皇甫谧听后大为感动，就向同乡席坦借书，夜以继日地苦读，从不懈怠。他家很贫穷，皇甫谧就一边务农，一边读书。他博览群书，精通百家，沉静寡欲，心怀高尚之志。从此发愤著书，其中有《礼乐》、《圣真》诸篇。后来，他不幸得了麻痹症，但仍然手不释卷。

有人劝他广交朋友，扬名天下，皇甫谧却对名利很淡泊。他认为“居田宅之中亦可以乐尧舜之道”。他拒绝出仕，整日沉浸在书海之中，废寝忘食。又有人劝他不要如此沉迷于书籍，告诫他过度地用功会大损身体，皇甫谧不以为然。他说：“早上明白了道理，晚上就是死了也是值得的，何况人的寿命是由天定的。”于是人们都称他为“书淫”。

163. 晋武帝为何屡次征召皇甫谧?

皇甫谧嗜学不怠，博览群书，广采百家之言，随着时日的推移，他的学问、人品逐渐为人所传闻、推崇。

景元年间（260～264），控制了朝政的司马昭为了笼络人心，亲自选拔皇甫谧等三十七人为官，其中三十六人均欣然应命，受到封官拜爵的恩赏，只有皇甫谧托病未去。他磨墨挥毫作《释劝论》以言志。他在《释劝论》中这样说：家里的人以及许多朋友都认为“天下大庆，万姓赖之，虽未成礼，不宜安寝，纵有疾笃，犹当致身”，而我只知道天下大小事情，都要根据具体情况来加以论断，对的确不能完成使命的人，不能说是有意怠慢。我常常躺在病床上思考：那些乐意升官晋爵的人，也是按自己的意愿来做出决定的。即使我没有疼痛，我也乐意学商山四皓，隐居箕山，何况我的身体确实不行呢！实际上，皇甫谧醉心老庄之学，他是立志于远离仕途，高蹈迈俗。武帝受禅以后，曾多次颁诏，但他都以“上有名圣之主，下有输实之臣；上有在宽之政，下有委惰之人”为由，拒绝了多次威逼。正是因为皇甫谧“词切言至”，晋武帝才没有追逼。他向皇上只提了一个要求，请求能借书给他看。晋武帝便送了一车书给他。

皇甫谧是魏晋时期一位颇有建树的学者，取得的成就是多方面的。他不仅在史学方面成绩突出，而且对于文学、医学、天文历法等学科也有很深的造诣。皇甫谧论著颇丰，除所著诗、赋、诔、颂、论、难外，又撰写了《帝王纪》、《年历》、《高士传》、《逸士传》、《列女传》、《玄晏春秋》等。这些文章著作在当时名噪一时。他的门人挚虞、张轨、牛综、席纯等都是当时的名士。所以说皇甫谧虽然躬耕于野，不入仕途，可是他在当时是深具影响力的一个人物。这应该是晋武帝屡次征召他的一个最重要的原因。

晋武帝太康三年（282）皇甫谧病逝，享年六十八岁。

164. 挚虞《文章志》、《文章流别集》等有何影响？

挚虞（？~311），字仲洽，西晋官吏，文学家，京兆长安（今陕西西安）人。少年时师事皇甫谧，后举贤良，拜中郎，擢为太子舍人，除闻喜令，以母忧解职，后为尚书郎。惠帝时，迁吴王友，历秘书监、卫尉卿。惠帝被司马颙胁入长安，挚虞从行。还洛阳后迁光禄勋、太常卿。及石勒掠洛阳，挚虞遂饿死城中，年约六十余。

挚虞在文学方面的贡献主要在文学批评方面。据载，他著有《文章志》四卷、《文章流别集》三十卷。二书今佚，但尚有佚文。其中《文章志》大抵记述作家们的生平事迹，对了解晋以前的文学家的生平颇有价值，《文章流别集》则是最早出现的总集。《文章流别集》与前代一些文章集的区别主要在于：一是“芟剪繁芜”，它是精选的；二是“各为条贯”，即按一定体例编撰的；三是所选的文章，以诗赋为首，文学性较强；四是对各类文章加以综合论说。这些都有异于以内容齐全，数量繁多为特点的资料性类书，如《皇览》等。总之，挚虞的《文章流别集》反映了魏晋时期各体文章的快速发展和进一步完善，也表现了当时文章学理论的不断进步和深入。

165. 时人为何叹服束皙博识？

束皙，字广微，西晋学者，阳平元城（今河北馆陶）人，博学多闻。为张华所赏，召为掾，曾任张华的贼曹属，后转佐著作郎。惠帝时，赵王司马伦为相国，请为记室，束皙托病辞归，在乡教授门徒，卒年四十。

束皙以博识著称。当时有人问博士曹志说：“当今之世，谁最为好学？”曹志回答说：“阳平人束皙好学不倦，没有人能比得上他。”

太康二年（281），汲郡有人盗挖了魏襄王的墓，得竹书数十车，其中包括《周易》、《竹书纪年》、《穆天子传》等古籍，束皙察缺补遗，整理了这些古籍，时人无不叹服他的博识。束皙还作了六首《补亡诗》，为补《诗经·小雅》中原有目无诗的“笙诗”而作。

束皙对古籍的熟烂程度令世人叹为观止。一次有人在嵩高山下拾得一枚竹简。上有两行像蝌蚪形的文字，大家互相传看，没有人能知道是哪一朝哪一代的书简。司空张华询问束皙，束皙稍视片刻便说："这是汉明帝显节陵中的策文。"后来经过检验，果真如此。

束皙著述颇丰，所著《三魏人士传》、《七代通记》、《晋书纪》、《志》因为战乱多所亡佚，其《五经通论》、《发蒙记》、《补亡诗》，文集数十篇，当时还在流行。

166. 王接有哪些著述?

王接（267～305），字祖游，河东猗氏（今山西临猗）人，西晋学者，出生于儒学世家。

王接十三岁丧父，小小年纪已经精通礼仪，主持父亲的丧事井井有条，完全符合礼制的要求，乡里人都感叹地说："王家的儿子真是了不起啊！"同郡的儒学名士冯收已七十有余，对这位后生晚辈分外看重，力荐王接于河东太守刘原，王接非常谦虚，推辞了刘原对他的任命。

王接很孝顺，母亲去世后，他伤心欲绝，形销骨立，在母亲的墓所旁搭了一间小屋，一住就是好几年。王接当时已经以博览群书，尤善经学而著称。他重新注释了《公羊春秋》，对《春秋经》的注释多有新意。当时在汲冢①发掘出来了许多竹简，对于这些竹简古书的考释众说纷纭，佐著作郎束皙和东莱太守王庭坚为此各抒己见，莫衷一是。散骑侍郎潘滔久闻王接才名，就对王接说："你的才学，足以解决他们二人的学术纷争。"王接于是详细考证，陈述了自己的观点，深得学界的认同。他还撰写了《烈女后传》七十二人。除此之外，又有杂论议、诗赋、碑颂、驳难十余万言，可惜丧乱，大多数都亡佚了。后来他的长子王衍期，流落到江南，根据父亲的本意，更注了《公羊春秋》，整理了《烈女后传》等。

167. 郤诜对策为何受到晋武帝赏识?

郤诜（xìshēn），字广基，西晋官吏，济阳单父（今山东定陶西北）人。郤诜出身低微，家境贫寒。母亲病重，出入无车，后来母亲病逝，郤诜无钱买马，家又无车，只好将母亲临时安葬在所住屋舍的

---

① 盗墓贼在汲郡盗挖魏襄王墓。

北墙角下，每天早晚哭泣跪拜。他养鸡种蒜，竭尽所能，辛勤劳作。三年孝满之后，他用辛苦所得买了八匹马，拉着母亲的灵柩，背土筑坟。这期间他被召为征东参军，徙尚书郎，转车骑从事中郎。

郤诜博学多才，风流倜傥，气质洒脱，早有闻名。泰始中，晋武帝欲广开言路，下诏各郡荐举天下贤良直言之士，给朝廷提供治国安邦的良策。太守文立推举郤诜，于是郤诜上书应对。郤诜在对策中围绕举贤任能这一基本观点，剖析了当时的社会状况，提出自己的建议：他认为关于行教化、移风易俗的关键在于选拔人才。他说："移风易俗，使天下洽和……臣以为莫大于择人而官之也。"和古人相比，当世之人一味投机取巧，钻营竞进，贪恋官爵俸禄，甚至结党营私，朋党纷争，邪气上升，正气被压抑。所谓"古人相与求贤，今人相与求爵。""动则争竞，争竞则朋党，朋党则诬罔，诬罔则臧否失实，真伪相冒……"他主张应该赏罚分明，创建举贤的典章制度。

针对当时国家面临外族入侵，水灾连年的内忧外患，他认为原因还是在于用人不当。他引经据典，得出这样的结论："夫任贤则政惠，使能则刑恕。"提倡"德治"："是以善者慕德而安服，恶者畏惧而削迹。""唯任贤然后无患耳。"他还提出了有备无患，以农为本，"宜勤人事"等主张。

武帝看了郤诜的策对后，大为赞赏，征拜为议郎。武帝曾和郤诜开玩笑说："你自认为自己怎么样呢?"郤诜傲然答道："我上奏的举贤任能的对策堪称天下第一。我自己就如同桂树的一枝，昆仑山的一片玉一样。"后累官至雍州刺史。

168. 晋武帝为何叹赏阮种?

阮种，字德猷（yǒu），西晋官吏，陈留尉氏（今河南尉氏县）人。弱冠之年就声名远扬，为嵇康所重。

泰始中，水灾不断，外族入侵，朝廷连年派兵征战不利，又屡次出现日食现象，百姓饥馑，国势不稳，晋武帝大为忧虑，下诏征求解决这些问题的良策。太保何曾荐举阮种，阮种回答了武帝提出的六个问题。

武帝提出的第一个问题是：何为治国之术。阮种说：帝王应该"以德治国"，杜绝奸邪，这样才能长治久安。所谓"德逮群生，泽被区宇，声施无穷，而典垂百代"。"播醇美之化，杜邪枉之路。"第二个问题是：如何建立礼乐刑罚。阮种说："应该用礼乐教化人民。礼是用来体现德行，乐是用来歌颂文治武功。人心和睦就会其乐融融，人有虔敬恭让之心就会有礼节。"所谓"礼以体德，乐以咏功，乐本于和，而礼师于敬矣。"第三个问题是：如何对待蛮戎入侵。阮种认为一方面应该选择合适的官吏镇守边陲；一方面应该采取怀柔的策略来治理少数民族，所谓"不战而屈人之兵"。第四个问题是：如何看待屡屡出现的恶兆。针对这一问题，阮种更是大胆地提出了"天聪明自我人聪明，是以人主祖承天命，日慎一日矣。"肯定了人事的重要。第五个问题是：如何推行教化礼乐。阮种主张"上行下效"。他说："故上有克让之风，则有不争之俗；朝有矜节之士，则野无贪冒之人。"第六个问题是：如何才能建立文治武功。阮种认为关键在于选拔人才，人尽其用。他说："夫文武经德，所以成功正业……莫先于选建明哲，授方任能。"他还做了这样的比喻："夫贤才之蓄于国，由良工之须利器，巧匠之待绳墨也。"

阮种从容不迫地回答了晋武帝提出的这六个问题，娓娓道来，句句在理，直切要害，引经据典，深入浅出，具有极强的说服力，难怪武帝对他叹赏不止。甚至于后来阮种迁平原相，武帝会发出这样的感慨："如果两千石这样的官员都能像阮种、卫京他们俩人，我还会有什么忧虑呢?"

169. 华谭前后为官表现如何?

华谭，字令思，广陵（今江苏扬州）人。华谭父亲早亡，当时他只有一岁。十八岁的母亲立志守节，她勤劳备至，含辛茹苦，一手将华谭培养成人。华谭自幼勤奋好学，聪明伶俐，天分极高，邻里无不惊奇，长大后，遂成东吴名士。晋武帝灭吴后，华谭仕晋。

纵观华谭前后为官几十年，能够明显地看出，他的为官态度以晋氏南渡为界明显地分为前后两个时期。前期的华谭意气风发，胸怀抱负，心中燃烧着建功立业的豪情。太康中，刺史嵇绍（嵇康子）推荐华谭为秀才。华谭奔赴皇城洛阳，武帝亲自当廷策对，询问如何使国家长治久安，如何治理吴地，如何增损律令，如何选拔人才等治国安邦的大计。华谭侃侃而谈，博古通今，言辞峻洁，九州秀才无人能比。同郡人刘颂不无惊叹地说："没想到同乡中还有如此奇才!"当时博士王济不服，当众嘲笑华谭是蛮夷之地的亡国之人，有什么面目来应策对。华谭不卑不亢，反唇相击，驳斥得王济哑口无言。王济甘拜下风，自此对华谭深为敬佩。晋惠帝永宁初年，华谭任郏（jiā）令。当时战乱刚刚平息，百姓饥馑，华谭竭尽全力，筹集粮食，安抚百姓。司徒王戎听说后，拨出了三百斛粮食来资助他。在郏任职期间，华谭政绩斐然。后迁至庐江内史，协助陈敏，平定了石冰的叛乱，以功封为都亭侯，食邑千户，赐绢千匹。

晋惠帝永兴年间，陈敏自恃平定了石冰叛乱，以为自己勇猛又有谋略没有对手，产生了在江东割据的想法。陈敏占据了江东地区之后，恩威并施，胁迫吴地名士依附于他。当时顾荣表面上做了陈敏的右将军，其实暗地里想图谋陈敏。华谭没有领悟顾荣的意思，到处写信述说顾荣的不是，由此和顾荣结下了怨恨。加之华谭在任期间铁面无私，不善阿谀，和上司关系紧张，又与扬州刺史刘陶有宿怨，于是被投入寿阳大狱，后赖以镇东将军周馥解救，将他放出。

目睹连年的战乱，又亲历官场险恶，加之年事已高，华谭荣进之心大减，为官态度发生了很大的变化，少年时的书生意气，已被残酷的现实磨损殆尽。到了晋元帝司马睿在南方建立东晋政权，任命华谭为镇东将军军咨祭酒的时候，他已无心政事，专意著书了。后转丞相军咨祭酒，任郡大中正。华谭奖掖后学，先后举荐了干宝、范珧（yáo）等人，同时上奏皇帝请求告老还乡，元帝没有准奏。后来华谭屡屡借病推辞元帝给他的任命，最终得以善终，病逝于家中。元帝追封他为光禄大夫，金章紫绶，加散骑常侍。

170. 袁甫敏捷善辩有何表现？

袁甫，字公胄，淮南（今安徽寿县）人，和华谭齐名，以好辩著称。袁甫曾经拜见中领军何勖，毛遂自荐说能担当县令之职。何勖对他说："你求县令之职，为什么不求台阁之类的高官呢？"袁甫从容不迫地回答说："每个人都有他所擅长的和不擅长的。比如丝绸中最上乘的莫过于锦了，但是锦不可以做便帽；谷物中，最精细的莫过于稻子了，然而稻谷不可以磨成粉。所以圣明的君主选拔任用人才必然会让他们各尽其能。如果这个人不是全才，又怎么能要求他擅长于方方面面呢？汉代黄霸曾经驰名于州郡，可是在京城为官却政绩平平，无法发挥他的才干。他是做廷尉的材料却不适合做三公。尺有所短，寸有所长，自古就是这样的啊！"何勖非常佩服袁甫的辩才，让他做了松滋县令。

袁甫在做淮南国大农、郎中令时，石珩曾问他："人们都说你能言善辩，那你知道为什么寿阳以西总是干旱而寿阳以东却总是多雨?"袁甫巧妙地回答道："寿阳以东是吴人居住的地方。东吴本是和蜀魏鼎足而三的强国，却最终败亡，人们哀思过重，愤怒之情积久不散，黍离之悲积为阴气，阴气弥漫变成雨水，长此以往，积水成灾，所以这个地方经常发生水涝。寿阳以西都是中土，新近又平了东吴，一片喜庆，阳气大盛，所以干旱。如果能够抑强扶弱，善待吴地百姓，天下就会一派祥和，其乐融融，灾害不生了。"围观的人无不叹服袁甫才思敏捷。

袁甫高寿，活了八十多岁，无疾而终。

171. 愍怀太子为何被废杀?

愍怀太子（278～300），名遹（yù），字熙祖，惠帝长子，为惠帝后宫才人谢玖所生。司马遹小的时候非常聪慧，深得武帝喜爱。

有一天夜里，皇宫失火，武帝登楼观望。司马遹当时只有五岁，他牵着武帝的衣襟走进昏暗的地方，说："夜里突然出事，应当防备突如其来的变故，不可以站在高处，让别人看到人君。"晋武帝从此认为司马遹很不一般。武帝曾经当着群臣赞赏司马遹像晋宣帝，所以天下的人都归心敬慕司马遹。晋武帝为了皇孙司马遹，以很高的标准挑选他身边的僚属及辅佐。惠帝即位后，立司马遹为皇太子。

司马遹稍长以后，性情大变，不喜欢学习，只知道与周围的人嬉笑玩耍。贾皇后凶险奸诈，她想要长期把持朝政，担心司马遹成人以后干预自己摄政，所以故意让宦官之类的人引诱他，使他变得奢侈挥霍又骄横暴虐。因此太子的声誉与日俱下，而骄横傲慢却日益突出，有时沉溺于游乐之中，竟不能遵守每日清晨问候侍奉皇帝的规定。他还在宫中做买卖，让手下人买卖酒肉，且亲手掂量分量，斤两分毫不差。太子每月有五十万钱的俸禄，却经常预支两个月，还不够花销，于是又让西园出售蔬菜、蓝草籽、鸡、面粉等物品，以此赚钱。此外，太子还爱好阴阳家的小把戏，平常有很多禁戒忌讳。

贾谧是贾后内侄，参与贾后执政，倚仗着和贾后的关系，骄横放纵，与太子常有摩擦。当初贾后之母广城君郭槐打算让韩寿的女儿去作太子妃，太子也想与韩氏联姻以稳固自己的地位。韩寿的妻子贾午

（贾后之胞妹）及皇后都不同意，却为太子聘定王衍的小女儿。太子听说王衍的大女儿长得漂亮，而皇后却为贾谧聘定了她，太子心里愤愤不平，两人矛盾激化。当时贾谧担任侍中，到太子住处时，太子就把他撇在一边，自己到后边庭院游玩。太子的官员詹事裴权劝谏太子说：“贾谧是皇后所亲近溺爱的人，一旦他进谗言，那情况就危险了。”太子不接受。果然贾谧向皇后进谗言陷害太子，说如果不除掉太子，等到惠帝驾崩后，就会有杀身之祸落在皇后头上。贾后听信了贾谧，就宣扬太子的短处，并广为传播。

晋惠帝元康九年（299）十二月，太子的大儿子司马虨（bān）生病，太子为他谋求秦王爵位，没有被批准。司马虨病重，太子为他祈祷祭神求平安。贾后看陷害太子的时机已到，就假称惠帝身体不适，宣召太子入朝。太子进宫后，皇后不见他，把他安排在另外的房间，派婢女陈舞假称惠帝的命令赐给太子三升酒，胁迫他全都喝掉。太子不胜酒力，大醉。贾后让黄门侍郎潘岳书写了一封信的草稿，又让小婢女承福拿着纸、笔和草稿，趁太子喝醉，诈称惠帝下诏命令他抄写。文中说：“陛下应当自己了断，不自己了断，我就要进宫替您了断；皇后也应该尽快自己了断，如不自己了断，我当亲手来了断。同时与谢妃约定，到时皇宫内外一起举事，请不要迟疑犹豫，以遭后患。我在日、月、星三辰之下设签饮血，皇天允许我担当起扫除祸患的重任。立道文为王，立蒋氏为后。愿望实现，我将用猪、牛、羊三牲供奉北君星斗。”太子醉得昏昏沉沉，于是就照着写了。字有一半看不清，皇后描补成字，便以此呈现给惠帝。

惠帝看后大怒说：“司马遹的信这样大逆不道，现在赐死。”把太子信及青纸诏书给王公大臣们传看，大臣们商议到太阳偏西，还没有议定。贾后看张华、裴頠等大臣态度坚决，害怕事情发生变化，就建议把太子贬黜为平民，惠帝批准了这个建议。

太子被押送到金墉城，关押起来之后，贾后又安排了一个宦官自首，谎说是打算参与太子叛乱。惠帝下诏令，让把这份自首文字在公卿大臣间公布，并派遣东武公司马澹率一千兵卒看押太子，将他囚禁于许昌宫，命令持书御史张振携带符节看守。

太子被废黜后，群情激愤。右卫督司马雅、常从督许超与殿中中郎士猗等图谋废黜贾皇后，恢复太子的地位。他们想借助掌握兵权的右将军赵王司马伦，于是就劝说司马伦的亲信孙秀。孙秀表示答应这样做，又告诉了司马伦，司马伦也接受了这个建议，告诉通事令史张林和省事张衡等人，让他们在宫内接应。

将要行事时，孙秀洞察司马伦的野心，就对司马伦建议说：“不如借皇后的手杀了太子，到那时您再出来废黜皇后，为太子报仇，不只免除了祸害，而且还可以进一步满足您的愿望。”司马伦认为很对。

孙秀就派人挑拨离间，散布说殿中的人图谋废黜贾皇后，重立太子。贾皇后多次派宫女换上平民的衣服到民间探听查看，听到这些谣言后非常害怕。司马伦、孙秀就劝说贾谧等人尽快除掉太子，断绝人们的希望。癸未年（300 年）三月二十二日，贾皇后让太医令程据配制毒药，假称惠帝的诏令让黄门孙虑到许昌毒杀太子。太子被废黜后，就担心被毒死，经常让伺候的人当着自己的面煮饭。孙虑把事情告诉看守太子的刘振，于是刘振把太子搬迁到别的小房中，断绝了他的食品，宫人还是会偷偷从墙上传递食物给太子。于是，孙虑拿药逼迫太子服食，太子不肯吃，孙虑就用捣药的木杵把太子活活打死了。

愍怀太子的被杀是一幕血淋淋的由宫廷矛盾而激发的皇权之争的悲剧。在这场残酷血腥的政治斗争中，愍怀太子充当了一个可悲的牺牲品的角色。

172. 陆机《辩亡论》主要内容如何?

陆机（261～303），字士衡，吴郡吴（今江苏苏州）人，曾任平原内史，世称“陆平原”。他的祖父陆逊是东吴丞相，父亲陆抗是东吴大司马，伯父陆喜和陆凯一个是吏部尚书，另一个是左丞相，一门皆是重臣名将。陆机早年有异才，文章出众，为人优膺儒术，非礼不动。十四岁那年，陆抗去世，陆机与弟兄们分领父兵，为牙门将。二十岁时，东吴覆灭，他的两个哥哥在战争中丧生。陆机与弟弟陆云回到华亭故居，闭门读书。华亭郊野的鹤唳声，伴随着他度过了十年寂寞的时光。

吴亡后，陆机效法贾谊的《过秦论》，写成了《辩亡论》。文章分为上下两篇：上篇追溯吴国的历史，历陈孙权的治国才能，以及吴国英才辈出的昔日繁荣；下篇一方面叙述了祖父陆逊、父亲陆抗的功业与德操，另一方面指出后主孙皓远贤人，近奸臣，对百姓不仁爱慈和，导致了吴国的最后灭亡。

纵观全文，上下两篇通过对孙权之兴与孙皓之败的对比，讨论了东吴兴亡的原因，在滔滔议论中寄托着深沉的故国之思。

173. 陆机缘何被杀?

陆机在故乡闭门读书十年后，于晋武帝太康十年（289），与弟弟陆云一起应诏赴京。他入洛以后，大为张华所赏识，加以引荐，太傅杨骏辟为祭酒。杨骏被杀后，陆机累迁太子洗马，著作郎。又为吴王司马晏郎中令，迁尚书中兵郎，转殿中郎。赵王司马伦以他为中书郎。司马伦被诛杀后，齐王冏执政，怀疑他与司马伦篡位有牵连，将其下狱。赖成都王司马颖及吴王司马晏解救获免。这时西晋朝政日乱，吴人顾荣、戴渊等都劝他辞官还吴，他没有听从。在这期间，他作了《豪士赋》以规劝司马冏之居功自伐，又作《五等论》，向朝廷建议实行分封制，总之还是一心想辅佐晋朝。他认为司马颖对自己有恩，而且当时推功不居，就一心为司马颖尽力。司马颖任他为平原内史。太安二年（303），司马颖和河间王司马颙一起跟掌握朝政的长沙王司马乂争权火并，令陆机为后将军、河北大都督，率军二十万人从邺城进攻洛阳，在和桥一带被司马乂打败。

在这次战役中，宦官孟玖的弟弟孟超在陆机的部下任率领万人的小督，还没有战斗，就纵兵抢掠。陆机将主犯拘捕，孟超带着全副武装的一百多骑兵冲到陆机的指挥旗下夺走犯人，并向大家宣布说："陆机打算叛变。"又给孟玖去信，说陆机怀有二心，所以军队不能快些取胜。等到战斗开始，孟超不听陆机指挥调动，轻率地带兵孤军深入，以致全军覆没。孟玖怀疑是陆机把孟超杀掉了。孟玖和陆机之弟陆云之间本来就有宿怨，原因是孟玖当初想让他的父亲担任邯郸县令，陆云坚决不同意，说："这个县，历来是有公府掾资格的人担任县令，岂有让宦官的父亲担任的道理?"孟玖深受司马颖的宠信，于是他诬陷陆机，对司马颖进谗言说："陆机怀有二心，勾结长沙王。"牵秀对孟玖一直阿谀献媚，将军王阐、郝昌，帐下督阳平人公师藩等人又都是由孟玖引荐而得到任用的，这些人在一起做伪证共同证实孟玖的谗言。司马颖勃然大怒，派牵秀带兵拘捕陆机。陆机已有不祥的预感，听说牵秀来了，就脱下军装，戴着低贱的便帽，与牵秀相见，又写信辞别司马颖。当时记室江统、陈留人蔡克、颍川人枣嵩等都上奏章为陆机求情，蔡克甚至叩头叩得血流满地。随他进去的僚属有几十人，都流着眼泪苦苦请求，司马颖听后也感到忧伤，面露宽宥原谅的容色。孟玖扶着司马颖进屋，催促司马颖下令杀掉陆云、陆耽，夷灭陆机三族。

临刑前，陆机回忆起自离开故乡入洛后的遭遇，心潮难平，不无后悔地想：当年如果始终与华亭鹤唳相守相伴，怎么会有今日之祸？他凄婉地叹息：“欲闻华亭鹤唳，可复得乎？”

174. 陆机的文学成就为何被称为“一代之绝”？

陆机才华横溢。入洛之后，在很短的时间里，他就享誉京都，以致有“二陆入洛，三张（张载、张亢、张协）减价”的说法。张华也曾经赞叹说：“伐吴之役，利获二俊”——平定东吴之役，其收益在于得到了陆机、陆云这两个才华出众的年轻人。陆机的才华在文学创作方面结出了丰硕的果实，成为西晋太康、元康时期最为著名的文学家。

陆机的文学创作有多方面的成就，诸体皆善。就诗歌而言，陆机的诗歌以乐府诗和拟古诗为主，其中不少是敷衍旧题，模拟前人之作，这部分诗缺少个人情怀的抒写，被后人讥为“束身奉古，亦步亦趋”。不过，还是有一些作品不乏兴寄，比如《君子行》、《长歌行》等，都隐隐透露出作者强烈的政治追求和壮志难遂的苦闷心情。陆机的诗歌讲求形式的华美整饬，以其深厚的学力、繁缛的辞藻、纯熟的技巧，表现出一种雍容华贵之美。这种艺术追求极大地影响了西晋诗坛的艺术倾向。

真正能表现陆机的创作个性和文学成就的是辞赋和散文。他的赋大多篇幅短小，文笔清灵。其中《文赋》是一篇很有创意的文学理论名作，其中既总结了前人的经验，也融和了作者本人的创作体会和感受，不少见解颇有价值。

陆机是六朝骈文的奠基者，他的文章大多写得句式整饬、声律谐美、用典繁密，具有浓厚的骈俪气息。其中不少作品与现实政治有关，表露了作者对现实政治的关注，例如《辩亡论》、《豪士赋序》、《谢平原内史表》、《吊魏武帝文》皆为名篇。

总之，陆机的文学创作影响了东晋南朝近三百年的文风，开一代风气之先，不论后世评论家对他或褒或贬，或抑或扬，他都是担得起“一代之绝”的这个称号的。

175.“云间陆士龙”是谁?

“云间陆士龙”是指陆云。陆云(262~303),字士龙,西晋吴郡吴县华亭(今上海松江区西)人,吴丞相陆逊之孙、大司马陆抗之子。陆云六岁即能写文章,年少与兄陆机齐名,时号“二陆”。

吴亡,“二陆”入洛阳。陆云好笑,初到张华那里时,因张华为人多资质,又好帛绳缠须,陆云见了大笑,不能自已。以前曾有一次穿着丧服,系着丧带上船,回头看到了自己在水中的影子,竟因大笑而落水,幸亏有人把他救了上来。陆云与荀隐素不相识,二人初次相见时,陆云自我介绍说:“云间陆士龙。”荀隐(字鸣鹤)则接口答道:“日下荀鸣鹤。”时人以为名对。

不久,陆云出补浚仪令,到任后,他严肃政令,下不能欺,市无二价。有人被杀,主名不立,陆云就将死者之妻抓起来,却不加审问。过了约十日,陆云把死者之妻放出去,而密令人跟随其后,并且交代说:“她去了之后,走不出十里,当有男子等她,与她交谈。见到这种情况,即可将这名男子抓过来。”情况果如陆云所说,等男子被捕后,供认说,他与死者之妻私通,共杀其夫,如今听说她要被放出来了,想与她说话,却由于害怕被人发觉,故在远处等着她。此案了结后,一县之人都称赞陆云判案神明。然而,他却由此招来郡守的忌妒,屡加谴责,陆云遂去官。

陆云后拜吴王郎中令,爱才好士,多所进达。入为尚书郎、中书侍郎。成都王司马颖表荐其为清河内史,转大将军右司马,陆云曾多次以正言违触司马颖意旨。司马颖的宠宦孟玖想用父亲为邯郸令,陆云却固执不许,孟玖因此而深怀忿怨。及孟玖等进谗言杀陆机时,陆云亦被谗害,时年四十二岁。

176.夏侯湛与潘岳为何被人称为“连璧”?

夏侯湛(243~291),字孝若,西晋谯国谯县(今安徽亳州)人,魏淮南太守夏侯庄之子。夏侯湛幼有盛才,文章宏富,善构新词,容貌俊美。他与潘岳友善,喜好同行,京都之人谓之“连璧”。

夏侯湛初为太尉属官。晋初,举贤良,对策中第,拜郎中,因久不调任,乃作《抵疑》以自解。惠帝即位,以他为散骑常侍。著论三十余篇,别为一家之言。

夏侯湛出身大族，颇为豪侈，侯服玉食，穷滋极珍。然而，临死前，他遗命将自己用小棺薄敛，不修封树。论者认为，夏侯湛活着的时候虽不砥砺名节，死则俭约而终，可以称得上是深达存亡之理。

177. 潘岳其人人品如何?

潘岳（247～300），字安仁，西晋荥阳中牟（今河南中牟东）人，琅邪内史潘芘（bì）之子。年少以才颖见称，乡邑号其为奇童。潘岳姿貌甚美，少时常挟弹出洛阳道，见到他的妇人皆连手萦绕，向他投去果实，因此，他每次都是满车而归。

潘岳性轻躁，好趋势利，与石崇等谄事贾谧，为其“二十四友”之首。每次贾谧出行，潘岳与石崇等总是望尘而拜。贾后将诬陷愍怀太子时，陷害太子的文章即是出自潘岳之手。潘岳之母曾数次责备他，不该如此汲汲于势利，而他终不能改。

赵王司马伦辅政时，其宠臣孙秀为中书令。孙秀曾经做过潘岳的小吏，却狡黠自喜。潘岳厌恶其为人，多次鞭挞辱打孙秀，为此，孙秀心中含恨。这时，正逢司马伦欲除贾后一党，孙秀便乘机诬告潘岳、石崇等谋奉淮南王司马允作乱，潘岳遂被杀。

178. 潘岳在文学上有何突出成就?

潘岳与陆机齐名，并称“潘陆”。钟嵘《诗品》说：“陆才如海，潘才如江。”潘岳工于言情，词采华艳。据《世说新语·文学》，孙绰评价说：“潘（岳）文烂若披锦，无处不善。”其诗今存十八首，《悼亡诗》三首是他的代表作，这是在其妻去世一年后所写。如其一云：“荏苒冬春谢，寒暑忽流易。之子归穷泉，重壤永幽隔。私怀谁克从？淹留亦何益？僶俛恭朝命，回心反初役。望庐思其人，入室想所历。帷屏无仿佛，翰墨有余迹。流芳未及歇，遗挂犹在壁。怅怳如或存，周遑忡惊惕。如彼翰林鸟，双栖一朝只；如彼游川鱼，比目中路析。春风缘隙来，晨溜承檐滴。寝息何时忘，沉忧日盈积。庶几有时衰，庄缶犹可击。”诗中，冬春代谢，寒暑流易，是写出时间的变化；望庐入室，从帏屏翰墨、流芳遗挂、晨溜檐滴，写出空间的推移。以时空的变化写出物在人亡之感。此诗语浅情深，所表达的对亡妻的悼念之情相当真切动人。后世以“悼亡”为诗题哀悼亡妻，便是受了他的影响。

潘岳又“善为哀诔之文”，如他的《怀旧赋》、《哀永逝文》等都以善叙哀情著称。

179. 潘尼《安身论》表现了什么样的志趣？

潘尼（？~311），字正叔，西晋荥阳中牟（今河南中牟东）人，平原内史潘满之子。潘尼年少有清才，因与叔父潘岳都以文章闻名于当时，并称“两潘”。

潘尼性静退不争，唯以勤学著述为事。他所写的《安身论》旨在阐明自己的志趣，认为去私塞欲能安身。文章中说：“盖崇德莫大乎安身，安身莫尚乎存正，存正莫重乎无私，无私莫深乎寡欲。”又说：“今之学者诚能释自私之心，塞有欲之求，杜交争之原，去矜伐之态，动则行乎至通之路，静则入乎大顺之门，泰则翔乎寥廓之宇，否则沦乎浑冥之泉”，视名位势利为尘埃，以忠肃奉上，爱敬事亲，如此就可以处富贵，安贱贫，经盛衰而不改，就可以做到安身立命了。

180. 张协在文学史上地位如何？

西晋太康（280~289）、元康（291~299）年间，文坛上出现了众多作家。钟嵘《诗品序》说：“太康中，三张（张载、张协、张亢）、二陆（陆机、陆云）、两潘（潘岳、潘尼）、一左（左思），勃尔复兴，踵武前王，风流未沫，亦文章之中兴也。”这一时期，创作多追求形式华美，内容较为贫弱。

“三张”是西晋安平武邑（今属河北）人，皆博学有文才。其中，张协的诗艺术成就较高，《杂诗》十首是其代表作。《杂诗》内容包括闺情闺怨、游宦乡愁、感时伤世、自悲不遇等。在当时日趋繁缛的诗风里，其诗“文体省净，少病累”，又能“巧构形似之言”，写景状物都很形象，这些对后来的抒情诗人有启发。钟嵘《诗品》评其诗为“调采葱菁，音韵铿锵，使人味之亹亹（wěi）不倦”，并将他的诗列为上品。

181. 江统《徙戎论》阐述了什么样的观点？

江统（？~310），字应元，西晋陈留圉县（今河南杞县西南）人。他静默有远志，年少时即有乡誉。初为山阴令，后转太子洗马，甚被亲礼。

元康九年（299），江统作《徙戎论》。当时，关陇屡受氐、羌侵扰，江统深忧四夷（夷蛮戎狄，谓之四夷）乱华，认为应该防微杜渐，于是，写下了此文。文中说，四夷性本贪婪，凶悍不仁，其中，又以戎狄为甚。他们弱则畏服，强则侵叛。因而，有道之君对四夷应加以防备，固守边城，如此才能使境内获安，疆场无战事。接着，作者指出，关中土沃物丰，而“非我族类，其心异，戎狄志态，不与华同”，主张将氐、羌等族迁离关中。同时，作者还认为，并州（今山西一带）的匈奴天性骁勇，弓马便利，倍于氐、羌，由此令人深以为忧。然而，江统的观点不为晋惠帝所用。之后不到十年，果然夷狄侵扰中原，时人因此而钦服江统有远见。

182. 孙楚恃才傲物有何表现?

孙楚（？～293），字子荆，西晋太原中都（今山西平遥西南）人。孙楚恃才傲物，唯有同郡王济看重他。王济做本州大中正时，曾亲自定孙楚品状是“天才英博，亮拔不群”。

孙楚年四十余，始参镇东军事。后迁佐著作郎，复参骠骑将军石苞军事。孙楚自负其才气，对石苞很为不敬。初次拜见石苞时，他长揖作礼，说道：“天子命我参卿军事。”石苞因此而心中不快，遂生嫌隙。此后，石苞奏劾孙楚与吴人孙世山讪毁时政，孙楚亦抗表自理，事情经年未判，孙楚又与乡人郭奕有忿争。晋武帝虽不显明其罪，然而，多年废弃孙楚不用。

183. 孙绰多才而为何世人鄙之?

孙绰（314～371），字兴公，东晋太原中都（今山西平遥西南）人，孙楚之孙。他与许询俱为一时名流。西晋末，孙绰过江居会稽（今浙江绍兴），优游于山水之间，长达十余年。

孙绰博学善文，曾作《天台山赋》，辞致甚工。写成后，他拿给友人范荣期看，并自云掷地当作金石声。他虽有文才，而多秽行，因而，时人鄙之。孙绰好讽刺人，他曾与习凿齿同行。孙绰走在前面，回头对习凿齿说：“沙之汰之，瓦石在后。”习凿齿则回应他道：“簸之扬之，糠秕在前。”

孙绰在与太傅褚裒（póu）说到刘惔（tán）之死时，流涕不已，为刘惔之死深表痛惜。褚裒则直言道：“刘惔生前与你并不曾亲密，而今你却雅托为知交，故作姿态给人看！”时人因此都笑孙绰鄙陋。

孙绰有个女儿，字阿恒，邪僻顽嚣无人能比。当时，王文度的弟弟王处之长大了仍痴顽不减当年，没人把女儿嫁给他。孙绰见了王文度，却诈称王处之并非像人们传言的那样，而自己的女儿阿恒也不恶，想把女儿许配给王处之。王文度听了很高兴，然而，等到这桩婚事既成之后，他才知道阿恒远比王处之顽嚣，孙绰竟是如此诡诈。

184. 罗宪入洛阳前后历任何官？

罗宪（？～270），字令则，三国蜀及西晋官吏，襄阳（今湖北襄阳）人。父罗蒙任三国时蜀国的广汉太守。罗宪十三岁就写得一手好文章，人们把他比作子贡，闻名蜀地。罗宪性格方正严谨，为人光明磊落，慷慨大方，仗义疏财，不慕富贵。仕蜀任太子舍人，宣信校尉，迁巴东太守。

魏元帝景元四年（263），邓艾入蜀，俘获了后主刘禅。当时罗宪领兵两千人驻守永安，听说成都兵败，吏民一片惊恐。罗宪杀了一个述说成都变乱的人，百姓们才安定下来。后来得到刘禅让他归降的手令，罗宪极为悲愤，他率领手下的兵士到永安的都亭哭吊了三天。吴国听说蜀国失败，就起兵西上，表面上扬言来救援，实际上是想袭击罗宪。罗宪说：“蜀国已经灭亡了，吴国是我们的唇齿邻邦，却不怜悯我们的危难而背弃盟约谋取利益，实在是太不讲信义。蜀汉已灭亡，吴国怎能长久？我岂能成为吴国的降将俘虏！”于是坚守城池整治装备，告诫全军将士，用节义激励他们，全军上下莫不激愤。吴国的军队无法攻破城池。吴主急于兼并蜀地，于是让抚军步协率兵向西挺进。罗宪实力薄弱不能抵抗，就派参军杨宗突围奔向北方，向安东将军陈骞告急，又给晋公司马昭送去文武官员的印绶和人质。步协攻打永安，罗宪与他交战，大败步协。吴王大怒，又派遣镇军陆抗等人率三万兵士增援对罗宪的包围。

罗宪被攻近六个月，救援仍然未到，城中之人病了大半。有人劝罗宪弃城而走，罗宪说：“我是此城之主，为百姓们所仰仗，他们有了危难而不能让他们安定，情况紧急就丢下他们逃跑，这不是君子所为。我要战死在这里！”陈骞把这些告诉了司马昭，司马昭于是派遣荆州刺史胡烈率步骑兵二万人攻打西陵以救援罗宪，吴国军队撤退。司马昭让罗宪仍旧在原地任职，又加陵江将军之职，监巴东军事，使持节，领武陵太守，封为万年亭侯。

泰始初，罗宪入朝。晋武帝下诏说："罗宪忠肝烈胆，刚毅果断，有才干，可给鼓吹①。"又赐山玄玉佩剑。泰始六年（270）罗宪去世。赠使持节、安南将军、武陵太守，追封西鄂侯，谥号为"烈"。

185. 罗尚为何被蜀人所憎?

罗尚，字敬之，西晋大臣。年少失父，赖叔父罗宪养育成人，有文采。

晋惠帝永康元年（300），益州刺史赵廞（xīn）谋反。罗尚当时任梁州刺史，上表奏曰："赵廞不是雄才大略的人，蜀地人们不会归附他，他的失败灭亡指日可待。"朝廷于是任命罗尚为平西将军，益州刺史，督牙门将王敦、蜀郡太守徐俭、广陵太守辛冉等率七千余人随罗尚进入蜀地。

罗尚生性贪婪，又少谋略。进入蜀地后，大肆收受贿赂，中饱私囊。蜀地是流民的集聚地，朝廷担心流民聚众造反，下令让秦州、雍州召回流入蜀地的流民，又派遣御史冯该、张昌监督执行。当时中原刚发生过战乱，流民们都不愿意立即返回故地。罗尚派专人去监督遣返流民，强令他们七月上路。当时流民分布在梁州、益州地区，给人当佣工。听说州郡强迫遣返，人人忧愁怨恨，不知所措。加上正值雨季，行路艰难，当年的粮谷又还没有收打，没有东西用作路费。罗尚对此视而不见，非但不宽限时日，而且听信辛冉的谗言，下令给梓潼太守张演，在各路口要地设置关卡，掠取流民的财物。流民们苦不堪言，对罗尚恨入骨髓。当时蜀地就流传着这样的歌谣："尚（指罗尚）之所爱，非邪则佞；尚之所憎，非忠则正。富拟鲁卫，家成市里；贪如豺狼，无复极已。"又说："蜀贼尚可，罗尚杀我。平西将军，反更为祸。"从这些歌谣中可知当时蜀人将罗尚憎恨到了何种程度!

186. 马隆是如何击破秃发树机能的?

马隆，字孝兴，西晋名将，东平平陆（今山东汶上北）人。骁勇善战，注重名节。年少时以义举享誉兖州。

晋武帝咸宁五年（279）春正月，秃发树机能攻陷了凉州。武帝

---

① 出行仪仗中可有鼓吹乐队。

甚为忧心，在朝廷上叹息说：“有谁能为我征讨此虏？”司马督马隆上前说道：“陛下如能任用我，我能平定树机能。”武帝说：“如果你一定能平定贼人，我当然要任用你。只是你有什么样的计划谋略可以让我信任你能担此大任呢？”马隆说：“我打算招募三千名勇士，不管他们是从哪儿来，从前是干什么的，率领他们西去，一定能取胜。”于是晋武帝任命马隆为讨虏护军、武威太守。官员们都反对，认为马隆这个小将不过是胡说，不值得相信。武帝坚持对马隆的任命。马隆招募的标准是，只要能拉开一百二十斤力的弓，能拉开相当于九石力的弩，就录取。他立下标准，考试挑选，从早晨到中午，招了三千五百人。马隆说：“足够了。”又请求亲自到武器库里去挑选兵器，武库令愤怒地和他吵了起来。御史中丞向皇帝告发马隆。马隆说：“我将要在战场上尽力效命，武库令却给我魏时的朽烂兵器，这可不是陛下委派我的用心。”晋武帝下令，武器库中的兵器任马隆挑选，并供给三年的军用物资，然后派他出发。

马隆向西渡过温水，秃发树机能等人带领几万名部众凭借险阻抵抗。因为山路曲折狭窄，马隆就造了扁箱车，还造了木屋，置于车上，边作战边前进，走了一千多里，打得敌人死的死，伤的伤，损失惨重。自从马隆西去，音讯断绝，朝廷为他担忧，有人说他们已经死了。后来马隆的使者夜里赶到皇城。晋武帝连夜召见，高兴得拍手笑了。清晨，武帝召集群臣对他们说：“假如听从了你们的意见，就没有凉州了。”于是下命令，赐给马隆符节，授官宣威将军、假节。马隆到了武威，鲜卑部落首领猝跋韩、且万能率领一万多部族来归降。十二月，马隆与树机能大战，杀死了树机能，平定了凉州。

187. 陶璜为何深得南方人心?

陶璜，字世英，三国吴及晋官吏、将领，丹杨秣陵（今江苏南京）人。晋国军队攻陷吴国，吴主孙皓反绑双手，戴着棺材，到军门前投降。吴国其他牧、守官吏都送去了印玺、绶带投降了，独独陶璜没有送去。孙皓派陶璜的儿子陶融，拿着他亲笔写的书信指示陶璜降晋，陶璜痛哭流涕，哭了好几天，成为降晋的最后一位吴国将领。

入晋后，陶璜任交州牧，治理南方。他向武帝上疏谈及治理南方的策略。认为一方面应以德服人，教化当地人民，使他们懂得礼乐文明，安心生产。另一方面则是交州、广州从东到西几千里，不归顺大晋的有六万多户，服从官府劳役的，只有五千家，两个州唇齿相依，只有靠军队才能镇守住；宁州各蛮夷，与上流地区接壤，利用水路、陆路都方便的条件经常祸乱，应该加强军事守备，以显示官府力量的强大。

合浦郡这个地方，没有农田，到处都是礁石，百姓只有赖以采珍珠为生，依靠商贾往来，用卖珠子的钱换米维持生计。当初未灭吴时，吴主害怕百姓把好珠子卖掉，便禁绝商人来往，这样就断绝了老百姓的生路，百姓因此饥馑困顿。陶璜看到这种情况，向武帝请求让百姓可以出售一部分珍珠，每年十月到来年二月这一段不采珠的时期，让商人们自由来往。武帝听从了他的这些建议，南方人民从此安居乐业。

陶璜治理南方三十年，推恩及人，体恤百姓，又严明法度，深得百姓的爱戴。他去世的时候，举州悲泣，老百姓号哭不止，就如同失去了亲人一般。

188. 张光所建军功如何?

张光（259～313），字景武，西晋官吏，江夏钟武（今湖南衡阳西北）人。其人高大魁梧，仪表堂堂，俊眉朗目，声如洪钟。

张光以牙门将伐吴有功，迁江夏西部都尉，转北地都尉。武帝时，氐、羌叛乱，张光率百余人在马兰山北守卫。贼寇曾围攻他百余日，张光抚慰、激励将士，出奇制胜，屡破贼兵。张光知道自己兵少又远离长安，已经做好了战死的准备。不料绝处逢生，梁王司马肜派遣索靖前来救援，全军喜极而泣，得以生还长安。因功提拔，授新平太守。

张光曾助雍州刺史刘忱讨河间王司马颙。刘忱重用秦州刺史皇甫重，皇甫重自以为是关西大族，心里瞧不起张光，从不采纳他的建议导致兵败被擒。司马颙揶揄地问他：“你起兵讨伐我，有什么良策吗?”张光正色答道：“刘忱不用我的计策才会时至今日。”司马颙非常欣赏他，封为右司马。

陈敏作乱，朝廷封张光为顺阳太守，加陵江将军，率步兵五千人到荆州征讨陈敏。张光巧设伏兵，大败叛军，以功迁材官将军、梁州刺史。

张光出任梁州刺史，斩杀了和寇贼邓定勾结的辽西太守张炎，安抚百姓，深得民心，坐镇汉中。后来，由于用人不当，受到逆贼王如余党李运、杨武以及异族氐王之子难敌的攻击，忧郁成疾。部将劝他弃城退却，张光按剑说道：“我深受皇恩，不能剪除贼寇，应当以死谢罪。今日死去，便如登仙，怎么会退却呢？”声绝而亡，时年五十五岁。

189. 周处为何被当地视为“三害”之首？

周处（？～297），字子隐，晋初大臣、将领，义兴阳羡（今江苏宜兴南）人。父周鲂仕吴郡鄱阳太守。周处年少丧父，行为狂放不羁，臂力过人，为人凶横任气，横行乡里，同乡人都很惧怕他。

义兴郡的河中有一条蛟龙，山里有一头猛虎，常来危害百姓，郡中人不堪其苦，将蛟龙、猛虎连同周处一起称之为三害，而周处的危害最大。有人劝说周处去杀虎斩蛟，其实是希望三害只剩下一害。周处倚仗自己力大无比，随即去刺杀了老虎，又下河去斩杀蛟龙，那条蛟龙时浮时沉，游了数十里，周处始终同它一起搏斗，持续了三天三夜，人们都认为他与蛟龙一起死了，无不欢呼雀跃。没想到他竟然杀死蛟龙而从河里冒了出来。周处听说大家相互庆贺，才知道自己被大家所厌恶很久了，于是有了悔改之意。他到吴郡去寻找陆氏兄弟，陆机不在，他见到了陆云。周处便把事情的经过都告诉了陆云，同时说：“我想改正过错，只是已经虚度了光阴，最终怕也不会有什么成就。”陆云说：“古人很看重‘朝闻夕死’，况且你的前途还很有希望。再说一个人只怕不能立定志向，又何必担忧美名得不到传扬呢？”周处便改过自勉，最终成为一代名臣。

190. 周处后来为何受人称颂？

周处虽早年为害，横行乡里，然而自从杀虎斩蛟，改过自新后，他自律甚严，最终成为彪炳史册的忠臣孝子。

周处入晋后任新平太守，他安抚戎狄，对羌等少数民族采取怀柔政策。在雍地，周处美名远扬，口碑极佳。后转广汉太守。广汉郡中有很多累年积压的案件，甚至有的诉讼悬至三十年还未解决。周处到任后详查案宗，一天就解决了这件事。不久朝廷派周处出任楚内史，还没有到任，又拜他为散骑常侍，周处选择了官职低的内史之职。到楚地以后，周处美风俗，敦教化，又掩埋了那些无人收敛的尸骨，不让他们暴尸于野，远近的人无不称赞他的美德。

后来周处入洛，任御史中丞。为官忠正无私，检举官吏过失、罪状，从不回避有权势的皇亲国戚。梁王司马肜曾经违反法律，周处审查揭发了他。晋惠帝元康六年（296）八月，秦、雍地区的氐、羌叛变，立氐统帅齐万年为帝，包围了泾阳。十一月，惠帝下诏任命周处为建威将军，与振威将军卢播都隶属于安西将军夏侯骏，让他们去讨伐齐万年。中书令陈准向朝廷进言说："夏侯骏和梁王都是皇帝的亲族，并不是将帅之才，他们进也不求名誉，退又不怕犯罪。周处是吴人，忠诚正直，勇敢果断，有仇人却没有援助他的人。应当命令积弩将军孟观，率领一万精兵担任周处的前锋，一定能够消灭敌人，不然的话，梁王就会让周处担任前锋，不去救援他而陷害他，那么失败就是必然的了。"朝廷没有采纳他的意见。齐万年听说周处来了，说："周府君曾经任职新平太守，能文能武。他如果是独自决断而来，就会不可抵挡；如果他被别人所控制，那么我这次就能捉住他。"

公元297年春正月，齐万年驻守梁山，拥兵七万人。梁王司马肜、夏侯骏派周处率领五千士兵攻打齐万年。周处说："军队没有后面的接续，必然要失败，这不只是个人丧命，还会给国家带来耻辱。"司马肜、夏侯骏不听他的劝告，逼着他出发。正月初四，周处与卢播、解系在六陌攻打齐万年。周处军队的士兵还没有吃饭，司马肜就催促命令他们马上进攻，从早上一直战斗到晚上，斩杀俘获了大批敌军。周处的军队战斗至弓弦断开，箭矢用尽，援兵就是不来。周处身边的人劝他撤退，他抚摸长剑道："这正是我效忠舍命的日子。"于是拼力作战，直到战死。后来，朝廷追赠周处为平西将军。

对于周处赤胆忠心，临危受命，最终更是以身殉国的高尚德操，时人赞叹备至。名士大臣纷纷做诗以嘉其功，周处的美名在民间也广为流传。

191. 周札为何被灭族？

周札，字宣季，周处少子。对人缺少恩泽又贪财好色。晋元帝永昌元年（322），王敦反叛，兵至石头城（南京清凉山），周札打开城门让王敦的部将杜弘入城。王敦封周札为光禄勋，补尚书，不久又迁右将军，会稽内史。

当时，周札一族中除周札外有五人封侯：周札的侄子周懋为晋陵太守、清流亭侯；周莚为征虏将军；周赞为吴兴内史、武康县侯；周缙为都乡侯；周勰为临淮太守、乌程公，都列居显位，宗族势力强盛，吴地人士中无人可以比拟，王敦为此忌惮。后来王敦生病，他的心腹钱凤劝他早日除灭周氏，得到王敦的赞同。

周嵩是周顗的弟弟，因为兄长周顗被王敦所杀，心中常常愤愤不平。王敦没有儿子，收养王含之子王应为子嗣，周嵩曾当众说王应不适合统领军队，王敦为此憎恨周嵩。周嵩和周札兄长的儿子周莚都担任王敦的从事中郎。适逢道士李脱利用妖术蛊惑民众，不少士民都相信追随他。晋明帝太宁二年（324）春正月，王敦诬陷周嵩、周莚与李脱勾结，密谋不轨，收捕二人，杀害于军中。又派参军贺鸾到吴地找沈充，把周札所有兄长的儿子尽数杀死，随即进兵攻袭会稽，周札措手不及，率部下数百人抵抗。他平日不施恩泽又加之秉性吝啬，大难临头，仍不舍得让士兵使用兵器库中的精良武器，部下多有背心，最终被杀死。

192. 周访在襄阳务农训卒有何目的?

周访（259～326），字士达，晋官吏，本是汝南安城（今河南平舆南）人，汉末避乱于江南。武帝平吴之后，迁至庐江浔阳（今江西九江西）。周访行事果断，深谋远虑，智勇过人。为人忠厚谦和，仗义疏财，不慕富贵。他是中兴名将，曾斩华轶，平江州；攻张彦，击杜弘，破杜弢；败杜会，为东晋朝廷立下赫赫战功，威名远扬。周访品性谦虚，从来不言及自己的战功。有人问他说：“别人有小的功劳，都要自我夸赞。您的功勋如此，却连一句赞美自己的话都不说，这是为什么呢?”周访说：“朝廷威灵，将士舍生忘死，我个人有什么功劳呢?”人们对他更加敬重。

周访志气宏大，与李矩、郭默联合，图谋北进，收复中原故地。他在襄阳务农训卒，勤心治理，培养了一大批敢于冒死的志士，为的就是有朝一日能够北定中原，恢复晋室一统天下的局面。太兴三年(320)，周访去世，时年六十一岁。元帝痛哭流涕，诏赠征西将军，谥曰：“壮”，并在浔阳立碑以颂其德。

193. 周抚立有哪些战功?

周抚（？～365），字道和，东晋大臣、将领，周访长子，刚强果敢，有乃父之风。周抚运筹帷幄、谋划韬略虽逊于其父，但他也曾屡立战功。

晋成帝咸和初年（326），司徒王导任命周抚为从事中郎、宁远将军、江夏相。此时苏峻反叛，周抚率领部下跟随温峤征讨苏峻，咸和四年（329）平定了苏峻之乱，以功迁监沔北军事、南中郎将，镇襄阳。后代毌丘奥监巴东诸军事，任益州刺史，晋征虏将军，加督宁州诸军事。

晋穆帝永和初（345），桓温征讨成汉，命令周抚督军汉中、巴西、梓潼 、阳平四郡军事，镇守彭模。周抚击破了成汉余寇隗文、邓定等，斩杀了蜀汉过去的尚书仆射王誓、平南江军王润，立下战功，晋爵建城县公。

永和三年（347）十二月，振威护军萧敬文作乱，杀掉了征虏将军杨谦，攻下涪城，自称益州牧，占据了巴西，直达汉中。桓温命令梁州刺史司马勋、周抚讨伐萧敬文，周抚兵围萧敬文于城中六个月，最终杀了他，平定了这次叛乱。

194. 周虓为何被谢玄比作苏武?

周虓（xiāo）（？～382），字孟威，东晋汝南安成（今河南汝南东南）人，周抚曾孙。年少有节操，初为州祭酒，迁西夷校尉，领梓潼太守。

宁康元年（373），前秦苻坚将领杨安来犯，周虓固守涪城（今四川绵阳），派步骑数千，送母亲、妻子东还，不料却被前秦将朱彤所获，周虓被迫降于杨安。苻坚想任命他为尚书郎，周虓不接受，说道："我蒙恩于晋室，直到今日。只因老母被俘，我才失节投降。现在我们母子得以保全，这是前秦施予的恩惠。即使让我身登公侯尊位，也不会以此为荣，何况是任我为郎官呢!"从此以后，每次入见苻坚，常常是箕踞而坐，呼苻坚为氐贼，骂其徒众是戎狄、犬羊。苻坚党羽认为周虓不逊，多次请求除掉他。苻坚则待他更加厚重。

及东晋桓冲镇守江陵（今属湖北），周虓暗中与桓冲通信。太元三年（378），周虓潜奔汉中，又被苻坚追获。后来，周虓与苻阳谋袭苻坚，然而事情泄露，苻坚将他召来问罪，周虓答道："我世受晋恩，岂敢忘怀。我生为晋臣，死为晋鬼，你还问什么呢?"苻坚说："如今杀了你，正好可以成就你的忠臣名节。"于是，挞笞周虓，将其徙于太原（今属山西），最终周虓病死于此地。周虓死后，冠军将军谢玄亲临哭祭，将他比之为苏武。

195. 司马亮及其五子结局如何?

司马亮（? ~291），字子翼，司马懿第四子。年少清警有才能，武帝时封为汝南王。后迁太尉，录尚书事，领太子太傅。

晋武帝病危时，遗诏留司马亮委以后事，而排挤司马亮的皇后之父杨骏听到消息后，便将诏书秘藏了起来。武帝驾崩以后，司马亮怕杨骏怀疑自己，就称病不去吊唁，连夜出奔许昌（今河南许昌县东）。及杨骏被诛，司马亮为太宰，与太保卫瓘共同辅政。因杀杨骏有功的司马玮手握禁军，好立威刑，司马亮惧其难制，欲谋夺其兵权。司马玮心怀怨恨，便联合贾后，诬告司马亮、卫瓘有废立之心，矫诏派人围捕司马亮。帐下督李龙禀告司马亮说，外面有变乱，请求发兵相抗，但司马亮不听。过了一会儿，就见司马玮的兵士登墙而呼，司马亮惊问道："我对晋室绝无二心，何至有此劫难！你们有没有诏书，让我看一看?"奉命前来的司马玮长史公孙宏等不答应他的请求，只是督促士兵们围攻。司马亮长史刘准说："从情况来看，这一定是奸谋，我们府中俊士如林，犹可尽力拒战。"司马亮又不听，最终被收捕。

司马亮有五子。其中，司马粹早死，司马矩与父亲一同被害。而司马羕（yàng）在司马亮被害时，年仅八岁，因出逃得免于难。司马玮被诛后，司马羕晋爵为王，后南下渡江。东晋元帝即位，司马羕又晋位侍中、太保，颇受尊遇。晋成帝时，苏峻作乱，司马羕媚事苏峻。所以，在这次动乱平定后，司马羕就被赐死了。司马亮第四子司马宗好结轻侠之人，而东晋明帝与他亲近，委以重兵，总是对他宽容有加。明帝病笃时，司马宗与人密谋为乱，明帝才有所醒悟，改任司马宗为骠骑将军。咸和初年，庾亮派人收捕司马宗，司马宗以兵拒战，终被杀。司马亮第五子司马熙初封汝阳公，后因有军功，晋爵为王。永嘉末，殁于石勒。

196. 司马玮是怎样死的?

司马玮（271 ~291），字彦度，武帝第五子。初封始平王，武帝死后，入为卫将军，领北军中候，总领禁军。惠帝即位，杨骏被杀后，汝南王司马亮和太保卫瓘辅政，二人认为司马玮暴戾，多立威刑，不可大任，欲夺其兵权，为此，司马玮心生愤恨。而贾后也想排除异己，翦削权臣，便矫诏使司马玮杀司马亮、卫瓘。司马玮遂连夜命诸军收捕司马亮、卫瓘，并杀之。舍人岐盛又游说司马玮，劝他趁此兵势诛杀贾模、郭彰两位大臣，以匡正王室，安定天下。司马玮犹豫不决之际，适逢天明，惠帝派人对诸军说，昨晚之事是司马玮矫诏所为。众人一听，溃散而走。最后，朝廷以诛杀大臣，谋图不轨的罪名，处死了司马玮，死时年二十一岁。这样一来，大权尽归于贾后。

司马玮生性开济好施，能得众心，及被贾后以计诛杀后，人莫不落泪，百姓还为之立祠。

197. 司马伦篡位的情况如何?

司马伦（? ~301），字子彝，司马懿第九子。入晋，封琅邪郡王。惠帝元康初，迁征西将军，开府仪同三司，镇关中。因为他刑赏失中，致使氐羌反叛，故被征还京师，拜车骑将军、太子太傅。

司马伦谄事贾后，得掌事权，当时人都认为他是“贾氏之党”。但在贾后废杀愍怀太子后，司马伦与嬖人孙秀密谋，以为太子报仇为名，趁机举兵，废杀贾后，并杀张华、裴頠等，贾谧及其党羽也都被处斩。司马伦则矫诏自封为相国，都督中外诸军事，百官皆听命于司马伦。

司马伦才智平庸，实则受制于孙秀。因此，孙秀的威权震于朝廷，天下皆奉事孙秀而无求于司马伦。孙秀起自琅邪小史，以谄媚得幸。既握实权之后，孙秀便肆其私志，多杀忠良。于是，弄得京邑君子惶惑不堪。

司马伦无学识，不知书；孙秀亦以狡黠小才，贪淫昧利。他们所任用的人，也都是邪佞之徒，只知争名夺利，无深谋远略，而且彼此之间互相憎毁，心各乖异。

永宁元年（301）正月，司马伦篡位称帝，以惠帝为太上皇，囚禁于金墉城（今河南洛阳西北）。司马伦大封戚属党羽，其余同谋者也都越位封赏，不可胜数，至于奴卒厮役亦加以爵位。三月，齐王司马冏、成都王司马颖、河间王司马颙等起兵讨伐司马伦。及惠帝复位，司马伦被赐死。自司马伦篡乱六十余日以来，死者达十万人。

198. 司马冏于晋室有何功过?

司马冏（? ~302），字景治，齐王司马攸之子。初拜散骑常侍，领左军将军、翊军校尉。永康元年（300），他与赵王司马伦联兵入宫，废杀贾后，并因此功转游击将军。司马冏以职位不满意，心生怨恨。孙秀对此有所觉察，且忌惮其在内，便将司马冏出为平东将军，镇许昌（今河南许昌县东）。

司马伦篡位后，弄得众怨沸腾。司马冏乘机与河间王司马颙、成都王司马颖起兵讨伐司马伦。及惠帝复位，司马冏诛讨贼党已毕，率众入洛阳（今河南洛阳东），有甲士数十万，旌旗器械为一时之盛，威震京都。惠帝于是拜司马冏为大司马，辅佐政事。

司马冏既掌大权，恣行非法。他大筑第馆，毁坏庐舍数百家，又沉于酒色，不入朝见。居尊恃宠，任人唯亲，令朝廷侧目，海内失望。主簿王豹屡有箴规，司马冏却不纳谏，并奏劾王豹将其杀掉。

太安元年（302），司马颙上表请求废掉司马冏，而以司马颖辅政，并传檄长沙王司马乂做内应讨伐司马冏。司马乂径自入宫，发兵擒杀了司马冏。

199. 郑方上书陈司马冏“五失”内容如何?

郑方，字子回，西晋南阳（治今河南南阳）人。慷慨有志节，博涉史传，卓荦不凡。乡间有识之人称叹其奇，而他却未能受人荐举达于仕途。

因为司马冏辅政专恣，郑方于太安元年步行到达洛阳（今河南洛阳东），自称是荆楚逸民，上书谏说司马冏有“五失”：大王安不虑危，耽于酒色，燕乐过度，这是第一个过失。大王重命在身，当使天下太平，宗室永无纤介之祸，如今却不是这样，这是第二个过失。四夷侵扰，边境不宁，而大王却自以为功业兴隆，不以平定边患为念，这是第三个过失。大王兴义兵，百姓争赴效命，天下既已安宁，而人民穷苦疲惫不堪，却不见有大王振救之令，这是第四个过失。大王又与义兵歃血而盟，声称事定之后，当及时封赏，而自乱平以来，大王论功未分，失信食言，这是第五个过失。郑方在书中还指出，司马冏建非常之功，居宰相之任，却弄得天下谤声盈路，人怀愤怨。对郑方的冒死陈诚，司马冏只能含恨而礼答之，不久，司马冏也就被司马乂杀了。

200. 司马颖挟持晋惠帝入邺结局如何?

司马颖（279～306），字章度，晋武帝第十六子。贾后专权时，贾谧曾与愍怀太子相抗争道，司马颖厉声呵斥贾谧："皇太子是国之储君，贾谧怎能无礼?"由此，贾谧畏惧，遂出司马颖为平北将军，镇邺（今河北临漳西南）。

及赵王司马伦篡位，司马颖响应司马冏起兵讨伐，攻入京都，诛杀司马伦。之后，返回邺城。司马颖虽不知书，但生性敦厚，又委事于有贤能的卢志，因而，一时之人咸称其美名。等到主政的司马冏骄侈无礼时，司马颖于是就成了众望所归之人。太安二年（303），他与司马颙合兵讨伐继司马冏执政的司马乂，入京为丞相。不久，他又还镇邺，自立为皇太弟，遥控朝政。

永兴元年（304），司马颖在荡阴（今河南汤阴）打败了东海王司马越，挟惠帝到邺城。随后，东嬴公司马腾、幽州刺史王濬联兵攻邺，司马颖乃弃城挟惠帝奔洛阳，司马颙部将张方送他及惠帝到长安（今陕西西安西）之后，司马颙遂废掉司马颖皇太弟的封号，令其归邺城。司马颖走到洛阳时，正碰上司马越攻司马颙，他便转奔关中，后来乘单车与两个儿子等人渡河奔朝歌（今河南淇县），不料却被顿丘太守冯嵩所执，送到邺城。范阳王司马虓就把他囚禁起来，然而并无他意。司马虓暴病而死之后，其长史刘舆见司马颖很得邺城人心，虑以为患，便秘不发丧，诈称诏夜赐司马颖死。司马颖问看守他的人田徽说："范阳王死了吗?"田徽说："不知道。"司马颖又问道："你年纪多大了?"田徽答道："五十岁。"司马颖接着问："你知天命吗?"田徽回答说不知，司马颖说道："我死之后，天下能否安定下来?自我被废掉皇太弟名号以来，至今已有三年，不曾洗沐身体手足，你去为我取数斗汤水来!"他的两个儿子号泣不已，司马颖则散发而卧，终为田徽缢死，时年二十八岁。

201. 司马越是如何得以专擅朝政的?

司马越（?～311），字元超，少有令名，封东海王。司马颖、司马颙合兵讨伐长沙王司马乂时，司马越与禁军将领朱默等密谋，夜中捉住司马乂，将其囚于金墉城（今河南洛阳西北），并招引司马颙部将张方派人将司马乂抓去，用火烤死。

永兴元年（304），继司马乂死后，司马颖为皇太弟，居于邺，遥控朝政。司马颙为太宰，仍居长安。而司马越这时又挟惠帝攻司马颖，结果大败于荡阴（今河南汤阴），逃往东海（今山东郯城北）。永兴二年，司马越以迎惠帝为名（时惠帝被张方挟至长安），起兵讨伐司马颙。次年，司马越部队攻入长安，司马颙败逃，惠帝复还洛阳。司马颖未能到邺，即被捕送于邺，被缢杀。司马越又以司空官职召司马颙入洛阳，于途中杀司马颙。这样，司马越相继讨平司马颙、司马颖，位至太傅，录尚书事，总揽大权，若有朝臣被怀疑是对他有二心的，他都加以杀戮。光熙元年（306），惠帝中毒死，皇太弟司马炽立，是为怀帝，朝政大权也就落到司马越之手。

202. 解系、解结兄弟缘何被杀?

解系（？～300），字少连，西晋济南著县（今山东济阳西）人，年少时，他即与弟弟解结（字叔连）清身洁己，甚得声誉。当时，荀勖门宗强盛，朝野都畏惧他。荀勖曾对解系说：“我与令尊相交甚厚。”解系则答道：“你若与我父亲交情不薄，那么，我父亲死的时候，你理当有书信来问候。你所说的老交情，我实在不敢奉承。”一席话说得荀勖大为惭愧。

解系历任中书黄门侍郎、散骑常侍、豫州刺史，迁尚书，出为雍州刺史。元康六年（296），氐羌反叛，解系与征西将军司马伦出兵讨伐。司马伦信用佞人孙秀，与解系争军事，更相上表。朝廷知道解系守正不挠，因而召司马伦返回京师。解系、解结兄弟并议孙秀罪应当诛，由此，招来孙秀的怨恨。后来，司马伦、孙秀谗害解系，解系因此被免官，回府闭门自守。及司马伦、孙秀图谋篡位，杀贾后及张华等人，又为报宿怨，杀掉解系、解结。事发时，解结的女儿第二天就要出嫁裴氏，适逢祸起，裴氏欲认下其女为媳，以求保全，但解结的女儿说：“家既已如此，我还活着干什么呢?”终坐罪而死。之后，朝廷议革旧制，女儿可以不坐罪，正由解结之女而始。

203. 孙旂为何被夷三族?

孙旂（？～301），字伯旗，西晋乐安（治今山东邹平东北苑城镇）人。年少自修洁静，曾官荆州刺史、兖州刺史，迁平南将军。

孙旂之子孙弼及侄子孙髦、孙辅、孙琰四人，皆有吏才，称名于当世。他们附会赵王司马伦的心腹孙秀，并与之合族，旬月之间都官至显位。赵王司马伦篡位后，这四人皆为将军，封郡侯。孙旂认为孙弼等四人受命于司马伦所建伪朝廷，必会招来家祸，因而，他严厉斥责孙弼几人。但是，孙弼等终不听从他的劝说，孙旂也约束不了他们，唯有恸哭而已。及齐王司马冏起兵杀掉司马伦、孙秀，孙弼四人也都被诛。襄阳太守宋岱承司马冏之旨斩杀孙旂，并夷其三族。

204. 牵秀为人品行如何?

牵秀（？～306），字成叔，西晋武邑观津（今河北武邑东南）人，魏雁门太守牵招之孙。牵秀博辩有文才，性豪侠，年少即扬美名于世。太康年间，调补新安令，累迁司空从事中郎。牵秀与武帝舅王恺素相轻侮，王恺曾暗示司隶荀恺奏劾牵秀夜间在路上乘载他人之妻，牵秀就上表言明自己是冤枉的，且论王恺秽行，文辞亢厉，以讥抵王恺。由此，牵秀的盛名美誉也大为减损。惠帝时，他附于贾谧，为“二十四友”之一。

牵秀任气，好为将帅。张昌作乱时，长沙王司马乂派他前去讨伐，牵秀却投奔了成都王司马颖，被任命为冠军将军，随从讨伐司马乂。太安二年（303），牵秀随前将军陆机与河间王司马颙部将张方战于河桥。陆机战败，牵秀便诬告其欲反叛，司马颖遂将陆机收捕。牵秀又谄事司马颖信用的孟玖，因而见亲于司马颖。

惠帝至长安时，牵秀为尚书。他曾自谓能激浊扬清，建将帅之勋，但在帝侧，未尝有规献之奇。河间王司马颙对牵秀很信重，任他为平北将军，镇守冯翊。及司马越讨伐司马颙，迎惠帝，司马颙长史杨腾为了投奔司马越，便诈称司马颙之命使牵秀罢兵，随后，杀掉了牵秀。

205. 张辅是如何论历代名士优劣的?

张辅（？～305），字世伟，西晋南阳西鄂（今河南南阳北）人，汉河间相张衡之后。少有干才，初补蓝田令，以法绳治豪强，曾夺西州大姓庞宗田地二百余顷以给贫户，一县之人皆拍手称好。转任御史中丞时，他又纠劾义阳王司马威行诈冒之事，受到论者称赞。

张辅曾著论评历代名士优劣。他认为：“管仲不若鲍叔，鲍叔知所奉，知所投。管仲奉主而不能济，所奔又非济事之国，三归反坫，皆鲍不为。”又论班固、司马迁说：“司马迁的《史记》，辞约而事举，叙三千年史事却仅有五十万言；班固的《汉书》叙二百年史事就有八十万言，各自的叙述繁简不同，这是班固不如司马迁的第一点。良史述事，善足以奖劝，恶足以鉴戒，这是人道之常。至于中流小事，也就不再写入史书，而班固不厌其烦都记录下来，此为班固不如司马迁的第二点。班固毁贬晁错，伤忠臣之道，这是他不如司马迁的第三点。司马迁开创了史书体例，而班固因循其制，其难易程度自是不同。况且，司马迁又为苏秦、张仪、范睢、蔡泽作传，逞辞流离，也足以显示出其大才干。所以，司马迁述辩士时，则辞藻华靡；叙实录时，则隐核名检，这正是称他为良史的原因。”张辅又论魏武帝曹操不及刘备，乐毅不如诸葛亮，只是其所论之词多不见于记载。

206. 张方是如何为祸洛阳的?

张方（？～306），西晋河间（今河北献县东南）人。世贫贱，以才勇得幸于河间王司马颙。

太安二年（303），司马颙与成都王司马颖讨伐长沙王司马乂，张方为都督，进逼洛阳。司马乂屡破司马颖军队，张方军心受挫，已准备退兵。不料，司马越与人合谋捉住司马乂，张方就派人将司马乂抓去，用火烤死。于是，张方趁势大掠洛阳城中官私奴婢万余人，西返长安，又因军中缺粮，他便下令杀人及牛马肉同食。

在荡阴之役中，司马越大败，惠帝被司马颖俘至邺，洛阳空虚，张方乘机入洛。司马颖败，惠帝又被挟至洛阳。张方在洛阳时间一长，兵士暴掠，乱入宫室，发墓窃盗。军人议欲西迁，张方遂挟惠帝到长安，官中领军，录尚书事，领京兆太守。

永兴二年（305），司马越起兵讨伐司马颙，司马颙派张方率步骑十万前去征讨。张方屯兵于灞上（今陕西西安东），而刘乔为司马虓所破。司马颙听说刘乔战败，大为恐惧，意欲罢兵，又怕张方不从，犹豫未决，不知该怎么办。当初，张方微贱的时候，长安富人郅辅对他甚厚，供给他衣食。张方显贵后，以郅辅为帐下督，很是信重郅辅。司马颙参军毕垣是河间大族，曾为张方所侮，心中愤恨不平，于是，在司马颙面前进言说：“张方如今久屯于灞上，他听说敌军兵多气盛，就盘桓不进。恐怕张方有预谋在先，我们应早加防范。他的亲信郅辅知道其图谋。”于是，司马颙召见郅辅。这时，毕垣提前告知郅辅说：“张方欲反叛，人谓你知此事。若王问起，你如何回答？”郅辅一听大惊：“我确实没听说张方要反叛，既如此，我该怎么办才好？”毕垣答道：“王若问你，你只答应‘是’即可。不然，必不免祸。”郅辅入见，司马颙问道：“张方反叛，你是否知道？”郅辅答：“知道。”司马颙又问：“我派你去取他性命，你可愿意？”郅辅答道：“愿意。”司马颙遂派郅辅去杀张方。郅辅持刀入张方居处，守卫者因他与张方关系亲近，并不怀疑，这样，郅辅轻易地就斩杀了张方。

207. 阎鼎拥戴秦王司马邺入关结局如何？

阎鼎（？～313），字台臣，西晋天水（今甘肃天水）人。初为东海王司马越参军，后转卷令，行豫州刺史事，屯许昌（今河南许昌县东）。

永嘉五年（311），阎鼎聚西州流民数千人于密县（今河南新密东南），欲回归乡里。适逢永嘉之乱，京师失守，秦王司马邺与司空荀藩等出奔密县。荀藩等都认为阎鼎有才用，而且手握强兵，便假其为冠军将军、豫州刺史。

阎鼎少有大志，也欲立功乡里，就谋拥秦王入关中，据长安以号令四方。然而，荀藩等为山东人，不欲西行，便中途逃散。阎鼎于是派人通告雍州刺史贾疋，贾疋遣兵迎秦王。永嘉六年，贾疋攻克长安，奉秦王为皇太子，阎鼎为太子詹事，总摄朝政。阎鼎首建大谋，立功天下。京兆太守梁综与其争权，他便杀了梁综。始平太守麹（qū）允、抚夷护军索綝忌其功，且欲专权，就宣称阎鼎有无君之名，肆杀大臣，请求攻伐阎鼎。阎鼎遂出奔，终为氐族窦首所杀。

208. 索靖才艺绝人表现在何处？

索靖（239～303），字幼安，西晋敦煌（今甘肃敦煌西）人，东汉书法家张芝的姊孙，世代为官。索靖少有超群之量，与乡人氾衷、张甝、索纱、索永到太学，驰名海内，号称“敦煌五龙”。

索靖博涉经史，才艺绝人。傅玄、张华一见他，都与他厚相交结。后来，索靖在台阁任职，与尚书令卫瓘俱以善草书知名，时称“一台二妙”。其中，索靖尤擅章草，传张芝草法而有所变化，骨势峻迈，富有笔力。前人评为“精熟至极，索（靖）不及张（芝）；妙有余姿，张不及索。”索靖亦自重，称其字势为“银钩虿尾”，著有《草书状》行世，又有《索子》、《晋诗》各二十卷。

209. 索綝为何被刘聪所杀？

索綝（？~316），字巨秀，索靖之子。少有逸群之量，其父索靖常说，索綝为廊庙之才，非州郡小吏之用。索綝曾为报兄仇，亲手杀死三十七人，令时人对他刮目相看。

永兴元年（304），司马颖兵败，挟惠帝南奔洛阳。索綝乃受司马颙之命与张方迎惠帝，以功拜鹰扬将军。刘聪侵掠关东时，索綝率军抵御，斩破敌将，甚有威恩，使敌兵不敢轻犯。永嘉五年（311），长安失陷，索綝与安定太守贾疋等纠合义众，屡破刘聪军队。永嘉六年，他与贾疋等收复长安，奉秦王司马邺为皇太子。次年，太子即位，是为愍帝。索綝不久迁卫将军，领太尉。

建兴二年（314），刘曜攻长安，索綝持节征讨，大败刘曜。建兴四年，刘曜又率军围京城，索綝与大都督麴允退守长安小城。因内外断绝，城中大饥，致人相食，死亡逃奔者不计其数。愍帝遂派侍中宋敞送降表给刘曜。索綝则私下扣留宋敞，让自己的儿子前去游说刘曜，声称如今长安城中的粮食仍够支撑一年，攻克此城并非易事；而若许诺他以高官厚禄，他就会举城投降。刘曜不以为意，斩杀了索綝之子。等到愍帝出降时，索綝也在随从之列，刘聪以其不忠于本朝，将他斩于东市。

210. 周浚有何军功与政绩？

周浚（？~289），字开林。西晋汝南安成（今河南汝南东南）人，性果烈，以才理见知，有人伦鉴识。乡人史曜出身微贱，众人都不知道他。唯独周浚引其为友，并把自己的妹妹嫁给他，而史曜终有名于世。

周浚仕魏为尚书郎，累官扬州刺史。晋武帝咸宁五年（279），他随王浑伐吴，攻破吴丞相张悌所率主力。太康二年（281），周浚镇秣陵（今江苏南京）。当时，初平吴国，屡有逃亡之人，他多次领兵讨平。他又宾礼故老，寻访俊才，甚有威德，令吴人悦服不已。

当初，吴国尚未平定时，周浚所在的弋阳（今河南潢川县西），南北为互市，而诸将多相袭夺以为功。吴将蔡敏守于沔中，其兄蔡珪在秣陵为将，曾写信给蔡敏，认为双方兵交，应当以信义为重，而如今有袭夺互市之事，很不可行。这封书信被周浚截获，周浚一见信的内容，就称赞道："这人是个君子。"及攻吴渡江后，周浚访求到蔡珪，便问其籍贯，才知也是汝南人。周浚开玩笑说："我本来就怀疑吴国无君子，而你果然就是我的同乡。"太康七年，周浚出为使持节，都督扬州诸军事，安东将军，卒于官。

211. 周顗、周嵩兄弟为何均被王敦杀害?

周顗（269～322），字伯仁，周浚之子。年少即有盛名，士人多宗附于他。弱冠袭父爵武城侯，拜秘书郎。晋元帝太兴初年，为尚书左仆射，领吏部，不久，为护军将军。

周顗虽以雅望获海内重名，然而，常常喝得烂醉不醒，时人号其为"三日仆射"。他在西晋朝时，能饮酒一石，及过江后，虽日醉，每称无人可比。偶有先前的酒友从北方来，周顗则大喜过望，就拿出二石酒与之共饮，各自喝得大醉。等到周顗酒醒时，一看客人已死。

周顗待人宽厚友善，其弟周嵩曾借着喝酒之机，瞋目说道："你才干不及我，为什么竟有盛名?"并将燃烧着的蜡烛投向周顗。周顗却神色不变，慢声说道："你用火攻，本就是下策。"王导很看重周顗，曾枕着他的膝部，指着他的肚子问道："这里面有什么?"周顗回答说："此中空洞无物，但足以容纳像你这类人数百个。"王导听了，也不以为忤。

王敦起兵时，刘隗劝晋元帝尽诛王氏，周顗则力称王导忠诚，王导因而免于被杀。后来，王敦攻入建康，以周顗甚有声望，遂杀之，而王导对此事默然应允，不加阻拦。等王导见到此前周顗为救自己所上的奏表时，他才流涕不已，自责道："我虽不杀伯仁，伯仁却由我而死。幽冥之中，我有负于他!"周顗被捕后，大声数落王敦之罪，以致抓捕他的人以戟伤其口，血流至踵，他仍颜色不变，容止自若，围观的人都为之落泪。

周嵩（？～324），字仲智，为人狷直果侠，常以才气凌物。司马睿为晋王时，百官劝其称帝，周嵩却上疏劝其揖让，因而被贬，出为新安太守。周嵩怏怏不悦，临行前，又褒贬朝士，惹怒了司马睿，被收付廷尉治罪。但因其兄周顗时为显贵之人，司马睿也就隐忍不发。其时，晋元帝司马睿以王敦势盛，意欲反叛，便渐渐疏远了王导。于是，周嵩就与周颤上疏，言明王导忠义，使王导得以保全。

永昌元年（322），因为周颤被王敦杀害，周嵩常怀愤激之情。周嵩曾对众人说，王敦的养子王应不宜统兵。由此，王敦记恨在心，诬告周嵩与人图谋不轨，并借机杀了周嵩。周嵩精于事佛，临刑时仍然在诵读佛经。

212. 苟晞为何有“屠伯”之称?

苟晞（? ~311），字道将，西晋河内山阳（今河南焦作东）人。相继为齐王司马冏、长沙王司马乂、范阳王司马虓及东海王司马越所用，屡立战功，晋位抚军将军，都督青兖诸军事，封东平郡侯。

苟晞练于官事，文簿盈积，断决如流。其从母来依靠他，他对之奉养甚厚。从母之子请求为将官，苟晞回绝了。终因从母之子固请，苟晞才让其任为督护。后来，从母之子犯了法，苟晞依律将他斩杀。从母向他叩头求救，他都不予理会。既杀之后，苟晞穿着素服表示哀悼，并且哭着说：“杀你的是兖州刺史，哭你的是苟道将。”苟晞执法之严，由此可见一斑。

当时，朝政日乱，苟晞怕祸及己身，便多与人交结。每有珍物，他就送给京都亲贵。后苟晞迁征东大将军，领青州刺史。在任期间，苟晞多置属官，以严刻立功，刑杀日甚，流血成川，人不堪命，号其为“屠伯”。最后，苟晞纵情肆欲，众心离散，为石勒俘虏后所杀。

213. 司马睿为何要征讨华轶?

华轶（? ~311），字彦夏，西晋平原高唐（今山东禹城西南）人，魏太尉华歆之曾孙。年少有才气，闻于当世，泛爱博纳，受到众人称赞。晋怀帝永嘉年间，华轶历任振威将军、江州刺史。在任时，甚有威望，豪杰之士均待他以友道。永嘉乱后，流亡之人争相奔赴于他。

当时，四方瓦解，天子孤危。华轶有着匡正天下之志，常派人到洛阳向怀帝纳贡，不失臣节，而对琅邪王司马睿的教命不予接受。及怀帝被俘，洛阳不守，司马睿被推为盟主，承制改易长吏，华轶又不从命。于是，司马睿便遣王敦等人征讨华轶。前任江州刺史卫展因为没有受到华轶的礼待，心中常怏怏不快。此时，他乘机与豫章太守周广为内应，派兵袭杀了华轶。

214. 刘乔正言直行有何表现？

刘乔（249～311），字仲彦，西晋南阳安众（今河南镇平东南）人。先后参与诛杨骏、贾谧事，累迁散骑常侍、御史中丞。当时，齐王司马冏心腹董艾势倾朝廷，百官无人敢忤旨。刘乔在二旬之中，竟六次奏劾董艾罪行，他也因此被免官。后出为豫州刺史。

永兴二年（305），东海王司马越承制，以范阳王司马虓领豫州刺史。因为司马虓非天子所任命，刘乔拒绝让位，并乘虚袭击许昌（今河南许昌县东），不久，又被司马虓所败。光熙元年（306），司马越入关迎惠帝，刘乔遣儿子刘祐拒之于萧县（今河南许昌东），不料兵败，刘乔率五百骑奔平氏（今河南桐柏西北）。司马越死后，刘乔复为豫州刺史，最终死于官任上。

215. 刘琨是如何在危难中孤军奋斗的？

刘琨（271～318），字越石，西晋中山魏昌（今河北定州东南）人。出身士族，年少即以俊朗雄豪著名。与石崇、陆机等均为贾谧门下“二十四友”之一。刘琨曾和祖逖俱为司州主簿，两人共被同寝，夜半闻鸡起舞，励志建功。他曾说过“常恐祖生（祖逖）先吾著鞭”的话，后来成了人们用以自励的著名格言。

惠帝末，刘琨封广武侯。时八王之乱结束不久，匈奴族刘渊乘机在离石（今山西离山）起兵。一时之间，北方各族人民纷纷响应。光熙元年，刘琨出为并州刺史，招募士兵千余人，转战至晋阳（今山西太原西南），与刘渊对抗。当时，并州（今山西太原附近）饥荒，人烟萧条，刘琨乃招徕流亡之人，抚恤百姓，公私渐振。刘琨又秘密遣人离间刘渊部队中的杂虏，使刘渊畏惧。同时，刘琨北倚鲜卑拓跋猗卢，守护并州。永嘉六年（312），刘聪军入晋阳，杀刘琨父母。猗卢来救，大败敌兵。刘琨虽欲乘胜追击，但屈于力弱，只得徙居阳曲（今山西阳曲西南），以招集亡散流民。

晋愍帝建兴三年（315），刘琨为司空，都督并、冀、幽三州诸军事。后与石勒交战失利，奔蓟（今北京城西南）附幽州刺史段匹磾。二人相约共辅晋室，并结为兄弟。建武元年（317），刘琨被段匹磾推为大都督，传檄四方共讨石勒，军队聚集在襄国（今河北邢台）。不料，因段匹磾堂弟段末波从中离间，刘琨遂被段匹磾所杀。此前，刘琨既为段匹磾所拘，自知必死，写下《重赠卢谌》一诗，历举先贤事迹，希望有能人重振国家，但他也看到自己已山穷水尽，无力再起，只得发沉痛的慨叹。诗写得感人至深，难怪王世贞说："余每览刘司空'岂意百炼钢，化为绕指柔'（诗中的末句），未尝不掩卷酸鼻也。"（《艺苑卮言》卷三）

216. 卢谌、崔悦等人为何要上表为刘琨鸣冤?

刘琨被害以后，卢谌、崔悦等人纷纷上表为其鸣冤。在表奏中，他们首先指出刘琨在惠帝遭难之际，奉迎皇驾，效忠晋室，义诚弥厉。接着述及大乱之时，刘琨受任并州刺史，当易危之势，处难济之土，鸠集伤痍，抚和戎狄，数年之间，公私渐振。适逢京师失守，刘琨以并州之地，畜养兵士，跋履山川，东西征讨，以一片丹心，守卫本朝之尊。

在被段匹磾害死之前，刘琨知道段匹磾必有祸心，曾说过："受国厚恩，不能克报，虽才略不及，亦由遇此厄运。人都有一死，死生皆由命。唯恨下不能效节于一方，上不得归诚于陛下。"言辞慷慨，令左右听者为之动容。段匹磾缢杀刘琨，又横加诬谤，说刘琨谋图不轨。然而，刘琨为忠节之士，岂会有如此之心！何况，段匹磾害刘琨，是假称皇帝密诏而加诛。段匹磾擅诏有罪，"是可忍也，孰不可忍"！而刘琨受害非所，冤痛已甚，又未闻朝廷有以甄论，因此，卢谌、崔悦等上表希望朝廷哀察。

除了卢谌、崔悦等人上表为刘琨鸣冤以外，太子中庶子温峤也上疏言此，于是，朝廷下诏吊祭刘琨，并且追赠其为侍中、太尉，谥曰"愍"。

217. "闻鸡起舞"说的是谁的故事?

"闻鸡起舞"说的是祖逖的故事。

祖逖（266～321），字士稚，晋范阳遒县（今河北涞水）人。少孤，有兄弟六人。生性豁荡，不修仪检，十四五岁时尚不知书，他的兄弟们对此很是忧虑。然而，祖逖轻财好侠，慷慨有节尚，每到田舍，总是以兄长的名义，散谷帛来赈济贫困之人。由此，乡党宗族很是看重他。后来，祖逖博览书籍，通晓古今，往来于京师，见到他的人都说他有辅佐之才。

祖逖生活的时代是西晋后期和东晋初年。他年轻时，就胸怀大志，与刘琨同为司州主簿，两人关系甚密，共被同寝。有一天，祖逖半夜听到鸡叫声，就把刘琨唤醒说："此非恶声也。"① 于是，两人起来一同习武。二人皆有英气，每说到世事，或夜半起身坐谈，祖逖就会说道："如果四海起乱事，豪杰并起，我与你当相避于中原。"这种"闻鸡起舞"的奋发精神，一直激励着有志之士。

218. 祖逖北伐有功为何半途而废?

西晋灭亡后，司马睿逃到建康建立了东晋王朝。祖逖也率亲党数百家迁到南方。一路之上，祖逖将自己的车马让给老弱病人乘坐，自己却一直步行；药物、衣服、粮食也都与大家分享，他也因此受到众人的拥戴。

时当天下大乱，北方人民处在艰难困境中，而许多逃难到南方的人也都希望能重返家园。但是，司马睿建立的东晋朝廷偏安江左，主要致力于巩固自己的统治，无暇北伐。祖逖眼看着社稷倾覆，心中忧虑国事，常怀振复之志。于是，他向晋元帝司马睿进言，请求准许他北伐。元帝迫不得已，只好给了他一个奋威将军、豫州刺史的空头衔，另外拨给他一千人的粮饷和三千匹布，其他军器物资都没有给，让他自己去招募兵士。即便如此，祖逖还是毅然率领部曲一百多家出发了。当船划到中流时，祖逖敲着船楫，慷慨激昂地发出壮烈誓言："祖逖不能清中原而复济者，有如大江!"跟随他的人都被他的豪情壮语所感动，群情为之振奋。渡江以后，祖逖用自己的财力铸造兵器，招募士兵，开始了他艰苦卓绝的北伐大业。

祖逖的军队在北方得到了百姓的支持，攻克谯郡（今河南、安徽一带），屡次挫败当时北方最强大的后赵军队，终于使"黄河以南，尽为晋土"。父老们都感动得热泪盈眶，激动地说："吾将老矣！更得父母（指代表晋政权的祖逖），死将何恨!"后赵石勒看到祖逖这样深得人心，不敢再渡河进犯。此时，元帝却在担心祖逖力量过大，会不易控制，便派戴若思来当都督，用以牵制祖逖。祖逖见自己辛苦开创的北伐大业将受制于人，又听说朝廷内部王敦、刘隗等争权夺利，将

---

① 意思是说鸡鸣声将人惊醒，不应当感到厌恶，而应把它看作是唤醒人们抓紧时间做一番事业。

有内乱之危，终于忧虑交加，抱恨去世于雍丘（今河南杞县）。

219. 祖纳因何事而奏请司马睿立史官？

祖纳，字士言，祖逖异母弟。年少孤贫，十分孝顺，常自己做饭以奉养母亲。平北将军王敦听说了，送给他两个婢女，辟为从事中郎。后因洛阳将起动乱，祖纳避往东南，被丞相司马睿引为军咨祭酒。

祖纳好弈棋，王隐劝他说："禹惜寸阴，没听说过他下棋。"祖纳答道："我是借此忘忧罢了。"王隐又说："听说古人得志，则以功达其道；若不得志，则以言达其道。古代如此，当今也应是这样。现在，晋朝历史不见有书记载，而天下大乱，诸事万端，何不将这些见闻记载下来呢？我虽不才，非志不立，因为担心这些史事会没世无闻，所以，我自强不息，勤加奋勉。何况，国史彰显得失之迹，俱取散愁，著述史书可以兼济二者，你又何必要去下棋然后忘忧呢！"祖纳一听，喟叹道："我不是不爱听你说的这些道理，而是我才力不够。"于是，祖纳到司马睿那里，进言道："自古以来，小国尚有史官，何况是像我们这样的大国，岂可不置史官？"并举荐王隐，称颂其"清纯亮直，学思沉敏，《五经》群史多所通览，而且，好学不倦，从善如流。若让他修著一代史书，褒贬与夺，则诚为一时之幸事。"司马睿主意未定，征询记室参军钟雅的意见，钟雅说："祖纳举荐的王隐虽有良史之才，但现在不能立史官。"此事虽被搁置下来，然而，史官之立，即自祖纳开端。

220. 邵续、邵乂父子为何均被石勒所害？

邵续（？～321），字嗣祖，晋魏郡安阳（今河南安阳南）人。博览经史，善谈理义，妙解天文。

永嘉之乱时，邵续还乡，聚众数百人到达乐陵（治今山东惠民东）。大司马王浚任他为乐陵太守，流散之人多来归附。及石勒打败王浚，邵续因为孤危无援，权且依附于石勒，子邵乂被石勒任为督护。既而邵续归附琅邪王司马睿，其属下劝谏他说："如今背弃石勒，你的儿子邵乂就有危险了。"邵续流着泪答道："我出身为晋国，岂能为顾全儿子而做个叛臣！"石勒因此而杀害邵乂。

晋元帝太兴初年，邵续北联段匹磾，南守黄巾固（今山东济南），屯田积谷。太兴四年（321），邵续军败，被石虎俘获，行前对着兄子邵竺等大呼说："我立志雪国耻，以报答朝廷隆恩，然而却不幸被俘。你们要努力自勉，可奉段匹磾为主，勿有二心。"

邵续被俘后，不屈不挠，誓尽忠晋朝。石勒对其气节很是赞赏，加以厚抚，不久，任为从事中郎。邵续则亲自浇灌园子卖菜，以供衣食。石勒多次派人前去察看，感叹地说："他才是真正的高人啊！不是这样的话，怎值得人看重他！"并且，为褒奖他的清苦之行，曾数次赐给他谷帛之物。每临朝时，石勒也是嗟叹不已，拿邵续做榜样来激励群官。等到石勒俘虏段匹磾后，将邵续也杀了。

221. 李矩在乱世中立有何功?

李矩（？～325），字世迴，晋平阳（今山西临汾西南）人。小时候，李矩与伙伴们嬉戏，他为其中带头的，发号施令，很有成人之量。长大后，初为县吏，梁王司马肜任其为牙门。

李矩勇毅多权略，志在立功。永嘉二年（308），刘渊攻平阳时，百姓四处逃亡。因为李矩向来受乡人爱戴，就被推为坞主。东海王司马越任用他做汝阴太守，派他去修洛阳千金堨，以利漕运。及洛阳不守，李矩讨灭贼帅侯都等，并招抚流亡者，远近之人多来归附于他。时逢石勒亲率大军来袭，李矩遣送老弱入山，下令将牛马散开在山旁，埋下伏兵以待敌军。石勒的兵士一见牛马，便争着去抢。这时，李矩埋下的伏兵大呼齐发，声动山谷，遂大破敌军，石勒只好退兵。李矩也因为击败石勒，加冠军将军，晋封阳武县侯。当时，饥馑相仍，又有疾疫流行，李矩垂心抚恤，百姓都很倚重他。在战乱中，长安群盗又乘机东下，多次来趁火打劫，李矩就派部将去把他们击破，得到了这些人抢来的千余名妇女。诸将都认为这些妇女不是李矩管辖区内的人，想留下她们。李矩却说："她们也都是国家的臣妾，怎么还能去分什么彼此呢？"于是，下令把她们遣送走了。

后来，刘聪遣刘畅率步骑三万来攻，驻扎在与李矩部队相距七里的地方，并派使者来招降李矩。因为刘畅是突然来袭，李矩还没有来得及准备，于是，他先遣人送去牛、酒，权且诈降，又把精兵勇士潜藏起来，只让人见到老弱之兵。刘畅遂心无戒备，大设筵席，大家都吃得醉饱。这时，李矩谋欲趁夜偷袭，但手下兵士知道刘畅部队人多，都面有惧色。李矩见状，就让巫者扬言说，会有神兵相助。将士听了，这才踊跃争进。李矩挑选勇敢者千人，夜袭刘畅兵营，获得很多铠甲战马，杀敌兵数千名，刘畅本人侥幸脱身。

东晋明帝太宁二年（324），石勒部将进据洛阳，大掠河南。李矩知道部下有的人想归附石勒，但是苦于无力征讨，于是，率众人南下，欲归朝廷。一路之上，逃亡的人很多。到达鲁阳县时，李矩因坠马而死。

222. 段匹磾是什么人?

段匹磾（？～321），是晋鲜卑族段部酋帅。晋怀帝即位，任段匹磾之父务勿尘为大单于，他为左贤王。建兴二年（314），王浚被石勒打败后，段匹磾领幽州刺史，与前来归附的刘琨结盟，共讨石勒。适逢兄长疾陆眷病死，段匹磾便自蓟（今北京城西南隅）奔丧。但因为他的堂弟段末波想袭夺他的封国，又有外心，所以，当他走到右北平（今河北遵化东）时，就被段末波派兵击败，只得还蓟。由此士众离散，段匹磾又担心刘琨会图谋害己，遂害死刘琨。之后，投往厌次（今山东阳信东南），归附邵续。

太兴四年（321），石虎围困厌次，俘虏邵续，段匹磾欲南下归附朝廷，但邵续的弟弟邵洎（jì）握兵不许。邵洎又想把朝廷台史王英抓住送给石虎，段匹磾正色说道："你不能遵兄之志，且逼我不得归朝，这已经很过分了。现在你又想抓捕天子使者，我虽非汉人，也从未听过有像你这么做的。"最终，段匹磾被石虎俘获。因为石勒、石虎与他曾结为兄弟，石虎待他以礼。然而，他仍然常常穿着朝服，不忘晋室重恩。时间一长，就有人谋推他为盟主，但事情泄露，段匹磾被石勒所杀。

223. 魏浚是如何忠于晋室的?

魏浚（？～314），西晋济北东阿（今山东阳谷东北阿城镇）人。初为雍州小吏，河间王司马颙镇长安，任他为武威将军、度支校尉。

永嘉之乱时，魏浚率流民数百家保卫硖石（今河南孟津西）。当时，京都洛阳大饥，他就将劫掠得来的谷麦献给晋怀帝。洛阳失陷，他屯兵石梁坞（在今河南洛阳），抚慰遗众，修缮军器。对那些依附敌兵的人，魏浚都是先晓之以理，宣称晋朝气数灵长。对那些恃远不从命的人，他则遣将征讨，不过，也只是旨在让他们从命，并不加侵暴。如此一来，远近感悦，很多人都前来归附。

及太尉荀藩在密县（今河南新郑西）建行台，魏浚到荀藩那里咨谋军事，荀藩很高兴，就邀李矩前来相聚。李矩将夜间赴会，其僚属却以为魏浚不可信赖，不宜夜往。李矩则说："忠臣同心，又怀疑什么呢?"等到会面后，几人尽欢畅谈，魏浚与李矩相结而去。建兴元年（313），刘曜见魏浚得众人拥护，深以为忌，率众军来围攻。魏浚趁夜出奔，不料竟为刘曜俘获，终被杀。

224. 郭默是怎样被杀的?

郭默（? ~330），晋河内怀县（今河南武陟西南）人。少微贱，以壮勇事太守为督将。永嘉之乱时，郭默率众据殷城（今河南武陟东南十里），自为坞主。以渔舟抄掠来往行旅之人而致富，很多流民都来归附他。

郭默为人狡猾机诈。其妻兄陆嘉将获取的官米数石拿来，送给妹妹。郭默认为取官米是违制的行为，要杀掉陆嘉，陆嘉害怕了，投奔石勒。于是，郭默亲自射杀妻子，以表明自己无私。刘曜来围攻他时，他突围去依附李矩，并力抵御刘曜、石勒。

晋元帝太兴初年，郭默为颍川太守。因与石聪战败，李矩实力转弱，郭默深为忧惧，就将官印给了参军殷峤，并且说："李矩待我不薄，我现在却弃他而去，无颜以谢，三日后你再向他禀告我走了。"李矩听说后大怒，派人追上了他。他便抛弃家人，单马驰去。到了京都，晋明帝授他为征虏将军。苏峻之乱，朝廷召他拜后将军，领屯骑校尉。苏峻遣将急攻，郭默营中大量缺水，情况不妙。恐惧之下，郭默分一部分人马出外，他自己则潜出南门，另留人坚守阵地。适逢苏峻死去，解除了围困，郭默又被征为右军将军。

郭默乐为边将，不愿虚名宿卫，遂赴召。临走时，求资于平南将军刘胤。此前，郭默受到刘胤幕僚轻视，心中常不平。现在刘胤仅聊备薄礼，郭默见状，更加愤恨。于是，郭默诈称奉诏，入刘胤内室，下手斩之，并掠刘胤女儿及诸妾、金银财宝等物。太尉陶侃听说有变乱，即日率众讨伐郭默。陶侃军队众多，围之数重。郭默部将宋侯害怕打败被杀，就捉住郭默投降了陶侃。郭默最终被斩于军门，同党死者四十人。

225. 司马允如何被司马伦所害?

司马允（272~300），字钦度，晋武帝之子。初封濮阳王，元康九年（299）入朝。时逢赵王司马伦废贾后，诏司马允为骠骑将军、开府仪同三司、侍中，领中护军。

司马允生性沉毅，宿卫将士都很敬服他。司马伦既有篡逆之志，而司马允也心知肚明，便称病不朝，密养死战之士，谋欲诛杀司马伦。司马伦因此对他忌惮不已，转任他为太尉，表面上是表示出优崇之意，实则夺其兵权。司马允托口有病，不拜官印。司马伦又遣御史逼司马允受印，并收捕官属以下人员，奏劾司马允大逆不道。司马允心存怨恨，再看看诏书，知道是孙秀手写的，大怒之下，要杀掉御史。御史吓得赶紧逃走，才得以获免。司马允就把前来宣诏的两个令史杀了，厉色对左右说："赵王欲破败我家!"遂率国兵及帐下七百人径直而出，并且大呼："赵王反，我去征伐他，佐我者左袒。"于是，随从者纷纷露出左臂跟随他。

司马允将赴宫，尚书左丞王舆关闭东掖门，不得入宫的司马允转而围司马伦府邸。他的将士都是奇才剑客，所以，双方交战，司马伦兵士死亡千余人。危急之下，司马伦的儿子司马虔遣伏胤领兵四百人从宫中出发，谎称有诏来帮助司马允。司马允没有觉察其中有诈，出来受诏，竟为伏胤所害，时年二十九岁。当时，司马伦兵败，有传言说司马伦已被擒住，百姓听了，大为高兴。既而听说是司马允死了，莫不叹息。

226. 司马晞为何被桓温所诬?

司马晞（316~381），字道叔，晋元帝之子，出继武陵王司马喆。太兴元年（318），封武陵王。历成、康、穆、哀、海西公、简文帝六朝，位至太宰。

司马晞无学术而有武干，深为主政的桓温所忌。及简文帝即位，桓温上表奏劾司马晞，声言司马晞出身晋室，却不能修己慎行，聚纳轻剽，包藏亡命，施虐于人，又有染于叛逆之事，请求免去司马晞官职，以王归藩。桓温又逼迫新蔡王司马晃自诬与司马晞等谋逆，将司马晞等收付廷尉治罪，并请诛之。简文帝不许，桓温于是又奏请把司马晞徙至新安郡（治今浙江淳安西北），司马晞最终死于此地。

227. 司马道子、司马元显父子是如何乱政祸国的?

司马道子（365～403），晋简文帝之子，年十岁封琅邪王。淝水战后，他继谢安代表皇族执政。孝武帝太元中，领徐州刺史、太子太傅。当时，孝武帝不亲理政务，与司马道子终日酣畅。司马道子因而窃弄其权，宠幸宫中小臣，郡守长吏也多所树立，势倾天下，朝野争相奔附于他。中书令王国宝本性卑佞，尤受司马道子宠信。太元以后，司马道子长夜畅饮，蓬首昏日，政事多阙，再加上用度奢侈，下不堪命。

司马道子又受皇太妃宠爱，亲遇如同家人之礼，因此，他时常恃宠无礼。安帝年幼即位，他为太傅，摄政，总揽内外事。安帝长大后，司马道子归政，而王国宝总揽大权，势倾朝廷。隆安元年（397），王恭举兵讨伐王国宝。司马道子因为害怕，杀王国宝，以谢王恭。次年，王恭又起兵攻王国宝之弟王愉等。这时，司马道子拜儿子司马元显为征虏将军前去讨伐。司马元显虽时年十六岁，但聪明多智，志气果锐，以安危为己任。王恭败死，司马元显以功加散骑常侍、中书令，领中领军。

隆安三年，司马元显见父亲有病，又昏醉不醒，便乘机夺取父权，自为扬州刺史。司马元显本性苛刻，生杀由己，多树亲党。时王恭虽死，而桓玄雄踞江、荆等八州，司马元显想要增强兵力，发东土诸郡免奴为客者，号曰“乐属”，移到京师充兵役，结果弄得民不堪命，群情激愤。再加上国内虚竭，而司马元显家中富过帝室，孙恩领导的起义也就爆发了。司马元显为中军前去征讨，又加录尚书事。此时的司马道子更为长夜之饮，政无大小，皆委于司马元显。时人称司马道子为“东录”，司马元显为“西录”。

元兴元年（402），桓玄起兵，杀掉司马元显，司马道子也被徙至安成郡（今江西安福），终被御史杜竹林承桓玄意旨鸩杀。

228. “新亭对泣”是怎么回事?

东晋初年南渡的部分士族官吏，每逢天气好的日子，常相邀到新亭（今江苏南京南），坐在草地上饮酒会宴。周顗在宴会上感叹道：“风景没有什么不同，只是大好河山已改变了模样!”众人听了，都相视流泪。唯有丞相王导脸色为之一变，说道：“我们理应共同为东晋王朝尽力，收复中原，何至于像囚犯似地彼此相对着流泪呢!”众人遂收泪而谢之。后世以“新亭对泣”表示怆怀故国的意思。

229. 王导何以能稳定东晋偏安局面?

王导（276~339)，字茂弘，小字阿龙，晋琅邪临沂（今山东费县东）人。袭祖爵即丘子，历仕元、明、成三帝，德高望重，稳定了东晋偏安局面，朝野称他为“仲父”。

以王导、王敦为首的琅邪王氏，是拥立晋元帝司马睿的主力。王导劝司马睿收罗南渡人士，帮助建立偏安政权。南渡士族虽很多，但建立的政权，还需得到本地士族的支持，才能稳住脚跟。所以，王导又劝司马睿招引当地大族顾荣、贺循等，使江东归心。

当时，帑藏空虚，王导首倡穿着练布单衣，又主张“镇之以静，群情自安”。同时，在兵事不断之际，王导等建议设立学校，置史官，制定若干制度，“经纶稽古，建明学业，以训后生，渐之教义，使文武之道，坠而复兴”。

晋元帝即位，王氏一族位高权重，其中，王敦又有专天下之心，欲废掉元帝，但因王导坚决不同意，才搁下不议。王敦之乱时，王导被明帝任为扬州刺史，乱平，进位太保。成帝时，庾亮专政，要调对他不满、势力日大的历阳内史苏峻到京师任职，以夺其兵权。对此，王导反对，说:“苏峻为人猜险，必不奉诏。不如暂且包容他。”庾亮不听，一意孤行，遂激起了苏峻之乱。及乱平，庾亮心中有愧，自请出镇于外，朝廷大权仍归王导执掌。南蛮校尉陶称游说庾亮举兵内向，有的人则劝王导私下里要防备庾亮，王导说:“我与元规（庾亮的字）休戚与共，这些游说之辞，不应出于智者之口。若诚如所言，即便是元规打来了，我归隐还第，又有何惧!”并且，又给陶称写了封信，说庾亮是成帝的舅舅，理当善事他。如此一来，杜绝了谗间之词。王导为政清静，政务宽恕，善处兴废。此后，东晋的政局大体上安定了几十年。

230. “大手笔”出自于谁?

王珣（349~400)，字元琳，小字法护，王导之孙。时孝武帝雅好典籍，他与殷仲堪、徐邈、王恭、郗恢等都以才学文章见幸于帝。

王珣擅长书法，尤善于行书，三世以能书称，家范世学。相传他曾梦见一人，交给他如椽大笔。醒来后，他告诉别人说：“此当有大手笔书。”“大手笔”的典故，就是从这里来的。

231. 刘弘在荆州政绩如何?

刘弘（236～306），字和季，西晋沛国相县（今安徽濉溪西北）人。他有干略政事之才，年少在洛阳时，曾与晋武帝同居一地，同年共学。武帝即位后，他以旧恩起家太子门大夫，封宣城公。惠帝太安二年（303），张昌起义时，刘弘任荆州刺史，率军镇压，平定了此乱。当初，范阳王司马虓遣长水校尉张奕领荆州，及刘弘到任，张奕拒不受代，遂被刘弘征讨斩杀。

当时，荆州官位多有空缺，刘弘乃叙功铨德，随才授任，受到论者称赏。同时，他劝课农桑，宽刑省赋，使公私给足，百姓爱悦。刘弘有一次夜里起来，听到城上打更的人叹声很苦，便叫来问其情况。原来这位老兵已年过六十，体弱有病又无衣物。刘弘见状，心中十分不忍，就惩罚了管事的人，并且送给这位老兵衣帽。荆州有流民十余万户，盗贼多有。刘弘乃给他们田地种粮食，选拔其中的贤才，论资录用。避乱到荆州的伶人也有很多，有人劝刘弘用来消遣。刘弘却说：“今惠帝蒙尘，我未能展效臣节，虽有家伎，也不该设乐享受！”并且，他又下到郡县，抚慰伶人，等到朝廷安定下来，再将伶人送回本土。

232. 陶侃是如何逐渐知名的?

陶侃（259～334），字士行，晋鄱阳（今江西波阳）人，吴扬武将军陶丹之子。吴亡，迁家到庐江寻阳（今湖北黄梅西南）。陶侃年少孤贫，为县吏。鄱阳孝廉范逵曾来看望他，仓促之间，陶侃没什么可用来款待范逵的，于是，陶侃的母亲剪掉头发去换酒菜。等范逵离开时，陶侃追送百余里。范逵问道：“你想在郡里做官吗?”陶侃回答说：“想做官，但苦于无人推荐我。”范逵拜访庐江太守张夔，称赞陶侃。张夔遂召陶侃为督邮，领枞阳令，迁主簿。张夔妻有病，需到数百里的地方去找医生。适逢正下着雪，诸僚属都不愿去，唯独陶侃说：“小君（指张夔妻）犹如自己的母亲，哪有父母生病却不尽心侍奉的道理!”并请求去接医生，众人皆钦服其有义。

张夔察举陶侃为孝廉，陶侃数次去拜访在洛阳的张华。张华起初以他是疏远之人，不怎么理会他。但他每次去拜访，总是神无忤色。张华后来与他交谈，发现他为人不凡，便拜他为郎中。时豫章国郎中令杨晫，与陶侃是一个州里的人，为乡论所归。杨晫评陶侃为“贞固足以干事”，并与他同乘一辆车。中书郎顾荣见了，很是惊奇。吏部郎温雅甚至对杨晫说：“你怎么会与小人一起坐车?”杨晫答道：“陶侃并非凡器。”后来，荆州刺史刘弘征召陶侃为南蛮长史，陶侃先后平定张昌、陈敏之乱，以军功封侯。由此，陶侃从一个寒微小吏，逐渐知名于世。

233. 陶侃为何受到世人推重?

陶侃生当战乱频仍的东晋，多所征伐，立有军功。他曾因功为王敦所忌，转任广州刺史。陶侃在任无事，常常朝夕运百砖于室内外。有人问其原因，他解释说：“我致力于中原，如果太过优逸，恐怕会不堪任事。”其励志勤力，由此可见一斑。

陶侃生性聪敏，勤于吏职，恭而近礼，爱好人伦。远近书疏，莫不亲自答复，笔翰如流，未尝搁置。他常对人讲：“大禹是圣人，尚且惜寸阴，至于众人，当惜分阴，岂可逸游荒醉，生无益于时，死无闻于后，若真如此，那就是自弃的行为。”诸僚属中有以清谈戏耍为事，荒疏政务的，陶侃就命人将其酒器、蒲博之物取来，都投到江水里去，对其人则加以鞭打，以示惩戒。

有一次，陶侃出游，见人拿着一把未熟的稻子，便问原因，此人回答说：“我在路上看见，就把它摘取下来了。”陶侃一听，大怒：“你不从事农耕，反而取人稻子!”并将此人抓起来，施以鞭罚。这样一来，百姓遂勤于农事，家给人足。为备战用之需，朝廷又命造船，陶侃就让人把剩下的竹头木屑都储藏起来，众人对他的做法迷惑不解。后来，逢积雪初晴，地上潮湿，于是，木屑就被派上了用场，用来铺地。

陶侃在军四十一年，雄毅有权，明悟善决断。他曾督促诸军营种柳树，都尉夏施竟盗取柳树种到自己门前。陶侃后来看到，就问道：“这是军营门前种的柳树，你为什么将它偷来呢?”夏施吓得惶恐谢罪不已。咸和九年（334)，陶侃病重，将归长沙。临行前，他把军资器仗、牛马舟船等都记录在簿，封印仓库，待政务交结完毕后，他才登舟离去。一时朝野传为美谈，对他很是推重。

234. 温峤为何能先后击败王敦、苏峻?

温峤（288~329），字太真，晋太原祁县（今山西祁县东南）人。博学能文，以孝悌见称。风仪秀整，美于谈论，见到他的人都很欣赏他。散骑常侍庾敳有盛名，而颇好聚敛，温峤就上表奏劾，一时京师为之振肃。

东晋明帝即位，温峤参预机密，转中书令。王敦自恃兵权，不来朝见，有无君之心。温峤多有劝谏，见王敦不听，便假意敬重王敦，参综其事务及密谋，以附和其欲。同时，又与钱凤深交。随后，温峤被王敦任为丹阳令，临行时，因怕钱凤替王敦筹划奸谋，就起身行酒，走到钱凤跟前，钱凤还未及饮，温峤便装作喝醉了，发怒说道："你是何人，我来行酒，你竟敢不喝!"王敦以为温峤喝醉了，两下劝解言好。临走时，温峤涕泗横流，去了又回，这样反反复复有两三次，然后才上路而去。他走了之后，钱凤入见王敦说："温峤与朝廷联系甚密，又与庾亮（明帝皇后庾氏之兄）深交，他未必可信。"王敦却说："温峤是因为喝醉了，发了点火，你怎能因此就说他的不好呢?"由是，王敦不用钱凤之谋，而温峤回到京都，具奏王敦的逆谋，请求朝廷预先防备。及王敦起兵，温峤率军讨平了此乱。

成帝咸和二年（327），苏峻联合祖约作乱，次年春天，就攻入京城，因风放火，一时官署焚烧殆尽，钱物也横遭劫掠。主政的庾亮等人仓皇之下，侥幸逃到温峤军中。此前，温峤察觉苏峻有叛乱动向，曾请求还朝（时为江州刺史，镇武昌），以备不测，不久，苏峻果然起兵。大乱之时，温峤联合当时位重兵强的陶侃，并推陶侃为盟主，与庾亮共讨苏峻。在温峤的苦心经营下，联络众军，增强了军队实力，最终平定了苏峻、祖约之乱。

235. 郗鉴于晋室立有何功?

郗鉴（269~339），字道徽，晋高平金乡（今山东嘉祥南）人。年少孤贫，博览经籍，躬耕陇亩，吟咏不倦。以儒雅著名，不应州里征召。

永嘉五年（311），汉刘曜攻入洛阳，郗鉴率千余家避难于鲁之峄山（今山东邹城东南），被推为坞主。三年之间，拥众数万。朝廷用他都督兖州诸军事。明帝即位，因大将军王敦专制，内外危逼，便谋仗郗鉴为外援，拜他为安西将军，镇合肥（今属安徽）。王敦遂将郗鉴视为眼中钉，表征为尚书令，但以他名位重，并不敢加害。太宁二年（324），王敦部将钱凤进逼京都，郗鉴率领诸营宿卫，以功封高平侯。明帝死，郗鉴与王导、卞壶等受遗诏辅佐少主成帝。及苏峻、祖约之乱，诏以郗鉴为司空。时京师城孤粮绝，人心惶惶，郗鉴奉诏流涕，杀白马，设坛场，慷慨陈词，誓师勤王，三军争为效命。乱平，郗鉴进位太尉，后以病逊位，不久死去，时年七十一岁。

当初在永嘉之乱时，郗鉴在乡里很是穷困，常常饿着肚子。乡人以他有名德，都来供给他饭吃。郗鉴的侄子郗迈、外甥周翼当时也都年幼，郗鉴经常带着他们一起去吃。乡人就对郗鉴说："我们各自都很饥困，但因为你有贤德，大家就一起来周济你。如果你带上他们也来吃，恐怕不能兼有所存。"于是，郗鉴一个人去吃，吃完后，就又在两颊边夹些饭，回来后吐出饭食，喂给侄子和外甥。由此，几人共同度过饥荒，得以南渡过江。郗迈位至护军，周翼为剡县令。郗鉴死，周翼追念当年的抚育之恩，解职而还，为郗鉴守丧三年。

236. 郗超为何能权重一时?

郗超（336～378），字景兴，一字嘉宾，郗鉴之孙。年少卓荦不羁，有才干，善谈论。其父郗愔好聚敛，积钱数千万，有一次打开仓库，任由郗超所取。而郗超好施，一日之内将这些钱全部散尽，送给了亲友。

郗超初为大司马桓温参军。桓温欲谋霸业，郗超就多为之筹划。手握兵权的郗愔曾给桓温写了一封信，约与桓温合力共辅皇帝。郗超见了，撕毁信函，另写了一封信，自陈老病，乞请一块闲地以自养，并劝桓温统领自己的军队。桓温见信大喜，即转郗愔为会稽太守。谢安与王坦之尝到桓温那里议事，桓温令郗超在帐中卧听，谁知风把帐子吹开了，谢安见了，笑说道："郗生可谓入幕之宾矣。"

咸安元年（371），郗超参与桓温废海西公、立简文帝之谋，以功迁中书侍郎。有一次，谢安与王文度一起拜访郗超，天色已晚仍不得上前拜见，王文度就想离开，谢安却说："难道你不能为了身家性命再多忍耐一会儿吗?"郗超权重当时，由此可见一斑。

郗超先父亲郗愔而死。郗愔忠于王室，所以，郗超不让父亲知道他与桓温的来往密谋。死前，郗超取出一箱书札，交给门生说："我本想焚烧掉这些东西，但恐父亲年尊，会在我死后伤心不已。我死了，若父亲寢食难安，你可将此箱交给他。若父亲没有这样，你就把这些东西烧掉。”郗超一死，郗愔竟哀悼成疾，门生就依郗超生前意旨，将一箱书札交给郗愔。郗愔一看，箱子里全是有关郗超与桓温的往来密计，于是大怒，说道：“小子死恨晚矣！”也就再不为郗超流泪了。郗超所结交的友人，都是一时俊彦，即便是寒门后进，他也加以简拔，与之友善。及死后，为他赋诔的就有四十余人，其为众人宗贵如此。

237. 顾荣割炙是怎么回事？

顾荣（？～312），字彦先，西晋吴郡吴县（今江苏苏州）人，吴丞相顾雍之孙，为江南大姓。吴亡，他与陆机、陆云同入洛阳（今河南洛阳东），时人号为“三俊”。顾荣拜郎中，历尚书郎、廷尉正。常纵酒酣畅，对友人张翰说：“唯酒可以忘忧，但无如作病可耳。”

赵王司马伦篡位，其子司马虔为大将军，以顾荣为长史。有一次，顾荣与同僚宴饮，见执炙者貌状不凡，有想吃炙肉的神色，于是，顾荣割下炙肉送给他吃。在座的人问他原因，顾荣答道：“哪有终日执炙而不知其味的道理！”及司马伦败，顾荣亦被抓，将要被杀时，正碰上那个执炙者为督率，最终救了他的性命。

238. 顾荣何以能成为东晋初期江南士族领袖？

顾荣入洛后，因为适逢八王之乱，又回到吴地，东海王司马越用他为军咨祭酒。顾荣数践危亡之际，常以恭逊自勉。永兴二年（305），广陵相陈敏反，以他为右将军、丹杨内史。陈敏欲诛诸士人，顾荣劝其委信大族，方可图大事，同时，他与甘卓、纪瞻等暗中谋划，起兵攻杀陈敏。

琅邪王司马睿镇江东，吴人不来归附，王导认为，顾荣本是江南大姓，应该征召他做官以结人心。于是，司马睿以顾荣为军司，加散骑常侍，凡有所谋划，都来咨询顾荣。当时，南土之士未尽才，顾荣又上书，向司马睿推荐贤才。司马睿皆加以任用，由此，江东归心。

239. 纪瞻在东晋政权建立中功绩如何？

纪瞻（约253～约324），字思远，晋丹杨秣陵（今江苏南京）

人，吴尚书令纪亮之孙。年少以方直知名。举秀才，寒素，初辟大司马东阁祭酒。以先后讨陈敏及周馥、华轶之功，官封临湘县侯。

长安不守时，纪瞻与王导等劝司马睿即帝位。司马睿谦让不许，令殿中将军韩绩撤去御座。纪瞻叱责韩绩，说道：“帝（指司马睿）座上应星宿，敢有动者斩！”司马睿听了，为之动容。及晋元帝司马睿践位，纪瞻拜侍中，转尚书，上疏谏诤，多所匡益，元帝甚嘉其忠烈。明帝即位后，有一次，只带纪瞻一人到一间大房子里，忧虑天下，感叹地说，如今社稷之臣也不过十人，而纪瞻即是其中之一。纪瞻兼具文武之才，朝廷皆称其忠亮雅正。纪瞻后转领军将军，时人都钦服他的严毅之风。他虽然常有病，六军却都敬惮他。及王敦之乱，明帝派人去对纪瞻说：“卿虽病，但为朕卧护六军，也所益良多。”并赐给他千匹布。纪瞻就把这些布分赏给将士。王敦之乱平，他拜骠骑将军。

据史书记载，纪瞻性好静默，交游不多，雅爱读书，甚至亲手抄写书籍，著有诗赋之类有数十篇。他又妙解音乐，慎行爱士，年老尤甚。纪瞻又立宅厚自奉养，馆宇崇丽，园池竹木，足以供赏玩消遣。

尚书闵鸿、太常薛兼等与纪瞻向来疏远，然而，都服其高义，临终将后人托付于纪瞻。纪瞻对其家悉加营护，为他们的后人建居宅，视若骨肉。纪瞻年少时，与陆机兄弟友善，陆机被诛后，他抚恤陆机家人很是周到。后来，陆机的女儿出嫁，他送的财礼如同对待亲生的一样。

240. 贺循清廉守礼有何表现?

贺循（260～319），字彦先，晋会稽山阴（今浙江绍兴）人。其先祖庆普，在汉代传《礼》，世人称之为“庆氏学”。族高祖庆纯，博学有重名，后因避汉安帝父讳，遂改姓贺。因父亲贺邵被孙皓所杀，贺循流徙边郡。吴亡，回到本郡。

贺循博览群书，尤精礼传。善于知人，曾提拔同郡卑微的杨方，杨方终成名于世。贺循言行举止，都依礼而为。西晋初，他历仕阳羡、武康令，为政以宽惠为本。任武康令时，当地风俗多厚葬，又有回避忌讳，停丧很久不葬的，贺循皆加以禁止。由此，政教大行，附近地方的人也都来向他学习经验。晋元帝任用贺循为军咨祭酒，朝廷有事皆来咨询于他，贺循总是依经礼而对，一时为当世儒宗。贺循虽居高位，却以清贫自守，元帝后来下诏赐他钱物，他不得已收下，但并不使用。

241. 杨方有何才学及著述？

杨方，字公回，晋会稽人。年少好学，有异才。初为郡铃下威仪，在公事之余，他常读五经，但不为乡邑所知。内史诸葛恢见了他，认为他不同常人，待他以门人之礼。名儒虞喜、虞预也雅爱杨方，并为之延誉，向贺循荐举他。时任郡守的贺循视杨方为“伟才”，认为是“荒莱之特苗，卤田之善秀”，并称美杨方于京师。司徒王导辟他为属官，转东安太守，迁司徒参军事。

杨方在京都，受到缙绅之士的厚遇，然而，他自以出身寒门，求补远郡，想要闲居著述文章。王导也不勉强，出他为高梁太守。杨方在郡积年，写有《五经钩沉》、《吴越春秋削繁》，后皆散佚。

242. 薛兼何以被张华誉为“南金”？

薛兼（？～322），字令长，晋丹杨（今安徽当涂东北）人，吴尚书仆射薛综之孙，父亲薛莹亦有名于吴朝。

薛兼清素有器宇，年少与纪瞻、闵鸿、顾荣、贺循齐名，号为“五俊”。吴亡，薛兼入洛阳，西晋司空张华见而奇之，誉为“南金”。薛兼察孝廉，辟公府，除比阳相，莅任有能名。历仕太子洗马、散骑常侍、怀令，东海王司马越引他为参军。元帝时，薛兼为安东将军，稍迁丞相长史。他勤于王事，尽忠尽力，后领太子少傅。从其祖、父，再到薛兼，三代为东宫太子之傅，一时论者传为美谈。

243. 刘隗不畏强御有何表现？

刘隗（273～333），字大连，晋彭城（今江苏徐州）人。年少有文翰，雅习文史，善求人主意。起家秘书郎，迁彭城内史。后来，刘隗避乱渡江，琅邪王司马睿用为从事中郎，很器重他。后迁丞相司直，掌刑宪。

当时，建康尉收护军士，却被府将篡取，刘隗奏免护军将军戴若思官。世子文学王籍之在居叔母之丧期间结婚，刘隗就上奏弹劾。东阁祭酒颜含在叔父丧期内嫁女，刘隗又上奏弹劾。庐江太守梁龛在除妇丧的前一天，请客奏伎，丞相长史周顗等三十余人赴会，刘隗又上奏，请免去梁龛官职，削其侯爵；周顗等知道梁龛有丧，却赴吉会，这是非礼之举，也应各夺每人俸禄一月。丞相行参军宋挺，本是扬州刺史刘陶门人，刘陶死后，宋挺娶其爱妾以为小妻。西晋愍帝建兴年间，宋挺又盗取官布六百余匹，理当受刑罚，因遇赦免死。既而奋武将军阮抗请宋挺任长史。于是，刘隗上表奏劾，请除宋挺之名，流放边地，禁锢终身；阮抗任用赃污之人，宜免其官，下狱治罪。朝廷许可了刘隗的奏请，而宋挺因病死去。刘隗接着又上奏说，宋挺既已死，仍应如前追除宋挺之名为民。南中郎将王含以出身大族显贵之家，骄傲自恣，所用非人。刘隗又上表奏劾，文辞犀利。此事虽被搁浅，却由此招来王氏的嫉恨。而刘隗弹奏不畏强御，皆如此类。

244. 刁协对东晋礼仪制度的建立有何贡献?

刁协（? ~322），字玄亮，渤海饶安（今河北盐山南）人。其父刁攸是西晋武帝时御史中丞。刁协“少好经籍，博闻强记”，曾为文学掾、太常博士。“八王之乱”中，周旋于诸王之间，免遭杀身之祸。永嘉丧乱，避难渡江，为司马睿军咨祭酒及长史。东晋初建，拜为尚书左仆射。当时朝廷新立，宪章多缺，“朝臣无习旧仪者”，刁协“久在中朝，谙练旧事”，凡属礼仪制度，都赖刁协重建，深为时人称赞。

刁协性格刚悍，经常“崇上抑下”，所以深为王导家族嫉恨。而且他借酒放肆，得罪了不少公卿大臣。但他“悉心尽力，志在匡救”，所以很得皇帝信任。刁协建议“以奴为兵”，又以将吏之兵转运物资，侵害了不少权贵的利益，以致很多人都对他不满。

东晋永昌元年（322），王敦以讨伐刘隗、刁协为名，在武昌（今鄂州）起兵。元帝命刁协督军出战，不久即败。刁协与刘隗侍卫元帝，元帝命二人出奔，“流涕呜咽”。刁协说：“臣当守死，不敢有二心。”元帝说：“如今情势所逼，怎能不出行!”于是下令给刁协人马，让他设法自逃。刁协年老，不能骑马，加上他向来对人无恩，以致他的随从都弃他而去。刁协行至江乘（今句容北），被杀。

245. 刁逵为何号为“京口之蠹”?

刁逵（? ~404），字伯达，刁协之孙。隆安（397 ~400）年间，任广州刺史，兄弟子侄不拘节操，“以货殖为务”，“有田万顷，奴婢数千人”。桓玄篡位时，以刁逵为西中部将、豫州刺史。其后刘裕起兵讨伐桓玄，部将诸葛长民被刁逵俘虏。在押送诸葛长民的路上，押送者听说桓玄已败死，于是将长民放走。刁逵弃城而逃，被下人所执，斩于石头城（今南京清凉山）。其子侄不论大小，皆被处死，遭灭门之祸。

刁氏为京口大族，家资殷富，“奴客纵横”，封山固泽以为己有，“为京口之蠹”。刘裕诛灭刁氏之后，散其资财，令百姓量力而取，竟然一日而取之不尽。当时“天下饥弊”，百姓赖此渡过难关。

246. 戴若思幡然改过后表现如何？

戴若思（？～322），广陵（今江苏扬州）人。史称“少好游侠，不拘操行”。东吴名士陆机在赴洛阳途中，“船装甚盛”，被戴若思伙同他人劫掠。戴若思指挥同伙，有条不紊。陆机察其不是常人，在船上对他说：“你有如此才器，怎么干这种劫掠的勾当呢？”若思感悟，“因流涕，投剑就之”。陆机与他言谈，遂成好友。

戴若思后到洛阳，陆机将之推荐给赵王司马伦，其后任为豫章太守。司马睿镇建康，引为司马，深得器重。后为征西将军，都督兖、豫、幽、冀、雍、并六州军事，以防备王敦。王敦起兵后，戴若思还镇京都，不久即被王敦击败，并与公卿百官在石头城拜见王敦。王敦问他“前日之战你还有余力吗？”若思并不谢罪，说：“我岂敢有余力，只是力不足罢了。”王敦又问：“我这次起兵，天下是如何看待的？”若思回答说：“只看表面会以为是叛逆，真正了解的人说您是尽忠。”王敦笑着说道：“你真算得上能说会道。”

王敦的部下吕猗（yī）有刀笔之才，性好谄媚，曾做过戴若思的手下，深为若思所厌恶，二人不和。吕猗至此乃劝王敦说：“周顗、戴若思皆有高名，足以迷惑众听，您若不除掉他们，恐怕将来会有后患。”王敦平时也很忌惮若思，于是派人将他杀害。若思“素有重望，四海之士莫不痛惜”。

247. 戴邈上疏立学修礼具体内容如何？

戴邈，字望之，戴若思弟。少好学，精通《史记》、《汉书》，才气不如其兄，但“儒博过之”。永嘉中，元帝司马睿以之为邵陵内史、丞相军咨祭酒。当时百废待兴，学校未立，戴邈上疏说：“我听说天道之大是阴阳，帝王最重要的任务是礼学。因此古代的国家，有明堂、辟雍制度，乡里有庠（xiáng）序横校的礼仪，都用来搜罗人才，开启才思。往昔孔子只是一个士大夫而已，于洙水、泗水之间兴礼修学，四方俊才都归其门下，有名者七十余人。从那以后，千年未有这种礼学盛况。并不是天下比鲁、卫小，也不是没有贤才，只是鼓励与否的问题。”

戴邈又认为，自从国家遭变乱以来，胡族入侵中原，无人顾及礼仪之事。三年不为礼，礼必坏；三年不为乐，乐必崩。现今的年轻人不睹仪礼，不听钟鼓之乐，深为可惜。太平盛世崇文，遭遇乱世崇武，文武兼用，是长久之道，自古以来莫不由此。有些人以为天下尚未平定统一，不是兴礼修学的时候，这种看法是不对的。儒道深奥，不可能仓促而成，所以必须时时讲论研讨。

戴邈最后说：“我认为道已经久不存在，纯朴之风不存，浮华风气日涨。如今天地大变，值变革之际，正是崇儒笃道、创立大业的大好时机。有明主在上倡导，大臣在下监督，这样上有所好，下必从之。君子的道德是风，小人的道德好比是草。只要上行下效，将来定能复兴礼学。”

戴邈上疏后，被朝廷采纳，于是礼学始修。

248. 王导为何为周顗之死而痛哭流涕?

周顗（269～322），字伯仁，汝南安城（今河南原阳）人。“少有重名，神采秀彻”，享有盛名。初任为秘书郎，司马睿即帝位，授尚书仆射、吏部尚书。性好酒，终日沉醉，时人称之为“三日仆射”，多次因醉酒而得罪。王导非常器重他，曾经头枕周顗之膝，指着他的肚子问：“这里面有什么?”周顗答道：“这里面空洞无物，但足以容纳你这种人数百个。”又曾在王导坐中傲然啸咏，王导说：“你想学习嵇康、阮籍吗?”周顗说：“怎敢近舍王公您，而远效嵇、阮呢?”其旷达自适大多如此。

及王敦叛乱，温峤对周顗说：“王将军此举似乎有目的（指诛刁协、刘隗），应该不会滥杀无辜。”周顗说道：“你是少年不懂事。君主并不是尧舜，怎能没有过失，人臣岂可举兵以威胁君主！原来大家一起推戴元帝，不过才几年，目前王敦以下犯上，怎么不是叛乱!”其后官军战败，周顗奉诏面见王敦，王敦说：“伯仁，你有负于我!”周顗答道：“你率军来犯，我不能督军力战，使王师败退，确实输给了您。”王敦惧其义正辞严，无以回答。有人劝周顗暂避风头，他说：“我身为大臣，朝廷丧败，我怎能苟且偷生！”不久他与戴若思被杀，临死前大骂王敦“倾覆社稷、枉杀忠臣”，被人割伤口舌，血流至脚而神色不变。

当初王敦于外地刚举兵时，其弟王导在朝内任要职，刘隗劝元帝尽诛王氏。王导率全家到朝廷待罪，正碰上周顗入宫。王导喊道：“伯仁，我们王家百口性命全靠你来搭救了！”周顗不理而入。见到元帝后，他备言王导忠诚，不与王敦同罪，元帝采纳。周顗向来好酒，大醉而出，王导还跪在门口，又喊周顗。周顗不与他说话，只对左右随从说：“今年杀尽乱贼，可领取斗大的金印拴在胳膊上。”后来他又上表申明王导的忠贞。王导并不知道周顗援救自己，心内非常嫉恨。

王敦入石头城之后，问王导：“周顗、戴若思为南北名望之首，应当位居三司，这是没有问题的。”王导不回答。王敦又说：“不为三司，那应该做令仆吧？”王导又不回答。王敦最后说：“这还不行的话，那就该杀死。”王导还是不发一言。后来王导料理奏章，见到周顗写的申明自己的上表，乃执表流泪，悲不自胜，对子侄们说：“虽然不是我亲手杀伯仁，而伯仁却由我而死。幽冥之中，辜负了这位良友！”

249.“润同四海，恩犹父母”是为谁而歌？

应詹（279～331），字思远，汝南南顿（今河南项城西）人。年幼即为孤儿，为祖母所养。年十余岁，祖母又去世。家富有财，他年小稚弱，乃请族人共居，资产委托给族人，情同至亲，当世以此称扬。他性格质朴优雅，不斤斤计较，学习文章，司徒何劭（shào）见而称之为“君子。”

王澄为荆州刺史时，以应詹督南平、天门、武陵三郡军事。其后天门、武陵蛮族反叛，应詹讨降之。当时政令不一，诸蛮怨仇，有再次背叛的危险。应詹于是召集蛮族首领，与之结盟为誓，由此数郡感激应詹之德，并无争斗之事。其后天下大乱，而应詹所守境内安全无事。百姓做歌颂之，“乱离既普，殆为灰朽。侥幸之运，赖兹应后。岁寒不凋，孤境独守。拯我涂炭，惠隆丘阜。润同江海，恩犹父母。”借此表达对应詹的爱戴之情。在应詹离任的时候，士民攀车号泣，不忍别离。

应詹曾经上疏说："性相近，习相远，训导之风，应该慎重对待。曹魏正始（240～249）中，文人如林。西晋元康（291～299）以来，贱经崇道，以玄虚宏放为旷达，以儒术清俭为鄙俗。永嘉之弊，未必不是由于这个恶俗。如今虽有儒官，而教育不周，不是培养人才、使制度正常运作的正确做法。应该崇明教义，先令国子受训，然后皇储亲行礼仪。如此则普天之下，莫不尚德。"元帝非常看重他的才分，采纳其议。

王敦叛乱时，应詹为都督前锋军事，斩首数千，以功封侯。

250. 甘卓是怎样施惠于襄阳的?

甘卓（? ～322），字季思，丹杨（今江苏溧水西）人。先辈都是东吴官吏。吴亡后，甘卓退居自守，先后任郡主簿、功曹，东海王司马越引为参军，出补离狐县令。甘卓见天下大乱，弃官归家，与陈敏相遇。陈敏劝他共图纵横之计，欲为叛乱，二人遂结姻亲以为信任。会周玘（qǐ）倡义兵，而顾荣劝甘卓以大义，甘卓素敬服顾荣，于是参与消灭陈敏。

元帝初渡江（317），授甘卓前锋都督、历阳内史。其后讨周馥，征杜弢，屡经苦战，各有斩获，以前后立功，封南乡侯，拜豫章太守。不久迁为湘州刺史，晋爵于湖侯。

中兴初，因为边寇未静，学校衰颓，朝廷允许对孝廉不加考试，而秀才依旧策试。甘卓上疏以为："为臣所在之州久遭寇乱，学校久废，人士流移，与其他州郡无法相比。应该对臣州秀才，与孝廉一样，不加考试。"疏上，朝议不许。甘卓于是精选人才，备礼荐举桂阳谷俭为秀才。各州秀才听说要进行考试，都害怕得不敢赴京，只有谷俭一人前往，朝廷遂取消考试。谷俭以本州少学士为耻，上表求试，乃以优异任为中郎。

甘卓后迁安南将军、梁州刺史，镇襄阳。他"外柔内刚，为政简惠"，对百姓善加抚慰，尽除税钱，市无二价。州境所有鱼池，原先都须交税，而甘卓不收其利，皆供给贫民，当地称其政惠。

王敦举兵时，遣使邀甘卓共举兵。甘卓伪许，其后按兵不动。由于他性格不果断，且年老多疑，终未能及时出兵讨伐王敦。而王敦很忌惮甘卓，趁甘卓防备不周时，将之袭害。

251. 卞壸为何屡屡令权贵震惮?

卞壸（281～328），字望之，济阴冤句（今山东曹县西北）人，初仕为著作郎，司马睿镇建康，为从事中郎，掌管选举。讨平王含叛乱，以功加中军将军，封建兴县公，迁领军将军。

明帝病重时，卞壸与王导受命辅佐幼主。及明帝崩，成帝即位，而司徒王导以疾不至。卞壸正色言于朝廷：“王公岂是社稷之臣！先帝在殡，新帝未立，岂是人臣以病托辞之时！”王导听说后，乃抱病而来。其后王导称疾不上朝，而私下里却送车骑将军郗鉴出门，卞壸以王导亏法从私，无大臣之节，御史中丞钟雅身负监察职责，不加以法治，是有法不依，请免王、钟之官。虽然未得实行，而“举朝震肃”。其不畏权贵皆如此类。

卞壸以褒贬为己任，讲求实干，勤于吏事，欲“轨正督世，不肯苟同时好”，在诸位大臣中最为称职。阮孚曾对他说：“您总是闲不下来，没有安泰的时候，不觉得累吗?”卞壸说：“诸位君子以风流相高，以道德为业，那么干鄙俗之事的，不是我会是谁?”当时贵游公子都倾慕王澄、谢鲲的放达无礼。卞壸厉色于朝曰：“悖礼伤教，罪莫大于此等人！中朝倾覆，实由于此。”他打算上疏罪之，王导、庾亮不从，乃止，然闻者莫不为此改节，王导由此对他很推重。其居官廉洁，生活非常清贫俭约。苏峻反叛时，卞壸带病力战，与两子俱被害。卞壸之妻抚尸而哭：“父为忠臣，子为孝子，我无所恨！”当时有人称叹：“父为君死，子为父死，忠孝之道，集于一门。”朝廷下诏封赏，屡加追封。

252. 刘超在平定东晋初期叛乱中表现如何?

刘超（？～328），字世瑜，琅玡临沂（今山东临沂北）人，汉宗室之后。初仕为县吏，以忠谨清慎为司马睿提拔，亲侍左右，从之渡江。当时天下扰乱，朝廷多次讨伐叛逆，刘超以自己在帝之左右，而字迹与元帝相似，于是绝不与人通信。归家休沐，闭门不通宾客，甚得元帝信任，以劳苦封侯。处身清苦，家无储蓄，每受赏赐，常辞以无德。

王敦举兵，刘超以上将军领兵卫帝。太宁二年（324），钱凤叛乱，刘超招集义士，从明帝征之。事平，封零陵伯。刘超家贫，妻儿不得温饱，明帝诏赐鱼米，他固辞不受。明帝崩，刘超任校尉，当时军校无兵，而刘超原任义兴太守时的士民，跟随他组成义军，号为“君子营”。及苏峻反叛（327），京都大乱，朝臣大多带家人避难。刘超不听别人劝阻，尽以妻儿入营随军。官军败绩，王导以刘超为右卫将军，亲侍成帝。之后太后去世，刘超亲率将士营建山陵。后来苏峻迁帝于石头城，天下大雨，道路沉陷，刘超步行，卫侍幼帝。乱军给马，不肯骑。苏峻虽不满，但不敢加害。当时饥荒米贵，苏峻派人送来物品，刘超一无所受。成帝年八岁，虽处幽困，刘超犹授以《孝经》、《论语》。苏峻非常猜忌刘超，派人防备。后来刘超与匡术等密谋奉成帝出奔，事泄，被杀。

253. 孙惠有何事迹见于记载?

孙惠（265～311），字德施，吴国富阳（今浙江富阳）人。父祖皆事东吴。孙惠不善言辞，而“好学有才识”。永宁初（301），赴齐王司马冏起义，讨赵王司马伦，以功封晋兴县侯。司马冏骄矜僭侈，天下失望，孙惠屡加劝谏。后来孙惠以疾辞去。成都王司马颖荐以为大将军参军。其时，司马颖将讨长沙王司马乂，以陆机为都督。孙惠与陆机同乡，忧其致祸，乃劝陆机让职给他人。陆机不听，于西晋太安二年（303）被害，孙惠甚以为恨。其后，孙惠因擅杀之罪，改姓名逃跑。

孙惠改名，自称南岳逸士秦秘之，写信给东海王司马越，愿效犬马之节。司马越以之为参军，专掌文书，参预谋议，常与之咨访得失。每制书檄，应命而成，皆有文采。惠帝迁还长安（304），孙惠以迎驾之功，封临湘县公。

元帝司马睿派甘卓讨周馥（317），孙惠率众助卓，周馥败走。庐江人何锐为安丰太守，以他事收捕孙惠的下人，并将推罪于孙惠。孙惠之职，本不是江南政权所授，由此他常怕被谗毁，因此大惧，遂攻杀何锐，奔入蛮族。不久病卒。

254. 熊远为何建议晋元帝躬耕?

熊远（？～322），字孝文，豫章南昌（今江西南昌）人。熊远刚出仕的时候是县功曹，后来司马睿镇守建康（今江苏南京），以熊远为丞相主簿。当时“江东草创，农桑弛废”，农业生产受到较大破坏，熊远上疏建议督促农桑，恢复生产。他请求天子在立春之日，率领朝廷大臣，向上帝祈谷；皇帝亲自耕种，做百姓的表率，让百姓亲附朝廷。并且他认为，自战乱以来，“农桑不修，游食者多”，脱离农业的人越来越多了，这都是由于人们弃本（农业）逐末（商业）的结果。

《晋书》记载，熊远“有志尚”，召他为县功曹时，“不起”，勉强给他穿上官服，在众人催促下才上任；十几天之后就被推荐到郡守那儿，熊远却说：“我是推辞大的，不推辞小的。”坚决请求留在县里。后来王敦、沈充起兵叛乱，熊远拒绝接受伪官，并不给叛军运输军资，以保境安民为己任。

255. 陈頵于当时政治有何建议？

陈頵（jūn），字延思，陈国苦（今河南鹿邑）人。年少好学，有志向。其父修理宅门时，陈頵说：“您应该使宅门通得过马车。”他的父亲“笑而从之”。陈頵出仕为郡督邮，政绩第一，太守提拔他做了主簿，接着他又被征召为州官，果然乘马车还家，家族以他为荣。

永宁元年（301），西晋陷入“八王之乱”的大混乱中，陈頵当时写信给王导说：“中原之所以沦陷，政权之所以土崩瓦解，正因为我们用人不当。取用人才时，只看声望，不重实效；以浮华为高，互相请托，标新立异。说话好听的得到重用，真正有才能、不善言辞的人被弃置一旁。加上老子、庄子的思想迷惑朝廷，养名誉的人被看做高雅，勤于政事的人被看做俗人，没有人关心能否尽职尽责，以至于国家陷入混乱，政权摇摇欲坠。”所以，陈頵建议改革弊端，“明赏信罚”，只有如此，才有希望实现中兴大业。

永宁元年（301），赵王伦篡位时，三王起兵，制定“己亥格”，以论功行赏，其后论功虽小，都依“己亥格”而定，约有十年。陈頵以为不应该以之为常用制度，请自今以后废止“己亥格”。他认为起义以来，按照“己亥格”论功行赏，过于泛滥，使皇家官制受到严重干扰。

东晋太兴（318～321）中，陈頵上疏，认为自战乱以来，“贡举不试”，应该遵循原来的制度，搜求隐士，并以经籍考试；在军事将领的选拔上，应该“言问核试”，尽其所能，按个人的才能授予官职；要打破门第作风，不拘一格取人才。像西汉武帝时的金日（mì）磾，战国时秦国的由余，都在各自的时代里建立了功业。做到去华丽取质朴，那么就会“天地清平，人神感应”。

256. 高崧是怎样劝说权臣桓温的?

高崧，字茂琰，广陵（今江苏扬州）人。《晋书》称他“少好学，善史书”，简文帝司马昱辅政时，引为抚军司马。

桓温（312～373），字元子，谯龙亢（今安徽怀远西北）人。穆帝永和三年（347），出兵消灭割据益州的成汉李氏王朝，以平蜀之功封公，加征西大将军，权势日隆。司马昱当时为会稽王，对桓温心存疑忌。桓温从永和十年（354）到废帝太和四年（369），数次北伐，每次均因为军情不利而失败。

当时桓温大权在手，率众北伐，简文帝心里十分担忧。高崧说：“应该写信向桓温晓以祸福，他就会撤军。如果他不撤军，那么我们整顿军队，对他加以征讨，他的败亡很快就会到来。”

于是高崧为简文帝写了一封信，信中说：“目前国外寇乱是应该削平的，您现在出兵北伐，实在是为国家做长远的打算，除了您桓将军，天下再没有人能够担当此重任。但是，现在兴师动众，必须以我们的实力为基础。军粮和军械的运输，不能不深思熟虑。而且像北伐这样的大事，是常人所害怕的，我想您是知道这一点的。如果北伐一旦出现败局，那么国家大势去矣。我身为辅政，软弱无能，在内不能安抚百姓，保家卫城，所以心里感到十分悔愧，也觉着对不住众人的期望。我与您虽然职份不同，但是安社稷、保家国的目标是一致的。目前，天下的安危，全在您一个人的身上。安定国内，然后再图谋国外之事，使王权巩固，弘扬道义，还得靠足下呢。希望您能了解我的苦衷!”

257. 郭璞博学多才有哪些表现?

郭璞（276～324），字景纯，河东闻喜（今山西）人。爱好经术，《晋书》称他“博学有高才”。他跟随一个名叫“郭公”的人学习卜筮。郭公以《青囊中书》九卷与之，因此精通五行、天文、卜筮之术，能消灾免祸，治病救人。郭璞撰写了《洞林》，记载他前后给别人卜筮灵验的事迹。

郭璞虽不善谈论，却擅长写诗赋。他写的《江赋》辞调华美，被当世人称赞。后来写成《南郊赋》，晋元帝“见而嘉之”，就提升他当了著作佐郎。

郭璞爱好古文奇字。他注释了我国古代的字典《尔雅》，分别做了《音义》和《图谱》。他又注释了《三苍》、《方言》、《穆天子传》、《山海经》以及《楚辞》、《子虚》、《上林》等文学作品，著述达数十万言。

郭璞的卜筮有十分浓厚的神秘色彩。晋元帝永昌元年（322），王敦起兵谋反时，令郭璞预测成败吉凶。郭璞回答说："不成功。"后来王敦又问自己的年寿是多少，郭璞说："从卦象来看，您如果起兵，大祸不久就会临头。若按兵不动，驻扎在武昌（今湖北鄂城），您的年寿还会很长，很难测定。"王敦大怒，问郭璞知道自己能活多久，郭璞说："就在今天中午。"王敦怒不可遏，命令把郭璞押至南冈斩头。郭璞临走，得知在南冈行刑，对刽子手说："我肯定会死于有两棵柏树的地方。"到了之后，果如其言。他又说："这树上应该有个鹊窝。"众人寻觅，果然在密叶间找到一个大鹊巢。

郭璞给人占卜，大多这样神秘、诡异。

258. 葛洪在道教理论与实践上有何贡献?

葛洪（283～363），字稚川，号抱朴子，丹阳句容（今江苏）人。少好学，家贫，亲自伐薪以买纸笔，晚上写书诵习，以儒学知名。为人寡欲、木讷，不好荣利，闭门不交宾客。曾经不远千里，寻师问理义，于是遍览典籍，尤好神仙导养之法。其从祖葛玄，《晋书》称他"学道得仙"，号曰"葛仙公"。葛洪师事葛玄弟子郑隐，学得炼丹秘术，后来又师从南海太守鲍玄，学占卜、医术。

葛洪著有《抱朴子》，即以自己的号为书名。这本书是道教史上的划时代著作。

葛洪道教思想的来源有三方面。一是汉代方仙道和黄老道中流传下来的《黄帝九鼎神丹经》、《太清金液神丹经》等外丹黄白术道书；二是《三皇文》、《五兵真形图》等符箓；三是他家族世代相传的《灵宝经》。这三方面成为葛洪写作《抱朴子》的资料。《抱朴子》是秦汉以来方仙道和黄老道传统的继承和总结，同时又为新起的神仙道教奠定了神学体系和理论基础。他在书中提出"欲求仙者，要当以忠孝、和顺、仁信为本"的思想，调和了神仙道教和儒家礼教的关系，增强了道教的社会教化作用。另一方面，葛洪的理论，冲破了方仙道中一些不合时宜的规矩，改革了其中的一些弊病，为士族道教向社会布道开辟了一条新路。这样，葛洪的《抱朴子》，实际上是一本集神仙思想之大成，适应道教发展的需要而出现的承前启后、继往开来的道教典籍。

葛洪晚年在广州罗浮山炼丹，在山多年，优游闲养，著述不止，年八十一卒。死后颜色如生，身体很柔软，很轻。世人都认为葛洪是得道成仙了。

259. 庾亮于晋室有何功过?

庾亮（289～340），字元规，颍川鄢陵（今河南鄢陵北）人，东晋明帝皇后之兄。《晋书》称庾亮“美姿容，善谈论，性好庄、老”，为人严整有礼节。时人都害怕他方正、严肃，无人敢拜访他。东晋初年曾经“侍讲东宫”，劝皇太子（后来的明帝）不要留心于法家刻薄的刑法作风。王敦大将军与庾亮谈论，被庾亮的谈吐所吸引，不知不觉把自己的座位向庾亮靠近，并称赞说：“庾元规真是贤人啊!”

明帝即位（322），以庾亮为中书监。他上书推辞说：“我没有什么才能，却受到先帝和您的眷顾，十年之间，身居要职，但是我身为皇室外戚，不能以私情损害天下公道，必须吸取西汉、东汉因外戚而败亡的教训。如果信任外戚，那么百姓会起疑心，祸患将很快到来。过去的历史经验教训，是应该记在心里的。”庾亮坚决推辞，明帝听取了他的意见。

王敦谋反前，内心非常顾忌庾亮，而表面上十分敬重他。庾亮忧惧不已，正赶上有疾病，辞官。王敦起兵时，庾亮身为左卫将军，率兵迎战王敦的部将，取得战功，封公，赐财物，庾亮推辞不受。

明帝病重，不愿见大臣，群臣没有办法觐见皇帝。当时宗室诸侯王司马宗、司马羕（yàng）等人有谋乱的野心。庾亮径直入宫，流泪不止，揭发诸侯王叛乱的事情，劝明帝及时决定辅政大臣，安稳社稷。于是庾亮和王导被任命为辅政。庾亮身为帝舅，政事都听从他的决断。

庾亮辅政，不够宽和，因此失去不少人心。而且明帝临死前褒奖大臣，名将陶侃、祖约不在其中，陶、祖两人怀疑是庾亮私改诏书，由此对庾亮有怨言。庾亮害怕发生变乱，于是派部将温峤布兵防备。此时，诸侯王司马宗图谋废除执政大臣，庾亮杀司马宗而且废掉司马宗的兄长司马羕，天下都认为庾亮要剪除宗室。

司马宗的同党投奔苏峻，苏峻将其藏匿，而且任用没有户口的流民。庾亮认为苏峻必定谋乱，于是征召苏峻入朝为官。满朝大臣以为不能这样做，庾亮不听，结果苏峻与祖约果然于东晋咸和三年（327）起兵谋反。庾亮率兵不能控制苏峻的攻势，军队弃甲而散，他只好投奔他人。后来庾亮得到陶侃帮助，派将军讨伐苏峻的部将，又被击败。庾亮为此专门向陶侃谢罪，陶侃说："古人尚且有三次失利的经历，您不过失败两次而已。现在情势危急，不应讨论功过。"于是庾亮率两千人迎击苏峻万余步兵，激励将士，殊死奋战，打退苏峻，斩首数百。

庾亮在苏峻之乱平定后，上疏自责，请求辞官和处分，让天下知道他的罪过，皇上下诏赦免，庾亮于是请求去地方效力，出镇芜湖。

咸和五年（330），庾亮率兵两万，会同太尉陶侃讨平郭默之乱，庾亮还军不受爵赏。陶侃写信说："赏罚和升降，是国家讲信义的必然做法，您怎么就只知道做谦让君子而不顾国家制度呢？"庾亮说："这是元帅您指挥得当，我只是尽力而已，何功之有？"遂苦辞不受。

当时丞相王导辅政，皇上年幼，时局艰难，王导以宽和为政，不拘小节，大臣们因为王导任用的官吏多不遵法律而忧心。庾亮想出兵废掉王导，为人所劝，不果。庾亮虽然出镇在外，却控制朝政，为此丞相王导心内不平，有一次碰上一阵西风扬尘，他举起扇子 说："从庾亮那儿来的灰尘污染人！"

东晋咸康五年（339），庾亮图谋收复中原，因为与敌军实力悬殊，且道路险阻，被敌军偷袭，损兵折将。庾亮忧愤而死。

260. 庾怿为何饮鸩自杀？

庾怿（yì）（293～342），字叔预，庾亮之弟，年轻时被庾亮称为"通简"。他曾参与讨平苏峻叛乱，以功封爵，历任太守、刺史、将军等职，掌有军权。有一次他派部下迎接将士的妻子儿女，却被他派出的人劫持逃亡到少数民族政权后赵，因此被贬职。

庾怿曾经送给晋成帝白色的羽扇，成帝嫌羽扇不新，又还给了庾怿。成帝的侍从说："庾怿给您的扇子，是因为好才给您，不是只看新旧。"庾怿听说之后，说："这样的人应该在皇上身边。"后来他想用毒酒谋杀江州刺史王允之，王允之发觉不妙，把酒喂狗，狗被毒死，于是向成帝密奏。成帝说：“大舅（庾亮）已经把天下搞得乱七八糟，小舅（庾怿）也要这样吗?”庾怿听到成帝的责备，饮鸩自杀。

261. 庾冰为政风格如何?

庾冰（296~344），字季坚，庾亮之弟。兄弟都好礼，世有重名，庾亮以庾冰为家族之宝。苏峻叛乱时，庾冰立功而不受封侯。

咸康五年（339），丞相王导死，庾冰的兄长庾亮固辞不任执政，众望归于庾冰。他肩负重任，忙于政务，不舍昼夜；礼贤下士，提拔后进，因此朝廷上下称他为“贤相”。当初王导辅政，以宽惠为本，而庾冰“颇任威刑”，有人劝谏他，庾冰说：“以王丞相之贤，实行宽大的政策却还是有弊端，何况是我们这样不如王丞相的人，怎能再行宽惠呢？我现在只有竭尽所能罢了。”庾冰曾经核实户口，查出万余无名之人，都充实到军队中去。

朝廷重新论功行赏，庾冰上疏说：“臣家门不幸，以驽钝之才，协助朝廷，却给国家带来不少失败和灾难，如果按晋国法令，早就该杀了。因为时局艰难，法令暂时不能执行，我们庾家才能有机会为朝廷效力。怎么能再计算自己的功劳去接受封赏呢？请陛下体会臣的内心，臣心愿足矣！”成帝允许了庾冰的请求，不论庾冰之功。

成帝病重时，诏命不得见。当时有人造作皇上的命令，让百官不得进宫，大臣都害怕不已，不辨真假。庾冰神色自若，说：“这肯定是假的。”后来果然如他所言。

咸康八年（342），晋成帝死。庾冰以舅氏掌握朝政，权倾人主。他害怕换帝之后，庾氏被疏远，遂立成帝的弟弟司马岳为帝，是为康帝。

庾冰天性清静谨慎，生活很俭约。他的儿子曾经买官府的丝绢，庾冰大怒，打了儿子，并买丝绢还给官府。他在临死前，对部下说：“我就要死了，只恨没有施展报国之志，真是命该如此！我死之后，不要穿官服，只穿我的家常衣服就可以。”他身居大位，不娶妾，不积财，当世以之为高。

262. 庾翼北伐情况如何?

庾翼（305~345），字稚恭，庾亮弟。《晋书》记载他“风仪秀伟，少有经纶大略”。当时才名冠世的殷浩等人，庾翼都不加重视，对别人说："这些人现在应该束之高阁，等天下太平了，再看看他们适合做什么吧！"桓温当时年龄不大，庾翼就对成帝说："桓温有英雄之才，愿陛下不要把他当常人对待。将来他肯定是国家栋梁，能够建立拯救危难的功勋。"

咸康六年（340），庾亮死，庾翼代之为都督江、荆、司、雍、梁、益六州军事，荆州刺史。朝野上下都认为庾翼凭借帝舅之尊，这么年轻就担任要职，责任重大，恐怕不能胜任。庾翼竭尽所能，"劳谦匪懈，戎政严明"。数年之中，"公私充实"，非常得人心，因此黄河以南都归附东晋，连后赵石虎的太守都率领数千人归降庾翼。

庾翼素有大志，常以灭胡平蜀为己任，"言论慷慨，形于辞色"。康帝即位（342），庾翼认为后赵石虎年老无德，朝政混乱，请求率兵北伐。他遣使者联合燕王和凉王两部分力量，准备大举攻击后赵和成汉。于是庾翼于建元元年（343）在其所统六州中征发车牛驴马，发兵北进。

庾翼上奏请求移镇安陆（今湖北云梦），康帝及朝臣均遣使劝阻，庾翼不听，违诏北上，至夏口（今湖北武汉黄鹄山），上表移镇襄阳（今湖北襄樊一带）。朝廷下诏加庾翼都督征讨诸军事，命庾冰出镇武昌，为庾翼后援。

次年七月，庾翼部将桓宣被后赵击败；九月，晋康帝病逝；十一月庾冰死。内忧外患之下，庾翼还军夏口，这次北伐就此不了了之。后来，庾翼"缮修军器，大佃积谷"，想再次北伐，可是第二年（345），发病而死。北伐对庾翼终成一梦。

263. 桓彝与苏峻之战结局如何?

桓彝（276～328），字茂伦，谯国龙亢（今安徽怀远）人。"少孤贫"，虽然过着"一箪食，一瓢饮"的清苦生活，却处之安然。《晋书》称他有"人伦识鉴"，拔才取士，或者从默默无闻的人当中选择人才，或者在怀抱中的小孩他也能辨别贤愚。桓彝与庾亮有很深的交情，庾亮曾经拜托他寻找一位适合在吏部为官的人才。后来桓彝向庾亮推荐说："我已经为你找到合适的人了。人所应当具备的他也不一定有，人所应该没有的他也不一定没有。我认识的徐宁学问广博，品德高尚，真是一位清绝之士啊！"于是痍亮就任用了徐宁做吏部郎。

王敦谋乱时，他以平乱之功封爵，被举荐为宣城（今安徽宣州）

内史。咸和二年（327）十一月，苏峻叛乱，桓彝召集部众，欲赴朝廷，他的部下裨惠认为兵力弱小，应该先按兵不动，慢慢地做打算，桓彝厉声地说："见到对国君无礼的人，我们应该像鹰逐鸟雀一样地对待他。现在社稷危难，我绝不会独自苟安！"于是遣将军朱绰讨贼。当时朝廷的军队屡次打败仗，桓彝听说后，"慷慨流涕"，进兵泾县（今安徽泾县北）。当时有不少州郡投降苏峻，裨惠又劝桓彝暗中与之通好，以避临头大祸。桓彝说："我受到国家的厚恩，只有杀身成仁，怎么能够忍辱含垢与反叛的丑类通好！如果我此次不成功，那只是宿命如此吧！"他派将军俞纵与苏峻部将韩晃交战于兰石（今安徽泾县东南）。

桓彝部将俞纵交战不利，左右都劝俞纵退军。俞纵说："我受桓将军知遇之恩，必以死相报。我不会辜负桓将军，正像桓将军决不会辜负朝廷一样。"遂战死。桓彝与敌军对垒经年，势单力孤，敌人放言："桓彝若投降，我们一定会优待他。"将士劝说桓彝先假装投降，日后再举兵报国。桓彝不听，"辞气壮烈，志节不挠"。城陷被杀，年五十三。

桓彝生前与郭璞友善，曾让郭璞为自己卜筮。结果出来后，郭璞立即毁坏掉。桓彝问他是什么原因，郭璞说："这一卦和我自己的卦一样（指死于兵乱）。大丈夫碰上这种命运，真是无可奈何！"没想到事实竟和郭璞的卜筮相同，二人都死于非命。

264. 桓石虔勇猛有何表现?

桓石虔（？～388），小名镇恶，桓彝之孙。《晋书》称他"有才干，矫捷绝伦"。他跟随父亲打猎时，有只猛兽被箭射伤伏地，诸将向来知道桓石虔勇猛，就开玩笑让他去拔猛兽身上的弓箭。石虔快步前去，拔出一箭，猛兽疼得跳起很高，石虔也跳了起来，比猛兽跳得还要高；猛兽趴下后，他又拔得一箭。他跟随桓温作战，叔父桓冲被敌军包围，石虔驱马杀入敌阵，从数万众中救回叔父，三军为之叹服，威震敌人。当时有人患疟疾，只要突然喊一声"桓石虔来了"，吓唬一下，病人大多痊愈。桓石虔的勇猛就是让人这么害怕。

东晋太元六年（381）十一月，前秦派遣大将阎振等率兵两万进攻东晋竟陵（今湖北天门）。桓石虔和弟弟石民率水陆两万应战。秦军临河屯兵，石虔设计在夜里渡河，刚过河，秦军发觉，石虔乃力战破之，擒拿大将阎振，斩首七千，俘获万人，马数万匹，牛羊千头。桓石虔乘胜追击，赶走了前秦兖州刺史，纳降两千家而还。

265. 桓冲因何事惭恨而卒?

桓冲（328~384），字幼子，桓彝子，桓温弟。史称“有武干”，深得桓温器重。随桓温征伐有功，都督荆、雍、扬三州七郡军事。又随桓温破叛将姚襄，封公。桓温去世后，代之为扬、豫二州刺史。不欲专权，尽心国事，宁康三年（375），自解扬州刺史于谢安，出镇京口（今江苏镇江），桓氏部众苦谏不从，他“处之澹然，不以为恨，忠言嘉谋，每尽心力”。后领荆州刺史，加强了东晋在长江中游抵御前秦的力量。

晋太元三年（378），前秦攻晋，桓冲屯兵上明（今湖北松滋西）。次年二月，前秦攻陷襄阳，生擒守将朱序。朱序是桓冲部将，被擒后在前秦为官。淝水之战时（383），朱序在秦军阵后大呼“秦军败矣”，使秦军军心动摇，一溃不可止。他于战后归晋，为刺史，后都督六州军事。当年八月，前秦发八十万大军攻晋，桓冲以为京师守军力量不够，发精兵三千赴京师助援，而谢安闻敌军在近，想“外示闲暇”，以安军心，对桓冲说三千兵力对大局来说无关紧要，于是拒绝了桓冲。当时谢安已经派遣子侄谢琰、谢玄以及其他将领，桓冲认为这些人不太可信赖，对自己的部下说：“谢安的道德名望，少有人比，他具备宰相的器量；可是带兵打仗不是他的长处。目前大敌当前，他却游玩不已；虽然派遣了将领，但都没经过什么锻炼，而且军力疲弱，我已知道胜败的结局了，我们就要被异族统治了！”之后晋军大破前秦，桓冲又听说自己以前的部将朱序也立功返晋，他本来就身患疾病，“加以惭耻”，病卒。

266. “卿家痴叔”是谁?

王湛（249~295），字处冲，西晋太原晋阳（今山西太原）人。年少时就有见识气度，史书称他“身长七尺八寸，龙颡（sǎng，额）大鼻，少言语。”为人有德，但很少有人了解他，家中弟兄都认为他患有痴病，只有父亲觉得王湛不同寻常。父亲去世后，王湛“阖门守静，不交当世”，过着清俭淡泊的生活。

王湛有个侄子叫王济，非常有才气，向来没把叔叔王湛放在眼里。吃饭的时候，他把盛饭的器皿放在离叔叔够不到的地方；王湛让王济去拿蔬菜果品，王济拿来只管自己吃，一点也不讲究叔侄之礼。有一次，王济去看叔叔，发现床头有本《周易》，于是问道："叔叔用这《周易》做什么?"王湛说："身体不舒适的时候，拿来看一下而已。"接着王湛就给王济"剖析玄理"，讲得很微妙有趣，而且都是王济以前从来没有听说过的学问。王济听后，不觉肃然起敬。于是在叔叔家连日连夜地向王湛讨教，觉得学问日增。他叹道："我真是有罪过呀，自己家里就有这样的名士，我竟然三十年不知。"

晋武帝司马炎，也一直认为王湛比较痴，每次见到王济，都开玩笑说："卿家痴叔死未?"以前王济不了解叔叔，无法回答。有一次武帝又问，王济回答说："臣的叔叔实际上不痴。"他向武帝盛赞王湛。武帝问他王湛可比得上哪位名士，王济说："山涛以下，魏舒以上。"当时的人觉得王湛上比山涛不足，下比魏舒有余。山涛、魏舒都是当世名人，王湛听到这个评价后说："这是要把我放在第一和第二之间吧。"

267. 王承为何成为渡江名臣之首?

王承，字安期，王湛之子。少有重名，史称"清虚寡欲，无所修尚"，"言理辩物，但明其指要而不饰文辞"，时人佩服他"约而能通"。他是一位精通大义而不寻章摘句的通才。

西晋永宁（301）时，为骠骑参军。"值天下将乱，乃避难南下"。惠帝末，参与迎接圣驾从长安还都洛阳，以功封蓝田（今属陕西）侯。东海王司马越以王承为参军，对自己的儿子说："从书上学到的东西体会得浅，亲身感受才能体会得深。你学习礼度，不如具体看一个人的举止；体验玩味圣人遗言，不如聆听一个人优雅的谈吐。王参军是人伦表率，你要向他学习。"

王承做东海太守时，"政尚清净，不为细察"。他的部吏中有人偷盗官府水池中的鱼，依法当重罚，王承说："周文王的园囿尚且与众人共享，我又怎会爱惜池鱼呢!"有人夜里被拘捕，王承问是什么原因，那人说："我跟老师学习，没觉得天已经这么晚了，所以触犯夜禁。"王承命部吏护送他回家。王承执法大都这样宽恕。

南渡时，道路阻塞，同行的人都害怕不已，却没见过他忧喜的脸色。有一次到了一座山上，他登高面向已沦陷的北方，叹道："人们都说愁，现在我真开始发愁了。”到达建邺（今南京）后，晋元帝对他非常礼待。

王承年轻时就已经名满天下，而且他南渡之后，“推诚接物，尽弘恕之理”，待人接物，宽宏大量，所以没有人不敬爱他。当时渡江名臣王导、卫玠（jiè）、周顗、庾亮等，名声都在王承之下，号称“中兴第一”。

268. 王述为人有哪些值得称道之处?

王述（303～368），字怀祖，王承之子。《晋书》记载，“少孤，事母以孝闻”，“安贫守约，不求闻达”。他性格沉稳安静，三十岁尚未知名，有人说他患有痴病。王导请他做下属，庾亮问王导：“王述这人怎么样?”王导说：“真独简贵，不减父祖，然旷澹处，故当不如尔。”指王述的真率独立，简洁尊贵，与他的祖父王湛、父亲王承是不相上下的，但不如祖父、父亲旷达。有一次王导和下属谈话，王导每讲几句话，众人都竞相赞美，只有王述正色说：“人非尧舜，何得每事尽善!”王导听后，向他表示歉意和感谢。

王述做县令时，因为家里贫苦，接受了不少馈赠，被检举。王导派人责备他：“你作为名士的儿子不怕做官没有俸禄，现在你做这个县令，不应该这么做。”王述回答说：“足自当止。”当时人都不理解是什么意思。后来，王述历任州郡要职，“清洁绝伦”，把个人俸禄和所受赏赐都用来救济亲友故人，家里的东西一直不曾改换，这才被人们称叹。

王述在当官接受职务时，从来没有虚伪地辞让过。他的儿子对他说：“按照惯例是应该辞让的。”王述说：“你觉得我不能胜任吗?”他儿子说：“并不是您不胜任。只是您表示谦让本身就是一件让人赞扬的好事。”王述生气地回答：“既然能够胜任，那还谦让干什么？人们都说你比我强，我看你真不如我。”

王述的儿子王坦之在桓温手下做官。桓温想让自己的儿子娶王坦之的女儿。王坦之回家对父亲说了这件事，王述大怒，骂道：“你是真的痴了吧！你怎么可以因为害怕桓温，就把女儿嫁给当兵作战的人。”王坦之于是找个其他的借口推辞掉婚事。

王述为人真率，但性格非常急躁。有一次他吃鸡蛋，用筷子夹不住，“便大怒掷地”。鸡蛋在地上转动不止，他跳到地上，拿木鞋想踩破鸡蛋，又没踩着。他瞪起眼睛，把鸡蛋放进口里咬碎，吐到地上方才解恨。后来做官却改了性格，碰上性格粗鲁的人骂他，也不搭理，只是一个劲地面壁。当时人们对他的忍让很是钦佩。

269. 王坦之忧国疾俗有何表现?

王坦之（330～375），字文度，王述子。二十余岁与郗超（字嘉宾）“俱有重名”，时人为之语曰：“盛德绝伦郗嘉宾，江东独步王文度。”当时有位主管任用官吏的人想任命他做尚书郎，王坦之听了之后说：“自从晋朝过江以来，尚书郎这个职位只选用第二流人物，为什么选择我呢！”那位主管只好作罢。

《晋书》称王坦之“有风格”，抨击当时“时俗放荡，不敦儒教”，写了《废庄论》，引用西汉扬雄的话“庄周放荡而不法”批评庄子，认为庄子的理论使风俗颓丧，“利天下也少，害天下也多”。他认为天道是“利而不害”，圣德是“为而不争”，这才是修习道德仁义的标准。

简文帝司马昱临死前，下诏让大司马桓温摄政。王坦之手拿诏书，在简文帝面前撕毁，对简文帝说；“天下是宣帝（司马懿）和元帝（司马睿）的天下，陛下怎么可以轻易托付给别人！”于是重新改定了诏书。

桓温死后，王坦之与谢安辅政，他上表给孝武帝（司马曜），劝谏皇帝要以孝敬为本，委任贤能；他盛赞谢安、桓冲是“社稷之臣”，二人受知于先帝，肯定会竭尽忠贞，尽心尽力报答朝廷。他认为事无大小，必须要向谢、桓咨询。王坦之觉得新皇帝年纪尚小，缺乏政治经验，要靠皇太后加以训导，“以成天德”；对皇室诸侯王以及公主，应该让他们学习仪礼制度，加强皇室的感情和团结，这是达到“显扬祖考（祖宗），保安社稷”的必要措施。

谢安爱好声律妓乐，王坦之几次苦谏，认为应该以天下为念，不宜沉溺过度。他认为天道是“以私成名”，二仪（阴阳）是“以至公立德”，“至公无私”乃是天地成功、圣人济化的原因，对当时因私废公的风气提出批判。

当初，王坦之与僧人竺法师相友善，曾经讨论过生死报应。几年后，竺法师突然出现，对王坦之说：“我已经死了，知道福祸报应一点不假。你应当勤修道德，以便能够通达上天神明。”话说完就不见了。王坦之不久即去世，年仅四十六。他临终写信给谢安、桓冲，“言不及私，唯忧国家之事”，朝野都非常痛惜。

270. 王国宝是如何贪佞不法的?

王国宝（？～397），王坦之子，谢安婿。史称“少无士操”，谢安非常厌恶他，一直不用他做官。王国宝的从妹是会稽王司马道子的王妃，由此与司马道子交游，常谮毁谢安。

后来司马道子辅政，以王国宝为中书令，二人“持威权，煽动内外”。中书郎范宁是王国宝的舅舅，为人儒雅方正，痛恨王国宝阿谀奉承的做派，劝孝武帝废黜他。王国宝非常害怕，就通过司马道子把范宁贬到外地去。王国宝的弟弟病死后，他请求辞官迎奉母亲并奔丧，皇帝允许后他却不及时出发，被御史中承检举，王国宝惧罪，于是穿上女人的衣服，假称是王家的奴婢，跑到司马道子那儿求情，并得到了皇帝的原谅。在一次宴会上，王国宝借酒使气，捋起袖子，大声喧闹，拿酒器、菜盘打人，被弹劾罢官。

王国宝复职后，更加不遵法度，盖的斋房竟然仿制皇家样式。皇帝厌恶他奢侈僭制，于是王国宝跑到皇帝身边去献殷勤，并且借此疏远司马道子。司马道子大怒，不仅当面责骂他，还拿剑打他，二人的交情完全不复存在。

王国宝“贪纵聚敛，不知纪极”，搜刮的珍宝不计其数，光是妓妾就有一百多人。后来王恭起兵讨伐司马道子、王国宝干乱朝政，司马道子为了保住自己的权位，把王国宝当作替罪羊杀了。

271. 王忱放达有何表现?

王忱（？～392），字元达，王坦之子。二十岁已经“流誉一时”。一次去拜访舅父范宁，正好碰见张玄，范宁让王忱与张玄交谈一下。张玄整理好衣服，严肃地坐着等王忱开口，结果王忱一言不发，让张玄很失望地离去。范宁责备他：“张玄是人中秀才，你怎么不和他交谈?”王忱笑着说：“张玄如果希望和我相识，他自己可以来拜见我。”范宁说道：“你可真是风流洒脱，后来之秀。”王忱接着说：“没有舅父您，哪儿来的风流洒脱的外甥我呢?”后来张玄果然正式地去拜见了王忱，二人结交甚欢。

太元（376～397）中，王忱出任荆州刺史，都督三州军事，“自恃才气，放酒诞节”，人们认为他这么年轻却担任要职，都担心他失职。而他“威风肃然”，实际上干得相当好。桓玄（桓温子）当时势力很大，一切都不放在眼里，王忱常常抑制他。有一回，桓玄去拜访王忱，通报的人还没回来报信，桓玄直接坐着轿就进去了。王忱看也不看桓玄，拿鞭子对着门抽，桓玄生气地走了，王忱也不加挽留。

王忱晚年不拘小节，特别爱喝酒，有时醉得连月不醒，或者光着身子游玩，说自己三天不饮酒，就觉得身体和精神不在一块了。他的岳丈有凄惨的事情，正在痛哭，王忱借着酒劲来慰问，与同来的十几个人，胳膊挎着胳膊，披发裸身，绕着他岳丈转了三圈就走了。他的行为多数是这么怪异。

272. 荀崧于晋室有何贡献?

荀崧（262～328），字景猷，颍川临颍（今河南临颍西北）人。“志操清纯，雅好文学”，为当时名流王济等人所器重，认为他“德性纯粹”，在家庭兄弟当中无人能比。

晋元帝即位，以荀崧为尚书仆射，与刁协共同议定中兴礼仪。后来担任太常，当时正“修学校”，裁减博士（经学博士），荀崧以为不可行，他上疏认为：西晋置国子博士，一可以“应对殿堂，奉酬顾问”；二可以“参训（教导）国子”，弘扬儒道；三可以制定皇家礼仪、宗祠法制。于是他请求置立被裁减的仪礼、公羊、谷梁及郑（东汉郑玄）易四家博士，以“恢崇道教”，兴复儒学。荀崧的建议被元帝认为是“经国之务”，为政之由。

晋元帝驾崩后，群臣商议如何确定庙号，荀崧以为元帝“天纵圣哲，光启中兴”，其功业道德可与前代贤君相比，定庙号为“中宗”。

王敦谋反，他平乱有功封爵，后来苏峻叛乱，荀崧与王导等人共同侍卫成帝，虽然已经年老多病，但是寸步不离皇帝，保驾有功。

273. 范宁著述情况如何?

范宁，字武子，“少笃学，多所通览”。因为被桓温厌恶，所以一直到桓温死前，都没有出仕为官。桓温死后，他做过一任县令，“在县兴学校，养生徒，洁己修礼，志行之士莫不宗之”。不久就风化大行。自从东晋建立以来，从来没有人像范宁这样崇敬儒学教育。

范宁认为自从三国时期王弼、何晏鼓吹玄学以来，世人崇尚虚浮，以致儒雅灭绝。他说王、何两人“蔑弃典文，不遵礼度，游辞浮说”，影响后人；“饰华言以翳实，骋繁文以惑世”，使士大夫“翻然改辙”，孔孟之风，为此坠落;“仁义幽沦，儒雅蒙尘，礼坏乐崩，中原倾覆”;“古人所谓的言辞虚伪而巧辩，行为邪僻而固执的人，不就是王弼、何晏这类人吗?”范宁进一步认为，桀纣暴虐的结局，只不过使自己的国家灭亡，为后世借鉴而已，怎么会影响干扰他人的视听呢？王、何二人身居富贵之中，担负朝廷要职，其学说的罪过真是超过了桀纣。他以为“一世之祸轻，历代之罪重，自丧之衅小，迷众之愆大”。以桀纣之罪比喻王、何，可见他对王、何的批判是非常尖锐的。

范宁后来患了眼病，辞官之后，勤修经学，终年不辍，著有《春秋谷梁氏集解》，“其义精审，为世所重。”

274. 刘惔明鉴有何表现?

刘惔（dàn）（313～348），字真长，今安徽濉溪西人。少时家贫，织草鞋卖钱养活母亲，虽然生活清苦，居住在“筚门陋巷”，而处之泰然。人们都认识不到他的才分，只有王导器重他。刘惔善于谈论，时人很少能够超过他。

刘惔与书圣王羲之相友善。郗愔是当世名人，家有奴仆“善知文章”，王羲之很喜欢，常常在刘惔面前称扬这个奴仆。刘惔说：“这个人比得上郗愔吗?”王羲之说：“不过是地位低下的小人而已，怎么能与郗公相提并论!”刘惔说：“既然比不了郗公，不过是个平常之辈吧，有什么值得称道的!”谢安隐居不仕，王羲之对刘惔说：“我们应当一起推举谢安出来做官。”刘惔回答说：“如果谢安在东山隐居时，志向已定，我们应该和全天下共同推崇他。”

刘惔对桓温的才气很赏识，他评价桓温说：“鬓如反猬皮，眉如紫石棱，自是孙仲谋、司马宣王一流人。”把桓温和吴国皇帝孙权、西晋宣帝司马懿相比，评价非常高。然而，刘惔也深知桓温不甘心久居臣下，会有篡位之心。永和元年（345）桓温为荆州刺史时，刘惔以为荆州地势险要，劝穆帝自镇荆州，对桓温的权位名号要加以抑制，穆帝不听。永和三年桓温伐蜀，时论都以为未必成功，只有刘惔认为必胜，担忧桓温势大将“专制朝廷”，事实的发展一如所言。

刘惔做官期间，“为政清整，门无杂宾”。死后，有人为他写诔文：“居官无官官之事，处事无事事之心。”当时人都以之为名言。

275. 韩康伯少时有何异才?

韩伯，字康伯，颍川长社（今河南长葛东）人。小时候他家中很贫穷。有一年天气非常冷，母亲正在给他做棉袄，让韩康伯拿着熨斗，对他说："现在把袄做好，以后再给你做夹裤。"康伯说："不需要做夹裤了。"母亲问他原因。他回答说："炭火在熨斗里，而斗柄是热的。现在有了棉袄，腿自然暖和。"他的母亲感到很惊异。《晋书》称他"清和有思理，留心文艺"。他舅父殷浩评价他说："康伯能够立志成才修德，将来必定是出群之器。"同郡庾龢（hé）名重一时，很少佩服人，却常称赞韩康伯与王坦之说："思理伦和，我敬韩康伯；志力强正，吾愧王文度。至于其他人，我都强过他们百倍。"

其后，简文帝引之为谈客，并先后任他为中书郎、豫章太守，入为侍中。当时有个叫周勰的官员，崇尚庄老的旷达不拘，居丧时不守礼节，韩康伯不与他交往。时人都害怕康伯的严正，认为他能"澄世所不能澄，而裁世所不能裁"。

韩康伯写过《辩谦》一文，以折中王坦之与袁宏关于"公谦"的争论。

276. 王廙为何令荆州人士失望?

王廙（yì）（276～322），字世将，王导堂弟，晋元帝司马睿的姨家兄弟。史称"少能属文，多所通涉，工书画、善音乐、射御、博弈、杂伎"。他曾写《中兴赋》赞美元帝中兴，并自称"少好文学，志在史籍"。

王廙在西晋永嘉时避乱渡江，为元帝司马，参与讨伐周馥、杜弢之乱，以功封邑，任冠军将军。后来王敦任他为荆州刺史。原来陶侃是荆州刺史，因与王敦不合，被王敦调离荆州，以王廙代之，陶侃部将马俊与杜曾连兵阻拒王廙。其后王敦派军帮助王廙击溃杜曾等人，王廙才到荆州上任。他上任后，"大诛戮（陶）侃时将佐及征士皇甫方回"，于是"大失荆士之望"，人心背叛。元帝只好征召他为辅国将军，离开荆州。

王廙性格"俊率"，曾经乘风鼓帆，早上发自寻阳，黄昏到达京都，"倚舫楼长啸，神气甚逸"。王导对庾亮说："世将这是伤心时事吧。"庾亮说："他正是抒发逸气罢了。"

王敦谋乱时，元帝派王廙劝阻王敦，没能阻止王敦，反被王敦留职，“受任助乱”，不久即病死。

277. 王彬不畏王敦有何表现？

王彬（278～336），字世儒，王廙弟，和王廙一起渡江，先后任长史、参军，后为侍中。

王敦举兵入石头城，元帝派王彬到王敦军中劳问。当时，他的好友周顗刚被王敦杀害，他哭得很伤心。见到王敦后，王敦觉其面容有异，问他怎么回事，王彬说：“刚才为周顗哭，还未能忘情。”王敦生气地说：“周顗是自寻死路，关你什么事！”王彬回答道：“周顗是位长者，而且是您的亲友，他虽然不是大忠臣，但也不是阿党谄媚的人；而且你在他被赦免后又杀了他，这正是让我伤心痛恨的。”接着又责备王敦：“你扯旗造反，杀害忠良，图谋不轨，这是灭门之祸。”说到激动处，“音辞慷慨，声泪俱下”。王敦羞愧难当，厉声说：“你竟敢如此狂悖，你以为我不敢杀你吗？”当时王导也在场，劝王彬向王敦谢罪，王彬说：“自从我有脚疾以来，见到天子还不想跪拜，怎能下跪谢罪？又有什么好谢罪的！”

王敦继续说：“你说脚痛跟砍头哪个更痛？”王彬“意气自若”，毫不害怕。后来王敦决定举兵攻京师，王彬苦谏，王敦示意左右把王彬抓起来，王彬正色严辞地质问：“你已经杀害了兄长王棱，如今又要杀害兄弟吗？”王敦终于以亲情容忍了王彬。

278. 王彪之有何谋略？

王彪之（305～377），字叔武，王彬子。“年二十，须鬓皓白”，时人谓之“王白须”。

永和七年（351），桓温声言北伐，表示对朝廷任用殷浩与自己抗衡的不满。他率四五万大军顺江而下，移军武昌（今湖北鄂城），朝廷大惧，人情震骇，有人劝殷浩引身告退。王彪之对司马昱说：“这不是保社稷为您着想的办法，只是有人害怕，为自己打算而已。如果殷浩去职，人情崩骇，天子无人援助，那样的话，要是有人担负后果，不是殿下您还是谁？”他又对殷浩说：“桓温上表问罪，正是冲您来的。事已至此，您想做平常百姓也不可能了。暂且静观事情的变化。现在应该先写信表示朝廷款诚之意。如果桓温不听朝廷命令，再做打算。假如我们先乱了阵脚，必将出大乱子。”殷皓说：“决定大事太难了，近来让我很烦闷。听了您的话，我才真放心了。”后来桓温果然奉旨还军。

永和年间，官职、官员渐多，迁徙很快。王彪之时任吏部尚书。他上疏认为，官多则缺员多，以致迁徙太快，前后去来，你代我补，使得职事不修，朝风不澄，而且贤鄙共进，清浊同官，应该裁并官职；可并太学，罢无兵军校；其他诸官，不做实事的，该停该废的一律不再设官员。他认为省官之后，可以提高办事效率，净化风气，减少官俸的负担，免除衙门的烦扰。

太和四年（369），桓温镇姑孰（今安徽当涂），位高权重，四方皆遣奉纲纪以示修敬，独王彪之不肯。他认为朝廷既有宰相，不宜以诸事咨于大司马桓温。桓温怨恨他，几次找借口罢免王彪之。之前豫州刺史谢奕卒，司马昱问王彪之谁可继任，并问桓温之弟桓云怎么样，王彪之说：“桓温已经占据荆州上游，再让他的兄弟任豫州刺史，这样兵权都在桓氏一门，不是安稳国家之计。您只要选派一个和您同心同德的人就可以。”

咸安二年（372），简文帝病死，群臣未敢立嗣，都认为应该由大司马桓温处分。王彪之说：“天子驾崩，太子即位，哪里容得大司马有什么异议？”于是乃立孝武皇帝。

宁康元年（373），桓温病卒，其弟桓冲与谢安共掌朝政。谢安不欲桓冲当权，以先帝新丧，孝武年幼，请太皇太后临朝称制。王彪之认为，在以前的惯例，皇帝太小，母子一体，故太后可以临朝。如今皇帝年过十岁，如果让太皇太后临朝，正显示君主幼弱，不是拥戴立德之举。谢安不听。

王彪之迁尚书令，与谢安共辅政。当时谢安想营造宫室，王彪之举先帝俭约之例，以为可修补增益而已，目前强敌未灭，正是休兵养士之时，不可大兴土木，耗功费力，劳扰百姓。谢安说：“宫室不壮丽，后世会说我们无能。”王彪之说：“为天下着想，应当保国宁家，怎可大兴功力，劳苦百姓，朝政应以修房盖屋为能吗？”谢安理屈，终王彪之一世，不改营宫室。

279. 虞潭有何军功与政绩？

虞潭，字思奥，会稽余姚人。太安二年（303），张昌起兵反晋，虞潭时任县令，起兵斩张昌部下邓穆等，后征讨有功，赐爵都亭侯。永兴二年（305），原晋将陈敏起兵割据江东，虞潭率兵讨伐陈敏之弟陈赞，领庐陵太守，与诸军共平陈恢，晋爵东乡侯。

永嘉五年（311），蜀地杜弢起兵反晋，虞潭以安成太守进军救援被围困的甘卓部众。杜弢被平后，元帝召为丞相军咨祭酒，转琅琊国中尉。永昌元年（322），王敦叛晋，沈充、王含起兵攻京师。虞潭当时以疾告归，遂于本县招集宗族及郡中大姓，共起义军万余，入卫京师。明帝任他为冠军将军，领会稽内史。时有野鹰飞集屋梁，众人皆惧，虞潭说："我们举义军助朝廷平乱，而恰巧刚鸷之鸟来集合，我们必定破贼！"遂出兵攻沈充。后征拜尚书，补右卫将军，加散骑常侍，晋爵零陵县侯。咸和二年（327），苏峻、祖约反晋，虞潭督五郡军事，因王师败退，势孤力弱，乃固守，后与陶侃、郗鉴、王舒协同作战。苏峻平后，以母老去官。朝廷以虞潭前后立功颇多，晋爵武昌县侯。他任吴国内史，当时军荒之后，百姓饥馑，死亡者很多，虞潭上表开官仓赈救，又修护海塘，以防海潮，百姓赖以得利。

280. 顾众为何被时论称美？

顾众（274～346），字长始，吴郡吴（今江苏苏州）人。顾众之兄为交州刺史，后被害。顾众去交州迎丧，恰值杜弢之乱，辗转六年才还家。他的父亲曾在吴兴任职，吴兴民众以顾众经历流乱，赠送他二百万钱，他一无所受。

元帝时，王敦推荐他为南康太守，而朝廷下诏任命他为鄱阳太守，顾众直接去鄱阳上任，没有过访王敦。及王敦反晋，令顾众出军为助，顾众迟迟不动，王敦大怒。王敦召还顾众，声色俱厉地责问他，顾众"不为动容"。当时王敦还责怪宣城内史陆喈（jié），顾众又为之辩明。王敦的长史陆玩非常替顾众担心，后来对顾众说："您可真是刚柔并济的人，即使是西周贤人仲山甫也不过如此！"

苏峻反叛，王师败绩，顾众回到家乡。他联合吴国内史蔡谟（mò）、苏峻部下张悊（zhé），"潜图义举"，"吴中人士同时响应"。苏峻遣将弘徽领五百甲卒来攻，顾众与弟顾飏（yáng）、张悊击破之，收其军资。蔡谟以为原任内史庾冰应当还任，庾冰回任后，害怕苏峻军队从海虞入侵，于是顾众自往海虞防守。苏峻部将张健等进攻无锡，顾飏大败，接着庾冰也失守，张健遂占据吴城。顾众自海虞率众讨张健，因为对手兵锐，退守紫壁。顾众任范明保紫壁，范明率宗党五百人，结合其他军队，共四千人讨伐张健，斩张健部下钱弘。其后，顾众与督护朱祈击破张健，斩首两千余级。

苏峻败后，论功行赏，顾众以为“承檄奋义，推功于（蔡）谟”，而蔡谟认为顾众首倡大义，非己之力。二人上表让功，“论者美之”。

281. 张闿为何被晋元帝免官后复得升迁?

张闿（kǎi）（266～329），字敬绪，丹杨（今江苏南京）人。“少孤，有志操”，初任为司马睿安东参军，及司马睿称帝，任晋陵内史，“在郡甚有威惠”。元帝下诏勉励两千石长官，要“宽而不纵，严而不苛”，要“勤功督察，便国利人，抑强扶弱”，张闿“遵而行之”。他所属四县遭旱情，“乃立曲阿新丰塘，溉田八百余顷，每岁丰稔”，名士葛洪为他颂扬功德。可是朝廷以张闿擅兴功役罢免了他。此后公卿替他讲话：“张闿兴造水利灌溉田亩，对国有益，反而被罢免，这使做臣子的不知如何是好。”元帝感悟，下诏以为“仓廪国之大本，宜得其才”，让张闿担任九卿中的大司农一职。

苏峻之乱，张闿与王导入宫侍卫，并回晋陵为朝廷筹粮招兵。苏峻平后，以功封伯。

282. 陆玩有何自知之明?

陆玩（278～341），字士瑶，吴郡吴（今江苏苏州）人。王导刚渡江，想笼结人心，求与陆玩通婚，陆玩说：“土堆上长不出松柏，香草和臭草不能放在一个花瓶里”。拒绝了王导。有一次他去拜访王导，吃了些奶酪，因此不舒服，他写了个纸笺对王导说：“我是吴人，却差点做了北方鬼。”

苏峻反晋，陆玩劝苏峻部将归顺，以功封兴平伯，转尚书令。朝廷又下诏授左光禄大夫，开府仪同三司，加散骑常侍。陆玩上表，表示自己“智力有限，疾患深重”，不堪任职。朝廷不许，陆玩又上表曰：“臣闻至公之道，上下玄同，用才不负其长，量力不受其短”，历朝历代都有加官晋爵，那都是功臣有贤能的人应该得到的，而不是把名利归于某一人。他自以三代受朝廷厚恩，推让官爵并不是害怕职事辛苦，也不求谦让的名誉，而是职责重要，不敢担当。陆玩希望让天下人都知道“官不可以私于人，人不可以私取官”。

不久，王导、郗鉴、庾亮相继去世，朝野都以为国家“三良既没”，必遭劳瘁。以陆玩素有声望，乃迁侍中、司空。陆玩上任后，有人去拜见他，要来一杯酒，倒在屋子的柱梁下，对陆玩说：“当今缺乏人才，朝廷以你为顶梁柱，可不要让屋子倒塌！”陆玩听后对宾客说：“朝廷以我为三公，正因为天下无人。”

陆玩位登台辅，所用人才都是出身寒素之士，“诱纳后进，谦若布衣”，士大夫都受到他的恩德。

283. 陆纳为人如何?

陆纳（？～389），字士言，陆玩子。“少有清操，贞厉绝俗”。太原王述很器重他，推荐他做建威长史。后出为吴兴太守，赴任之前，陆纳先向桓温告别，问桓温：“您最多能喝多少酒，吃多少肉？”桓温回答说：“近来饮三升就醉，肉不过十块。你怎么样？”陆纳说：“我向来不能饮酒，只二升就醉了，吃肉就更不行。”之后他见桓温有空，说：“我就要到外地赴任，备了点礼物，想和您一醉方休，把酒言欢。”桓温很高兴地答应了。当时王坦之、刁彝在座，等陆纳送上礼物，只不过一斗酒、一块鹿肉而已，在座者都很吃惊。陆纳从容说道：“明公说近来能饮三升酒，而我只能饮二升。现在只有一斗酒，只好用小杯子慢慢喝了。”桓温和宾客都叹服他的率真素朴，乃令厨房做美味佳肴，酣饮极欢。

陆纳到郡，不受俸禄。不久，他调任职位。临行前，负责装运的人问他需要用多少船，他说：“我来时自带粮食，其他的东西也没有什么。”走时只带着行李布被。

有一次，谢安要来造访陆纳，陆纳什么特别的东西也没有置办。他的侄子没敢问他，就自己悄悄地准备了一番。谢安到了之后，陆纳只准备了茶果，陆纳的侄子却拿上来珍馐美味。客人走后，陆纳大怒，骂道：“你不能继承发扬父辈的优点，却来污秽我的简素！”于是打了侄子四十棍以示惩罚。史称陆纳做事多数如此，“恪勤贞固，始终不渝”。

284. 何充辅政有何得失?

何充（292～346），字次道，庐江（今安徽六安）人。初任为大将军王敦掾属。王敦兄王含当时在庐江郡贪污狼藉，王敦曾经当众说："家兄在郡干得不错，庐江人士都交口称颂他。"何充正色说："我就是庐江人，我听说的和您所说的很不一样。"旁人为他触犯王敦深感不安，而何充神色自若。何充是王导之妻的外甥，何充之妻是明帝皇后的妹妹，所以何充所任都是显要职位。

庾氏执政时，何充出镇京口，以避诸庾。庾冰、庾翼死后，何充"专辅幼主"。庾翼临终，希望儿子庾爰之继任荆州，何充以为荆州北临强胡，西邻劲蜀，"得贤则中原可定，势弱则社稷同忧"，不能以年轻的庾爰之当此重任。他认为桓温"英略过人"，有文武之才，乃以桓温为荆州刺史。

何充位居宰相，"虽无澄正改革之能，而强力有器局，临朝正色，以社稷为己任，凡所选用，以功臣为先，不以私恩树亲戚，谈者以此重之"。但是他所亲近信任也有不得其人的情况。何充崇信佛教，修建佛寺，"供给沙门以百数，糜费巨亿而不吝"。他的亲友贫穷无依，他却不给予照顾，以此被讥讽。有人曾对何充说："您的志向千古无人能比，要大过宇宙。"何充问为什么，那人回答说："我想得到一个有几千户人家的郡县，尚且不能。您却想做佛，不是太大了吗?"当时郗愔和弟弟郗昙信奉天师道，何充兄弟信奉佛教。谢万讥之曰："二郗谄于道，二何佞于佛。"

何充善饮酒，素为刘惔所贵，刘惔常说："看何次道饮酒，让人倾尽家里的酒也在所不惜。"

285. 褚翜保护万氏台有何功德?

褚翜（shà）（275～341），字谋远，阳翟（今河南禹县）人。

西晋末年，"天下鼎沸"，他"招合同志"，计划渡江南下，但因道路不通而未能成功。东海王司马越以他为参军，他以自己有病而推辞了。永嘉五年（311），洛阳陷落，褚翜与荥阳太守郭秀共保万氏台。郭秀不能安抚部众，与手下将领陈抚等产生矛盾，相互攻击。褚翜对陈抚等说："诸位所以在此，是谋划怎样避难。如今应当合力防备外敌，所幸还没有遭难，而内部相互攻击，如同避坑落井。郭秀确实失理，诸位该容忍一些。如果只泄私忿，内部先崩溃了，胡贼一旦知道，必来攻袭。诸君即使杀了郭秀，却无法抗击胡贼了。希望你们深思。"陈抚等翻然悔悟，与郭秀和解。当时数万人赖以保全了生命。

286. 蔡谟缘何被废为庶人?

蔡谟(281~356),字道明,陈留考城(今河南民权东北)人。避乱渡江,以参与平定苏峻之乱,迁五兵尚书等职。他上疏称颂孔愉、诸葛恢之才望,欲不受命,朝廷不许;又赐爵济阳男,又让,复不许。咸和八年(333),后赵石勒卒,征西将军庾亮欲乘机移镇石城(今湖北钟祥),以渐进攻赵。蔡谟以为,王者能屈能伸,必忍辱待时以成大业,石勒虽死,石虎平定内乱,武力强盛,不可与之战。朝议同意蔡谟之见,庾亮果不移镇。咸康五年(339),庾亮谋复中原,欲率十万大军伐赵,蔡谟又力言不宜用兵。次年,石虎于青州造船,攻掠沿海诸县,时任徐州刺史的蔡谟,设兵防备,悬赏截船,甚有谋略。

蔡谟在永和四年(348)被任命为司徒,此后至五年末,他以才疏学浅固让。他对亲近的人说:“我若做司徒,将为后代耻笑,我决不敢拜司徒之职。”六年,他十几次上表辞之以疾。穆帝临轩,遣使者征召蔡谟,使者来往十余次,蔡谟以病重不应诏命。当时穆帝年仅八岁,非常疲劳,问左右:“所征召之人为何至今不来?我还要临轩站多久?”君臣俱疲惫。会稽王司马昱以为蔡谟“无人臣之礼”,于是公卿奏曰:蔡谟以常病久违王命,若是志在退让,应该致辞于朝廷,岂有人君疲劳终日而人臣无一酬之礼!蔡谟傲慢悖上,按国法应送廷尉问罪。

蔡谟闻之大惧,率子弟至朝廷待罪,并到廷尉自首。皇太后念其为先帝之师,乃下诏免蔡谟为庶人。

287. 诸葛恢任职会稽政绩如何?

诸葛恢(284~345),字道明,琅玡阳都(今山东临沂)人。值天下大乱,渡江,名声次于王导。王导曾与他“戏争族姓”之先后,说:“人们都说王、葛,而不说葛、王。”诸葛恢回答说:“我也听人们说‘驴马’,而不说‘马驴’,难道驴比马还好吗?”当时颍川荀闿、陈留蔡谟和诸葛恢都字“道明”,而且“俱有名誉”,号为“中兴三明”,人们都说:“京都三明各有名,蔡氏儒雅荀葛清。”司马睿为安东将军,以诸葛恢为主簿,再迁江宁令。愍帝即位,征召为尚书郎,司马睿上疏留之,任为会稽太守。

临行前,司马睿置酒,说:“今日会稽,好比昔日关中,足食足兵，在于太守贤能与否。目前四方多难，你该尽力匡振。请说说你为政的纲要。”诸葛恢回答道：“今天下丧乱，风俗日下，应该尊崇五美，屏除四恶，进忠贤，退浮华。”太兴（318～321）初，诸葛恢以政绩第一，朝廷下诏曰：“自丧乱以来，官长多次变动，弊端益多，即使圣人也需多年以化成天下，况其他凡人！西汉宣帝曾说：‘与我共安天下者，只有贤能的太守’。是以黄霸等贤吏或用十年，或用二十年而不调离，因此能为中兴大业建立功勋。赏罚降升，是政治之道。会稽内史诸葛恢在官仅三年，政清人和，为诸郡第一，该升官晋爵，以劝勉吏治。”

288. 殷浩空书“咄咄怪事”是怎么回事?

殷浩（？～356），字深源，陈郡长平（今河南西华）人。他好读《老子》、《周易》，善谈论，“为风流谈论者所宗”。有人曾问他：“为什么将要当官会梦见棺材，将要发财而梦见粪土呢?”殷浩说：“官是腐臭的，所以将得官职而梦见腐尸败棺；钱本是粪土，所以将得财而梦见污秽之物。”时人以之为名言。

官府多次征用不起，名士王濛与谢尚知其有志向，相互说道：“殷浩不出仕辅佐朝廷，那天下苍生可怎么办呢?”建元元年（343），褚裒（póu）推荐他为建武将军、扬州刺史，自三月至七月，殷浩多次推让才上任。当时桓温势力很大，朝廷以殷浩有盛名，所以用为心腹以抗衡桓温，以致二人不合。王羲之为求内外和协，劝殷浩不宜与桓温有怨隙，殷浩不听。

永和五年（349），朝廷以后赵石虎已死，欲北伐，以殷浩都督扬、豫、徐、兖、青五州军事，统军进取中原。九年，殷浩自寿春（今安徽寿县）率军北伐前秦，以姚襄为前锋。殷浩兵至许昌（今河南许昌东），而征西将军谢尚兵败，殷浩乃退还寿阳，整军复进。姚襄曾杀降将并吞没其军众而为殷浩所厌恶，姚襄于此反晋，伏兵于山桑（今安徽蒙城北），纵兵袭击晋军。殷浩大败，弃辎重，退保谯城（今安徽亳县），兵械军储为姚襄所得，士卒多叛逃。桓温上疏弹劾，朝廷乃免殷浩为庶人。

殷浩少与桓温齐名，桓温曾问他：“你与我比起来怎么样?”殷浩说：“我与你比来比去，我还是愿意做我自己。”桓温以英雄自诩，看不起殷浩，至殷浩被废为庶人，对别人说：“小时候我和殷浩拿竹竿当马骑，我扔的竹竿，殷浩就捡回去用，他就是不如我。”又对人说：“殷浩有德有言，但不是带兵打仗的人才，如果朝廷让他做仪礼官，足以展用其才。”

殷浩虽然被废黜，但“口无怨言”，即使家里人也看不出他有被流放的样子，只终日用手凭空写“咄咄怪事”四个字而已。后来桓温见殷浩心无怀恨，口无怨言，欲起用他做尚书令，写信告诉殷浩此事，殷浩也欣然答应。殷浩回信写好后，他担心有差错，拆闭几十次，最后竟然只发出一个空信封。桓温大怒，以为殷浩戏弄自己，遂不复往来。

289. 孔愉为官有何令闻?

孔愉（268~342），字敬康，会稽山阴（今浙江绍兴）人。年十三而丧父，养祖母以孝闻名。与同郡张茂（字伟康）、丁潭（字世康）齐名，时人称为“会稽三康”。孔愉曾于路旁见卖龟者，乃买下此龟并放生于溪中，龟在溪水中流连不去，并伸头左望数次。其后孔愉因讨伐江州刺史华轶叛乱，以功封侯，其侯印即是龟左望，孔愉感悟，乃佩之。

咸和八年（333），成帝下诏以孔愉禄不代耕，特赐亲信二十人。孔愉上书固让，不许。孔愉又上书曰：今强寇未灭，政繁役重，百姓困苦，有功之士，赏报不足。应并官省职，节用勤抚，以济其艰。成帝从之。

王导任用某人为护军，孔愉对王导说：“自中兴以来，担任此官者，是周颉、应詹这样德才兼备的名士。现在即使缺乏人才，岂能以您推荐的这个人担当此任!”王导不从，由此怨恨孔愉。而时人以孔愉为“守正”。

孔愉为会稽内史时，颇有政绩。句章（今浙江宁波西北）有汉代旧陂（bēi），毁废已数百年。孔愉乃修复故堰，灌溉二百余顷田地，百姓安居乐业。他在职三年，只于山阴湖南山下营修数亩为宅，草屋数间，辞官后居此。当地民众念其功德，送资财数百万，他一无所取。他病重时，嘱咐子孙不得接受赠送。

290. 陶回为人雅正有何表现?

陶回（286~336），丹杨（今江苏南京）人，大将军王敦命为参军。王敦死后，王导推荐他为从事中郎，迁司马。苏峻之乱时，陶回告诉王导要早出兵守江口。苏峻将至京师，陶回预测苏峻不敢直下有重兵驻守的石头城，必向小丹杨南道进攻，可伏兵擒之。主帅庾亮不听，其后苏峻果然由小丹杨来袭，庾亮深悔不用陶回之言。不久朝廷军队败退，陶回到本地收集义军千余人，与陶侃、温峤等并力攻击苏峻，以功封康乐伯。

陶回担任吴兴太守时，“人饥谷贵”，朝廷欲任凭自由买卖粮谷，以救一时之急。陶回上疏认为，当今天下没有遍遭饥荒，只有三吴一带谷价偏贵。如果听凭买卖，此消息流传到北胡，他们必会趁机来攻。不如开仓库以赈济。于是不待诏报，便开仓放粮，并且以军资数万斛米救济饥民，由此保全一境。

陶回性格雅正，不怕强权。丹阳尹桓景谄媚王导，甚得王导欢心。陶回常说桓景不是正人君子，不宜亲近。正巧当时有灾异在天，陶回对王导说：“您以明德位居宰相，辅佐圣主，应当亲近贤臣，远离小人，而您却与桓景这种人对膝谈论。何必因为天有星变而退位让贤?”王导非常惭愧。

291. 谢尚有何事迹著世?

谢尚（308～357），字仁祖，豫章太守谢鲲子。八岁时和父亲一起送客，有客人说：“此儿是一座中之颜回。”谢尚应声答道：“座中无孔子，怎么会有颜回!”宾客莫不叹异。他“善音乐，博综众艺”。司徒王导很器重他，辟为掾属。谢尚到王导府上拜见时，正巧王导家有宴会，王导对谢尚说：“听说你会跳舞，满座客人都想见识一下，你可以舞上一段吗?”谢尚乃起舞。王导令在座者击掌为节奏，谢尚“俯仰在中，旁若无人”。

谢尚为建武将军，都督江夏、义阳、随三郡军事，江夏相。当时庾翼镇守武昌，谢尚常去庾翼那儿咨询军事。有一次他和庾翼一块射箭，庾翼说：“你要能射中目标，我就送你一套奏乐的鼓吹。”谢尚箭应声中靶，庾翼果以鼓吹相送。谢尚为政清简，刚到官时，郡府以四十四布为他造帐篷，谢尚就用这些布给军士做成棉袄、裤子。

大司马桓温欲收复中原，以谢尚为安西将军，率众向寿春。其部将张遇原为前秦苻健将军，投降谢尚后，谢尚不能安抚，张遇怒反，并击败来讨伐的谢尚。谢尚被送到廷尉治罪，时康帝皇后是谢尚的外甥女，特地下令降谢尚为建威将军。

谢尚在京师时，搜集乐人，制作石磬，以备朝廷太乐之用。东晋有钟石之乐，自谢尚开始。他年轻时，听殷浩谈论玄言理论，不觉汗流满面，殷浩让人拿来手巾给他擦汗，其专注精神，倾心领会如此。

292. “东山再起”说的是谁的故事?

谢安（320~385），字安石，陈郡夏（今河南太康）人。十几岁时“神识沈敏，风宇条畅，善行书”，深得桓彝、王濛、王导赏识，少有重名。官府屡召不就，隐居会稽东山（今浙江上虞一带），与“书圣”王羲之、诗人许询及僧人支遁游处，“出则渔弋山水，入则言咏属文”，没有入仕之意。扬州刺史庾冰以谢安有重名，多次让郡县催逼，他不得已赴任，月余即归。曾于山中临深谷而坐，叹曰：“此去伯夷（西周隐士）何远!”

有一次，谢安与诗人孙绰等人泛舟海上，风起浪涌，诸人都很害怕，而谢安“吟啸自若”。撑舟之人认为谢安游兴正浓，于是舟更入海，风更急，谢安慢慢说：“这样下去还怎么回去?”舟人即回船。众人皆服其雅量，以为足能镇安朝野。谢安虽纵情于山水，而每次出游，必带乐妓同行。时司马昱任丞相，他说：“谢安既然能与人同乐，必定能与人同忧，征召他的话，他肯定会出仕。”当时谢安之弟谢万为西中郎将，谢安虽隐居不出，其声名比谢万要高得多，“有公辅之望”。谢安之妻即名士刘惔之妹，见家门富贵，而谢安独守静退，于是说道：“大丈夫不当如此富贵吗?”谢安掩着鼻子说：“恐怕是免不了要发达富贵了。”

谢安年四十始为桓温司马，赴任前，有人戏言：“您多次违旨不出，高卧东山，人们谈论起来，都说您若不肯出山，那天下苍生该怎么办? 苍生现在能把您怎么样呢?”到任后，桓温很高兴，与谢安谈笑风生。谢安走后，桓温问左右：“你们可曾见过我有过这样好的客人吗?”谢安由此步入仕途，史称“东山再起”。

293. 谢安是如何指挥淝水之战的?

前秦自苻坚即位后，实力迅速增强，先后灭掉前燕、前凉和代国等割据政权，统一了北方。苻坚自恃“强兵百万”，不顾多数大臣的反对，在鲜卑贵族慕容垂、羌族首领姚苌（cháng）的怂恿下，于太元八年（383）大举攻晋。他征用全国公私良马，平民每十丁抽一兵，选用二十岁以下的富家子弟三万人组成骑军，授号“羽林郎”。八月二日，苻坚遣苻融督张蚝、慕容垂率步骑二十五万为前锋，以姚苌为龙骧将军，督益、梁诸州军事。八月八日，苻坚自长安出发，号称八十万，旗鼓相望，前后千里。东晋朝野上下惊恐。

宰相谢安面临大兵压境，反而更加镇静。当前锋都督谢玄向他请示对策时，谢安毫无惧色，表示一切已经安排妥当。他率亲朋出游别墅，与谢玄下围棋，以别墅为赌注。谢玄棋术一向高于谢安，因为担心战事，无心下棋，反败于谢安。谢安游至深夜方才回府。当时桓冲忧虑京师军力薄弱，派三千精锐入卫。谢安声称三千兵马无关大局，让桓冲撤兵。桓冲认为谢安虽有雅量但缺乏将略，大敌当前仍游山玩水，且任用谢琰、谢玄等白面少年，十足为忧。

谢安为征讨大都督，以弟谢石为征虏将军，以徐、兖二州刺史为前锋都督，以谢琰、桓伊率兵八万迎敌。十一月洛涧之战，歼秦军一万五千人；淝水决战，秦军奔溃，死者不可胜数，淝水为之不流，东晋大获全胜。

谢玄等破秦军之后，有驿书送至，谢安正与人下棋，看信之后，便放在床上，了无喜色，下棋如故。客人问他是什么事，他从容地说：“小儿辈已破贼。”其后进内室，过门槛时，因心内甚喜，不小心把鞋底的齿子折断，他却浑然不觉。

淝水之战秦军元气大伤，北方再度陷入分裂和混战，南方因此胜，避免了一场混乱，东晋朝廷暂获平安。南北对峙之局因此而确定下来。

294. 谢琰为何立功于淝水而丧身于会稽？

谢琰（？~400），字瑗度，谢安子。淝水之战时，谢安以谢琰有“军国才用”，任为辅国将军，率精卒八千，与谢玄在洛涧之战中，大破秦军，以功封望蔡公。

隆安二年（398），当王恭起兵与司马元显父子火并时，南渡的琅玡大族孙泰以讨伐王恭为名，利用五斗米道聚众数千人。其后孙泰被杀，其侄孙恩逃入海岛，聚集数百人，伺机起事。次年，司马元显征兵引发社会骚动，孙恩趁机率众登陆，攻杀会稽内史王凝之、吴兴太守谢邈，义军增至数十万，江东八郡大部为义军占领。

朝廷命谢琰与刘牢之俱讨孙恩。谢琰攻杀孙恩守城与部下，孙恩逃入海岛。朝廷以谢琰为会稽内史，都督军事。谢琰凭个人声望镇守会稽，时人皆以为无忧。而谢琰至郡，“无绥抚之能，而不为武备”。将帅劝谏不听，自认“苻坚百万，尚送死淮南”，何况孙恩已逃入海岛；如果胆敢复出，正是该当就死。隆安四年，孙恩从浃口（今浙江甬江）入余姚，破上虞，至邢浦，离山阴只三十五里，被谢琰参军刘宣之击败。孙恩军又进攻上党，击败谢琰部上党太守张虔硕。众将皆以为应加强戒备，分兵设伏以待其来，谢琰不听。义军既来，谢琰尚未吃饭，他说：“先灭此贼而后食。”跨马出战，被义军击退。谢琰部下张猛从背后砍伤谢琰坐骑，谢琰遂坠马，与二子谢肇、谢峻一同被害。

295. 谢玄于淝水之战中立有何功?

谢玄（343～388），字幼度，谢安兄子。少聪悟能言，为谢安器重。谢安曾训诫子侄说：“你们为何要管别人的事，要让别人变得更好?”诸人没有回答的，谢玄说：“就好比芝兰玉树，必须使它们生长在庭院里。”

淝水之战，苻坚亲自率兵到达项城（今河南沈丘），而后继军队始至咸阳（今陕西咸阳）。苻坚遣苻融、张蚝等至颍口（今安徽凤台），以梁成等屯兵洛涧。谢玄于十一月一日，派刘牢之率五千人直指洛涧，奋勇渡河，斩梁成等。秦军步骑崩溃，争赴淮水。刘牢之纵兵追击，生擒秦将数人，收其军资。洛涧之胜使晋军士气大振，为决战奠定了胜利的基础。

苻坚进屯寿阳，列阵于淝水，谢玄军不得渡河。谢玄遣使说苻坚“临水为阵，是不欲速战”，请秦军后退，使晋军渡河一决胜负。

苻坚与苻融想趁晋军渡河之机，以铁骑突击，便不顾将领的劝阻，下令退让。不料，被迫从军的士兵不愿作战，一退不可复止。谢玄与谢琰、桓伊等以精兵八千渡过淝水，与秦军决战淝水之南。被前秦俘虏的朱序在前秦阵后大呼：“秦军败了！秦军败了!”秦军大乱，奔逃不止，相互踩踏及投水而死者不可胜计，淝水为之不流。苻坚中箭，苻融被杀。秦军死伤大半，余众遁逃，闻风声鹤唳，以为晋军追来，草行露宿，加之饥冻，死者无数。俘获苻坚的乘舆，其他军械、物资及珍宝堆积如山，获牛马驴骡骆驼十万余头。苻坚单骑北逃，大势已去，前秦由此衰亡。东晋以谢玄之功，晋号前将军，赐钱百万。

296. 谢万为何不能抚众?

谢万，字万石，谢安弟。《晋书》称谢万“才器俊秀”，虽器量不如谢安，而“善自炫耀”，所以早有名誉。他善于谈论和做文章，曾写《八贤论》，论及屈原、贾谊、孙登、嵇康等人，认为“处者为优，出者为劣”。有一次他与蔡系产生争论，蔡系推谢万落床，冠帽落地。谢万不紧不慢地拂衣入坐，神色不变，坐定后对蔡系说：“你差点破了我的面容。”蔡系说：“我本来就没考虑到你的面子。”二人都不为之介意，时人以此称赞。

司马昱为相，召谢万为部属。谢万头戴白纶巾，身披鹤氅裘，往见丞相，言谈多时。太原名士王述是谢万的岳父，时任扬州刺史。谢万曾对王述说：“人们都说您痴，您还真是痴。”其放荡旷达如此。

谢万后来任豫州刺史，领淮南太守，监司、豫、冀、并四州军事。升平三年（359），谢万受任北伐攻燕。他“矜豪傲物，尝以啸咏自高”，未尝安抚军士。谢安非常为他担忧，经常替他安慰将士。谢安曾劝他说：“你身为元帅，应该多关心兵将，以取悦他们为你效力。岂有像你这样傲慢而能成事的?”王羲之也写信给谢万，劝他与士卒共甘苦，谢万不听。有一次谢万召集诸将，以如意指诸将说：“诸将皆劲卒。”军士都忌讳说“卒”这个字，因为“卒”容易与死联系在一起，于是更失人心。到他率众遇敌时，却怯阵独逃，狼狈单归，使军队溃灭。谢万因此被废为庶人。

297. 谢石为人如何?

谢石（327～388），字石奴，谢安弟。淝水之役，朝廷命谢石“以将军假节征讨大都督”，与谢玄、谢琰破苻坚。当时有首童谣说：“谁谓尔坚石打碎。”指以苻坚之“坚”，必待谢石之“石”来打破。连谢万部将桓豁都以“石”为字，“以邀功”。苻坚之败，虽然首功归于刘牢之，最后完成于谢玄、谢琰，然而谢石为都督，功不可没。他以功迁中军将军、尚书令，另封为南康郡公。此时学校衰敝，谢石上疏兴复国学，训导学子，请“普修学校”，孝武帝从之。

谢安死后，谢石迁卫将军，加散骑常侍。曾以公事与吏部郎王恭相互说长道短，王恭很愤恨，上疏请求辞职，谢石也上疏退官，诏不许。谢石少时得过一种脸部疮病，没有治好，常自我掩饰。晚上睡觉时常有个东西来舔他的疮，后来慢慢痊愈，而被舔的地方非常白，当时人们称他为“谢白面”。

谢石在职“务存文刻”，没有什么才望，全凭是谢安之弟且曾立大功，遂担任要职；而聚敛私财不知满足，被世人讥刺。

298.“东床袒腹”说的是谁？

王羲之（303～361），字逸少，琅邪（今山东临沂）人。王导侄子。十三岁的时候他去拜见周顗，周顗正和人一起烤牛肉，众人都没吃最贵重的牛心，周顗先割了块牛心给王羲之，王羲之由此知名。他精于书法，史称“为古今之冠”，甚得伯父王敦、王导器重。

太尉郗鉴派门生到王家求通婚。王导说：“您去东边房内，任意挑选。”门生看完后回去对郗鉴说：“王家各位儿郎都很好，听说选女婿，都庄重矜持，只有一个在床上敞开衣襟吃饭的人，好像没有这回事一样。”郗鉴说：“选的正是这个人。”打听之后，正是王羲之。因此郗鉴将女儿嫁给了王羲之。这个故事被称作“东床袒腹”，可见王羲之的洒脱不拘。

王羲之生性爱鹅，会稽有一个老妇人养了一只叫得很好听的鹅。王羲之想买，没成功，于是携亲带友去看鹅。老妇人听说后，杀鹅煮好后以招待他，王羲之为此叹惜好几天。山阴有个道士养了一群鹅，王羲之看了很高兴，想把鹅买下来。道士说：“您给我写一篇《道德经》，我把这群鹅都送给你。”王羲之高兴地写完，用笼子把鹅带回家去，很是满足。

他辞官后，常与人“尽山水之游”，以钓鱼为乐。他和道士许迈经常炼丹采药，不远千里，遍游诸郡名山，泛舟海上，叹道：“我最终会快乐地死去。”谢安曾对他说：“中年以来，容易触发哀乐之情，与亲友别离后，好几天都难过。”王羲之说：“人到年老，自然是这样。只有靠音乐来排解，却总怕儿女知道了，减少欢乐之趣。”

299.王羲之为何被尊为书圣？

王羲之一生最突出的成就是他的书法艺术。在书法史上，他是位划时代的巨匠，有“书圣”之誉。其书法成就，不仅在于能兼备诸体，集当时书法之大成，更在于他能自成一家，开创了具有独特风格的王派书法。

汉魏之际，书法艺术发展到一个光辉灿烂的阶段。在汉隶、章草之外，又创新出行书和楷书两种书体。此后，名家辈出，其中以钟繇（yóu）最为著名，隶、楷、行、草兼善，尤精楷书，在书法界居统领地位。王羲之家族以善书著称，王导在丧乱之际，还携带钟繇的书帖。王廙是王羲之的叔父，也是他的启蒙老师。著名书家卫夫人收王羲之为徒，悉心传授。王羲之专心致志地学习，博采众家之长，试图独创一种风格。起初，他的字并不是最好，庾翼就远胜于他。经过用心钻研，他终于熔各家于一炉，篆、草、隶、行、楷各种书体，都有很深的造诣。特别到中晚年，其书风由质朴变为端秀清新、遒媚劲健的华贵书体，成为一代宗师。

王羲之的贡献，包括两个方面。第一是开辟了草楷结合的书法发展道路。当时诸体俱全，或以继承为主，不变旧法，仍以隶法写楷，即所谓隶楷；或是推陈出新，发展草楷结合的行书。王羲之选择的是后一种。它在继承前人书法精华的基础上大胆变化，是书法的实用性和艺术性完美的结合，成为隋唐以来书法发展的主流。第二是创造了富有表现力的书写方法。王羲之备精诸体，熟悉各家笔法，并大胆地对传统性的程式笔法进行改革，使之绚丽异常，丰富多彩，避免了千篇一律。后人惊叹他是“万字不同”。

王羲之的书法受到人们的承认和喜爱，逐渐取代钟繇而大行于世。庾翼看到王羲之用章草写给他兄长庾亮的信，深为折服，叹息不已，写信说：“我过去有草圣张芝的十章草帖，南渡后丢失了，我以为从此再也见不到这样的好字了。现在看到你的章草，写得如此神采动人，使我感觉到旧帖又回到我面前了。”王羲之的书帖墨迹被视为珍宝。有一次他到门生家去，见室内有木几，非常滑净，便写以真草相混，不料后来被门生之父刮掉，这个门生为此难过了好长时间。另一次，王羲之看见一位老妇人卖扇子，他就在扇子上写了几个字，老妇人不太高兴，他笑着说：“你说这是王右军的字，每把扇卖一百钱。”老妇半信半疑，其后果然很快卖光了扇子。

王羲之对自己的书法很自负。自称：“我的字与钟繇的字不相上下，而张芝就不如我。”他写信给别人说：“张芝学字，连水池都被墨染黑了。假如有人下这样的功夫，未必就赶不上他。”

王羲之的真迹没能留传到现在。他的楷书，以《黄庭经》、《乐毅帖》等最有名；行书以《兰亭集序》、《快雪时晴帖》、《丧乱帖》最出色；草书以《十七帖》最为传神。其中《兰亭集序》自古以来被称作天下行书第一，是王羲之的代表作。据说《兰亭集序》为唐太宗李世民所得，他曾让人摹写副本，赐给太子、诸王及大臣。而《兰亭集序》的真迹，传说被唐太宗用来随葬昭陵了。现在能够见到的，有被认为是虞世南等人的摹本。

300. 王徽之任诞不羁有何表现?

王徽之（？～386），字子猷，王羲之子。《晋书》说他“性卓荦不羁”，曾为大司马桓温参军，蓬头散发，衣带不整，不理政事。又为桓冲骑兵参军，桓冲问他在哪儿管事，他回答说：“似乎是管马的机构”。桓冲又问他管多少马，他说：“不知道什么是马，怎么知道有多少！”桓冲问最近马死了多少，王徽之引用孔子的话说：“未知生，焉知死！”有一次他跟随桓冲出行，突然下起大雨，他下马钻进桓冲的车子，说：“您怎么能独占一辆车！”桓冲曾劝王徽之说：“你在官府里时间很长了，应该料理一些事情。”王徽之并不回答，过了一会儿用手托着腮说：“西山的早上有清爽的空气。”心思全不在俗务上。

当时有个士大夫，家里种了不少好竹子。王徽之想去看一下，就直接坐着车到人家院子里，欣赏了很久。主人恭敬地打扫，请他落座，他连看都不看，尽欢而去。他曾经住在一所空宅里，命令仆人种竹子，有人问他为什么要种竹子，王徽之吟咏诗赋，指着竹子说：“怎么可以一天没有竹君子呢?”

王徽之住在山阴时，有天晚上雪后天晴，“月色清朗，四望皓然”，他边饮酒边读诗，忽然想起好友戴逵。戴逵当时在剡（今浙江嵊县），相距很远。王徽之便夜乘小船去看望戴逵，过了一宿才到剡地。等到了戴逵门前，他却直接返回了。有人问他缘故，他说：“我本是乘兴而来，兴尽则返，何必非得见到好友呢?”

后来他弃官归家，与弟弟王献之都病得很严重。有个术士说：“人命要结束时，如果有生人愿意拿自己的寿命替代，那么临死的人就可以再活”。王徽之说：“我的才能不如献之，我愿拿我的命换献之的命。”术士说：“可是您与献之都没有余年了，怎么替代他！”不久，王献之去世，王徽之“奔丧不哭”，坐到灵床上，拿起王献之的琴，却怎么也调不好琴弦，于是叹道：“呜呼子敬（王献之字），人琴俱亡！”说完就昏了过去，一个多月之后也去世了。

301．王献之为何能与其父并称“二王”？

王献之（344～386），字子敬，王羲之少子。《晋书》称他“少有盛名，而高迈不羁，虽闲居终日，容止不怠，风流为一时之冠”。

小时候看别人赌博，他说：“南边这人要输了。”那人说：“这小孩也是管中窥豹，只见一斑。”王献之生气地说：“我只是远惭荀奉倩，近愧刘真长①。”说罢拂衣而去。

他曾经和兄长王徽之、王操之一块拜访谢安，两个兄长多说些俗事，献之只略问寒温而已。三人走后，有人问王氏兄弟优劣，谢安说王献之最好，他说：“吉人之言少，因此我看献之最佳。”

有一天突然起火，当时王献之和王徽之在同一间房子里，王徽之急急忙忙地跑出去了，连鞋也没穿。而王献之神色淡然，从容地叫仆人把他扶出去。

有天夜里他正躺在屋里，有个小偷摸进他的房间，把东西差不多都搬出去了，王献之不紧不慢地说：“偷儿，那块青毡是我家里的旧物，可千万给我留下。”小偷吓得拔腿就跑。

王献之善写草书、隶书，还会作画。他七八岁时学写字，父亲王羲之偷偷从他身后抽笔却抽不动，叹道：“此儿以后肯定会有大名。”王献之曾经在墙壁上写方丈大字，观看的有数百人。桓温曾让他在扇子上写字，不小心将毛笔掉在扇子上，他于是乘机画了一头黑母牛，而且画得非常出色。

当时人们认为，王羲之的草隶，在东晋无人能及，王献之的书法“骨力远不及父”，而“颇有媚趣”。因为王献之在兄弟中是书法最好的一个，所以与父亲王羲之并称“二王”。

302．王逊出镇西南有何建树？

王逊（？～323），字邵伯，魏兴（今湖北郧西）人。他任上洛太守时，自己养的牛马生下不少牛犊、马驹。在离任时，他说牛犊、马驹是在上洛郡出生的，于是以之留与官府。

---

① 荀奉倩，荀粲，字奉倩，三国时人，以才华著名。刘真长，即刘惔、东晋名士，与王献之同时而稍早。

西晋惠帝时，西南夷叛乱。当地宁州刺史李毅死后，城中百余人以李毅之女为首领，固守郡城。永嘉四年（310），宁州官吏毛孟到京师，请朝廷派刺史到宁州，事久不办。毛孟说："我不远万里，求朝廷开恩派人到宁州治理。如果我此行做不到这一点，不如赐我一死。"朝廷乃以王逊为南夷校尉，宁州刺史。

王逊和毛孟一起赴任，道路艰险，一年多才到宁州。当时宁州外受李雄政权的逼迫，"内有夷寇"，而且官吏都已散亡，城邑化为丘墟。王逊乃"收聚离散"，"专杖威刑"，改革风俗。

王逊尚未到州，即推举董联为秀才，但功曹周悦擅自不下府文征召，说董联不是人才。王逊到州，即杀周悦，以严明法令。其后诛杀不遵法律的豪强数十家。又征伐诸夷，俘虏千人，获马牛羊数万。于是威行宁州，"莫不振服"。王逊又根据当地形势，请另建平夷郡、夜郎郡、南广郡、梁水郡、晋宁郡，都得到朝廷允许，予以施行。

李雄政权曾多次派兵攻击宁州各郡，俘虏过太守，占领了宁州二郡。王逊遣将军姚崇等大破李雄军队，攻杀千余人于泸水。

303. 刘胤任江州刺史前后有什么变化?

刘胤（281～329），字承胤，东莱掖（今属山东）人。交结英豪，"名满海岱间"，很为时人仰慕。西晋末年，天下大乱，刘胤带着母亲去辽东避难，路经幽州，刺史王浚任他为渤海太守。王浚败亡后，刘胤投奔冀州刺史邵续。邵续实力弱小，打算投降后赵石勒，刘胤劝他说："将军有精锐之众，占据全胜之城，怎能轻易相信石勒这种豺狼之人！项羽、袁绍不是不强大，但最终败于刘邦和曹操，这是逆顺之理，自然就注定的。您怎么可以托身无赖之人?"邵续问他有什么计策，刘胤盛称琅玡王司马睿功德，劝邵续"激义士之心，厉军人之志"，拥护江南晋政权。邵续乃杀有异议者，向江南派遣使者。其后邵续遣刘胤去江南。

刘胤到江南后，司马睿任为丞相参军，后为尚书吏部郎。刘胤曾劝司马睿救援邵续，未及救而邵续被后赵攻没。

王敦非常看重刘胤，请他做部属。刘胤知道王敦有叛逆之心，于是称病不任职，被王敦出为豫章太守。当地豪族莫鸿曾乘乱杀害县令，横行霸道，为害百姓。刘胤到官，诛杀莫鸿及其他不法者，郡界清静。其后苏峻叛乱，刘胤守兵溢口，以功封爵。不久替代温峤为江州刺史，都督江州诸军事。

随着官位高升，刘胤变得骄傲自满，饮酒作乐，不理政事，犯法敛财。当初以刘胤取代温峤，陶侃等人认为刘胤不是专政一方的人才，而朝廷不听。曾有人认为，江州有流民万计，且江州是国家要害之地，而刘胤侈汰，任此要职，恐怕没有外忧，必有内患。当时朝廷财政紧张，全靠江州漕运资助，而刘胤以私废公，贪赃枉法，被弹劾免官。未果而刘胤被郭默所杀。

304. 桓伊有何才华与政绩?

桓伊，字叔夏，谯国铚（zhì，今安徽宿州）人。他“善音乐，尽一时之妙，为江左第一”。王徽之赶赴京师的时候，把船停在青溪旁。他与桓伊素不相识，桓伊从岸上经过时，有人告诉王徽之说：“这就是桓野王（桓伊小字）。”王徽之便令人对桓伊说：“听说您笛子吹得好，请为我吹奏一曲。”桓伊当时已经显贵，但向来知道王徽之很有名气，便下车入船，为王徽之吹奏了三首曲子，吹完后即上车离去，两人没有说一句话。

当时谢安非常厌恶女婿王国宝的为人，常在官职上抑制他。王国宝讨好会稽王司马道子，说了不少谢安的坏话，而孝武帝酗酒好色，不分忠奸；又有不少人忌妒谢安的声势，纷纷诋毁谢安，因此皇帝和谢安的关系受到破坏。有一次宫廷宴会上，谢安和桓伊都在座，孝武帝命桓伊吹笛，桓伊吹笛之后，又让家仆吹笛，自己弹筝歌唱道：“当君王实在不容易，作臣子也真难。臣子的忠信您看不见，反而被小人离间。当年周公辅佐文王、武王，他的功劳不可改变。他尽心于国事，有人却制造流言。”桓伊以此劝谏皇帝，称颂谢安忠贞，“声节慷慨”，感动得谢安泪流满面地说：“您可真是不简单。”皇帝也很感惭愧。

桓伊有武才。当时前秦苻坚强盛，边境多难，朝廷选任能捍卫边疆者，乃以桓伊为淮南太守，以其治军有方，进督豫州之十二郡、扬州之江西五郡军事。他与谢玄共破前秦将军王鉴、张蚝等，封宣城县子。及淝水之战，桓伊与谢玄、谢琰都立下军功，封永修县侯，晋号右军将军，赐钱百万。

桓伊后迁督江州、荆州十郡、豫州四郡军事，任江州刺史。到任后，他认为边境无事，应该以宽恤为务，乃上疏表示：江州虚耗，连年歉收，如今户口只有五万六千，“宜合并小县”，勿收拖欠粮米。百姓赖之得利。

305. 毛宝立有哪些战功？

毛宝（？~339），字硕真，荥阳阳武（今河南原阳）人。王敦以他为临湘县令。王敦死后，毛宝为温峤平南参军。苏峻、祖约叛乱时，温峤将率兵赴难，而征西将军陶侃犹豫不决，毛宝劝温峤写信与陶侃共举大事，陶侃果然出兵。

温峤认为苏峻军队善于陆战，欲以己之水军战胜步军，下令军士不得上岸，违令者死。当时苏峻送万斛大米供给叛军祖约，毛宝对部将说：“兵法上说，军令是可以随实际情况而不遵从的，如今怎能不上岸！”乃出兵力战，截获苏峻粮米，俘杀万余人。

祖约派人进攻湓口，陶侃想自己带兵击之，毛宝认为：“大军都仰仗您，您不能出动，请让我去讨伐。”毛宝率兵援救桓宣，因为兵少而且兵器不良，被叛军击败。毛宝中箭，箭穿透身体直插入马鞍，他让人踩住马鞍拔出箭后，血流如注。他清洗伤口后，又率军援救桓宣。

陶侃、温峤未能破叛军，陶侃想率军南还。毛宝劝陶侃说：“军令是有进无退，您既然已经出兵，就应该整齐三军，同心击贼。以前杜弢叛晋，也很强盛，您最终灭掉杜弢，怎么就打败不了苏峻呢？他们也不是都勇敢不怕死。您给我军马，我率军上岸切断他们的资粮，出其不意，让他们陷入困境。如果我不能做到，您再还军，我也就没有可怨恨的。”陶侃乃以毛宝为都护。毛宝烧毁苏峻军粮，使之缺乏保障。陶侃乃留军不去。

苏峻死后，毛宝镇守南城。苏峻属下韩晃来攻，毛宝登城射杀数十人。韩晃问道：“您应该是毛将军吧？”毛宝应答后，韩晃说：“听说您以壮勇闻名，何不出来决斗！”毛宝说：“你若是健将，何不进城来决斗！”韩晃“笑而退”。叛乱平定后，毛宝以功封开国侯。

毛宝后被任命为辅国将军、江夏相，督随、义阳二郡，又晋南中郎将，随庾亮讨平郭默叛乱。咸康五年（339），庾亮北伐后赵，以毛宝镇守邾城。石虎遣石鉴等率五万大军攻邾城。毛宝向庾亮求援，庾亮认为邾城防守坚固，没有及时派军，后赵军队遂破城。毛宝率众突围而出，溺水而死。

306. 朱序于淝水之战中有何特殊功绩?

朱序(? ~393),字次伦,义阳(今河南信阳)人。他的父亲朱寿是益州刺史,史称“世为名将”。朱序于太和元年(366),平定梁州刺史司马勋之反,以功拜征虏将军,封爵襄平子。后任兖州刺史,擒讨聚众谋反者钱弘。

宁康元年(373),朱序被任命为梁州刺史,镇守襄阳。苻坚派苻丕率众来攻,朱序固守,苻丕军粮将尽,想速战攻没襄阳。当初,苻丕进攻襄阳城的时候,朱序的母亲韩夫人登城观望,认为城墙西北必将受到敌军强攻,遂带领自家婢女和城中女子,在西北城墙筑二十余丈斜墙。其后,苻丕遂自动退兵。襄阳人称此城为“夫人城”,以纪念朱序之母。

朱序屡次击退苻坚,军心懈怠,他认为敌军已退,不可能很快再来,以致守备不严。此时朱序部将李伯护暗中与苻丕勾通,以致襄阳陷没,朱序被俘至前秦,苻坚任他为尚书。

淝水之战时,苻坚派朱序去晋军营中,向谢石“称己兵威”,意在劝降。朱序告诉谢石说:“假如苻坚百万大军全部到来,晋军真不是他的对手。不如趁他立足不稳,击之以挫其锐气,长我军志气。”于是谢石派谢琰选八千勇士,渡淝水挑战。苻坚军队在让地盘时,朱序在军后大声喊:“苻坚败了!”军队大溃,晋军大胜,朱序得以归晋。东晋拜朱序为龙骧将军、琅琊内史,转督扬州、豫州五郡军事,豫州刺史,屯兵洛阳。

307. 陈寿著《三国志》得失如何?

陈寿(233~297),字承祚(zuò)。巴西安汉(今四川南充北)人,少好学,早年师事谯周。

太康元年(280)西晋灭吴后,陈寿开始撰写《三国志》,经十年写成,共六十五卷。“时人称其善叙事,有良史之才”,深得司空张华的赏识。

《三国志》记事起于东汉灵帝光和末年(184)黄巾起义,迄于西晋灭吴(280),并不限于三国时期。陈寿的史才,首先是他对三国时期的历史有一个认识上的全局考虑和编撰上的恰当处理。三国鼎立局面的形成,三国之间和战的描写,及魏灭蜀、晋取代魏和晋灭吴的政治事件，他都于纷繁复杂中给以详细得当的叙述。其次，他善于通过委婉、隐约的笔法，贯彻史家传统的实录精神。他曾是蜀民蜀臣，后来做了晋臣。对于东汉与曹氏的关系、蜀魏关系、魏与司马氏的关系，都能在曲折中表达出真情。陈寿的史才还表现为叙事的简洁传神。《蜀书·先主传》记："曹公从容谓先主曰：'今天下英雄，惟使君与操耳。本初之徒不足数也。'先主方食，失匕箸"。"从容"写出了曹操的心计，"失匕箸"写出了刘备的意外与惊慌。二人形象，跃然纸上。陈寿还善于通过人物对话来分析形势，论辩是非，特别是诸葛亮同刘备讨论魏国伐吴、蜀时，诸葛亮分析时势与对策的谈话，精彩而又凝练。

陈寿在《三国志》中推重"清流雅望之士"，反映了他的士族门第观念。他死后，尚书郎范頵认为《三国志》"辞多劝诫，明乎得失，有益风化"，这与司马彪强调的"顺礼"，袁宏强调的"名教"，都是为当权者服务的。陈寿还用符瑞、童谣来渲染魏、蜀、吴三国君主的称帝，用"天禄永终，历数在晋"来说明西晋代魏的合理性，他相信"神明"、"天命"，这都是陈寿史学的消极因素，限制了《三国志》的史学价值。

关于《三国志》的评价，晋人荀勖、张华以为，陈寿的史才，即使司马迁、班固也比不上。南宋叶适也认为陈寿高追司马迁，胜于班固。清朝李慈铭认为《三国志》"黯然无华"，比不上《史记》、《后汉书》。后人评价标准虽不一样，但以《三国志》与《史记》、《汉书》、《后汉书》并称为"前四史"，对《三国志》的价值，大体上是肯定的。

陈寿的父亲曾经在蜀国大将马谡手下任参军。马谡后来被诸葛亮诛杀，陈寿之父也受到牵连，而且诸葛亮的儿子向来轻视陈寿。陈寿为诸葛亮立传时，说诸葛亮没有将兵的本领，没有应敌之才，又说诸葛瞻只会书法，有名无实。当时人因此议论陈寿。

308. 司马彪为何能著述颇丰?

司马彪（？ ~306），字绍统，西晋高阳王司马睦子。年轻时勤学不倦，但"好色薄行"，被父亲责备，没有继承父爵。司马彪由此"不交人事"，而"专精学习"，所以"博览群籍"。他曾任骑都尉，晋武帝时为秘书郎、秘书丞。他为《庄子》作注，著《九州春秋》。

司马彪认为："先王设立史官以记述时事，褒善贬恶以作为教导世人的标准，所以孔子作《春秋》，师挚修《关雎》，都是为了移风易俗，是不得已而这么做的。东汉中兴以来，直至汉末建安年间，忠义之士非常多，可是没有好的史家，记述的很杂乱。虽然有人做过整理，但是不够彻底。安帝、顺帝以后，缺少记录。"司马彪乃搜集史书，著成《续汉书》。此书记事起自世祖刘秀，终于汉献帝，有纪、志、传共八十篇。"通综上下，旁贯庶事"。

当初，谯周以为司马迁的《史记》记载周、秦史事，采集了很多俗语和百家之言，没有"专据正经"。谯周于是作《古史考》二十五篇，根据经典，以纠正司马迁写作中的错误之处。司马彪又认为谯周做得也不尽善尽美，指正《古史考》中的一百二十二处不确切的地方。他大多是根据《汲冢纪年》之义。

309. 孙盛著述为何被誉为良史?

孙盛，字安国，太原中都（今山西平遥南）人，十岁时避难渡江。长大后"博学，善言名理"。当时殷浩名噪一时，能与之辩论者，只有孙盛一人。有一次孙盛去造访殷浩，两人对着桌子吃饭。谈起理论来，孙盛兴奋地挥舞手中麈（zhǔ）尾。饭冷了又去热，来来回回好几次。直到天黑了，没有辩出胜负，饭也忘了吃。

孙盛"笃学不倦，自少至老，手不释卷"，著有《魏氏春秋》、《晋阳秋》。《晋阳秋》"词直而理正，咸称良史"。桓温北伐时，曾在枋头失败，孙盛如实记载。桓温看到后，生气地对孙盛的儿子说："我确实在枋头吃了败仗，但也不至于像你父亲写得那样糟糕。如果这部书流传开，你们一家子可要遭殃了。"孙盛的儿子回家后，请求孙盛删改一下关于桓温的记载，并请父亲为家人考虑利害关系。孙盛大怒不从，他的儿子就擅自改写。

孙盛年轻时做过著作郎，后出任浏阳令。太守陶侃请他做过参军。庾亮取代陶侃后，引为征西主簿，转参军。当时丞相王导在朝内执政，庾亮以帝舅居外，陶侃之子陶称常在这两人之间制造矛盾，使王导、庾亮的关系非常紧张。孙盛劝庾亮说："王丞相是个胸怀旷达的人，常有脱身世外的想法，他怎么会做俗人的事！一定有小人想离间您和丞相的关系。"庾亮听从了他的劝阻。

桓温伐蜀时（346），以孙盛为参军。大军至彭模后，桓温率轻兵入蜀，以孙盛率老弱残兵留守辎重。这时忽然有敌军数千来攻，众人都很害怕，孙盛指挥有方，将来军击败。蜀平后，以功封安怀县侯。其后又入关收复洛阳，又封吴昌县侯，出补长沙太守。因为家贫，经营资货，虽然上司察知，因其高名而不劾。

310. 干宝《搜神记》是怎样一部著作?

干宝，字令升，东晋新蔡（今属河南）人，生卒年不详。史称“少勤学，博览群书”。晋元帝时，以著作郎领国史，后任太守、司徒右长史、散骑常侍等职。曾著《晋纪》二十卷，记载西晋五十三年史事，有“良史”之称。

《晋书·干宝传》叙述了他编写《搜神记》的原因，强调两件事对干宝的触动。一件是：干宝父亲曾有个深受宠爱的侍婢，干宝之母非常妒忌，在干宝之父下葬时，把这个侍婢活生生推进坟里面去了。十年后，干宝之母去世，要打开坟墓合葬，发现那个侍婢“伏棺如生”，用车拉回家后，几天后才苏醒过来。侍婢说干宝之父常取饮食给她吃，“恩情如生”。后来这个侍婢又出嫁生子。另一件是：干宝的哥哥曾因病气绝，但身体一直没有僵冷，后来复活，说他看见天地间鬼神的事，然后像梦醒一般，不知道自己死过一回。干宝因此“撰集古今神祇灵异人物变化”，取名《搜神记》。按照《晋书》的说法，似乎干宝的目的在于“明神道之不诬”，即证明神异的存在是确有其事。其实不尽在此。干宝《搜神记·序》即希望本书能起到“游心寓目”的审美愉悦。作为志怪小说，记述种种怪异，以“事事各异”为目标，在“广异闻”的基础上，使故事本身富有新鲜感，这就不是“明神道之不诬”所能解释和涵盖的了。

《搜神记》是魏晋南北朝志怪的代表作，《晋书·干宝传》说原书共三十卷。今天所见的二十卷版本，是明代胡应麟从各种书籍中搜录而成。

《搜神记》的题材来源有两个方面，一是从当时典籍中搜罗，一是干宝从传闻中记录。由于他精心写作，遂使《搜神记》成为不朽的名著。

311. 习凿齿著《汉晋春秋》有何寓意?

习凿齿（？～383），字彦威，襄阳（今湖北襄樊）人。他“少有志气，博学洽闻，以文笔著称”。荆州刺史桓温以之为从事，转主簿。桓温曾追问蜀地通晓天文者东晋国运的长短，此人回答说至少还有五十年。桓温不太高兴，第二天送给蜀人一匹绢、五千文钱。此人找到习凿齿，让习凿齿给他买办棺木。习凿齿得知经过后说：“桓将军送你一匹绢，不是让你上吊自杀，和你开玩笑而已，那五千钱是给你当路费的，让你回乡罢了。你差点儿自己要了自己的命!”此人大喜，后来到桓温那儿告别，桓温问他去向，他以习凿齿之言相告。桓温笑着说：“你真是白读了三十年书，却不如习主簿一席话呀。”

习凿齿后来到京师去，深得简文帝（时任丞相）器重。他回去之后，桓温问：“丞相这人怎么样?”习凿齿说：“生平所未见。”由此不合桓温之意，后来调习凿齿为荥阳太守。

桓温心存异志，想代晋自立。习凿齿在荥阳时，著《汉晋春秋》，上起东汉光武，终于西晋愍帝。记载三国之时，以蜀汉为正统，魏武帝曹操虽然从东汉受禅，但终是篡逆。他认为晋文帝司马昭灭蜀汉时（263），东汉才算正式灭亡，而“晋始兴焉”。习凿齿的目的在于表明“天心不可以势力强也”，即指出东晋国运是不可能由势力强弱而加以改变的。

习凿齿临终上疏，再次表明自己的观点。他说司马氏“除三国之大害，静汉末之交争”，是“千载之盛功”；而曹魏“王道不足”，“未曾为天下一日之主”。两相比较之后，习凿齿认为晋朝应该越过曹魏直接继承东汉，这就是《汉晋春秋》书名中“汉晋”的寓意。

312. 徐广于整理典籍方面有何成就?

徐广，字野民，东莞姑幕（今山东安丘）人。家世好学，至徐广尤为精纯，“百家数术无不研览”。谢玄为兖州刺史时，徐广被任为从事。孝武年间，为秘书郎，在秘书省校对群书。司马元显当权，欲使百官致敬，内外顺从，乃令徐广为议，徐广常以为愧。桓玄辅政，以他为大将军文学祭酒。义熙初（405），奉诏撰车服仪注，封乐成侯。后奉诏撰国史，于义熙十二年（416）始成《晋纪》，共四十六卷。

桓玄篡位时，安帝出宫，徐广陪列，悲动左右。及刘裕受禅，恭帝退位，徐广涕泗交流，自以晋室遗老，乞归乡园。他“性好读书，老犹不倦”。年七十四卒。另有《答礼问》行于世。

313. 顾和刚直不阿有何表现?

顾和（288~351），字君孝，吴郡（今江苏苏州）人。顾和两岁丧父，十几岁时就不同常人，他的族叔顾荣说："这是我们家的麒麟，将来振兴家族的，必定是他。"当时宗人顾球也很有天分，在州中任职，顾荣对顾球说："你可要快点进步，君孝要超过你了!"

王导为扬州刺史时，任命顾和为从事。有一次名士周顗指着顾和的胸口问："这里面有什么?"顾和慢慢地回答说："此中最是难测之地。"周顗对王导说："您的州吏中有个好人才。"王导也深以为然。

顾和有一次去拜访王导，王导犯困，昏然欲睡。顾和想提醒他，就对同坐的人说："我曾听我叔父说王公辅翼元帝，保全江南。王公身体若不舒服，令人担心不已。"王导听到这话说："你不但有天分，而且机警异常。你不只是江南才俊，实在是天下英杰。"由此顾和名声大起。其后王导派八部从事巡察诸州，回来后都去见王导。其他人都纷纷议论地方长官的为政得失，顾和却不发一言。王导问他，他说："您辅佐朝廷，宁可让渔网宽大，多漏过几条大鱼去，也不能听采谣言，以苛察为政。"王导非常赞同。

顾和任御史中丞时，劾奏尚书左丞戴抗贪污百万，将之付法议罪，并免去尚书傅玩、尚书郎刘傭的官职，百僚为此很害怕他。成帝因感激保姆周氏抚养之恩，想封其爵位，当时没人反对。顾和上疏以为：周氏保祐皇帝，朝廷已经供给她很多东西，恩泽已经很隆重，而封给名号，前代没有记载，只有东汉灵帝做过这种事，但这是王朝末代之举，不足效仿。成帝听从了顾和的意见。

当时南中郎将谢尚领宣城内史，收捕泾令陈干并诛杀之。上司认为谢尚违法办案，但朝廷下诏宽赦谢尚。顾和乃上疏说："谢尚先前曾劾奏陈干之罪，后逢赦减罪。而谢尚近来又弹劾陈干，并直接诛杀。陈干本不犯军法，不关都督之事，而谢尚不能为国守法，平心裁断，却心怀小恨，滥杀人命，使远近惊愕不解。"顾和请治谢尚之罪，但因谢尚是皇太后的舅父，所以不了了之。

当时汝南王司马统、江夏公卫崇皆为庶母服丧三年，顾和以为他们"违冒礼度，肆其私情"，若不纠正，则不能一统礼法，因请加以贬降。朝廷从之。

314. “囊萤夜读”说的是谁的故事?

车胤（？～400），字武子，南平（今湖南蓝山北）人。他的父亲在郡中任职，太守王胡之向来以鉴别人才闻名。王胡之见到年幼的车胤后说：“这个小孩能让家族富贵，得让他读书。”车胤“恭勤不倦，博学多通”，因为家中清贫，没有灯油，夏天时就捉上数十个萤火虫，放在绢袋里取光读书，“以夜继日”，十分辛勤。车胤长大后被桓温召为下属，很得器重。当时出身寒素而以博学闻名于世的，只有车胤和吴隐之。车胤善于谈论，当时每有宴会而他不在席时，众人都说：“座无车公不乐。”指没有车胤就快乐不起来。谢安常开宴邀请他。

孝武帝宁康初（373），车胤与谢安、陆纳、谢石、袁宏等人在宫中共讲《孝经》，时人皆以为荣。其后，朝廷增置太学生百人，以车胤为国子监博士。当时朝议郊庙礼仪制度，车胤以为应该等到四海安宁、天下平静之时，再处理礼制问题。

车胤为护军将军时，王国宝为了讨好会稽王司马道子，建议以道子为丞相，加以特殊的礼待。车胤说：“历史上只有成王对待周公才用这种礼制。时势不同，如今主上不是成王，会稽王也不是周公。若行此事，必定不称皇帝之意。”王国宝上奏后，果然皇上大怒，而非常赏识车胤。后来司马元显有罪，车胤与江绩将上奏朝廷时，事情泄露，司马元显逼车胤自杀。不久车胤去世，朝廷以为是重大损失，非常哀伤。

315. 王恭有何事迹见于记载?

王恭（？～398），字孝伯，光禄大夫王蕴之子。“少有美誉，清操过人，自负才地高华，恒有宰辅之望。”曾被任命为佐著作郎，王恭叹道：“当官不做宰相，怎能实现我的抱负！”遂辞之以疾。王恭与名士王忱齐名。有一次王忱去造访王恭，看见王恭坐的竹席很好，以为他还有几张，就向王恭要了一张竹席。王恭把竹席送给王忱后，整天就以草垫为座。王忱知道后很吃惊，王恭说：“吾生平无长物。”

王恭“美姿仪”，人们评价他是“濯濯如春月柳”。他曾身披鹤氅裘，“涉雪而行”，人们说他是“神仙中人”。他为人正直敢言。有一次会稽王司马道子召集朝士，于府中饮酒。尚书令谢石醉酒之后唱了首乐妓的歌曲，王恭正色而言：“您居于要职，竟然在藩王府第唱这种淫词小调，让下属怎么以您为表率！”谢石因此深恨王恭。有个姓裴的妇人，有服药延年益寿的法术，经常身穿黄衣，像个天师一样，司马道子常让她与宾客谈论，王恭不留情面地说：“我从未听说丞相座客中有不检点的妇人。”在座者都甚为惭愧。

孝武帝死后，司马道子执政，他任用的王国宝等心腹，祸乱朝政。王恭常劝司马道子要远离小人，听纳直言。隆安元年（397）四月，王国宝劝司马道子裁减王恭等人的兵权。王恭于四月七日上表，历数王国宝的罪恶，举兵讨伐。王恭时任兖、青二州刺史，兵权很大，司马道子为求息兵，乃杀王国宝以谢罪。

隆安二年（398）二月，司马道子为增强自己实力，削弱地方军权，任命王愉为江州刺史。而豫州刺史庾楷所统四郡被划归王愉，庾楷大怒，遂劝王恭举兵。王恭邀集殷仲堪、桓玄，三人以王恭为盟主。七月，王恭发表讨伐王愉、司马尚之，因为司马尚之曾劝说司马道子削减地方兵权。八月，桓玄生擒王愉，其后又大破官军。司马元显见战事不利，遂派人劝降王恭大将刘牢之，许诺事成后将王恭的官职授予刘牢之。刘牢之此前曾劝王恭不宜举兵，认为朝廷割庾楷四郡，对王恭没有利益上的损失，而王恭不听。刘牢之反攻王恭，王恭单骑出逃，欲投奔桓玄，在延陵长塘湖（今江苏溧阳北）被擒，送京师斩杀。

王恭虽在北府兵中，但不与部下交接，而且他不懂军事，崇信佛教。他征用百姓，修造佛寺，士民都怨声载道，不得人心。临刑前，他还在读佛经，“自理须鬓，神无惧容”，并对监刑的人说：“我败在信人不当，若说我的本心，难道不是忠于社稷！但令百代之下知道有王恭这么个人！”王恭家中无余财，只有书籍而已。他死后，许多了解他的人都伤心不已。

316. 刘牢之、刘敬宣父子有哪些战功？

刘牢之（？～402），字道坚，彭城（今江苏徐州）人。太元二年（377）谢玄出镇广陵（今江苏扬州），筹组新军抵抗前秦。刘氏三代以壮勇著称。史载刘牢之“面紫赤色，须目惊人，而沉毅多计划”，以其骁勇应选为参军，常领精锐为前锋，“百战百胜”，号为“北府兵”，“敌人畏之”。

太元四年，刘牢之破前秦将军句难于盱眙，迁鹰扬将军、广陵相。八年淝水之战，他统五千精兵，于洛涧（淮水支流，今安徽淮南东）之役歼敌一万五千余人，尽收其器械。以功升龙骧将军、彭城内史，赐爵武冈县男。

孝武帝死后，司马道子擅权，倚王国宝为心腹，与兖、青二州刺史王恭矛盾尖锐。隆安元年（397），王恭起兵讨王国宝，以刘牢之为军府司马。及朝廷诛王国宝，王恭对刘牢之不加礼遇，刘牢之怀恨在心。次年，王恭又起兵，以刘牢之为前锋，并结为兄弟，供给精兵利器。司马元显派人收买刘牢之，许诺事成即以王恭位号相授，于是刘牢之倒戈反击王恭。王恭死后，他取代王恭为都督兖、青、冀、幽、并、徐、扬州、晋陵军事。

隆安三年，孙恩起义，刘牢之遣子刘敬宣等出师，与谢琰屡胜义军。及谢琰被害，刘牢之晋号为镇北将军，都督会稽五郡，派刘裕屡破孙恩。孙恩死后，刘牢之威名远振。

之后朝廷讨伐桓玄，以刘牢之为前锋都督。刘牢之害怕平定桓玄之后功盖天下，不为司马氏父子所容，加上桓玄劝降，牢之乃投降桓玄。桓玄杀司马氏之后，夺取刘牢之兵权，刘牢之叹曰：“祸将至矣!”他的儿子刘敬宣劝他反桓玄，部将以其“一人而三反”，皆散走，刘牢之自杀。

刘敬宣是刘牢之长子，“智略不及父，而技艺过之”，随父征讨孙恩有功。刘牢之死后，他梦见自己口服丸土，醒后大喜：“丸者桓也，既吃掉丸土，我不久当回本土。”其后还京师，拜辅国将军、晋陵太守。他与诸葛长民攻破桓玄残部桓歆，迁建威将军、江州刺史。晋安帝返政，征拜刘敬宣为冠军将军、宣城内史，领襄城太守。谯纵反叛，朝廷以刘敬宣督征蜀诸军事，西伐，所攻皆克。后因瘟疫，加以粮尽，回师，被免官。不久刘敬宣以冠军将军征讨卢循起义，卢循被灭，刘敬宣以功屡迁官职。

317. 殷仲堪与桓玄之间的矛盾及结局如何?

殷仲堪（? ~399），陈郡（今河南淮阳）人。他“能清言，善属文”。他常说如果三天不读《道德经》，就觉着舌根发硬。历任佐著作郎、太守等职。孝武帝任用亲信以抑制会稽王司马道子，乃任命殷仲堪都督荆、益、宁三州军事，荆州刺史。

桓玄起初仕途失意，弃官返回荆州，与殷仲堪交往很深。殷仲堪用桓玄之才学，而桓玄则利用殷仲堪的兵势，想有所作为。所以刚开始，两人能够彼此合谐一致。隆安元年（397），王恭举兵讨伐王国宝时，桓玄劝殷仲堪发兵响应。殷仲堪认为自己的军队离京师太远，相比王恭离京师只有二百里，出兵不利，所以伪许王恭而按兵未动。

隆安二年，王恭再次举兵。殷仲堪认为，王恭上次诛杀王国宝之后“威名已震”，此次再度出兵，必将获胜，而且他自认为上次失信于王恭，所以殷仲堪命杨佺期为前锋，以桓玄次之，自己又率军两万，出兵响应王恭。桓玄擒获了王愉，杨佺期也屡胜官军。此时，王恭部将刘牢之倒戈，王恭被杀。消息传来，桓玄等“三军失色”，暂时按兵不动。

朝廷击败王恭之后，不知道殷仲堪、桓玄等人意向。桓玄的堂兄桓修建议司马道子收买杨佺期，让殷仲堪、桓玄调任其他职位，从而瓦解殷仲堪的实力。桓玄很高兴得到朝廷的任命，想顺应朝廷旨意。而殷仲堪以为王恭虽败，凭借自己的实力也能成事，遂命桓玄回军，并威胁说：“如果不各自回镇，我回去一定杀尽你们的家口。”这样，桓玄与杨佺期等各随殷仲堪回军。三人于寻阳结盟，以桓玄为盟主，表示不接受朝廷的任命，并请朝廷诛刘牢之、司马尚之，为王恭平反。此时桓玄开始得志。

朝廷惧怕殷、桓、杨三人的势力，于是以殷仲堪还任荆州刺史，以桓玄为广州刺史，以杨佺期为雍州刺史，以求和解。桓玄本来想自领雍州，杨佺期任雍州刺史后，桓玄请求朝廷扩大自己的领地。隆安三年（399），诏加桓玄都督原属殷仲堪管辖的荆州四郡（长沙、衡阳、湘东、零陵）军事，又下诏任命桓玄之兄桓伟取代杨佺期之兄杨广，意在构成殷、桓、杨三人矛盾以相互牵制。殷仲堪与杨佺期联姻为援，以对抗桓玄。其后，朝廷又分杨佺期四郡与桓玄，杨佺期更加怨恨，密谋攻桓玄，屡次被殷仲堪劝止。

同年，荆州发大水，殷仲堪竭尽府库以赈济灾民，桓玄乘机讨伐。殷仲堪抵挡不住，急召杨佺期来救。杨佺期本来认为殷仲堪无粮，让他来共守襄阳。殷仲堪想自保城池，不想弃城而走，就欺骗杨佺期说：“等你到来，一定会收集好粮米。”杨佺期到江陵后，才发现军粮严重匮乏，说：“现在是败定了！”遂不与殷仲堪相见。此后，杨佺期率水军与桓玄军队大战，败退至襄阳，军众皆没。桓玄追至襄阳，杨佺期被杀。殷仲堪在巴陵（今河南岳阳）的积贮被桓玄截获，

“诸将皆败”。殷仲堪出奔酂（cuó）城（今河南均县东南），被桓玄军追获，被迫自杀。

殷仲堪、杨佺期死后，桓玄于隆安四年（400）二月，上表请求领荆、江二州刺史，朝廷不敢违，诏许之。桓玄都督八州军事，势力日盛。

318. 刘毅与刘裕之战结局如何？

刘毅（？～412），字希乐，小字盘龙，东晋彭城（今江苏徐州）人。少有大志，不治产业。初仕为青州刺史中兵参军属。

元兴二年（403）十二月，桓玄篡位，刘毅在广陵（今江苏扬州）举兵，与在京口（今江苏镇江）举兵的刘裕遥相呼应，共讨桓玄。次年三月，刘毅和刘裕在覆舟山（今南京北），大败桓谦；四月，刘毅率军在峥嵘洲（今湖北武汉东）大战桓玄军，刘毅之兵虽不足万人，但锐气旺盛，乘风放火，击溃桓军；其后，枚回洲（今湖北江陵长江中）之战，桓玄被杀，刘毅将其首级传至京师建康（今南京）。元兴三年（404）十月，刘毅攻克战略重地鲁城和偃月垒，生擒桓振部将孟山图和桓仙客。义熙元年（405），刘毅击破桓谦部将冯该，占领江陵（今湖北江陵），桓谦逃往后秦。其后，刘毅又在与桓振争夺江陵之战中，阵斩桓振。同年五月，他又讨伐桓玄余党桓亮、苻宏等。至此，刘毅平定了荆江、湘、豫诸州，以功都督淮南五郡军事，任豫州刺史。

刘毅与刘裕共成大业，而功劳不及刘裕，他非常骄傲，不服刘裕，常“怏怏不得志”。他读史书看到蔺相如避让廉颇的故事时，认为那是不可能的事情。刘毅曾说：“真遗憾没有遇上刘邦、项羽，与之争夺天下。”又对郗僧施说：“以前刘备和孔明，被看作是如鱼得水。现在我与你虽然比不上他们贤明，但是也相差不多。”众人都厌恶他桀骜不驯。后来刘毅讨伐卢循起义，被卢循击败于桑落洲，辎重盈积尽弃之，幸赖部下救护，得以生还。

刘毅知道自己大势已去，越来越愤激不平，于是交结尚书仆射谢混、丹阳尹郗僧施，阴谋除掉刘裕。此时，刘毅已有卫将军、都督荆、宁、秦、雍四州军事、荆州刺史之职，又以荆州人口不足、器械不良为由，求督交、广二州。他镇守江陵，树置亲信，排斥异己，刘裕终于不能容忍其所作所为，在安帝义熙八年（412）九月，以诏令形式先诛谢混及刘毅之弟刘藩。随后，刘裕亲自率军从建康溯长江而上，讨伐刘毅。刘裕以王镇恶为振武将军，先行讨伐。王镇恶昼夜赶路，宣称自己是刘毅之弟刘藩的军队。十月，王镇恶到达离江陵不远的豫章口，下船登陆。江陵城门未关，军队顺利入城。刘毅虽督士卒力战，然而士卒知道刘裕已来，都没有了斗志。战至日暮，王镇恶烧破城门，攻占江陵内城。刘毅单骑出逃，在离江陵二十里的地方自杀，其子侄都被诛。

319. 诸葛长民为何被刘裕所杀?

诸葛长民（? ~413），琅玡阳都（今山东沂南）人。有文武干才，但不拘品行节操，“无乡曲之誉”。桓玄以之为参军，很快因为贪鄙苛刻被罢免。随刘裕讨桓玄，有功拜辅国将军、宣城内史；后击破桓歆，封公；义熙初，南燕慕容超入侵，长民遣将击败之。后参与镇压卢循起义，转督豫、扬之六郡诸军事。

刘裕讨刘毅时，以诸葛长民留守。他“骄纵贪侈，不恤政事，多聚珍宝美色，营建第宅，不知纪极，所在残虐，为百姓所苦”。他自己也认为多行不法，非常怕受到制裁。刘毅被诛后，他对亲信说：“这就像当年汉高祖刘邦杀功臣韩信一样，大祸临到我头上了!”乃图谋为乱。他的僚属刘穆之劝他说：“刘裕率军出征，将老母幼弟全都委托给您，我看刘将军和您之间并没有矛盾。”诸葛长民犹豫不决，这时他弟弟对他说：“刘毅被杀，就是咱们诸葛氏的下场，何不趁刘裕未还快动手?”诸葛长民叹道：“人在贫贱时盼望富贵，得到富贵了也是如履薄冰。现在我想做布衣百姓，又怎么可能呢!”

刘裕对诸葛长民怀有疑心，于是悄悄回府。第二天，长民得知刘裕已还，非常吃惊。他到刘裕府上探视，刘裕和他说了不少平时没讲过的话，长民很高兴，以为刘裕没有发现他的计划。这时，刘裕安排好的壮士从身后杀掉了诸葛长民。

当初诸葛长民刚富贵时，一月之中总有十几个晚上从梦中惊起，又跳又打，好像和什么搏斗。有人和他同宿，问他是什么原因。长民说：“我看见一个东西，身上很黑而且长着毛，它的脚不太分明，非常健壮，除了我没有人能制伏它。”他的房柱和屋梁间，常有蛇头出现，他让人拿刀去砍时，蛇就不见了；家里的捣衣棍子像人一样说话；有时墙上有只大手，长七八尺，他让人用刀去砍，突然就不见了。这些怪异现象出现不久，诸葛长民就被杀了。

320. 何无忌于征讨桓玄时立有何功?

何无忌（? ~410)，东海郯（今山东郯城）人。刘牢之的外甥。他“少有大志，忠亮任气”，“人有不称其心者，辄形于言色”。刘牢之每有大事，常和他商议。桓玄攻入京都时，杀了司马元显及元显之子彦章。何无忌与彦章有旧，于杀彦章时恸哭于市，时人以之为义。刘牢之欲降桓玄，何无忌苦谏，刘牢之不听其言。

桓玄篡位后，何无忌与刘牢之的原参军刘裕密谋讨伐桓玄。刘毅家住京口，与何无忌素善，说及复兴之事，何无忌问刘毅：“桓玄强盛，你觉得可以举事吗?”刘毅回答说：“天下之事自然有强弱之分。但有些事情要看事主怎么样，如果事主是人才，我们就能转弱为强!”何无忌接言道：“天下草泽之中并不是没有英雄。”刘毅说：“我所见的英雄唯有刘裕。”于是三人共举义兵。

桓玄听说刘裕与何无忌起兵，非常害怕。他的同党说：“刘裕不过是乌合之众，成不了大事，您不必忧虑。”桓玄说：“刘裕勇冠三军，当今无敌；刘毅家无储蓄，而赌博时一掷百万；何无忌是刘牢之的外甥，酷似其舅。他们共同起兵，怎么能说一定会不成事!”

何无忌率兵追击桓玄，军至桑落洲。桓玄将领何澹之平时所乘之船旌旗甚盛，何无忌认为“贼帅必定不在此船，应该马上攻此船”。众人说：“何澹之不在其中，即使攻克此船也无益。”无忌以为主帅虽不在此船，但敌众我寡，应该先打开胜局，再一鼓作气破敌。之后，破获何澹之常坐之船，并传呼“已抓住了何澹之!”敌军众惊扰，无忌乘机击破敌军。接着又在峥嵘洲击败桓玄军，进据巴陵。桓玄堂兄桓谦愿以荆、江二州奉送朝廷，何无忌不许，进军破江陵，侍卫晋安帝还京师。

321. 张轨经营河西有何成绩?

张轨（255~314)，字士彦，安定乌氏（今甘肃平凉西北）人。他“明敏好学”，西晋惠帝时，曾在京都洛阳任太子舍人等职。

张轨“以时方多难”，遂有经营凉州，割据河西之志。永宁元年(301)，张轨被任命为凉州刺史后，迅速讨平鲜卑反叛贵族，“斩首万余级”，威震西州；又任用才能之士宋配、阴充、汜（fàn）瑗、阴澹等人为股肱谋主；征召九郡学子五百人，立学校，行儒家礼仪制度。

永兴二年（305），鲜卑若罗拔能发兵侵入凉州，张轨遣宋配击破之，斩拔能，俘获十余万众，威名大震。惠帝加其为安西将军，封安乐乡侯。张轨遂大建姑臧城（今甘肃武威），张氏遂霸河西。

永嘉二年（308），张轨中风，“口不能言”，凉州大族张越、张镇及曹祛等企图乘机取而代之，恰巧张轨之子张寔自京师还，率兵驱斩，张氏政权得以稳定。不久，王弥攻洛阳，张轨派兵入卫京师，连破王弥、刘聪。当时京师称之为“凉州大马，横行天下。”虽然当时天下大乱，州郡使者无至京师者，而张轨却遣使贡献，连年不绝，朝廷屡下玺书慰劳。张轨病死后，其子孙继续保有凉州。

322. 张寔、张茂兄弟割据凉州情况如何?

张寔（？～320），字成逊；张茂（278～325），字安逊。建兴二年（314）五月，其父张轨病死。张轨临终以张寔为继，西晋朝廷任命张寔为都督凉州诸军事，凉州刺史、平西公。张寔继续推行张轨的政策，拒绝部下送上的皇帝印，传送京师，全力支持朝廷，派军援救京师，贡献财宝、经史名籍。同时奖励臣民进谏，以澄明政事。建武元年（317），西晋被刘曜攻击，关中陇右地区备受劫掠，居民死者大半，唯独凉州是北方最安全的地方，当时歌谣为：“秦川中，血没腕，唯有凉州倚柱观。”西晋灭亡后，张寔派使者至建康劝琅玡王司马睿即皇帝位，但在凉州仍沿用西晋年号不变。西晋南阳王司马保仍在关西与汉赵刘氏政权对抗，但兵少力弱，只好投奔张寔。张寔怕司马保以晋室名义到凉州后，将会影响人心，所以表面上派兵迎接，实际上将其控制。司马保死后，其部众为张寔所有。

太兴三年（320），有个叫刘弘的搞旁门左道的人，居住天梯山中，传道惑众，宣称自己有天授神玺，当称王于凉州。张寔左右心腹信奉其道，刘弘乃使张寔部下阎沙杀死张寔。

张寔死后，凉州文武官员推举张寔之子张骏为主，因其年幼，遂以张寔之弟张茂代理州政。张茂派兵攻占陇西（在今甘肃）、南安（今甘肃陇西东南）等地，设立秦州。太宁元年（323），前赵刘曜率二十八万大军进攻凉州，连营百余里，驻扎黄河岸边。张茂自知不能抵挡，只好请降。刘曜撤军，拜张茂为凉王。

张茂于太宁三年（325）病死，临终嘱咐张骏，一定要坚守人臣之节，不要辜负晋室。

323. 张骏统治前凉时期为何能达到鼎盛?

张骏（307～346），字公庭，张寔子。太宁三年（325）五月，张茂病死，张骏继立。原西晋使者代表朝廷拜张骏为大都督、大将军、凉州牧、西平公。前赵刘曜也派使者拜张骏为大将军、凉州牧、凉王。以后五六年间，前凉主要与前赵争夺河南枹罕、陇西、南安诸郡。因为实力悬殊，张骏只好迁徙陇西、南安等地百姓于姑臧，河南之地被前赵占有。直到咸和五年（330），前赵被后赵所灭，张骏出兵收复河南诸郡。此后，后赵授张骏官爵，张骏不受，并派使者通使东晋。东晋先后授其镇西大将军、大将军等职。

张骏派兵征伐西域诸国，龟兹、鄯善、焉耆纷纷遣使来降。张骏又分前凉地为凉、河、沙三州，各设刺史，自为大都督、大将军，统摄三州。在任期间，张骏“厉操改节，勤修庶政”，文武百官，人尽其才，不以严刑峻法为治，每以宽恤为怀，所以“士马强盛”，境内安宁。百姓称他为“积贤君”。在此时期前凉疆域南越黄河，北达居延（今甘肃额济纳西北），东抵秦、陇，西达葱岭。这是前凉势力达到鼎盛的黄金时期。

324. 张祚统治前凉为何导致百姓怨愤?

东晋永和二年（346）五月，张骏病死，其子张重华即位。张重华即位之初，减免赋役，革除关税，撤罢园囿，救济贫苦。后赵石虎乘张骏新死，张重华年幼（即位时十六岁），派大军进攻前凉，凉州震动。张重华派谢艾先后四次击败后赵军队。石虎叹息说：“我以前只用偏师就平定九州，今以九州之力却在此受制。前凉有人才，不可图谋。”

永和九年(353)十月,张重华病死,其子张耀灵即位,年仅十岁。

张祚（？～355），字太伯，张重华庶兄。他与张重华的宠臣赵长等人结为异姓兄弟，诈称张重华遗令，都督中外诸军，辅政。当年十二月，张祚废张耀灵，自立为大都督、大将军、凉州牧、凉公。次年自称凉王，改元和平。前凉用西晋建兴年号共四十二年，至此始改。

张祚“博学雄武，有政事之才”，自立之后，淫暴无道，“天有光如车盖，声若雷霆，震动城邑”，又“大风拔木”。他诛杀进谏大臣，朝野共愤，可谓是天怒人怨，“国中五月霜降，杀苗稼果实”。永和十二年（355），前凉河州刺史张瓘起兵攻张祚，敦煌人宋混、宋澄兄弟起兵响应。张祚遣将击之。时人王鸾有道术，对张祚说：“军出不可再还，凉国将有不利。”张祚以其妖言惑众，斩王鸾。王鸾临刑断言：“我死不过二十日，军必败。”其后，张瓘等声称“张祚无道，我大军已到，敢有不从者诛杀三族。”张祚军众溃散。张祚被杀后，“国内咸称万岁”。

325. 前凉是如何灭亡的?

张祚死后，张瓘推举张耀灵之弟张玄靓为凉王，恢复使用西晋建兴年号，张瓘自为都督中外诸军事、尚书令、凉州牧。当时张玄靓年仅七岁，前凉大权由张瓘掌握。

张瓘当政之后，“兄弟强盛，负其勋力，有篡立之谋”。他为人猜忌苛刻，不得人情。宋混兄弟先发制人，于升平元年（359），攻杀张瓘，宋混、宋澄兄弟先后辅政。张玄靓司马张邕厌恶宋澄专权，遂起兵杀宋澄。此后张邕与张玄靓的叔父张天锡共辅政。

张天锡，字纯嘏，张骏少子，小名独活。张邕辅政后，“自以功大，骄矜淫纵”，又“树党专权”，张天锡遂将其杀死，独为辅政，又取消建兴年号，改用东晋升平年号。兴宁元年（363），张天锡又杀张玄靓，自称大都督、大将军、凉州牧、西平公。至此，前凉十年内乱结束。

张天锡即位后，荒于声色，不问政事。灾异屡现，“连年地震山崩，水泉涌出，柳化为松，火生泥中”。与此同时，强大的前秦开始对前凉步步紧逼。张天锡即位次年，前秦遣使授予官爵。其后不久，张天锡与前秦绝交。前秦丞相王猛写信给张天锡，威逼利诱，张天锡又向前秦称臣。太元六年（376），苻坚诏征张天锡到长安朝见，并派十万大军跟随，准备张天锡不听就立即攻灭。同年七月，张天锡杀死前秦使者，并派军队抵抗前秦。八月，前秦兵分数路，屡胜前凉。张天锡亲自率军出战不胜，逃归姑臧，前秦紧追，张天锡被迫投降，被押至长安。前凉郡县也都投降前秦。前凉亡。

326. 李暠是如何创建西凉的?

李暠（hāo）（351～417），字玄盛，陇西成纪（今甘肃通渭东）

人，一说为陇西狄道（今甘肃临洮）人，西汉飞将军李广十六世孙。李暠“少而好学”，博通经史，年长又习武艺，“诵孙吴兵法”。

东晋隆安元年（397），匈奴卢水（今黑河）胡沮渠蒙逊率众起兵，攻后凉。其堂兄沮渠男成也起兵响应，共同推举后凉建康（今甘肃高台）太守段业为大都督、凉州牧，建立北凉。后凉太守孟敏投降北凉，段业以孟敏为沙州刺史，孟敏以李暠为效谷（治今甘肃敦煌西）令。不久孟敏死，敦煌护军郭谦、沙州治中索仙推举李暠为敦煌太守，此后，段业以李暠为安西将军、敦煌太守，领护西胡校尉。

段业称凉王之后，听信其部下索嗣之言，乃以索嗣代李暠为敦煌太守。李暠本来与索嗣有刎颈之交，痛恨索嗣夺取自己的官职，遂出兵击败来赴任的索嗣，又上表段业，陈述索嗣之罪。段业于是杀索嗣，拜李暠为都督凉兴以西诸军事、镇西将军。同年（400）十一月，北凉晋昌太守唐瑶移檄六郡，推举李暠为冠军大将军、凉公、大都督，领秦、凉二州牧。李暠乃大赦境内，建年号庚子，设置百官，正式从北凉分立出来，建立西凉。

西凉建立后，李暠发兵攻取玉门以西的地区，广开农田，屯积粮草，准备东攻北凉。他开设学校，增置高门学生五百人。东晋义熙元年（405），李暠派使者至东晋上表称臣。九月，将都城自敦煌迁至酒泉。此后他迁徙大量农户到酒泉附近，设立郡县以安定流民，护卫京城，劝督农桑，连年丰收。

此后的六七年间，北凉沮渠蒙逊屡次进攻西凉，李暠以主要精力安抚国内，对外以防守为主。当时，西凉辖境只有今甘肃境内的酒泉、玉门、敦煌、安西等数县之地，地少人稀，兵力只有三万余。李暠初立国，本以为可以兵不血刃，坐收千里，轻易做到前凉张氏统治之规模。而事实上，北凉、南凉兵强马壮，西凉远不能与之对抗。李暠曾写《述志赋》抒发情怀，表达他对张良、诸葛亮等先贤的仰慕与渴望，也表达了对猛将关羽、张飞等人的钦佩。李暠在临终前还遗憾自己“才弱智浅，不能一同河右”，嘱托宋繇等一定要好好辅佐世子李歆，完成他未能实现的抱负。

327. 西凉是如何灭亡的?

义熙十三年（417）二月，李暠死，其子李歆继立，称大都督、大将军、凉公，领凉州牧，改元嘉兴。李歆尊母尹氏为太后，以宋繇为武卫将军，以索仙为征虏将军。其后，沮渠蒙逊诱降李歆，李歆派人先行，亲率大军为后继。沮渠蒙逊率众三万设伏，李歆闻知，乃身先士卒，大败沮渠蒙逊，俘斩七千余人。次年，东晋以李歆为镇西大将军、酒泉公。

李歆即位后，用刑严酷，大修宫室，消耗大量财力，群臣劝谏，李歆不听，违背了李暠“从善如顺流，去恶如探汤”的告诫。宋永初元年（420），刘裕代晋，下诏任命李歆都督高昌等七郡军事。其后，李歆听说沮渠蒙逊南伐西秦，便执意乘机袭击北凉都城张掖。尹太后固谏，不听。宋繇又谏，李歆一意孤行，宋繇叹道：“大事去矣，我看见军队出征，却再也看不见军队回来了！”李歆率军三万东伐北凉，半路中伏大败。部下劝其还军酒泉，他说：“我违背太后教导，远取败辱，如果不杀沮渠蒙逊，有何面目见我的母亲！”遂率兵与北凉军战于蓼泉（今甘肃高台西），兵败被杀。沮渠蒙逊随即攻占酒泉，西凉灭亡。西凉残众拥立李歆之弟李恂为冠军将军、凉州刺史，占据敦煌。永初二年（421）三月，北凉军攻破敦煌，李恂自杀。

328. 李密的《陈情表》为何感人至深?

李密（224～287），字令伯，犍为武阳（今四川彭山）人。他的父亲早亡，母亲改嫁。李密当时年仅数岁，思恋母亲成疾，由祖母刘氏抚养成人。李密长大后，非常孝顺，刘氏有病他就哭泣担忧，睡不解衣，煮药、做饭自己先尝，然后再喂给祖母。他有时间就勤读诗书，师从学者谯周，被比之为孔门子游、子夏。

李密初仕蜀汉。西晋平蜀后，屡次征召李密为官。根据《陈情表》来看，李密第一次被举为孝廉，第二次为秀才，李密都以侍养祖母为由，辞不赴命。其后，朝廷拜他为郎中，又转拜太子洗马，李密又推辞不就。无奈诏书屡下，责备他拖延怠慢，郡县催促他上道，李密认为如果应征做官，祖母病重他放心不下；如果为照顾祖母不应诏，朝廷又不允许。所以李密认为自己无论进退，都处于狼狈的处境。

李密说“圣朝以孝治天下”，而自己和祖母正是孤苦至极。他自认曾出仕伪朝（指蜀汉），如今以微贱之身，被朝廷赏拔，并不是因为嫌弃官职不大才拖延不至。“但以刘（指祖母）日薄西山，气息奄奄，人命危浅，朝不虑夕。臣无祖母，无以至今日；祖母无臣，无以终余年。”祖孙二人相依为命，实在是不能远离。李密又说：“我今年才四十四岁，而祖母已经九十六岁；我将来为朝廷尽忠的日子很长，而报答祖母养育之恩的时间已经不多了。”李密在《陈情表》最后表示：“朝廷若让我完成侍养祖母的心愿，我一定誓死报答陛下。”武帝司马炎看完李密的《陈情表》之后，感慨地说：“李密果然是名不虚传！”于是答应了李密的请求。

329. 王裒为何终身不西向而坐?

王裒（póu）（? ~311），字伟元，城阳营陵（今山东潍坊）人。其父王仪，是西晋文帝司马昭的部下。在一次战役中，司马昭的军队失利，司马昭问众人：“此次失利，谁应该负责任?”王仪说：“责在元帅您。”司马昭大怒，说：“你想把罪责推到我身上吗?”遂将王仪杀害。王裒少有节操，动止有礼，“身长八尺四寸，容貌绝异，音声清亮，辞气雅正，博学多能。”他痛感父亲死于非命，终身不西向而坐，以表示不向朝廷称臣。王裒隐居教授，朝廷三次征召、官府七次辟举，他都没有出来做官。王裒至孝，他在父亲的墓旁盖房居住，早晚都到墓前跪拜，抱住墓旁的柏树痛哭，连柏树都为之枯死。他母亲生性怕雷，母亲去世之后，每当打雷时，他都会来到母亲的墓旁说：“王裒在此。”当他读《诗经》至“哀哀父母，生我劬（qú）劳”时，每次都泪流满面。他的学生见他如此伤心，就删掉这首诗，以免老师教到这儿悲伤不已。

王裒家中清贫，他亲自种地，而且按照家中人口种地，不贪图多余的收入。有人要帮他劳作，他不让人来；有学生帮他收割麦子，他就把别人割的麦子丢弃不要，也不接受亲朋好友的馈赠。王裒曾与同乡管彦友善，并各以儿女约为姻亲。后来管彦为西夷校尉，死后葬于京都洛阳，王裒就把女儿嫁给了别人。管彦的弟弟问王裒为何不守前约，王裒说：“我此生志在隐居山林，原来的姐妹都出嫁很远，吉凶不知，从此我就以此为诫。如今管彦之子把管彦葬在洛阳，那他也就是洛阳人了。这岂是我原来的意愿呢!”管彦的弟弟又说：“我的嫂子是齐国人，她会回到临淄（今属山东）的。”管彦之弟的意思是，管彦之子回到临淄之后，与王裒相离不远，还是可以完成婚约的。王裒说：“哪有把父亲安葬在河南，却随母亲回齐地的? 你们有这个用意，就更不用谈结婚的事了!”

永嘉四年（311），京都洛阳被攻陷。此后，天下大乱，盗寇蜂起，家人纷纷劝王裒渡江避难，而王裒留恋父母坟墓无人照看，不想离乡，遂遇害。

330. “孝顺里”为谁而名?

许孜，字季义，东阳吴宁（今浙江东阳东）人，生卒年不详。史称“孝友恭让，敏而好学”，师从豫章太守会稽人孔冲，学习《诗》、《书》、《礼》、《易》，及《孝经》、《论语》，学成后还乡。孔冲在豫章死后，许孜奔丧，然后送丧还会稽，为孔冲服丧三年。许孜的父母去世后，他为之骨瘦如柴，要靠手杖才能勉强走路。他不接受乡人的帮助，自己背土为父母造坟。有些人怜悯许孜身体衰弱，“苦求来助”，许孜白天让他们帮忙，晚上自己重新修建。每当他为父母哭泣时，“鸟兽翔集”，感动异类。

许孜抛妻弃子，专事修营父母之坟，并且栽了五六里松柏在墓旁。有一次一头鹿弄坏了一棵松树，许孜悲叹：“鹿难道不念及我的孝心吗?”第二天，他看见那头鹿被猛兽咬死，放在那棵被弄坏的松树前。许孜惆怅哀伤，就为鹿造了个土坟，那猛兽也撞死在许孜跟前，许孜更加难过，又将猛兽埋葬。其后树木繁茂，再也没有毁坏过。许孜为父母守坟十余年，才另娶妻。在他父母的墓林中，鸟兽同处，互不侵犯。

西晋元康（291～300）年间，许孜被推举为孝廉，但他没有接受，终身不仕，八十多岁时去世。乡人称他居住的地方为“孝顺里”。其后，朝廷下诏表彰许孜的孝行。

331. 庾衮为何获得“庾贤”之美誉?

庾衮（gǔn）（？～305），字叔褒，颍川鄢陵（治今河南鄢陵）人。他勤俭好学，以孝闻名。西晋咸宁年间（275～280），发生了一次大瘟疫，庾衮的两个兄长都得病死去，另一个哥哥庾毗（pí）也病得非常严重。当时疫气很重，人们都外逃避难，庾衮却留下不走，家人劝他，他说：“我天生不怕疾病。”于是他留在哥哥身边，日夜照料。几个月之后，瘟疫消灭，家人返乡，庾衮的哥哥也完全康复了。父老都说：“庾衮真不一般！他能做到别人不能做的事，就像天冷了才看出松柏的耐寒一样。”

庾衮家中贫苦，他耕种庄稼，侍养父母。他谨守礼节，与弟子树篱笆时，递树条都跪着接送。有人问他："如今您隐居在这儿，怎么还这么恭敬守礼呢?"庾衮说："如果因为处在隐与显两种情况下，就改变自己的节操，那绝不是真正的君子的志向。"他父亲死后，庾衮就自己编竹筐卖钱，供养母亲。母亲见他十分辛苦，便对他说："我吃不了多少东西，你何必这么忙碌?"庾衮说："母亲吃不上好饭，我于心何安!"他的妻子是富贵人家的女儿，嫁给庾衮之后，和庾衮"共安贫苦，相敬如宾"。

西晋永宁元年（301），"八王之乱"爆发。庾衮为避兵难，乃率其同族在禹山自保。大家推举庾衮为首领，同心合力，修造屏障，缮修兵器，号令严明。有乱兵来挑战，庾衮率领部众，整顿行伍，命令不要轻举妄动，将弓箭上弦但不轻易射出。乱兵佩服其谨慎，害怕其严整，遂不战而退。

及至齐王司马冏掌握朝政，图谋不轨，庾衮叹道："晋室不行了，灾难即将兴起!"遂携妻带子到林虑山中，对待当地人像对待故乡人一样忠信恭敬。一年后，林虑山附近都来归附庾衮，都称他"庾贤"。

西晋永安元年（304）十一月，晋惠帝被迫迁都长安。庾衮与众人来到大头山，耕田于山下，有终老此山之意。其后，庾衮在下山时，因突然头晕，坠崖而死。时人为之哀伤不已。

332. 孙晷为何被时人比作梁鸿?

孙晷（guǐ）（308～346），字文度，吴国富春（今浙江富阳）人。史书称孙晷"为儿童，未尝被呵怒"。名士顾荣称扬他说："这个小孩儿神明清审，志气贞洁独立，不是一般的儿童。"年长后，"恭孝清约，学识有理义"，即便独处，未尝不谨守礼节。他家中虽富，而经常穿布衣，吃清淡的饭菜；自己种地，休息时则诵读诗书，自以为乐。他的父母劝他不必这样辛勤，而他早起晚睡，没有丝毫松懈。

富春当地很少有车道，出行大多要坐船，孙晷的父亲不习惯坐船，每当外出都坐竹轿。孙晷在父亲外出时，都一路跟随，扶侍不怠。到达目的地之后，他就找个地方躲避起来，不让家人知道。他的兄长曾常年患病，孙晷亲尝汤药，并且跋山涉水，求买药材。

孙晷听到别人有善行，就高兴得不得了；听说有人作恶，就难过得像丢了东西一样。看见有饥寒之人，他就拿东西施舍。他有几个穷苦亲戚，常到他家里求取物品，很多人都讨厌并怠慢他们，而孙晷一如既往地救济他们，有衣同穿，有饭同吃。有时还把自己的衣被送给别人。有一年发生饥荒，谷价很贵，有人偷割孙晷家的稻子，孙晷看见后，马上找个地方藏起来，等那人拿着稻子走了之后，他又出来割了不少稻子，送到那人家中。

会稽人虞喜，隐居海边，有很高的操守。孙晷钦佩他的为人，就娶了他的侄女为妻。虞喜告诫侄女要舍弃淫华，崇尚朴素，要与孙晷同甘共苦。时人称其为“梁鸿夫妇”①。

333. 何谓“北州之学，殷门为盛”？

刘殷，字长盛，新兴（今甘肃武山）人。他七岁丧父，服丧三年，未曾开口一笑。他的曾祖母王氏，在严寒的冬天想吃一种叫堇（jǐn，又名旱芹）的野菜，为此十几天吃不下饭。刘殷时年九岁，知道原因后，恸哭半日，忽然有人对他说：“别哭，别哭了。”刘殷收泪一看，地上“便有堇生”。他有一天夜里梦见有人对自己说：“西墙篱笆下面有米。”刘殷醒后，果然挖出不少米，一直过了七年才吃完。时人认为他感动了天地，纷纷送给他谷帛。刘殷接受之后并不致谢，只说以后富贵，一定报答。

刘殷二十岁时，“博通经史”，诸子百家无不阅览。官府多次征召，他都以供养老人为由，辞不赴命。同郡张宣子是位大富豪，而且很有学识，把女儿许嫁给刘殷。张宣子之妻知道后，生气地说：“我们的女儿才十四岁，才貌双全，以后还怕做不成皇妃吗？你怎么把她嫁给刘殷呢！”张宣子说：“这是你看不透的。”于是对女儿说：“刘殷以至孝感动上天，而且他才学超世，此人定能为当世公卿，你一定要好好侍奉他。”此后，刘殷夫妇奉养曾祖母非常尽心。老人去世后，棺柩在殡而邻居家突然着火，风势很猛，刘殷夫妻二人叩头号哭，大火竟越过自家。其后有两只吉祥鸟在庭中树上筑巢，从此刘殷的名誉也越发显扬。

西晋惠帝即位（290），太傅杨骏辅政，礼聘刘殷，刘殷以母亲年老推辞。杨骏于是下表褒奖，赐予谷帛。“八王之乱”之后齐王司马冏辅政，召刘殷为大司马军咨祭酒。刘殷到任后，司马冏问他：“为

---

① 梁鸿是东汉时人，与妻子孟光隐居，相敬如宾，举案齐眉，被后人视为夫妇相亲相守的榜样。

什么先王召征你，你不来。如今我召征你，你却屈身而来呢？”刘殷回答说：“先王以至德辅世，如同尧舜的时代，我觉得没有杀身之祸；如今您威武神勇，我若像以前一样拒绝召聘，怕是有杀身之祸，所以我不敢不来。”司马冏觉着刘殷很有个性，就任命他为新兴太守。

永嘉之乱时，刘殷被匈奴刘氏政权掳至北方。刘殷有七个儿子，其中五个儿子分别学习《诗》、《书》、《礼》、《易》、《春秋》五经，另外两个儿子学习《史记》和《汉书》。“一门之内，七业俱兴”，史称“北州之学，殷门为盛”。

334. “嵇侍中血”是怎么回事？

嵇绍（253～304），字延祖，嵇康子，谯郡铚（今安徽宿县）人。年仅十岁，父亲嵇康被杀。因父罪，静居私门。山涛时为吏部尚书，上奏武帝，以为“父子罪不相及”，乃以嵇绍为秘书丞。嵇绍刚到洛阳，有人对王戎说：“昨天我在人群中看见稽绍，就像野鹤站在鸡群里一样显眼。”王戎说：“您还没有见过他的父亲呢。”嵇绍后迁汝阴太守，尚书左仆射裴颇非常器重他，常说：“使嵇绍做吏部尚书的话，天下的人才就不会遗失了。”

西晋元康年间，贾谧以外戚恃宠专权，潘岳、杜斌等都谄事他。贾谧想结好于嵇绍，嵇绍拒而不答。之后贾谧被诛，嵇绍以不阿附权贵，封弋阳子。其后任侍中。

齐王司马冏辅政，大兴第舍，骄奢日甚，嵇绍谏之不听。有一次嵇绍去司马冏府上咨询政事，正遇上司马冏召开宴会，并与董艾等共论时政。董艾对司马冏说：“嵇侍中善长乐器，您可以让他弹奏一曲。”司马冏让人抬来琴，嵇绍不愿意。司马冏说：“今天大家都很高兴，你何必如此扫兴呢？”嵇绍说：“您如今主持政事，应当讲究礼仪，端正秩序。我今天身穿公服来见您，怎么能做乐工的事？如果是穿便服来参加私人宴会，那倒不敢推辞了。”司马冏非常惭愧，董艾等人知趣而退。

永安元年（304），“八王之乱”还在继续，陈险挟持惠帝与成都王司马颖交战，大败于荡阴（今河南汤阴），百官及侍卫都奔逃溃散，只有嵇绍凛然正义，以身为惠帝挡箭，当时“飞箭雨集”，嵇绍因此丧命，血溅到惠帝的衣服上。事后，侍从让惠帝换洗衣服，惠帝说：“这是嵇侍中血，不要洗。”朝廷屡次下诏褒扬其忠正。

335. 嵇含是怎样借为王粹作文以讽世的?

嵇含（262~306），字君道，嵇绍之侄。他迁居巩县亳丘（今河南巩县），自号“亳丘子”，把自家大门命名为“归厚之门”，房间叫“慎终之室”。后被举为秀才，任职郎中。

当时弘农人王粹（字弘远）以贵公子的身份，娶公主为妻，家中十分富丽豪盛，他画了幅庄周的图像挂在室内，邀集朝士，让嵇含写篇文章助兴，嵇含一气写成《吊庄周文》，借以讥讽当世之人。

嵇含认为庄周一生不仕，隐居岩林。而当世之人为了附庸风雅，就借着庄周的名义，大谈道德、玄虚，明明沉沦于名利之中，生活在锦衣玉食之中，却偏偏要把庄周画像挂在自己家里，让庄周托身非其所，他的道义也随之湮灭。所以嵇含写的是《吊庄周文》，而不是像王粹要求的那样写《赞庄周文》。文章写成之后，王粹“有愧色”。

嵇含在《吊庄周文》中写道：“庄周真是超迈啊，上天赋予他放达的禀性，大地授予他生命，自然使他有器量而且神清玄虚。如今的人虚伪得厉害，借着玄虚、道德以自我标榜，家家户户诵读恬适旷达的诗句，都画着庄子、老子的图像。王弘远沉沦于名利，身娶公主，荣耀可比日月星辰，是出仕而不是隐居，家中池塘并不是山野之水，豪楼玉宇不是茅草之屋。庄周一生处于岩林，死后却被画在雕梁画栋之间，想来连他自己也觉得托身的不是地方，真是死了都受到污辱。我痛感庄周之道淹没不见，不能不一吐为快。”

336. 王育为何每过小学而流涕?

王育，字伯春，京兆（今陕西西安）人。生卒年不详。他小时候父母早亡，非常贫穷，给人放羊为生，每当经过小学，必定嘘唏流泪。每有空闲，就折枝学字。有一次，他太专心写字，竟然把羊给丢了。羊主责怪他弄丢了羊，王育就打算卖身为奴以偿还羊价。他的同郡人许子章，很欣赏王育学习刻苦，就替他还清羊价，并且供给衣食，让王育和自己的儿子一块儿读书，王育由此博通经史。长大后，王育“身长八尺余，须长三尺，容貌绝异，音声动人”。许子章将侄女嫁给他，为之另立宅宇，分给他家产，王育“受之无愧色”。

太守杜宣任命王育为主簿。不久，杜宣被降职为县令，有个叫王攸的县令来拜访他，杜宣没有出迎，王攸生气地说：“你以前是太守，所以我敬服你。如今你我同级，怎么不迎接我？你拿我当小雀对待，难道我会怕你这个死去的鹰吗？”王育一听，执刀怒斥：“君主受辱，臣下必为之死，自古以来都是这个道理。我的府君杜公因为被冤枉才降职，如同日月有日蚀、月食一样。你一个小县令竟敢污辱我的上司！你以为我的刀不锋利，才如此大胆吗？”王育说着就想拔刀砍杀那个县令。杜宣大惊，赤着脚抱住王育，才没有出事。王育由此名声显扬。

王育后来做过县令，为政清俭公正，连盗贼都逃奔其他地方。

337. 沈劲是如何立勋以雪父耻的？

沈劲（？～365），字世坚，吴兴（今浙江德清）人。他的父亲是沈充，曾在王敦叛乱时，起兵反晋，军败出逃时，被部下所杀。沈劲本应被株连，幸被乡人藏匿，免得一死。其后他杀死仇人为父亲报仇。沈劲“少有节操”，哀痛父亲死于非义，于是立志建立功勋为父雪耻。一直到三十多岁，他还因为是罪人家属不能入仕为官。郡将王胡之为司州刺史，将镇守洛阳，上疏说：“沈劲的节操，乡里皆知，而且有干事之才。我如今西镇洛阳，文武官僚中吴兴人很多，若令沈劲参谋府事，事情会好做得多。沈劲的父亲虽然有罪，但请朝廷批准我的请求，以示朝廷恩泽。”朝廷准许。

东晋升平年间，前燕慕容恪进攻洛阳，冠军将军陈祐率众两千守城。沈劲请求到陈祐属下效力，其后被任为冠军长史，自己招募千余人，帮助陈祐攻击前燕军，经常以少胜多。不久，粮米断绝，援军不至，陈祐害怕不能自保，而当时许昌受到攻击，陈祐以救援许昌为名，留下五百人与沈劲防守洛阳，自己离开。兴宁三年（365），前燕攻陷洛阳，沈劲被俘，神色自如，前燕知其必不为己用，留之则为后患，于是将沈劲杀害。朝廷闻知，追封沈劲以太守之职。

338. 天水民众为何要挽留鲁芝？

鲁芝（190～273），字世英，扶风郿（今陕西眉县）人。“世有名德，为西州豪族”。初仕曹魏，魏雍州刺史郭淮举以为孝廉，拜郎中。当时蜀相诸葛亮兵侵陇右，郭淮又以鲁芝为别驾。其后累转为天水太守。天水与蜀国相邻，多次遭到兵灾，“户口减削，寇盗充斥”，鲁芝全心营护，另建城市，数年后就恢复到原来的标准。朝廷迁他任外地太守，天水民众倾慕其德，乃献书挽留鲁芝。魏明帝诏许。

魏正始（240～249）初，他任大将军曹爽司马，多有良言嘉谋，曹爽不用。其后司马懿发动兵变，要诛杀曹爽。鲁芝率众冲出城外，劝曹爽挟天子至许昌，征召四方兵马反击司马懿，否则必定被杀。曹爽不听，被杀。鲁芝以罪当死，司马懿将其赦免。不久，起用为并州刺史、振威将军等职。

西晋代魏，封鲁芝为侯。武帝司马炎以鲁芝“清忠履正，素无居宅”，使军兵为他造了五十间房屋。鲁芝自以年老，十余次上表辞官，于是征为光禄大夫，供给吏卒车马。史称鲁芝“洁身寡欲”，“以礼终始”，为时人所重。年八十四卒。

339. 胡质、胡威父子因何而著称当世?

胡威（？～280），字伯武，淮南寿春（今安徽寿县）人。其父胡质，“以忠清著称”，年少时就“知名于江淮间”，仕曹魏至荆州刺史。胡威少年就有志节。他父亲在荆州当官时，胡威去探望，“家贫，无车马僮仆”，于是自己赶着驴前往荆州。到客店之后，亲自喂驴，自己取火做饭。在父亲那儿住了十几天后，临走时，父亲给他一匹绢作为行资。胡威问道：“您向来清高，不知道从哪儿得到这匹绢的?”胡质说：“这是我俸禄里节省下来的，给你做路费。”胡威才接受告辞。胡质的部下正好请假回家，暗地里先走出百余里，等着胡威一起上路，路上尽心帮助胡威。走了几百里之后，胡威觉察出那人的用意，遂称谢而分别。后来胡质得知此事，将其部下杖打一百。父子二人如此清慎，于是名誉著闻。

胡威后来入晋为官，武帝司马炎谈及平生，称叹胡质清廉，并且问胡威：“你与父亲谁更清廉?”胡威回答说：“我不如父亲。”武帝问是什么原因，胡威说：“我父亲清廉唯恐让别人知道，而我却唯恐别人不知道我清廉，所以我不如父亲。”

胡威曾对武帝说当时为政太宽松，武帝说：“对尚书郎以下的官员，我一点儿都不放松。”胡威说：“我所说的，不只是丞郎令史一类。像我这样级别的官员，更应该严肃法纪，这才可以令行禁止，执法有效。”其后拜胡威为前将军，监青州诸军事，青州刺史，以功封平春侯。

西晋太康元年胡威卒，谥“烈侯”。

340. 杜轸为何能令夷夏悦服?

杜轸（zhěn），字超宗，蜀郡成都（今四川成都）人。师从谯周，博涉经书，为郡功曹史。魏将邓艾于263年攻破成都时，杜轸对太守说："如今大军来征，必定除旧布新，您应该退职让位，这是保身之道。"太守乃出。邓艾果然派其参军问前太守在哪里，杜轸正色回答道："前太守深知去留之道，早就让出官舍等待君子了。"此后，杜轸由郡功曹察举孝廉，又任建宁县令，实行德政，"风化大行，夷夏悦服"。任职期满之后，群蛮追送，赠送给他很多东西，而杜轸一无所受，就像刚上任时一样，两袖清风。又任池阳令，为全州成绩之首。百姓为之立生祠，得罪入狱者也没有怨言。

杜轸后任尚书郎，"博闻广涉"，奏议驳论多被采用。当时蜀人李骧也是尚书郎，与杜轸齐名，每有议论，朝廷中无人能超过他。时人号杜轸、李骧为"蜀中二郎"。

341. "邓伯道无儿"是怎么回事?

邓攸（？~326），字伯道，平阳襄陵（今山西临汾）人。他七岁丧父，母亲和祖母也相继去世，邓攸服丧九年，以孝闻名。史书称他"清和平简，贞正寡欲"，曾任吏部郎、河东太守。永嘉末年（311），邓攸陷于后赵军队。石勒向来忌惮邓攸这样级别的官吏，预备召他进帐杀害他。恰好石勒帐下的门卫，是邓攸做吏部郎时的部属，认识邓攸，于是将消息告诉了他。邓攸向这个门卫要来纸笔，写成一篇文章，交给门卫。门卫乘石勒高兴时呈上，石勒看重邓攸的才华，于是任命邓攸为参军。

石勒禁止夜里点火，违反者死。邓攸与一个胡人相邻，胡人不小心失火，烧坏了军车。胡人在被查问时，诬陷是邓攸所为。邓攸估计无法争辩，就说是弟弟的妻子披着头发温酒时，不慎失火。后来石勒赦免了邓攸。胡人后悔自己诬陷好人，遂自首以表明邓攸无过，并送给邓攸驴马，表示歉意。其后，石勒率军出征，邓攸乘机南逃，以牛马驮负妻儿。后来路遇盗贼，牛马被抢掠一空，他只好挑着儿子和弟弟的儿子赶路。邓攸认为挑着两个小孩儿赶路，难免耽误时间，如果再碰上麻烦，两个孩子都会保不住。他对妻子说："我弟弟早已去世，只有这个儿子，不能让他绝后，要扔也只能扔掉我们的儿子。若能安全逃归，我们以后还可以再生。”他的妻子虽然悲痛，但最终还是把自己的儿子扔在路上了。他们经历了不少艰险，终于回到晋国。

邓攸后来到了江南，晋元帝任命他为吴郡太守。邓攸上任时，自带粮米，不受俸禄，“唯饮吴水而已”。当时吴郡闹饥荒，邓攸上表要求朝廷开仓救济，不等诏命回报就开仓救民。他在郡中“刑政清明，百姓欢悦”，被称为东晋“中兴良守”。邓攸离职时，不受郡中一文钱；数千百姓挽留他，以致他的船无法前进，他只好在半夜里悄悄上路。

邓攸弃子之后，妻子再也没有怀孕。到江南后，他曾娶过妾，非常宠爱她。后来问起这个妾的身世，她说原是北方人，遭乱与家人走散，忆及父母姓名，她竟然是邓攸的外甥女。邓攸为此愧恨不已，以后遂不再娶妾，最后也没有一儿半女。时人都说：“天道无知，使邓伯道无儿。”邓攸死后，他弟弟的儿子为他服丧三年。

342. 吴隐之是如何力矫时弊的?

吴隐之（？~413），字处默，濮阳鄄城（今山东鄄城）人。吴隐之“美姿容，善谈论，博涉文史，以儒雅标名”。虽然家中清贫，但取财有道。父母死后，吴隐之哭泣感人。因家贫，“无人鸣鼓”，每当吴隐之哭丧，总有双鹤、群雁为之鸣叫，时人以为其孝感所至。他与九卿韩康伯为邻，韩康伯之母非常贤明，每当听到吴隐之的哭声，总是放下筷子吃不下饭，并对韩康伯说：“你以后若做了吏部长官，应当任用这样的人。”及韩康伯做吏部尚书，遂以吴隐之为辅国功曹。其后吴隐之又任晋陵太守，“在郡清俭”，妻子亲自砍柴，勤苦如同一般百姓。

广州临山靠海，出产珍奇宝物，只要有一筐之宝，几代人都用不完。由于当地瘴疫严重，很少有人愿意在那儿做官。只有那些家贫无法生活的人，才会去广州做官吏，因此前后不少刺史，在任职期间都滥用财货。朝廷想革除弊政，就任命吴隐之为广州刺史。吴隐之在赴任的路上，经过一处名叫“贪泉”的泉水，传说人只要喝了贪泉水，就会变得贪得无厌。吴隐之喝完贪泉水后，做了一首诗：“古人云此水，一歃怀千金。试使夷齐饮，终当不易心。”这就是著名的《酌贪泉赋》，意思是说：“古人都说一旦饮了贪泉，就会贪图金钱；但是像西周时伯夷、叔齐这样高尚的人，即使喝过此水，也决不会变心。”

吴隐之在职期间，“清操踰厉”，常吃青菜、干鱼，帷帐器服都依法而用，时人都说他矫情，但他始终不变。他的部下送给他鱼时，常常剔去骨头，他就惩罚其部下谄媚上司之罪。吴隐之去职归家时，“装无余资”，家中只有“数亩小宅”，非常简陋，房屋只有六间，连家人都容纳不下。其后吴隐之任太常，“以竹篷为屏风，坐无毡席”。他每月只留下口粮钱，其余俸禄都拿去赈济他人，而家人只能靠纺织为生。有时家中断粮，一天只能吃一次饭，他的妻儿不曾用过他一点儿俸禄。

吴隐之的女儿出嫁时，谢石考虑到他家中贫穷，女儿的嫁妆肯定很简薄，于是谢石让家仆去帮吴隐之料理婚事。家仆到吴隐之那儿一看，只见他家的婢女正牵着一只狗出去卖钱，此外再没什么装办。吴隐之在外地任职转任时，他的妻子带走了当地的一斤香料，吴隐之看见后，遂投之于湖水。

吴隐之屡次被朝廷褒奖，当时廉洁之士都以他为荣。

343. 刘兆授业及著述情况如何？

刘兆，字延世，济南东平（今山东章丘）人。生卒年不详。他“博学洽闻，温笃善诱”，有数千名受业弟子。西晋武帝时，朝廷三次征博士，官府五次推举，他都拒绝接受。“安贫乐道，潜心著述，不出门庭数十年。”刘兆认为，《春秋》被注解为《左氏传》、《公羊传》、《穀梁传》三种版本后，儒生们各执一端，议论纷纷。于是刘兆分析了这三传的不同，然后给以合理的变通。他给《左氏传》做了注解，名叫《全综》，将《穀梁传》、《公羊传》纳入其中。另外，他著有《春秋调人》、《周易训注》等。

曾经有一个人，穿靴骑驴，来到刘兆门前说：“我要见刘延世。”这让刘兆的弟子很生气，因为当地没有人直接称呼很有声誉的刘兆。刘兆说：“让他进来吧。”那人进门后，很不礼貌地坐在床上，问道：“听说您很有学问，近来写了什么东西？”刘兆如实相告，又说：“我还有不少疑问。”那人听完后，说：“这很容易解答。”于是为刘兆分析疑难。刘兆另说他意，那人一提问，刘兆又答不上来。那人出门后，刘兆想挽留他，他说：“我有亲戚在办丧事，我赴丧之后再来。”后来刘兆让人去办丧事的人家寻找，却找不到那人，最后也不知道他的名字。

344. 杜夷有何学识?

杜夷（258～323），字行齐，庐江灊（今安徽六安）人。家世以儒学著称，是郡中大姓。杜夷少年即淡泊名利，朴素贞洁，虽家中清贫而不营产业，“博览经籍百家之书”，阴阳算历无不通晓。他寓居汝水、颍水之间，十年足不出门，四十多岁时，归家教授，门生千人。

西晋惠帝时，三次举为孝廉，又征为博士，他都没有接受。怀帝时被王敦推举为贤良方正，他却在赴洛阳的路上逃归寿阳。镇东将军周馥亲自去拜访，为他盖房，供给医药。西晋灭亡后，杜夷渡江南下，晋元帝任他为儒林祭酒官，他辞之以疾，未曾参加朝会。元帝曾想到杜夷家中探望，杜夷认为皇帝以万乘之主，不宜前往平民之家。元帝写信对杜夷说：“我对您已经虚心仰慕多年，正因为您身体不好，所以想来探望，您何必讲究寻常礼仪呢?”其后，元帝赐以二百斛谷。皇太子三次到杜夷家，问以经义。杜夷虽然未尝参加朝会，但国家有大事，总是向他咨访。明帝即位后，杜夷上表退职，明帝不许，以为“士大夫之徒景仰您的美德，您怎能隐退，让朕没有取法的标准!”

杜夷有《幽求子》二十篇行于世。

345. 范宣何以不谈《老》、《庄》?

范宣，字宣子，陈留（今河南开封）人。生卒年不详。十岁就能背诵《诗经》、《尚书》。有一次他不小心割伤了手，捧住手，脸色有变。有人问他痛不痛，他回答说：“痛倒算不了什么，只是我的身体受之于父母，却被我损伤，这让我很不安。”家人都感到很惊异。年轻时，范宣就崇尚隐居。他非常好学，“手不释卷，以夜继日”，所以能博览群书，尤其精通《三礼》。因为家贫，他亲自耕田奉养父母。父母去世后，他背土筑坟，住在墓旁服丧。官府先后任他为主簿、博士等职，他都予以拒绝。

范宣安家于豫章后，太守殷羡见他房屋简陋，想给他另盖宅院，范宣坚决推辞。庾爰之以范宣素来清贫，再加上荒年缺粮多病，就赠送给范宣钱粮，他又不接受。庾爰之问范宣：“您这样博学多通，为什么这么儒生气，这样固执呢?”范宣说：“西汉尊崇儒家经术，到汉宣帝召开石渠阁会议，讨论经义异同，这是因为儒家原有不少弊病，所以通过讨论来澄清问题。曹魏正始（240～249）以来，世间崇尚

《老子》、《庄子》。及至西晋，竟然以裸身狂放为高雅。我确实太儒生气了，但我宁肯如此，也决不像崇尚老庄的人一样放荡无礼。”范宣从来不谈《老子》、《庄子》，曾有人问他“人生与忧俱生”出自何书，范宣说：“出自《庄子·至乐篇》。”那人说：“您说您从不读《老》、《庄》，那怎么知道这出自《庄子》呢?”他笑着说：“我小时候读过。”时人都测不出他的学问之高深。

范宣以讲授学问为业，自远而至学习者包括戴逵这样的名士，“讽诵之声，有若齐鲁”，使学习经书成为一种风气。

346. 成公绥的辞赋何以闻名当世?

成公绥（231~273），字子安，东郡白马（今河南滑县）人。幼年聪敏，“博涉经传”，淡泊寡欲，不营家产，虽家贫岁饥，常处之泰然。年少有才，“词赋甚丽”，沉默自守，“不求闻达”。常有乌鸦集其房舍，他认为乌鸦有喂养母亲之德，以之为祥禽，于是作赋赞美。

成公绥认为，辞赋贵在铺陈天地之盛，于是他作成《天地赋》，从太极、阴阳写到天地始生，备述天地化育万物之理，指出“天道不息而自强”，是“万物之所宗”，人必须“敬天而事地”。文中载有许多神话人物、地理知识。成公绥还爱好音律，曾于暑天临风而啸，作成《啸赋》，表达了对置身山石兰竹之间、“动唇有曲，发口成音”的潇散生活的向往。

张华非常看重成公绥，每见其文，“叹伏以为绝伦”，就推荐成公绥为太学博士。成公绥常与张华受诏做诗赋，又与贾充等议定法律。“所著诗赋杂笔十余卷行于世”。

347. 左思的《三都赋》何以令洛阳纸贵?

左思（约250~305），字太冲，齐国临淄（今山东淄博）人。他少年时曾经学过书法和弹琴，都没有成才，他父亲对别人说：“左思不如我当年。”左思听后，从此发奋勤学。他貌丑口拙，不善交游，却能写文章，“辞藻壮丽”。

左思先写了《齐都赋》，用时一年才完成。他又想写《三都赋》（指三国时魏都邺，蜀都成都，吴都建业），正巧妹妹被选入宫，于是全家搬到洛阳。他向著作郎张载询问蜀国的山川形貌，以广博见闻。他在家中各处挂满了纸笔，每有佳句，就立刻写下来。“构思十年”，才写成《三都赋》。《三都赋》分《蜀都赋》、《吴都赋》、《魏都赋》三篇，前两篇分别借西蜀公子和东吴王孙之名，称扬蜀都、吴都之形势，物产和宫室，后一赋则由魏国先生盛赞魏都之宏丽及曹魏之政治，歌颂了曹魏统一北方的功业。三赋阐论三国之本在于政通人和，而不在于地理形势的险要。文章的风格受东汉班固《两都赋》及张衡《二京赋》影响，较少夸张、虚诞成分。《三都赋》写成后，并未受到重视，左思恐因人废言，遂呈之于名儒皇甫谧，皇甫谧为之作序。张载给《魏都赋》作注，刘逵为其他两篇赋作注，并为之做了很高评价。其后，卫权为全文作《略解》。从此，《三都赋》名声渐起，司空张华见之而叹："左思真是比得上班固、张衡，使人读后意犹未尽。"于是豪贵之家竞相传抄，"洛阳为之纸贵"。

当初，东吴才子陆机刚到洛阳时，也想写《三都赋》。他听说左思正写《三都赋》，"抚掌而笑"，对其弟陆云说："听说有个北方佬，想写《三都赋》，等他写出来，我看拿来盖酒坛算了。"等到左思完成赋作，陆机为之叹服，自认不能超越他，于是辍笔不写。

348. 赵至佯狂及改名是为了什么?

赵至（约 249 ~285），字景真，代郡（今河北蔚县）人，全家迁居洛阳。缑（gōu）氏县令赴任时，赵至刚十三岁，和母亲一块儿去看县令到任时的场面。母亲说："你的祖先原来并不微贱，后来遭遇乱世，才沦为兵士世家。你以后能像县令这样光宗耀祖吗?"赵至深感于此，就从师受业。他有一次听到父亲吆喝着牛耕地的声音，不由泪流满面。他的老师感到奇怪，问他怎么回事，赵至说："我年纪还小，不能奉养父母，使父亲受这样的辛苦。"

十四岁时，赵至到洛阳求学。在太学里碰见嵇康在写石经，他徘徊多时不能离去，并问嵇康的姓名。嵇康说："你一个小孩子，问我的名字做什么?"赵至说："我看您气度非凡，所以就问您了。"嵇康以实相告。后来，赵至又跑到山阳，没有找到嵇康，就只好回到家乡。之后，赵至又要出门远学，他母亲不让去，赵至就假装疯狂，跑出三五里路，就被追了回来。十六岁时，他到了邺，又与嵇康相遇，后随嵇康到山阳，改名为赵浚，字允元。嵇康常说："你头小而尖，眼珠黑白分明，很有秦国大将白起的风范。"

嵇康死后，赵至到魏兴去见太守张嗣宗，很得礼遇。后来张嗣宗迁为江夏相，赵至又随他到任。张嗣宗死后，赵至就到辽西落户。

赵至身高“七尺四寸”，很有才气，辽西推举他到京城洛阳述职，他得以与父亲相见。当时赵至的母亲已死，父亲为了不影响赵至的仕途，就没有告诉他实情，并告诫赵至不要回家。其后赵至返回辽西，因断狱精确，被三次辟举为幽州部从事。西晋太康（280～290）中，他作为优秀官吏赴洛阳，知道了母亲去世的情况。当初，赵至以身为兵士之家而耻，想通过求学当官以扬名立身，并且让父母过上优越的生活。可是在母亲死后，他自愧自恨未能尽孝道，“号愤恸哭，呕血而卒”，年仅三十七岁。

赵至出身于“士伍”之家，也就是世代当兵作战的家庭。这种家庭中的男子必须为军队服役，年满十六岁就要从军。而赵至想通过求学入仕来改变这个现状，所以他就假装变疯，这样才能不去服军役。他改名是为了以新的身份求学，然后进入官府，再获得晋升，所以他跑到辽西去落户。即便他以官员身份到洛阳之后，也不能回家看望母亲，这是因为他有可能被家乡官府认出原来的身份，以致影响仕途，所以他的父亲告诫他不要回家，赵至也就一直不知道母亲已经去世。及至后来，他虽然官运不错，但却无法为母“荣养”，在心情的矛盾和绝望中，悲痛身亡。

349. 顾恺之有哪“三绝”?

顾恺之（341～402，另一说为345～406），字长康，晋陵无锡人。时人都传诵顾恺之有三绝，即痴绝、才绝和画绝。所谓痴绝，是说他性格率真、洒脱，喜欢谐谑，且略带“傻气”；才绝是称赞他“博学多才气”，能写诗赋；画绝是指他的绘画传神，点睛最妙。曾为瓦棺寺作摩诘像壁画，当众点睛，观者如堵，施舍钱顷刻过百万。

顾恺之曾把一橱珍贵的画作委托桓玄保存，为了防止别人做手脚，他将橱门封得严严实实，而桓玄竟然撬开画橱的后板，将画尽数偷走，然后重新将橱钉好。顾恺之取画时，发现画作不翼而飞，也只是说：“我的这些画大约能通灵气，好像人能修炼成仙一样，变化而去了。”有一次，桓玄送他一片柳叶，说是能隐身。顾恺之拿到柳叶后，桓玄就往他身上撒尿，并说是宝物显灵没有看见顾恺之，顾恺之也只好承认柳叶是个宝物。

顾恺之写成《筝赋》之后，很自负地说：“我的《筝赋》可与嵇康的《琴赋》相比。不会欣赏的人，一定会因为它晚出而抛弃它，有深刻理解力的人，就会因为它的奇妙而珍惜。”他曾担任过桓温的参军，桓温死后，他拜谒坟墓后，赋诗说：“山崩溟海竭，鱼鸟将何依。”有人问他是怎么痛哭桓公的，他说：“声如震雷破山，泪如倾河注海。”别人问他会稽的山水风景，他随口答道：“千岩竞秀，万壑争流，草木蒙笼，若云兴霞蔚。”

顾恺之的主要成就是绘画。他创作的题材范围十分广泛，不仅有人物肖像、佛教典故，还有山水、花草、飞禽、走兽等等。他画人物像善于表现其气度和性格：为裴楷作画像时，他在人物的面颊上添了三笔毛发，使人物栩栩如生；他把谢鲲画在岩石之间，以此衬托其豁达的气度；他强调描绘眼睛是画人物像的关键，因此总是最后画眼睛，以达到传神的效果。顾恺之流传至今的名作，有《洛神赋》、《女史箴》等。

有意思的是，顾恺之吃甘蔗时，总是从甘蔗的尾端往上吃，有人问他原因，他说：“渐入佳境。”

350. 褚裒北伐情况如何?

褚裒（303～349），字季野，河南阳翟（今河南禹县）人。他“少有简贵之气”，是东晋中兴后很有盛名的人。桓彝评价他是“皮里阳秋”，意思是指褚裒表面上不议论别人，而内心有自己褒贬的看法。谢安也很看重他，说：“裒虽不言，而四时之气备矣。”褚裒十几岁时见过庾亮，庾亮让郭璞给褚裒占上一卦。占卜完后，郭璞大为惊骇，说：“这种卦象不是臣子应该具备的，不知道这个少年怎么会有这样的祥瑞之卦？且看二十年后应验如何。”后来褚裒之女做了康帝的皇后，临朝听政。褚裒以皇后之父，朝廷议加“不臣之礼”。他自以近戚，害怕舆论不利，上疏固辞。

永和初，褚裒进号征北大将军。他认为“政道在于得才，宜委贤任能”，于是推荐殷浩为扬州刺史，顾和为尚书令。

永和五年（349），后赵石虎卒，褚裒上表请伐后赵。朝廷任褚裒为征讨大都督，统领青、扬、徐、兖、豫五州军事，率三万大军直指彭城（今江苏徐州），北方士民归降者每天数千人，褚裒尽心安抚，很得人心。他派遣督护徐龛伐沛，俘获沛相，郡中两千人归降。附近的鲁郡山中有五百余人家，也向褚裒请援归附。徐龛领三千精锐迎接，不遵褚裒指挥，被后赵将军李农击败，死伤过半，徐龛被杀。褚裒上疏自贬，遂退屯广陵（今江苏扬州）。朝廷以为寇贼未灭，责任重大，不宜贬降，命还军京口（今江苏镇江）。

后赵石虎死后，国内大乱，有二十几万士民渡黄河，愿归附褚军，恰巧褚裒已退军，这二十几万人口都被前秦和燕国掠杀，“死亡咸尽”。

褚裒至京口，听到很大的哭声，问是什么原因，他的左右说：“这是徐龛部众死伤者家人的哭声。”褚裒本来就以北伐不成而惭愧，加之后赵欲归附者死亡殆尽，因此发病而死，年仅四十七。

351. 王蕴为人及为政情况如何?

王蕴（330～384），字叔仁，太原晋阳（今山西太原）人。孝武皇后之父。他做吏部郎，性格平和，不以出身贵贱论人是非，有官缺时，如果待选者很多，王蕴就如实反映每位待选者的才能，进贤任能。所以即使有人不被选中也没有怨言。

王蕴做吴兴太守时，发生饥荒，他准备开仓赈济贫民，他的下属劝他先向上级请示，等到允许之后再开仓放粮。王蕴说：“如果等待上级的允许，那么现在正忍饥挨饿的百姓就会有性命之忧！这件事情由我做主，有罪的话我一人承担。而且，我这是施行仁义，我是不会后悔的。”于是开仓授粮，使许多人保住了生命。朝廷以此罢免王蕴，百姓都为他讼冤。后来他做晋陵太守，也赢得百姓的拥戴，百姓作歌来纪念他。

王蕴以皇后之父，不愿居高官，享恩泽，每有封赏，常苦辞不受。他非常爱酒，晚年更加沉迷酒乡。他任会稽内史时，很少有酒醒的时候，但仍以为政和平清静被百姓喜爱。

王蕴有知人之明。他的儿子王恭素来与王悦关系很好，有一次王恭去看望王悦，十几天之后才回家。王蕴问起，王恭说：“与王悦谈论投机，于是流连不归。”王蕴对儿子说：“恐怕他不是你长久的朋友。”后来王恭果然与王悦不像以前友善。

352. 两晋有哪些著名隐士?

孙登，字公和，汲郡共（今河南辉县）人。他没有家眷，在汲郡北山上掘土窟居住，夏天编草为衣，冬天披头散发。喜读《易》，善抚一弦琴，见者都愿听他弹奏。孙登从来没有恼怒过，有人把他推进水里，想看看他到底发不发火，孙登出水“便大笑”。有时到乡间去，有的人家给他准备好衣服食物，他也不推辞，走了之后他又全都抛弃不留。他曾住在宜阳山，有烧炭人见了他，知道他不是常人，与他说话，他也不应。

名士阮籍曾去看望他，孙登不理会。嵇康与他交游了三年，问他有什么愿望，也得不到回答，让嵇康叹息失望不已。临别时，嵇康问孙登：“先生真的没有什么话对我说吗？”孙登回答说：“人都是有才分的，关键在于认清时势，以保全性命。你很有才能，可惜见识太浅，如今的世道怕是容不下你！”嵇康没有听从孙登之言隐退，后来果然被杀。临死前他写了一首幽愤诗，表达对孙登的惭愧之情。有人以为孙登看到魏晋易代，容易惹上麻烦，所以总是保持沉默。后来也不知道孙登怎样了。

鲁褒，字元道，南阳（今河南南阳）人。史称“好学多闻，以贫素自立”。他痛恨西晋末年社会上的贪鄙风气，改名换姓，写了《钱神论》以讽刺之。他写道“钱之为体，有乾坤之象，内则其方，外则其圆。……为世神宝，亲之如兄，字曰‘孔方’，失之则贫弱，得之则富昌。……钱多者处前，钱少者居后。处前者为君长，在后者为臣仆。君长者丰衍而有余，臣仆者穷竭而不足。”

鲁褒讽刺世人都以钱为“神物”，只要有了钱，可以“无德而尊，无势而热，危可使安，死可使活，贵可使贱，生可使杀”。他引用民谚说：“钱无耳，可使鬼。”即使在军队里，也是“军无财，士不来；军无赏，士不往”。办事情要是没有“孔方兄”，就好像没有翅膀却想飞，没有脚却想走路一样不可能。

郭文，字文举，河内轵（zhǐ，今河南济源南）人。他“少爱山水”，每游山林，常乐而忘返。父母去世后，他服丧期满，不娶妻妾，远游名山大川。西晋末年入余杭大辟山中隐居，以鹿皮为衣，“不饮酒食肉”，自种粮食，采竹叶木实换盐自足。当时猛兽为害，常入室害人，而郭文独居十余年安然无恙。有一次，一头猛兽向他张开血盆大口，郭文看见猛兽嘴里卡了一根骨头，他伸手取出。第二天这头猛兽捕了一头鹿送到他的住处。后来郭文被东晋丞相王导请入家中居住，七年后逃入山中，被当地县令强留县中，最终绝食而死。

353. 陶渊明为何不肯为五斗米折腰?

陶渊明（365～427），一名潜，字元亮，寻阳柴桑（今江西九江）人。东晋著名隐逸诗人。他曾经写《五柳先生传》以自我描述："闲静少言，不慕荣利。好读书，不求甚解，每有会意，便欣然忘食。性嗜酒，家贫，不能常得。亲旧知其如此，或置酒招之，造饮辄尽，期在必醉，既醉而退，曾不吝情去留。环堵萧然，不蔽风日，短褐穿结，箪瓢屡空，晏如也。常著文章自娱，颇示己志，忘怀得失，以此自终。"时人认为这是陶渊明对自己的如实记录。

陶渊明"亲老家贫"，于太元十八年（393）被聘为江州祭酒，因不堪吏职，不久即解职归田。后来他一度出任桓玄幕僚，桓玄自立为帝，他立刻辞去官职。刘裕打败桓玄，迎安帝复位，陶渊明出任刘裕镇军、参军，他对亲朋说只不过是赚点酒钱而已。义熙元年（405），陶渊明任彭泽县令，吩咐把县里的公田都种上秫谷，说："让我有酒常醉就知足了。"八十多天后，郡督邮到彭泽视察，县吏告诉他应该"束带见之"，陶渊明说："吾不能为五斗米折腰向乡里小儿！"当即辞官归家，从此退隐田园，躬耕垄亩，过着"采菊东篱下，悠然见南山"的潇适生活。

陶渊明自幼博览儒家经典，有追求仁政辅佐明君的政治理想。然而东晋自司马道子和司马元显父子执政，政治腐败混乱，陶渊明看清了个人理想的不可行，只能独善其身，归隐乡间，留下传世佳作《桃花源记》。

354. 陈训、戴洋、韩友都精通什么术数?

陈训，字道元，历阳（今安徽和县）人。史载"少好秘学，天文、算历、阴阳、占候无不毕综，尤善风角。"东吴孙皓以他为官，让他占卜，陈训知道孙皓为政严酷，但不敢说东吴必败。陈训望当时云气以为不祥，不久东吴果然灭亡。西晋时陈敏起兵反晋，陈敏之弟陈宏为历阳太守，陈训说："陈家没有王侯气象，不久就会被灭。"陈宏听说后差点杀掉他。后来陈宏进攻某城，就问陈训城中有多少人，能否攻克。陈训登山远望说："城中只有五百人，但是不可攻，攻之必败。"陈宏自以为有五千兵马，攻之必克，结果大败而回。有位叫周亢的官员问陈训自己官运如何，陈训说："您不久会当上太守，还会封爵。”周亢说：“真像您说的那么准的话，我定会提拔您！”之后周亢果然做了义兴太守、金紫将军。

戴洋，字国流，吴兴长城（今浙江长兴东）人。他十二岁时得病死亡，五天之后复苏，说自己死后，上天任命他为酒藏吏，授予他符箓和随从，遍游仙山。后来碰上一位老人，对他说：“你以后会有道术，被贵人赏识。”长大后，戴洋善于预测吉凶成败。他曾经预言石冰、陈敏之乱，以及江南名士顾荣、周玘的死期，并且给王导治病，都一一灵验。他梦见一位神人告诉他：“洛阳将要败亡，人们会南渡过江，五年后扬州必有天子。”后来晋元帝司马睿登基，戴洋为之选定日期。

韩友，字景先，庐江舒（今安徽舒城）人。学过《易》，善于占卜，能为人治病。有一妇人病重垂死，巫医都认为没法治疗。韩友让人画一头野猪，挂在妇人睡床旁边的屏风上，第二天妇人就痊愈了。有个女子积病数年，韩友让人做了一个大布口袋，在女子发病时把口袋张在窗户上。然后韩友做起法术，好像在驱赶什么东西，不多会儿只见那口袋被什么充满，把口袋给撑破了，女子发病如初。韩友于是做了两个皮囊，套在一起张在窗户上，果然又有东西被装在里面。韩友用绳子扎好囊口，挂在树上二十多天，皮囊不再饱满，打开一看，里面有二斤狐狸毛。女子病愈。韩友占卜非常神效，而且“消殃转祸，无不皆验”。干宝曾问他何以如此灵验，他说：“我根据的是五行相生相克的道理，就像按药方抓药治病一样。至于灵与不灵，那也是不一定的。”

355. 佛图澄是什么人？

佛图澄（231～348），本姓帛，西域人，一说本姓湿，天竺人。据《高僧传》，佛图澄于西晋永嘉四年（310）来到洛阳，自称已有百余岁，常“服气自养”，能“积日不食”。来洛阳后，他本想建造寺庙，因匈奴刘曜攻打洛阳，于是“潜泽草野，以观事变”。

两年后，石勒在葛陂（今河南新蔡北）屯兵掳掠，大肆杀戮，僧人遇害者很多。佛图澄决心以佛法感化石勒，他通过石勒的将领郭黑略见到石勒。郭黑略平时随石勒出征，总能预知胜负，让石勒很感惊奇，就问郭黑略是怎么回事，郭黑略就向石勒引荐佛图澄。石勒问他佛法有何灵验，佛图澄施展异术，在盆中盛水，烧香念咒，不多时，盆中有青莲出现，闪闪发光。之后佛图澄屡次预知吉凶之事，让石勒非常信服。

佛图澄向石勒宣讲因果报应，他指出“王者德化洽于宇内，则四灵表瑞”，施德政，就会有祥瑞出现；相反，如果行恶道，天空会出现不吉祥的彗星。由于佛图澄的劝善止恶，当时许多人免于一死，而且许多民族的人，开始信佛出家。石勒视佛图澄如神明，国家大事必与之参谋。石勒称帝后，封佛图澄为大和尚，把自己的儿子寄养寺院，以保平安，他自己在每年四月八日都到寺里浴佛。

石勒死后，其弟石虎自立为帝，称佛图澄为“国之大宝”，礼敬更重。佛图澄同样劝石虎戒杀行善，每当石虎问佛法，他都答以“不杀”。他说：“帝王之事佛，当在体恭心顺，显畅三宝，不为暴虐，不害无辜”。如果暴虐且只从一己之意，杀害无罪之人，那么即使倾尽财宝礼事佛祖，也解决不了必然来临的祸殃。这种劝诫或多或少影响了石虎。

由于佛图澄的活动和石勒、石虎的支持，佛教在后赵广泛流行，众多百姓信奉佛教。虽然有官员认为不法之徒混身寺庙，不利法治，但石虎指出“佛是戎神，正所应奉”，不主张禁佛，他宣布不论胡人汉人，可以自行出家。这是中国佛教史上第一个正式允许汉人出家的官方许可令。

佛图澄没有翻译佛经，也没有深入探讨佛教义理，但他以身体力行的表现，影响了很多佛信徒，他在信徒中很受尊敬，“澄之所在，无敢向其方面涕唾者”。

356. 鸠摩罗什在中国佛教史上有什么地位?

鸠摩罗什（343～413），简称罗什，意为“童寿”。他祖籍印度，父亲鸠摩罗炎放弃国相之位，出家为僧，后到龟兹国，娶国王之妹生罗什。罗什七岁时与母亲一起出家。他从师受经，每天诵读千偈经文，“义亦自通”。后来又学习阴阳星算，能知事之吉凶。罗什为人率真旷达，不拘小节，年二十还龟兹国，“广说诸经，四方学徒莫之能抗”。其后他的母亲回归印度，临行前对他说：“佛教传到东方，要靠你的力量。只是对你来说，没有什么利益。”罗什回答说：“我一定要让佛法流传，虽苦而无恨。”

罗什在西域的声誉，渐渐传到东土，引起当时中国北方政权的注意。前秦建元十八年（382），苻坚派吕光率兵西征，嘱咐吕光攻克龟兹，立即将罗什送回。吕光在西域称王，并给罗什娶妻，后听从罗什的建议，在河西走廊建立后凉。但是吕光并不信佛，罗什难有作为。后秦政权在长安立国，姚苌、姚兴先后来请罗什，但吕光不允。后秦弘始三年（401），姚兴攻后凉，后凉败，上表归降，把罗什送至长安，此后罗什一直在长安生活。

罗什受到姚兴礼遇，积极发展佛教。罗什在安定的环境中，开始翻译佛经。罗什的译作侧重于般若类经，像《摩诃般若波罗蜜经》、《小品般若波罗蜜经》、《金刚般若经》；其他类型的经典有大乘禅经，像《禅法要解》、《坐禅三昧经》；戒律类经有《十诵律》、《梵网经》。还有一些重要的大小乘经典，诸如《佛藏经》、《妙法莲华经》、《维摩诘经》等。

罗什的译经数，据《出三藏记集》载为三十五部，二百九十四卷；《开元释教录》载为七十四部，三百八十四卷，现存三十九部，三百一十三卷。这些数字和《高僧传·鸠摩罗什卷》中所列三十一部共三百余卷相近。

罗什的译籍被称为新译，他的译文质量也达到了前所未有的高度，行文优美流畅，概念准确，受到时人很高评价。罗什译经的态度十分严谨，在他的译场，参与译经的众僧常有五百多人，每译一经，都要经过反复讨论，可说是“一言三复”。他译经的历史影响，是任何一位译僧都无法比拟的，他译介的般若类经典，首次比较完整地系统地展示了印度佛教般若空观的内容，为解决若干学术争论创造了条件。他译介的各种经典，也多为后来形成的佛教学派所宗。

罗什的弟子号称有三千，著名的有所谓四圣、八俊、十哲之称。这些弟子对中国佛教的贡献很大，其中以道生和僧肇为最。

357. 辛宪英有何高节?

羊耽妻辛氏（191～269），字宪英，陇西（今属甘肃）人，曹魏侍中辛毗之女。史称“聪朗有才鉴”。魏文帝曹丕得立为太子后，曹丕抱住辛毗的脖子说：“你知道我欢喜不欢喜?”辛毗将此事告诉辛宪英，宪英叹道：“太子是将来主持宗庙社稷的人。作为君主主持国事不可不忧惧以自励，现在他说这样的话，我看魏国国运不能长久，魏国怕是难以昌盛。”

后来，大将军曹爽与司马懿辅政，辛宪英认为曹爽与司马懿俱受先帝寄托之任，而曹爽“独专权势，于王室不忠，于人道不直”，断定曹爽必遭杀身之祸，不久，果然如其所说，司马懿诛杀曹氏，大权独揽。

其后钟会为镇西将军，辛宪英问侄子羊祜：“钟会为什么向西出兵?”羊祜回答说是为了灭蜀。辛宪英说：“钟会做事纵恣，这不是做臣子的持久处下的做法，我看他此行必是另有他图。”钟会出发前，请辛宪英之子羊琇为参军，辛宪英对羊琇说：“去吧，只是要小心谨慎！古代的君子在家行孝，出外则为国尽节。在职克尽职守，而有志于行义，做到不让父母担忧。在军旅里面，只有施行仁恕，才能得人心,保平安。”其后，钟会至蜀果然造反，而羊琇竟能全身而归。

羊祜曾经送给辛宪英锦被，宪英嫌太过华贵，不受，返还。

358. 陶侃之母有何过人之处?

陶侃的母亲湛氏，豫章新淦（今江西清江）人。她刚嫁给陶侃的父亲时，是妾的身份，生陶侃之后，因为陶家贫穷低贱，她就每天纺织，用以资助陶侃，让他多交结一些有地位有身份的人。陶侃年轻时做浔阳（今江西九江）县吏时，曾把县府的干鱼送给母亲一坛，陶母责备他说：“你做县吏，却以官府之物送我，不只对我无益，反让我为你担忧啊。”将干鱼归还县府。

一次，名士范逵在陶侃家留宿，时值隆冬大雪，湛氏撤下床上新铺的干草，弄成草料喂好范逵的马，又截断长发卖与邻人，换取酒菜，招待客人。范逵听说，叹息说：“非此母不生此子!”

359. 荀灌有何奇节?

荀灌是荀崧的小女儿，《晋书》称她“幼有奇节”。荀崧做襄城太守时，被杜曾围困，“力弱食尽”，想求救于原来的部下平南将军石览，但因重重包围而无计可施。荀灌当时年仅十三，率勇士数十人，突围而出。杜曾军士追之甚急，荀灌鼓励、指挥将士，边战边进，进入山中脱险。她亲自到石览军中求救，又写信给南中郎将周访，周访遣其子周抚率三千人，会同石览，一起赴襄城解围。杜曾军闻听救兵来到，退兵远走，襄城得全。

360.“咏絮才”指的是谁?

“咏絮才”是指谢道韫，她“聪识有才辩”。叔父谢安曾于雪中问子侄:“何所似也?”谢朗答曰:“撒盐空中差可拟。”谢道韫说:“未若柳絮因风起。”谢安大为称赏，后世遂称女子的文学才能为“咏絮才”。谢安曾问她:“毛诗何句最佳?”谢道韫说:“吉甫作颂，穆如清风。仲山甫永怀，以慰其心。”毛诗就是《诗经》，其中有一首《大雅·烝民》,称赞两位贤臣尹吉甫和仲山甫，帮助西周宣王成就中兴大业。谢道韫征引这首诗，实际上是对名臣谢安的崇敬和期望，希望叔父能够尽心辅佐朝廷，像西周一样，增强国力，实现国运的昌盛。谢安听后，称赞谢道韫有“雅人深致”。

谢道韫曾讥讽谢玄学问不进，说:“是因为俗务缠身，还是天分有限呢?”谢道韫的丈夫王凝之是书圣王羲之的儿子。有一回王凝之的弟弟王献之与宾客清谈，“词理将屈”，谢道韫让侍女告诉王献之:“我会给你解围的”。于是引申、发挥献之的理论，宾客不能不叹服。

后来王凝之和儿子在孙恩起义时被害，谢道韫听说后，举动自如，手执刀刃，杀数人后被俘。她的外孙刚刚几岁，孙恩的军士想杀掉他，谢道韫说:“这是王家的灾难，与我的外族有什么关系！如果要杀我外孙，你们先把我杀了!”孙恩虽然杀人毒虐，也不禁为之震动，终于没杀她的外孙。

当初，同郡张玄的妹妹也很有才华，后来嫁给顾家。张玄常在谢家称道妹妹，两家互相不服气。有个叫济尼的人，与两家关系都不错，有人问张玄之妹与谢道韫高下，济尼说:“王夫人神情散朗，故有林下风气。顾家妇清心玉映，自是闺房之秀。”当时名高如此。

361.“李、尹王敦煌”是怎么回事?

从西晋灭亡到北魏统一(316~439)的一百多年间，北方陷入群雄割据、政权更迭的十六国时期。在河西地区，各族先后有前凉、后凉、南凉、西凉、北凉五个政权，史称“五凉”。到公元400年十一月，北凉晋昌(今甘肃安西)太守唐瑶给附近六郡发出通告，提议让北凉敦煌太守李暠任冠军将军、凉公。李暠遂改元，建都敦煌，是为西凉。

李暠是西汉飞将军李广的后代，他登基后勤政爱民，励精图治。

其妻尹氏“幼好学，清辩有志节”。她最初嫁马元正，马元正死后，再嫁李暠，以此“三年不言”。尹氏对李暠前妻子女胜于亲生。李暠创业，“谟谋经略多所毗赞”，所以当地称之为：“李、尹王敦煌。”

李暠卒，子士业即位，尊尹夫人为太后。李士业想攻打沮渠蒙逊，尹夫人劝道：“你是新建之国，地狭人稀，安守还怕出事，更不能轻举妄动。沮渠蒙逊善于用兵，你不是他的对手。你父临终教导你要慎重用兵，相机而动。如果你定要出军，那就不仅丧师，恐怕还要亡国。”李士业不听劝阻，果然被灭。

尹夫人被掳至姑臧，有人劝她：“你们母子命悬人手，怎可以倨傲自守！国亡家破，怎么不令人悲伤?”尹夫人说：“兴灭和生死，是上天注定的，何必像凡人一样，做儿女哭啼之状！我是个妇人，不能与国同亡，怎么会害怕斧钺之诛！谁要杀我，正合我意。”沮渠蒙逊赞赏其忠贞，不予加害，还娶了尹夫人之女做儿媳。尹夫人后来迁居酒泉，卒于伊吾（今新疆哈密境内），年七十五。

362.“王敦之乱”是怎么回事?

王敦（266～324），字处仲，琅邪临沂（今山东临沂）人。西晋怀帝时（306～313），王敦为青州刺史。永嘉中天下大乱，王敦将百余名侍婢配给将士，分散金银珠宝，只身入洛阳，转为扬州刺史。司马睿渡江后，在王敦与王导等南渡士族支持下建立东晋，王氏势力日大，有“王与马，共天下”之说。王导以丞相在朝执政，王敦以大将军领兵镇守在外，权势日重。司马睿害怕这会威胁司马氏政权的利益，就任用刘隗、刁协等人，疏远王氏，王敦上疏申诉，双方矛盾渐深。大兴四年（321 年），司马睿以刘隗、戴渊等人出镇诸州军事，实际上就为了防备王敦。由于兵力不足，于是征调民间百姓万人，以备兵役。永昌元年（322 年），王敦以诛刘隗为名，发兵东下，吴兴人沈充起兵响应。

元帝司马睿急召刘隗、戴渊还守京城，以王导、戴渊、周顗、周札、陶侃、甘卓等人领兵防守。王敦顺江而下，攻克石头城。刘隗、周顗等人反攻，落败，刁协北逃被杀，刘隗逃奔石勒，戴、周二人被王敦杀害，甘卓为王敦弟王廙杀害，陶侃退回广州。于是王敦自为丞相，都督中外军事，封公。其年司马睿忧愤而死，其子司马绍继立，即东晋明帝，王导辅政。

王敦大权在握，虽身居武昌但遥制朝政，以王导为尚书令、司徒，改易百官及军镇，转徙百余名黜免者。太宁元年（323），王敦移镇姑熟（今安徽当涂），自领扬州牧，以兄王含都督扬州江西军事，弟王舒为荆州刺史，王彬为江州刺史，骄慢贪暴日甚一日，四方贡献，多入己府，将相州牧，悉出其门。他用沈充、钱凤为爪牙，侵人田宅，营造府第，发掘古墓，抄掠市道。

当时王敦病重，急欲篡位。他与钱凤密谋，准备再度举兵东下，又令沈充起兵以策应。太宁二年六月，明帝以王导为大都督，温峤为将军，守石头城；以庾亮领左卫将军，又征调太守苏峻、刺史祖约，入卫京师。王敦病重之际，曾经估计形势，提出三条计策：上策是如果自己病死，不如解散军队，归身朝廷，保全门户；中策是自己死后，退还武昌，收兵自守，贡献朝廷；下策是乘他在时，举兵而下，以求侥幸。钱凤以王敦的下策为上策。七月，王敦病重不能带兵，以王含为帅，与钱凤等率水陆五万，突至秦淮河两岸。温峤烧桥以阻王敦军队，而沈充与王含被苏峻击败。王敦病死后，沈充、钱凤被斩。王含父子逃奔荆州，刺史王舒使人沉之于江，乱事平定。“王敦之乱”是东晋政权内部中央与地方权力之争的序幕。

363. 王敦是如何逐步控制朝政的？

王敦“少有奇人之目”，娶西晋武帝公主，拜驸马都尉，除太子舍人。当时王恺、石崇两人“以豪侈相尚”，斗富。有一次，王恺置宴，王敦与王导都在座，有个乐女因为吹笛子偶有失误，就被王恺杀了，满座为之失色，而王敦“神色自若”。在另一次造访王恺时，王恺让美女劝客饮酒，因为客人不喝，王恺就马上把劝酒的美女杀掉。当劝酒至王敦、王导时，王敦故意不喝，“美人悲惧失色”，而王敦“傲然不视”。王导向来不善饮，但怕劝酒者得罪被杀，就勉强饮尽。王导回去后叹道：“王敦如果当政，心地这么刚毅坚忍，恐怕不会有好结果。”① 有个叫潘滔的人说：“王敦蜂目已露，但豺声未振，若不噬人，亦当为人所噬。”

西晋末年，王敦因参与反对司马伦篡位，立功迁散骑常侍、左卫

① 据《世说新语》载，王敦、王导是饮于石崇家中，也是令美女劝酒，客不饮便杀美女。王敦故意不饮，王导抱怨他。王敦说：“他杀自家的人，关咱们什么事。”

将军等职，后任青州刺史。永嘉时天下大乱，王敦将侍婢百余人配给将士，把金银宝物分散给兵众，独自到洛阳。东海王司马越任他为扬州刺史，那个说王敦“若不噬人，亦当为人所噬”的潘滔劝阻司马越，说：“现在让王敦任扬州刺史，会让他得逞豪强的本领，以后怕是个麻烦。”

后来司马睿召王敦为部属，正巧扬州刺史刘陶去世，司马睿又任王敦为扬州刺史，加广武将军。不久晋左将军，都督征讨诸军事。司马睿刚刚镇守江东，威名未著，王敦与王导“同心翼戴，以隆中兴”，时人为之语曰：“王与马，共天下。”

杜弢起义，王敦率军进讨，以元帅进镇东大将军，加都督江、扬、荆、湘、交、广六州诸军事，任江州刺史，封汉安侯。王敦选置将吏，兼统州郡，“专擅之迹渐彰矣”。

当初，王敦务在治军理务，“雅尚清谈，口不言财色”。后来名誉渐起，东晋立国时又立有大功，手握强兵，威权无人能比，就想“专制朝廷，有问鼎之心”。元帝司马睿又害怕又厌恶，于是用刘隗、刁协以为心腹，疏远王氏，王敦心内不平，至此与朝廷之间“嫌隙始构”。他常常酒后吟咏曹操的乐府歌：“老骥伏枥，志在千里。烈士暮年，壮心不已。”边吟咏边用手中如意敲唾壶作节奏，以致“壶边尽缺”。后湘州刺史缺，王敦欲以自己的部下接任，而朝廷不从，王敦又上表陈说古今忠臣被国君怀疑，而谗佞小人离间君臣的故事，想借此感动天子，而元帝愈加忌惮。双方实际上各有防备之心，必有决裂的一天。

364. 桓温前后进行了几次北伐?

桓温（312～373），字元子，桓彝子。温峤见之曰：“此儿有奇骨，可试使啼。”及闻其声，曰：“真英物也。”桓彝因为儿子受温峤赏识，所以取名桓温。苏峻之乱时，桓彝为韩晃所害，有个叫江播的人参与其事。桓温时年十五，“枕戈泣血，志在复仇”。三年后，江播已死，桓温乘吊丧之机手刃其三子。桓温“豪爽有风概，姿貌甚伟，面有七星”，名士刘惔以为他是孙权、司马懿一类的英豪。桓温与庾翼友善，庾翼死后，桓温代之都督荆梁四州军事、安西将军、荆州刺史等职。

偏安江南的东晋朝廷尽力牵制和阻挠主张北伐者。祖逖功败垂成，庾亮、庾翼兄弟的北伐也因朝臣反对未能实现。桓温取代庾翼的职位后，以平蜀灭胡为己任，永和二年（346）伐蜀，次年破之，进位征西大将军，封公，声望大涨。其后，朝廷以殷浩为中军将军北伐，企图以此对抗桓温。永和九年，殷浩大败，被免为庶人，内外大权集于桓温。

永和十年二月，桓温第一次北伐前秦。桓温统兵四万自江陵出发，经析县（今河南西峡），直指武关（今陕西丹凤东南）；水军从襄阳入均口（今湖北丹江口），直指南乡（今湖北均县东南）；同时命梁州刺史司马勋沿子午道（秦岭栈道，从关中直通汉中）向前推进，并派军攻占上洛（今陕西商县）。四月，桓温在今陕西蓝田击败前秦苻健，进至长安东面的灞上，前秦退守长安。关中百姓纷纷持牛酒慰劳，老人们流泪说："不图今日复见官军。"桓温未乘胜进攻长安，欲待关中麦熟，取为军资。苻健驱军抢先收割，芟苗清野，使晋军军粮不继。前秦大将苻雄与晋军大战于白鹿原，桓温军死者万余，只得退兵。首次北伐失败。

永和十二年，桓温再次北伐。自江陵北进，在伊水（今河南洛阳南）大败羌族姚襄的军队，收复洛阳。但桓温很快就还兵江陵，只留两千多人戍守。隆和元年（362），桓温上表建议还都洛阳，把南迁的北方人回迁河南，因南下士族的反对，只好作罢。当东晋内部在互相猜忌和牵制时，前燕派兵包围洛阳，兴宁三年（365），洛阳失守，第二次北伐也以失败结束。

兴宁元年，桓温已晋位大司马，都督中外诸军事。次年，加扬州牧。太和四年（369）又兼徐、兖二州刺史。为了树立更高的威望以便代晋，遂决定北伐前燕。四月，桓温率步骑五万自姑熟（今安徽当涂）出发，进至金乡（今山东金乡北），遣人凿大野泽（今山东巨野北）三百里，引汶水会于清水（古济水自野泽以下别名），桓温率舟师自清水入黄河。一路所向无敌，七月进至枋头（今河南汲县东北），离燕都邺（今河南北临漳西南）仅二百余里，燕主大恐，一度想出奔他地，又向前秦求援，同时令慕容垂率军五万以拒晋军。桓温至枋头后，徘徊不进，妄图"坐等全胜"。此时北方大旱，原水道已不能利用。进军之初，桓温命豫州刺史袁真率军攻谯郡、梁郡（今河南商丘南），然后打开荥阳的石门（即汴水入黄河的入口）以通水道。袁真攻下谯、梁，却未打开石门。桓温因孤军深入，军粮不继而被迫焚船，弃辎重，从陆路撤退。凿井而饮，行七百余里，在襄邑（今河南睢县）遭袭，损失惨重，后又受前秦袭击，前后损失三万多人。第三次北伐以惨败而终。

365. 桓温为何有篡位之心？

桓温“豪爽有风概，姿貌甚伟，面有七星”，年轻时为父报仇，有勇有谋，为世人所称赞，名声已起。当时刘惔与他友善，曾称叹桓温说：“眼如紫石棱，鬓如反猬皮，孙仲谋、晋宣王之流亚也。”但是刘惔认为桓温有不臣之心，曾经屡次提醒会稽王司马昱要抑制桓温的实力。永和元年（345）七月，庾翼病卒，会稽王司马昱以桓温为荆州刺史，刘惔劝司马昱自镇上流，又请自行，均遭拒绝。桓温任荆州刺史，占据形胜之地，已有实力可凭。

永元二年桓温伐蜀，于次年灭成汉政权，以功封爵，晋位征西大将军，声势隆重。朝廷惧其难制，乃引扬州刺史殷浩对抗桓温，桓温与殷浩素来相识，知道殷浩不善军事，所以他虽然心内非常愤恨不平，而不以殷浩为忧。之后几年，国家无事，桓温与朝廷之间，“虽有君臣之迹”，实则维持一个相安无事的局面而已。桓温尽用所辖八州士众，朝廷不得选用。

殷浩连年北伐，屡战屡败，桓温于永和十年（354）上书罪浩，将殷浩免为庶人，其后桓温将朝廷大权揽于己手。

桓温常以司马懿、刘琨自比，而有人将他比作东晋叛臣王敦，让他十分不快。第一次北伐后，桓温见到一个老妇人，原来是刘琨的乐伎。老妇人见到桓温之后“潸然而泣”。桓温问是什么缘故，老妇人说：“您太像刘司空（琨）了。”桓温闻之大悦，乃“出外整理衣冠”，然后又让老妇人看他。老妇人说：“面甚似，恨（可惜）薄；眼甚似，恨小；鬓甚似，恨赤；形甚似，恨短；声甚似，恨雌。”桓温大失所望，为此好几天不高兴。

桓温自负才力，“久怀异志”。有一次他对僚属说：“既不能流芳后世，不足复遗臭万载邪！”；他曾经路过王敦的坟墓，说：“可人！可人！”其心迹如此。当时一个有道术的和尚在桓温的住所洗浴，桓温“窃窥之”，看见那个和尚“先以刀自破腹，次断两足。浴竟（后）出，温问吉凶”，和尚说：“公若作天子，亦当如是。”

第三次北伐失败后，桓温的名望受损。太和六年（371）十一月，桓温废晋帝为东海王，立司马昱为帝，改年号咸安，借立新帝来抬高自己的威望。他自己执掌朝政，依三国时蜀汉诸葛亮之例，威势赫赫。当时谢安见到桓温，离着很远就下拜，桓温问谢安何以如此，谢安说："我没有见过君主在前面叩拜，而臣子却在后面作揖。"以此讽刺桓温专权。

咸安二年（372）七月，简文帝病重，一天之内发了四道诏书急召桓温入朝为辅，桓温固辞不至。其后简文帝死，孝武帝即位，再命桓温入朝辅政，桓温原以为简文帝临死会将皇帝之位禅让给自己，既不如意，乃不从君命。

直到宁康元年（373）二月，桓温才到建康朝见孝武帝。当时孝武帝下诏令吏部尚书谢安与侍中王坦之出城迎接桓温。传言桓温将诛杀王、谢二人，然后篡夺帝位。王坦之十分害怕，谢安神色不变地说："晋国能否存在下去，决定于此行了。"桓温到后，百官拜迎道旁。桓温陈列大量卫兵，宴请朝臣，公卿见此场景都胆战心惊。王坦之汗流不止，衣服湿透，手版也拿倒了。谢安镇静从容，口吟嵇康"浩浩洪流"的名诗，坐定之后对桓温说："我听说诸侯如有道义，四邻都会守卫他，您何必盛置卫兵呢?"桓温将卫兵撤下，与谢安笑谈。郗超是桓温的谋主，正在帐内听二人谈话，突然风吹帷帐，让谢安看见了郗超。谢安笑着说："郗生真可谓入幕之宾。"由于谢安从容应对，桓温没有发难。

桓温入京不久即患病，停留十四天之后，回到姑孰，遂一病不起，暗示朝廷加九锡之礼，谢安、王坦之故意拖延，未果而卒。

366. 桓玄势力是如何壮大的?

桓玄（369～404），字敬道，一名灵宝，桓温子。据载，桓温的妻子月夜独坐，看见流星坠入铜盆水中，如火珠而有光，乃以瓢接取吞之，遂有孕生桓玄。生桓玄时，"有光照室，占者奇之，取名灵宝"。据说保姆抱着桓玄去见桓温，需两人轮流抱他才堪其重量。桓玄长大后"风流疏朗，博综艺术，善属文"，恃才自傲，朝廷"疑而不用"。后来出补太守一职，发出"父为九州伯，儿为五湖长"的叹息，郁郁不得志，于是辞官闲居。

隆安元年（397），南兖州刺史王恭遣使与荆州刺史殷仲堪谋讨王国宝，桓玄欲借机发展势力，便力劝殷仲堪起兵。在朝执政的司马道子被迫斩王国宝，于是王恭、殷仲堪罢兵。桓玄因此得官，督交、广二州，桓玄受命而不行。

次年，王恭与庾楷再度举兵，攻王国宝之弟江州刺史王愉。桓玄与殷仲堪、杨佺期皆起兵助王恭。杨佺期率舟师为前锋，桓玄次之，殷仲堪继后，顺流东下。桓玄俘获王愉，大破官军，与杨佺期进逼京都。此时王恭部将刘牢之被司马元显收买，率兵倒戈，王恭被杀，桓玄等仓皇回军。司马道子以殷仲堪为广州刺史，桓玄为江州刺史，杨佺期为雍州刺史，企图利用桓、杨对付殷仲堪，结果三人皆不受命，反而共相盟约，以桓玄为盟主。司马道子只得妥协，桓玄始得志。

桓玄把原属杨佺期统领的四个郡划为自己统辖。殷仲堪害怕桓玄势力无法控制，与杨佺期结姻亲以对抗桓玄。后来桓玄乘荆州大水，殷仲堪抚赈百姓，仓廪空竭之机，袭杀殷仲堪和杨佺期，平定荆雍，尽占上游之地，都督荆、梁、江、宁、益、秦、雍、襄八州军事，任江州、荆州刺史，以兄桓伟为雍州刺史，侄桓振为淮南太守，其余腹心，皆得树用。桓玄自谓有晋国三分之二，势力日益膨胀，遂有代晋自立之心。

367. 桓玄篡位情况如何?

桓玄势力日盛，野心也随之膨胀，他与执掌朝政的司马道子父子的矛盾逐渐激化。元兴二年（402），东晋以司马元显为骠骑大将军、征讨大都督，都督十八州军事，以镇北将军刘牢之为前锋都督，讨伐桓玄。

桓玄打算坚守江陵，其长史卞范之主张主动进攻，兵临京师，朝廷必定土崩瓦解，而不可以延敌入境，自取穷蹙。桓玄采纳了这个建议，举兵东下，传檄数责司马元显的罪状。其后桓玄军大败晋军司马尚之和司马休之。刘牢之叛降桓玄，桓玄攻入建康，杀司马道子、司马元显。桓玄都督中外诸军事，任丞相、扬州牧，领徐、荆、江三州刺史，控制东晋朝廷大权。接着，他又剪除北府兵高级将领，刘牢之自杀，其他或逃或被杀。

元兴三年（403）初，桓玄自称大将军，九月，又为楚王；十二月，桓玄称帝，国号楚，改元永始，废晋安帝为王，外迁浔阳。

桓玄骄奢荒淫，游猎无度，搞得百姓疲苦，朝野劳瘁。元兴三年，北府兵将士刘裕、刘毅、何无忌、诸葛长民、魏咏之、檀凭之和刘裕之弟刘道规等起兵讨伐。刘裕与何、檀斩桓修于京口，又与刘道规、孟昶等斩桓弘于广陵。刘裕暗中策划，以河内太守辛扈兴、弘农太守王元德、振威将军童厚之等在建康为内应。刘裕率军进逼，桓玄急加桓谦为征讨都督，以殷仲文代桓修为徐、兖二州刺史，又派吴甫之、皇甫敷阻拒义军。刘裕先后斩吴、皇甫二人，接着又大败桓谦的两万军队。桓玄挟持安帝司马德宗西奔，刘裕入建康。

桓玄至浔阳，江州刺史供给器甲兵力，桓玄又西上江陵，收集荆州兵，不出二旬，众至两万，楼船、器械甚盛。桓玄又率战舰二百艘，由江陵东下，与刘毅大战于峥嵘洲（今湖北鄂县境），刘毅因风纵火，桓玄大败，逃回江陵。益州刺史毛璩弟子毛修之为桓玄部下，诱桓玄入蜀，至江陵枚回洲，桓玄被益州督护冯迁杀死。义熙元年（405），刘毅攻入江陵，斩桓玄党羽，尽灭桓氏，迎安帝还建康，刘裕都督诸州军事，控制了东晋政权。

368. 刘裕为什么要杀殷仲文?

殷仲文（？～407），史称“少有才藻，美容貌”。他的堂兄殷仲堪把他推荐给会稽王司马道子，先后任参军、长史之职，非常得司马道子父子的优待。殷仲文的妻子是桓玄的姐姐，因为桓玄与司马氏父子有矛盾，殷仲文被司马氏外迁为太守。实际上殷仲文与桓玄虽为姻亲，“而素不交密”，后来桓玄反晋入京师，殷仲文就弃郡投奔桓玄，“宠遇隆重”。桓玄篡位入宫，他的床位忽然陷落，众人都非常紧张，殷仲文说：“这是您的圣德深厚，连大地也载不动。”深慰桓玄之心。

殷仲文生活奢侈，“舆马器服，穷极绮丽，后房伎妾数十，丝竹不绝音”，“性贪吝，多纳货贿，家累千金，常若不足”。桓玄败后，他转投义军，为镇军长史，转尚书。

殷仲文有一次到大司马府，府中有棵老槐树，他看了很长时间说：“此树婆娑，无复生意！”自认为素有名望，必当朝政，而且他以前看不起的一些人都已与自己地位相当，于是他常“怏怏不得志”。

后来他迁为东阳太守，心里更不平衡。东阳是何无忌管辖的地区，何无忌对殷仲文非常倾慕，殷仲文便许诺到何府造访。何无忌精心准备，等候殷仲文来访，而殷仲文却因“失志恍惚”，忘记了造访何府之事。何无忌怀疑他是故意冷落自己，大怒，于是乘南燕侵晋时对刘裕说：“桓氏、殷仲文才是心腹之患，北虏（指南燕）不足为虑。”义熙三年（407）刘裕借口殷仲文参与谋反，杀之。

殷仲文遇害前，在照镜子的时候看不见自己的脸，之后不几天就被杀害。

369. 王弥反晋情况如何？

王弥（？～311），东莱（今山东莱州）人，家世二千石为官。王弥弓马娴熟、臂力过人，号称“飞豹”，有勇有谋，凡有行动，“必预图成败，举无遗策”。

光熙元年（306），东莱刘伯根以宗教为号召，组织万余人起兵反晋，王弥率家僮参加，被任为长史。刘伯根被杀后，王弥率残部退守长广山一带活动，继而又转战青、徐、兖、豫诸州，并一度攻下西晋重镇许昌。所到之处，大开府库赈济百姓，杀守令，兵众很快增至数万。王弥连克州郡，进逼都城洛阳，一时洛阳震动，宫城白日闭门。司徒王衍率领百官拒守，各路晋军也应命入卫京师。

王弥认为“晋兵尚强，不易取胜”，便渡河北附匈奴贵族刘渊，被任为征东大将军，封东莱公。永嘉二年（308），刘渊命王弥与刘曜进攻洛阳，为司马越所败。王弥遂转攻襄城，在此就食的流民纷起响应王弥。永嘉五年（311），王弥与刘曜攻陷洛阳，纵兵大掠，活捉晋怀帝。刘曜怨恨王弥不等自己就攻入京城，争功生隙，石勒也妒忌王弥骁勇。同年十月，王弥移军青州时，在途中被石勒伏击，遇害。五年后，西晋灭亡。

370. 张昌是如何聚众建立“后汉”的？

张昌（？～304），义阳（今河南信阳）人，蛮族。喜占卜，好论攻战，武力过人，曾做过县吏。太安二年（303），由于新野王司马歆为政严苛，大失蛮夷之心，张昌宣称天下大乱当有圣人出，暗中集结数千人，屯聚于安陆（今湖北云梦）石岩山，发动起义。

当时西晋朝廷颁布《壬午诏书》，征召荆州武勇，号“壬午兵”，调往益州镇压李特起义。诏书催遣很严，所经之界停留五日者，免二千石长官，因此郡县督促日急。武勇因不愿远赴益州，多“屯聚而为劫掠”。这年江夏是丰年，来此就食的流民多至数千人，成为张昌起义的基本力量。

义军首先攻克江夏郡城安陆，拥立山都（今湖北谷城东南）县吏丘沈为天子，改丘沈之名为刘尼，诈称汉帝后人；张昌易名李辰，任相国，改元神凤，建立“后汉”政权。义军数量迅速达到三万。张昌先是击溃了西晋镇南大将军、新野王司马歆的军队，杀司马歆，又合军围宛（今河南南阳），杀平南将军羊伊。其部属石冰攻扬州，败刺史，占扬州诸部，继之又攻破江州（今南昌）。张昌遣陈贞攻克武陵（今湖南常德西）、零陵、豫章（治所在南昌）、武昌、长沙等郡。临淮人封云也起兵攻克徐州以响应张昌。

起义势力的发展如暴风骤雨，迅速占领了荆、江、徐、扬、豫五州的大部分地区。由于起义的领导者没有提出鼓舞民众的战斗口号，也没有采取相关的政策措施。后来，荆州刺史刘弘派陶侃率军围攻张昌，义军被屠杀数万人，张昌被俘斩。其后，石冰所部也被江南士族武装及陈敏所部晋军联合镇压。此次起义失败。

371. 陈敏割据吴越情况如何?

陈敏（? ~307），字令通，庐江（今安徽舒城）人。太安三年（304），陈敏因镇压石冰起义军有功，被封广陵相，自谓勇略无敌，渐有割据江东之心。

永兴二年（305），东海王司马越在诸王争权中打败对手，起用陈敏为右将军，前锋都督。陈敏见晋廷衰乱，遂于十二月据历阳（今安徽和县）起兵反晋，命其弟陈恢及部将钱端攻江州，弟陈斌东攻各郡。晋扬州刺史刘机、丹阳太守王广、江州刺史应邈弃城而逃。陈敏占据江东，自称大司马，都督江东诸军事，任命当地豪强、名士周玘、顾荣等为将军、太守，并假称奉诏自长江入沔、汉迎接晋惠帝。当时执掌朝政的河间王司马颙以张光为顺阳太守，率步骑五千向荆州增援。荆州刺史刘弘命江夏太守陶侃、武陵太守苗光屯兵夏口（今武汉），以南平太守应詹领水军为后援。

陈敏令陈恢军直逼武昌（今湖北鄂州），刘弘令陶侃兼任前锋率军抵抗。陶侃把运输船改作战舰，连败陈恢军，又与张光、苗光各军于长岐（今湖北黄陂西南）迎击钱端。晋军采取诱敌深入、设伏以待的计策，水陆齐发，大败钱端军。

永嘉元年（306）二月，由于陈敏刑政无章，周玘、顾荣等江东大族秘密遣使请西晋征东大将军刘准发兵攻陈敏，自做内应。刘准即派扬州刺史刘机等率部攻历阳。陈敏遣弟陈昶率兵屯乌江阻击。陈昶的司马钱广是周玘同乡，周玘乃密使钱广杀陈昶。顾、周进而劝陈敏部将甘卓出降，甘卓遂叛。陈敏进讨甘卓，战败，单骑东逃，至江乘（今江苏句容西北）被俘，被斩于建业。

372. 杜弢是如何割据巴蜀的?

西晋末年，巴蜀之民数万家流亡至荆湘，屡为官吏和土豪侵害，深怀怨恨。永嘉五年（311），蜀中流人李骧等在乐乡（今湖北松滋东北）率流民起义，西晋荆州刺史王澄伪许其降而杀之，又沉杀巴蜀流民八千余人于长江，流民更加怨忿。当时蜀人杜畴等再次聚众起义，湘州刺史荀眺欲以造反罪阴谋杀尽流民，流民四五万家一时俱反，遂推举素有名望的益州秀才杜弢（tāo）为首领。

杜弢（？~315），字景文，蜀郡成都（今四川成都）人，初以好学著称，州举秀才。流民起义时任晋醴陵令。杜弢自称梁、益二州牧，领湘州刺史。起义军攻下长沙，生擒荀眺，继而又南破零陵、桂阳，东攻武昌、豫章，长沙太守崔敷、宜都太守杜鉴、郡陵太守郑融、衡阳内史滕育等官吏皆被处死。

建兴三年（315），晋琅邪王司马睿命王敦、陶侃集结大军围攻杜弢，前后数十战，弢军将士死伤甚多，请降而不果，杜弢乃求助于南平太守应詹，代转其书与司马睿。司马睿派人前往受降，任杜弢为巴东监军，而陶侃却进攻不止，杜弢不胜忿怒，杀使者，重新起兵。由于部将出降，起义军实力大损。杜弢突围，病死途中。此次起义历时四年，终归失败。

373. 祖约、苏峻反叛晋室情况如何?

祖约（？~330），字士少，范阳遒（qiú）县人，祖逖之弟。祖逖北伐失败，卒于豫州刺史任上，东晋即以祖约代兄为刺史、平西将军，继续统领原来的部队。

苏峻（？~328），字子高，长广郡掖县（今山东莱阳南）人。永嘉之乱时，他纠合数千家，于本县结垒，被推为坞主。后来渡江仕东晋，先后任淮陵内史和兰陵相。

祖、苏之乱发生在咸和二年（327）。明帝司马绍病死，其子司马衍即位，是为成帝，政事一决于庾亮。之前在平定王敦叛乱中立有战功的苏峻、祖约，一则恃功骄溢，有轻视朝廷之心，一则因为不得参预辅政成帝一事对朝廷深怀不满。咸和二年，庾亮不顾辅政诸大臣的劝阻，诏征苏峻入京为大司农，以苏峻之弟苏逸代其原职。苏峻不受诏，请补青州荒郡自处，庾亮不从。于是苏峻联合祖约，以讨庾亮为名，举兵反晋。

咸和三年，苏峻渡江攻破建康，尚书令卞壶、丹阳尹羊曼等皆战死，庾亮率军与苏峻战于京城建阳门，士卒未及成列，即弃甲而逃。庾亮乘船至寻阳（今江西九江），投奔江州刺史温峤军中。苏峻攻入京城后，纵兵大掠，因风放火，官府台署一时荡尽。后转战吴县、海盐、嘉兴、余杭，攻陷宣城，杀桓彝，所经之地，无不残灭。

温峤联合陶侃，以陶侃为盟主，与庾亮联兵东下，急攻苏峻。苏峻在突围时坠马被杀，部众立苏逸为主，继续死守石头城。咸和四年正月，晋军攻祖约，祖约北奔后赵，后被石勒所杀。二月，晋军收复石头城，斩苏逸，诸将或降或死或逃。

苏峻、祖约之乱，历时年余，影响深远。此乱之后，京邑化为灰烬，民物凋残。众议都归罪于庾亮，庾亮不能自安，求出外镇效力，于是以豫州刺史出镇芜湖，以帝舅之尊遥控朝廷。因与居内辅政的王导不能相安，导致二人矛盾延续十余年之久。此次动乱，对东晋当政的门阀士族打击很大，此后至孝武帝时为止，士族内争在方式上有所顾忌，不敢轻动干戈，因而东晋得以免除内战达几十年之久。

374. 孙恩、卢循起义对东晋政权有何影响?

淝水之战后，东晋外部威胁暂时消除。会稽王司马道子执掌朝政后，政刑谬乱，朝中派系林立，互相倾轧，朝政腐败，内部矛盾日趋尖锐。浙东地区赋税沉重，新安太守五斗米教首领孙泰，以传道聚众被杀，其侄孙恩逃入海岛，聚众百余人，伺机复仇。

孙恩（？ ~402），字灵秀，琅邪（今山东临沂）人。家世信奉五斗米道。隆安三年（399）十月，孙恩乘朝廷强征“乐属”①，引起浙东社会骚乱之机，登陆攻克上虞（今属浙江），袭会稽（今浙江绍兴）；十一月俘杀会稽内史王凝之，自称征东将军，一时会稽、吴郡、吴兴、义兴、临海、永嘉、东阳、新安八郡（今江苏、浙江境）纷纷响应，义军迅速发展至数十万。

① 晋廷征调浙东诸郡免奴为客者以充兵役。

晋廷急命谢琰、刘牢之率军镇压，义军兵败，退回海岛。次年五月，孙恩再次登陆，攻克余姚（今属浙江）、上虞，进而进攻邢浦（今浙江绍兴东）、会稽，转攻临海，与晋军激战。十一月，晋宁朔将军高雅之大败，孙恩军至山阴，朝廷大震，再命刘牢之督军。孙恩为避其锋芒，再退入海岛。

五年二月，孙恩复以水军袭句章（今浙江宁波南鄞江南岸）不克，复还海岛；三月，北至海盐（今属浙江），败于刘牢之部将刘裕；五月，攻占沪渎（今上海吴淞），乘胜沿江西进；六月抵京口（今江苏镇江），逼近建康。东晋急调刘牢之所部北府兵入卫京师。孙恩畏惧，暂弃进攻计划，一面派兵袭占江北重镇广陵（今江苏扬州西北），一面由孙恩亲率主力浮海北上，攻占郁洲（今江苏连云港东云台山），生擒高雅之。八月，义军与刘裕所部晋军激战失利，损伤惨重，被迫沿海南撤，第四次退回海岛。

元兴元年（402）三月，义军在进攻临海作战中，严重受挫，孙恩投水自尽，家人、部下跟随投水者百余人。

卢循（？～411），字于先，范阳涿县（今属河北）人，孙恩妹夫。孙恩败死后，他被推举为首领，率军转战各地。时东晋内乱，无暇顾及义军，遂授之以征虏将军、广州刺史，以示安抚。卢循后来趁刘裕北伐时起兵，水陆并进攻打建康，刘裕灭南燕后与之决战，卢循兵败投水自杀。

孙恩、卢循起义是农民起义中首次使用水军作战，数次威胁东晋京师建康。此次起义动摇了东晋的统治基础，沉重地打击了东晋门阀士族政治。

375. 刘渊是怎样建立汉（前赵）政权的？

刘渊（？～310），字元海，匈奴左贤王刘豹之子。他自称是西汉匈奴冒顿之后，据载："汉高祖（刘邦）以宗女为公主，以妻冒顿，约为兄弟，故其子孙遂冒姓刘氏。"又载，刘渊出生前有祥瑞出现。刘豹之妻去龙门求子，忽然有一条大鱼，顶有两角，跃进龙门祭所，很久才离去。这天晚上刘豹之妻梦见有鱼变人，十三个月后，生元海。"元海"之名，就是由此而来。

刘渊自幼习文练武，体貌伟岸，姿仪不凡，很受当时的名流王浑等人的器重。魏末晋初，刘渊以侍子（即人质）身份留居洛阳。西晋泰始初，鲜卑在凉州反晋。上党李熹建议以刘渊为大将军，发五部匈奴西征凉州。大臣孔恂说：“元海如果平定凉州，恐怕凉州真的会有麻烦，他是蛟龙得到云雨，就不是池水里的小鱼了。”后来有人劝晋武帝司马炎：“陛下不任用刘元海，臣怕凉州不得安宁。”刘渊最终代父刘豹为五部帅。

刘渊严明刑法，禁止奸邪，轻财好施，推诚待物，深得匈奴各部和幽冀一带汉族地主的拥护。西晋末年，八王之乱爆发，各地流民纷纷起义，社会动荡不安。匈奴贵族认为，自从汉亡以来，魏晋代兴，单于虽有虚名，却无尺土之业，已由王侯降同编户（百姓）。如今司马氏骨肉相残，四海鼎沸，正是兴复匈奴邦业的大好时机。于是共推刘渊为大单于，准备起事。永安元年（304），成都王司马颖拜刘渊为北单于，遣刘渊回并州调发匈奴五部以助自己内战其他诸侯王。刘渊乘机回左国城（今山西离石），率五部匈奴起兵，二十天内发展到五万人。不久，改称汉王，国号汉。

永嘉二年（308），刘渊正式称帝，迁都平阳（今山西临汾）。王弥、石勒及鲜卑、氐族相继归属。刘渊的势力自今山西扩展到山东、河北、河南一带，迅速形成了多个民族共同反晋的巨大浪潮。

376. 刘聪的统治情况如何?

刘聪（？~318），字玄明，一名刘载，刘渊第四子。自幼聪慧好学，通习经史和孙吴兵法；善书法、诗赋；武艺高强，能弯弓三百斤，可说是文武俱佳。太原名士王浑以为他深不可测。曾游洛阳，广交豪杰。

永嘉四年（310），君主刘渊死后由刘和即位，刘聪杀之自立。他在位期间，匈奴汉国达到强盛，在政治、军事方面很有建树。

永嘉五年，刘聪命前军大将军呼延晏将兵两万七千，进攻洛阳，前后十二战，晋军败死三万余人。随后攻陷洛阳，杀西晋王公百官三万人，俘晋怀帝司马炽，押送平阳，封怀帝为平阿公。

洛阳被攻破后，西晋以原秦王司马邺为太子。当时中原士族大多南渡，司马睿在江南建立政权，只有并州刺史刘琨和幽州刺史王浚继续在中原与匈奴汉国对垒。刘琨本有抱负，但他出身贵族，奢豪放纵，好声色犬马，加以用人不善，在刘聪的军事进攻下，所守的晋阳（今山西太原南）迅速被攻破。

313年，刘聪杀怀帝。司马邺在长安即位，是为愍帝。愍帝即位后诏发三路大军进攻汉国。刘聪闻讯后，出兵破之。此后不久，刘聪以石勒为并州刺史，形成石勒与刘琨二刺史对峙的局面。石勒通过分化瓦解、各个击破的策略，先后击败幽州刺史王浚和并州刺史刘琨。王浚被杀，刘琨兵败后，幽、冀、并的西晋势力基本上被肃清。

316年，刘聪派刘曜攻陷长安，愍帝投降，被迁往平阳，于是西晋灭亡。

刘聪执政时期，创立了胡汉分治的行政体制，保存了大单于的职能，大单于的地位仅次于皇帝，担任大单于的大都是皇位继承人。刘氏政权虽然也吸收了一部分汉人，但大权基本上掌握在匈奴贵族手中。刘聪统治残暴，《晋书》评价这个政权说："为夷狄之邦，未辨君臣之位。"

刘聪虽攻克洛阳、长安，灭了西晋，但他实际控制的地方，东不逾太行，南不越嵩洛，西不过陇坂，北不出汾晋，加上其他部族各据一方，所以刘聪的辖区很有限。在这种情况下，汉国的拓展就面临着非常大的困难。刘聪本人统治后期十分荒淫混乱，广罗女色，沉湎后宫，不理政事，日则渔猎，夜则游宴；功臣不得录用，奸佞小人得意乱权；战争连年不断；对将士无钱帛赏赐，对后宫侍僮的奖赏动辄至数万。朝廷内外，阿谀日甚，贿赂公行，纲纪败坏，一发不可收拾。其时，河东又发生了蝗灾，平阳饥苦，流叛死亡者十有五六。

317年，刘聪之子刘粲同靳准、王沈声称太弟刘乂谋反，刘聪严刑逼供，坑杀万余人，京都街巷为之一空。次年，刘聪病卒。

刘聪是匈奴汉国第二代国君，他本人汉化程度很高，执政期间采取了一些政治、军事方面的措施，创建了一套胡汉分治的政治体制。这种体制实质上基本沿袭匈奴旧制，在当时的条件下对匈奴各部有巨大的凝聚力。因排斥汉族士人参政，所以这个体制在少数民族统治中原中，是一个不成功的例子，加上刘聪后期的昏暴，使政权迅速衰败下去。

377. 前赵是如何灭亡的？

刘曜（？~328），字永明，刘渊族子。自幼好读兵书，善文，工书法，长于骑射，号为神射。历任汉国大司马、相国、都督中外诸军事等要职，镇守长安。

东晋建武二年（318），靳准在平阳发动政变，杀刘粲。刘曜闻变，率兵讨伐，于十月自立为皇帝。后迁都长安，次年夏，改国号为赵，史称前赵，实际上是刘氏汉政权的继续。

刘曜继承刘汉政权胡、汉分治的政策，一方面以子刘胤为大司马、大单于，自左、右贤王以下皆用少数民族豪酋充当，另一方面又大体延用魏晋九品中正选才法，设立学校，选用汉族士人做官，学习汉文化，以维持统治。此外，他仿效刘渊、刘聪徙民都城的办法，将被征服的各族大量迁置长安一带，以便直接控制。其军队全盛时，拥有军力二十八万余人，据有今陕西、山西、河南、甘肃的地区，当时关陇氐羌，莫不归附。

咸和三年（328），刘曜击败后赵石虎，并乘胜围困石生于洛阳金墉城。石勒率主力救援洛阳。刘曜天天饮酒作乐，不注意安抚士卒，得知石勒大军到来，遂带十余万军队列阵于洛阳城西。同年十二月，石勒进驻洛阳后，命石虎自城北攻刘军，命石堪、石聪自城西攻击，石勒亲率主力，与之夹击刘曜。刘曜临战前饮酒数斗，结果被后赵大军击溃，他在昏醉中仓皇奔逃，马陷渠中，坠冰被擒，不久被石勒杀死。

次年正月，刘曜子刘熙、刘胤等放弃长安，逃奔上邽（今甘肃天水），关中大乱，长安被攻占。八月，石虎大败刘胤，乘胜占领上邽，杀前赵太子刘熙及诸王公侯以下三千余人。前赵灭亡。

378. 苻坚是怎样成为统一北方的霸主的?

苻坚（338～385），字永固，今甘肃秦安东南氐族人。他是前秦开国君主苻洪的孙子。苻洪曾投靠东晋，被任为征北大将军，不久自称秦王。苻洪死后，其子苻健在 351 年入据关中，次年称帝，建都长安（今西安）。

353 年，苻健死，其子苻生即位。苻生是个暴君，杀人如儿戏，朝中人人自危，都希望苻坚能取而代之。于是 357 年苻坚杀苻生，登位称“大秦天王”，大赦天下。苻监励精图治，主要采取了四方面的措施：

第一，任用王猛。王猛为人严谨、博学，东晋桓温曾许以高官厚禄，王猛认为东晋已腐败，推辞不就。苻坚与王猛认识之后，大有当年刘备遇到诸葛亮之感，任用他为中书侍郎。王猛执法严明，雷厉风行，严惩贪官酷吏和不法豪强，具有治理乱世的才干，深得苻坚信任。明主贤臣治理有方，使前秦朝政有很大的改观。

第二，推行教化。随着吏治整顿的成效日益明显，苻坚开始礼治建设。他自幼学习汉族文化，仰慕儒家经典。为扭转氐族迷信武力、轻视文化的观念，他恢复太学和地方学校，招聘学者执教，并强制公卿子弟入学读书。苻坚每月亲到太学，考问诸生经义，品评优劣，并挑选品学兼优者入仕。规定俸禄在百石以上的官吏，必须“学通一经，才成一艺”，否则罢官为民。推行教化，不仅培养了官僚后备队伍，提高了统治层的文化素质，也养成了劝业竞学、养廉知耻的好风气。

第三，劝农桑，修水利。358 年前秦大旱，为渡难关，苻坚自减膳食，撤销歌乐；文武百官减低俸禄；后宫妃嫔改穿布衣；同时开发林木，解除禁渔令，停止军事行动，与民休养生息。为解决关中少雨易旱的问题，苻坚下令征调万人，开发泾水，凿山起堤，疏通沟渠，灌溉梯田和盐碱地，使五谷重生。苻坚还亲自耕作，他的皇后也亲自养蚕，以劝勉农民从事农桑。苻坚多次派使臣到各地巡视，抚恤孤寡，推广技术，奖励耕种。

由于把发展农业作为国策，前秦经济恢复很快。史载，从长安到各州郡，都修了通道驿亭，游人和商人沿途十分方便。当时的歌谣唱道：“长安大街，杨槐葱茏；下驰华车，上栖鸾凤；英才云集，诲我百姓。”

第四，纳谏如流。苻坚在平定内部之后，接连征服了前燕、前凉，使前秦空前强盛。

这时苻坚也奢侈起来，接见大臣，挂珠帘以装饰大殿，车马服饰，以宝石美玉装点。尚书郎裴元略进谏说：“我听说尧、舜住的是茅草屋，周文王、武王鄙视华丽的宫室。他们勤俭治国，才使天下和平兴盛了八百年。秦始皇追求享乐，穷极奢丽，结果未能传到孙子就亡了国。希望陛下引以为戒，要发扬高尚的道德情操，避免浅薄的习俗，要兴办教育推广德政，怀柔边远地区的民众。这样才能使百姓安居乐业，最终获得天下统一。”苻坚听罢非常高兴，当即下令撤去珠帘，并任命裴元略为谏议大夫。

379. 王猛为何极为苻坚倚重?

王猛（325～375），字景略，东晋北海（今山东寿光）人。他英俊魁伟，雄姿英发，为人谨严庄重，深沉刚毅，气度弘远，对琐细之事毫不关心，更不屑于和俗人打交道。虽常遭浅薄子弟耻笑，却悠然自乐，从不计较。

公元354年，东晋桓温北伐，击败了前秦苻坚以后驻军灞上（今陕西西安东），关中父老争相携酒犒劳，男女夹路聚观。王猛身穿短衣麻布求见桓温，一边捉身上的虱子，一边纵论天下大事，旁若无人。桓温问他："我奉天子之命率兵讨贼，可是关中豪杰却无人前来效劳，这是为什么?"王猛回答说："阁下不远千里深入寇境，长安已近在咫尺，而您却不渡过灞水，大家都摸不透您的心思，所以无人前来。"一句话触到了桓温的心病，使他无言以对。沉默之后，桓温说："江东没有人比得上您的才干。"不久，桓温决定退兵。临行前，他向王猛赠送了车马，许以高官请王猛南下，被王猛拒绝。

前秦苻坚有大志，久闻王猛的名声，通过吕婆楼请王猛出山。双方一见如故，非常投机，苻坚以之比诸葛亮。东晋升平元年（357），苻坚自立为大秦天王，任命王猛为中书侍郎。后来又调任王猛为京兆尹。苻健的妻弟酗酒行凶，劫人财产，抢男霸女，为百姓大害。王猛即捕杀之，陈尸于市。又严查害民官吏，收治不法权贵，于是百官震肃，奸猾屏气，令行禁止。苻坚感叹道："到现在我才知道天下是有法的，天子是尊贵的。"

王猛一年中接连五次升官，权倾内外。他不仅有政务才能，统兵作战也十分卓越。从东晋太和元年（360）起，他率军攻东晋荆州，讨伐叛乱的羌族，出征前凉，都取得了胜利。他平定了前秦宗室苻柳、苻双、苻武等人的叛乱，扫清了通往中原的障碍。太和四年，王猛率军援救前燕，大败北伐的晋军。数月后，又领兵攻伐前燕，为荡平前燕立下战功。

前燕灭亡后，苻坚为奖赏王猛，命他都督关东六州军事，听任他便宜行事，郡守、县令由他自行选任。东晋简文帝成安二年（372），苻坚调回王猛，委任为丞相、中书监、尚书令、太傅、司隶校尉，授王猛以一切裁夺之权。王猛不负重托，刚明清肃，善恶分明，才尽其用，劝课农桑，训练军队，气象为之一新，前秦国势渐强。375年六月，王猛积劳成疾，苻坚心急如焚，亲自为王猛祈祷，派使臣遍祷于名山大川。王猛临终前对苻坚说："晋朝虽偏处江南，却是华夏正统，目前上下安和。臣死后，陛下千万不可图谋代晋。鲜卑、西羌等归附贵族怀有二心，是我们的仇敌，迟早会成为祸害，应该逐渐铲除他们，以有利国家。"说完便溘然长逝。苻坚三次临棺痛哭，对太子说："看来苍天是不想让我统一天下，为什么这么快就夺走了朕的景略呢？"后来苻坚不听王猛遗言，攻晋，果然在淝水之战中被打败。

380. 李特是如何为成汉政权打下基础的？

李特，字玄休，原籍巴西宕渠（今四川渠县西北）。东汉末年，他的祖先从巴西宕渠迁居汉中，曹操时又迁至略阳（今甘肃秦安东北）。西晋初年，李特之父李慕为统领东羌的首领。

西晋末年，关西大乱，饥荒连年，当地成千上万各族百姓逃奔外地，李特兄弟与流民一起，避难于益、梁二州。政府不仅不加以抚恤救助，反而派官吏驱逐流民，使得"人人愁怨"，李特兄弟于是率众反晋。

301 年，西晋派罗尚率军袭击李特，李特设伏反击，取得大胜，流民共推李特为首领。此战之后，李特把主要目标放在益州刺史罗尚的身上。他在攻打罗尚时，益州百姓中流传着这样的歌谣："李特尚可，罗尚杀我。""蜀贼（李特）尚可，罗尚杀我。平西将军（罗尚），反更为祸。"可见百姓是拥护李特的。

李特与罗尚在城外对峙之时，302 年春，西晋派援军进攻李特的流民军，结果三路进攻都被击溃，李特占领了成都东北的大片土地。次年，西晋的蜀郡太守投降，李特流民军正式建立年号，独立于西晋统治之外。

强攻不见效果，罗尚就派人向李特假装投降，然后采取内外夹攻的策略，连续两天大杀兵众，流民军终因寡不敌众而撤退，李特在战斗中被杀。

381. 李雄建立成汉情况如何？

李雄（274～334），字仲儁，巴賨（cóng）流民领袖李特第三子。李特率流民起义，以李雄为前将军。李特被益州刺史罗尚击杀后，李雄以大都督名义继续领导流民作战，驱逐罗尚，攻占成都，于 304 年称成都王，建元建兴，306年即帝位，国号大成。他在位三十年。

李氏政权在六郡（指天水、略阳、扶风、始平、阴平、武郡）流民的反晋斗争中建立，史称“为国无威仪，官无禄秩，班序不列，君子小人服章不殊”。但李雄虚己爱人，授官皆得其才；兴办文化教育，立学官；简刑约法，政治较为清明。他注意发展生产，赋税较轻，男丁一年交谷三斛，女丁一斛五斗，有疾者减半；户调绢不过数丈，绵不过数两。他多次遣使向东晋朝贡，并派军开拓疆域。

李雄死后，兄子李班即位，很快被李雄子李期所杀，而李期又被李特之弟李骧所杀，改国号为汉。这就是十六国中成汉政权的由来。

382. 成汉是如何灭亡的?

东晋建元元年（成汉汉兴六年，343年）八月，李势继任成汉皇帝，骄奢淫逸，不理政事，刑法苛滥，加以饥荒，国势渐趋没落。

永和二年（346）十一月，东晋安西将军桓温采用江夏相袁乔“宜先攻弱”之策，率益州刺史周抚、南郡太守司马无忌攻成汉，以袁乔率两千人为前锋。次年二月，桓温水军至青衣（今四川青衣江）。李势命令右卫将军李福、镇南江军李权、前将军昝（zǎn）坚率军自山阳（今四川双流东南）赴合水（今彭山双江镇），阻拒晋军。

成汉诸将主张在江南①设伏以待，但昝坚不听，率军从江北鸳鸯琦（今双流镇西北，岷江东北岸）渡江向犍为（今彭山西北，岷江之西）开进。桓温军避开犍为及武阳城（今双江镇北），直指成都南面的白家场、石羊场。结果昝坚军与桓温军异途而不遇。

三月，桓温攻下彭模（今四川彭山东南，岷江东岸），以孙盛、周楚率老弱残军留守，自己亲率步兵轻装向成都进军。成汉将领李福、李权等回军，李福攻彭模，被孙盛阻拒，李福败走。桓温进军途中与李权相遇，三战三胜，成汉军败退守成都。

昝坚在犍为未遇晋军，便从沙头津（今新津南，彭山北岷江边）渡江追击。这时，桓温却已进攻至成都南郊，昝坚军不战自溃。李势倾尽城中守军在成都笮桥（今成都西南南河上）同桓温军激战。桓温前锋受阻，箭射至桓温马首，众军惊惧欲退，鸣鼓士兵误鸣鼓，袁乔

---

① 今双江镇以北、府河以西的牧马山区。古人以大江为东流，故以大江之西为江南。

乘势督促士卒力战，乃大破成汉军。

晋军乘胜直追，火烧城门，李势夜逃，至葭萌关（今四川广元西南），遣使者向桓温投降。至此，成汉灭亡。桓温还军时，以周抚为益州刺史，镇彭模。周抚经过两年，扫除了成汉残余势力，使蜀地全归东晋。

383.《晋书》所记东夷国有哪些？

《晋书》所记东夷有：夫馀、马韩、辰韩、肃慎氏、倭人，还有裨离等十国。

夫馀是我国东北部的一个古老民族。它在玄菟（治今辽宁沈阳附近）以北千余里，达到弱水（松花江），地方二千里，有“户八万”，有“城邑宫室”，土地适宜种植五谷，礼仪制度和当时的中原相似。法律上，“杀人者死”，“盗者一责十二”；其风俗，“男女淫，妇人妒，皆杀之”；若有军事，要杀牛祭天，并且占卜吉凶。贵族死后，“以生人殉葬”。其地出产好马及美珠、貂豽。

马韩、辰韩在今天的韩国。“居山海之间”，没有城郭。有小国五十六，“大者万户，小者数千家”，各有首领。其“俗少纲纪，无跪拜之礼”，住处如坟冢，门户在上，全家共居其中，“无长幼男女之别”。男子将头发打结，盘在头上，穿布袍、草鞋。“信鬼神，常以五月耕种毕，群聚歌舞以祭神”。辰韩属于马韩，“地宜五谷，俗饶蚕桑”，善织布，能驯用牛马。小儿初生，“便以石押（压）其头使扁”。

肃慎氏在夫馀东北千余里，东临大海，东北伸展至库页岛。地界广大，“居深山穷谷，其路险阻，车马不通”。有马不骑，只以为财产而已。“无牛羊，多畜猪，食其肉，衣其皮，绩毛以为布”。夏天巢居，冬天穴居。“父母死，男子不哭泣”。盗窃者，不论多少皆杀，所以民不相犯。“贵壮而贱老”，强悍勇敢，善制弓箭，西周时就向武王、成王进贡楛矢、石砮，成为史家艳称的盛事。

倭人在今天的日本。据《三国志·魏志·倭人传》记载，公元三世纪前半叶，日本岛上有个邪马壹国，国王叫卑弥呼，是个独身女子，常以“鬼道”来笼络人心。倭人国“多女子”，故一夫多妻。男子不论大小，都文身刻面。气候温暖，种禾稻桑纻。无牛马。风俗淳朴，不盗窃，少诉讼，犯罪轻者没收妻女，重者灭族。丧葬之后，全家入水洗澡以除不祥。人多长寿百年，或者八九十岁。

裨离国在肃慎西北，“马行可二百日，领户二万”，其他各国相离更远，风俗不详。

384.《晋书》所记西戎有哪些国家？

《晋书》所记西戎有吐谷浑、焉耆、龟兹、大宛、康居、大秦等国家。

吐谷浑是鲜卑族慕容氏的庶子。他在西晋武帝太康六年（285），带领一千七百户，西附阴山。西晋永嘉之乱，他又率部度过陇坂向西，达于甘松（今甘肃迭部东，白龙江北），极于白兰（今青海布尔汗布达山），有数千里之广。他的子孙以“吐谷浑”作为部落名称。吐谷浑人过着游牧生活，“有城郭而不居，随逐水草，庐帐为屋，以肉酪为粮”。能种田，因气候寒冷，只得种大麦、蔓菁，“国无常税”，国用不足，则从富商调拨，取足而止。出产马、骡、牦牛。盗马与杀人者皆死罪。

焉耆离洛阳八千二百里，方圆四百里，都城在员渠城（今新疆焉耆）。“四面有大山，道险隘，百人守之，千人不过”。其风俗“丈夫剪发，妇人衣襦，著大裤”。婚姻与中原相同。“好货利，任奸诡”，无尊卑之礼。气候寒冷，土地肥沃，可种麦、稻、粟等作物。“俗尚蒲桃（葡萄）酒，兼爱音乐”。

龟兹国在焉耆之西，有城郭，“其城三重”，城中有大量佛塔寺庙。以种田畜牧为业，男女都“剪发垂项”。“王宫壮丽”，有如神仙居处。

大宛国在今塔吉克斯坦和吉尔吉斯斯坦境内。有大小七十多城，适宜种植稻麦，有蒲桃酒，多善马，“其人皆深目多须”。大宛国人善于经商，国内没有金银铸币，凡得金银，铸成器物，不用作货币。

康居国在大宛西北二千里。“风俗及人貌、衣服略同大宛”。其地“和暖”，多“桐柳葡萄”，“多牛羊，出好马”。

大秦国即罗马帝国，因为它在黑海和地中海之西，所以又称之为“海西国”。其城邑周围百余里，屋宇以珊瑚、琉璃装饰，非常壮丽奢华。国王由选举产生，如果碰上灾异，则废弃旧王，另选贤人，被废弃者不敢怨。出产金玉宝物等，以金银为钱。纺织业发达，能刺绣织锦。国人高大，相貌似中国人而穿胡服。西晋武帝时，曾经派使者贡献。

385.《晋书》记载南方林邑、扶南二国情况如何?

林邑国原是东汉时的象林郡，在今越南中南部。东汉末年，象林人区连杀县令，自立为王，子孙相承。其后由外孙范熊代立，范熊死，子范逸即位。范逸死（331），其臣范文杀范逸子自立为王。范文派兵攻灭大岐界、小岐界、式仆、徐狼等部落，有战士四五万人，成为一支强大力量。因为林邑缺少良田沃土，所以常攻掠日南郡；另一方面，东晋的官吏大多侵刻百姓，大失人心。所以林邑的势力不断北进，与东晋冲突不断，至东晋末年，势力渐衰。

林邑“四时暄暖，无霜无雪”，居民都裸身赤足，以黑为美。房屋开北窗以向阳。人性凶悍，勇敢善战，尤善于山水之间行动，不习惯平地生活。“贵女贱男，同姓为婚”。

扶南国在今柬埔寨境内，离林邑三千里，在海湾之中，其地有三千里，有城邑宫室。居民皆“丑黑拳（卷）发”，赤身光脚。性格质朴，“不为寇盗”，从事耕种。爱好雕刻，食器多为银制。国王是一个叫叶柳的女子。后来有个外国人叫混溃，梦见神赐弓箭，又教他坐船入海。混溃后来果然在神祠中得宝弓，其后随商人至扶南。叶柳率众防御，混溃举宝弓示之，叶柳惧怕，于是投降，并与混溃结为夫妇，混溃于是称王。

扶南有文字，有书记、府库，其丧葬婚姻与林邑相似。两晋时，都遣使进贡。

386.《晋书》是怎样记载匈奴国情况的?

据载，“匈奴之类，总谓之北狄”。匈奴地界南接燕赵，北至沙漠，“东连九夷，西距六戎”。世代自有君臣，不依中原制度。在夏朝叫“薰鬻”，商朝名“鬼方”，周朝称“猃狁”，汉时叫“匈奴”。

西汉末年，匈奴大乱，五位单于争位，而呼韩邪单于率其部落归汉。西汉割并州之地以安置，与汉人杂处。汉赐呼韩邪邸舍，继续称为单于，供给钱帛绵绢，有如诸侯。单于的部落与汉朝百姓同为汉朝民众，但不交赋税。其后，此部落人口渐多，难以管制。东汉末，天下不安，朝廷惧其为寇，主张预先防备。建安（196~220）中，曹操分匈奴为五部，每部立一首领，选汉人监督。这五部各有数千余户，分居各地。

西晋立国后，塞外大水，又有塞泥、黑难二万余户归顺。其后，匈奴屡有叛乱，侍御史郭钦上疏主张出兵打击，募民充实边郡，以防后患。不被采纳。至太康五年（285）、七年，先后有十几万匈奴人入晋归降。太康八年，匈奴都督大豆得一育鞠率万余人口及牛二万二千、羊十万五千来降，西晋都予以抚纳。

匈奴共有屠各种、赤勒种、黑狼种、羌渠种等十九个种，都有各自部落，而且有贵贱之分，以屠各种最豪贵，任职为单于。单于以子弟分任各职，有左贤王、右贤王，左安乐王、右安乐王等十六等，其中左贤王最贵，以太子居之。匈奴有四姓：呼延氏、卜氏、兰氏、乔氏，各氏都有属官。有的以官职为姓，象沮渠为官职，子孙遂以沮渠为姓，如灭掉前凉的沮渠蒙逊。

惠帝元康（291～300）中期，匈奴郝散进攻上党郡，杀伤长吏。第二年，郝散之弟又攻破了其他二郡。“自此以后，北狄渐盛，中原乱矣”。

387. 自西晋至东晋疆域变迁情况如何?

三国魏咸熙二年（265），司马炎代魏称帝，国号晋，定都洛阳（今河南洛阳东），史称西晋。太康元年（280）灭吴，统一南北。疆域东、南到海，西至葱岭，西南到云南、广西以及越南北、中部，北抵燕山，东北迤至朝鲜半岛西北部。愍帝建兴四年（316），匈奴贵族建立的汉国灭西晋，北方从此进入了十六国时期。西晋历四帝，五十二年。

建武元年（317），晋元帝司马睿在建康（今江苏南京）重建晋朝，史称东晋。东晋疆域北境多变，大体上止于淮河之时为多；东南、西南与西晋同。恭帝元熙二年（420），刘裕代晋，东晋亡。东晋历十一帝，一百零四年。两晋共历十五帝，一百五十六年。

388. 两晋时期流民情况如何?

西晋永嘉末年，继“八王之乱”后，可怕的天灾又接踵而来。幽、并、司、冀、秦、雍六州发生蝗灾，草木皆尽，“流尸满河，白骨蔽野”。人们为了求生，纷纷背井离乡，逃亡他方。在广大地区出现了流民浪潮，扶老携幼，不绝于路。规模较大的有：陕西、甘肃流入四川、河南约十万户；山西流入河南约三十万人；河北流入山东、河南约五万余人；四川流入湖南、湖北约十余万户。还有向辽东、河西、云南等边远地区流动的。总之，迁徙的约有三十万户，占西晋全国总户数（三百七十七万）的十二分之一还要多。

当时，大量流民迁徙到南方，在北方的流民或投附坞壁主①，或结成战斗集团而称“乞活”。而流民到达新的地区，受到当地地主豪强的压迫剥削，与当地百姓也会发生主客矛盾，又往往造成了起义，其中，以四川李特领导的流民起义规模最大。

东晋初年几十年中，南移的人口连续不断。大体上说，北方东部的百姓迁移到南方的东部，西部的百姓迁移南方的西部。据统计，北方人口迁到南方的总数为九十余万，大约北方每八个人中有一个南迁；南方人口有六分之一为北来侨民。为了处置好这一大批南来侨民，东晋朝廷对这部分人采取了侨置郡县的方法，即在南方地广人稀之处设立侨州、侨郡、侨县，让北方百姓集中居住，仍沿用北方原籍地名。侨州郡县主要集中在长江下游扬州地区的丹阳、晋陵、广陵一带，还比较集中在长江中游的荆州地区。

389. 东晋户籍制中的黄籍与白籍是怎么回事？

东晋时期的户籍，有普通民户户籍和特殊民户户籍两类。普通民户主要包括地主、农民等，归州郡管理。特殊民户主要包括兵、僧尼、奴隶等，他们的户籍和普通民户不属于一个系统。因为东晋时，有大量北方百姓南渡，他们的户籍与本土居民不同，是用白纸制成的。所以，东晋普通民户的户籍又分为两种：黄籍和白籍。黄籍是用黄纸制成的本土居民的户籍，黄籍上的民户要承担官府的赋税徭役。白籍是用白纸制成的侨迁百姓的户籍。东晋为了招抚流民，对从北方侨迁来的百姓给予免除赋税徭役的优待。后来，经过多次土断，东晋时的南渡户口大都编入黄籍，白籍逐渐消失。这样，从北方南渡来的侨民和本地居民一样，也成为负担赋税徭役的编户了。

390. 晋朝的衣食客、佃客是什么人？

西晋太康元年（280），晋武帝在颁布占田、课田制的同时，还公

---

① 为了自救，流民多据险要以自守，称为坞壁。永嘉之乱后，东起山东，西至关中，南迄淮北的广大区域，到处有这种坞壁武装。

布了按官品的高低，占有衣食客、佃客的制度。衣食客是依附于贵族官僚的民户，由主人供给衣食，充当随从或供驱遣使唤的杂役。按照规定，官吏在六品以上的，得衣食客三人；七、八品的，得衣食客两人；九品的，得衣食客一人。东晋时，北方来的流民大多依附于贵族为衣食客，不负担朝廷的赋税徭役。

佃客是依附于地主的农民，他们在贵族官僚占有的田地上从事生产劳动。按照太康元年颁布的法令，官品第一、第二的，占有的佃客不超过五十户；官品第三的，佃客十户；以下递减。但实际上，世族官僚占有的衣食客、佃客很多，虽然有法令的限制，却收不到好的效果。

391. 自西晋至东晋货币制度有何变化?

西晋用汉代以来的“五铢钱”。永嘉末，中原丧乱，东晋元帝司马睿南渡过江，用孙氏旧钱①，轻重杂行，大的称比轮，中等的称四文。另有吴兴人沈充铸小钱，俗称沈郎钱，并行于世。钱既不多，因而稍贵。东晋孝武帝太元三年（378），下诏禁止毁钱从中营利。到安帝元兴年间，桓玄辅政，立议欲废钱用谷帛。但孔琳之上表反对，朝议也多赞同其议，所以，桓玄之议不得实行。

392. 两晋时期讨论肉刑的情况如何?

肉刑是直接摧残身体的刑罚。汉以前有黥、劓、刖、宫等，至汉文帝废肉刑。关于肉刑之废，时论各异，这一争论，一直持续到两晋。曹魏时期，有四次争论，主复派占上风，但由于客观形势的限制，未能恢复。实际上也间有施行，如曹魏时有黥人面。西晋武帝年间、东晋元帝、安帝年间又有三次较大的争论，主复派代表为刘颂、卫展、蔡廓等。刘颂认为，对逃亡者刖其足，盗窃者截其手，淫乱者割其势，是“去其为恶之具”，而且身体一经伤残，终生可为戒，他人见了也可畏而不犯。刘颂从除恶塞源的角度论证了肉刑作为刑罚手段的必要性。卫展、蔡廓等则重复了曹魏时期名轻实重（如以弃市代刖右趾，增加杀生）的理由。反对派有王敦、周颉、曹彦、桓彝、孔

---

① 孙权嘉禾五年即236年，铸大钱一当五百；赤乌元年即238年，又铸当千钱。

琳之等人。他们基本上是重复“不合时宜”的老调，认为北方未统一，不宜有惨酷之声。此外，提不出更充分的理由。由于反对派“不合时宜”的观点是以承认肉刑为前提的，而刘颂又提供深刻的理论依据，故主复派仍占上风，逐渐恢复了肉刑的法定地位。

393. 什么是“乞活”?

西晋永嘉年间，中原战乱，北方的大量人口集体流亡各地，寻找有粮食的地方乞食求生。东赢公司马腾镇守邺（今河北临漳西南）时，因为并州闹饥荒，于是率领并州将田甄、田兰、任祉、祁济等部下一万多人到邺地，并将他们遣送到冀州就食求生，当时号为“乞活”。“乞活”首领称乞活帅，最有名的乞活帅是陈午。陈午临死的时候，告诫部下不要屈从于胡人，所以“乞活”又是和胡族对抗的战斗集团。

394. 为什么说东晋是门阀制度走向鼎盛的时期?

汉魏以来，任用、提拔官吏时，很看重“阀阅”。“阀”指功劳，“阅”指资历。因此，阀阅就成了达官贵人的标志，而世代为官的人家又称门阀士族或世家大族。曹魏延康元年（220），实行九品中正制，也叫九品官人法。九品中正制的主要内容是：由中正官负责品评本地区士人的德、才，然后送交朝廷吏部，按品第的高低授官职。最初实行九品中正制时，不分门第高低，“唯才是举”，还能选拔到一些有才之人。不久，高门望族垄断了重要官职，选拔人才以门第高低为标准。西晋武帝时，沿袭九品中正制，选用官吏主要看家世出身，门阀士族享有特权，成为世袭官僚。而且，他们又通过大族之间的联姻，排挤门第卑下的寒门庶族，形成了“上品无寒门，下品无士族”的现象。这就叫“门阀制度”。

门阀制度萌芽于东汉，初步形成于曹魏、西晋。东晋时，门阀制度走向鼎盛，这从东晋时期门阀制度的几个特点可以看出：一是任用官吏完全以宗法血缘关系区别的门阀高下为标准，少数高门士族垄断朝政大权。如东晋时出现的“王与马，共天下”、“桓温专政”等局面，就是由于王氏、桓氏等大家族身居要职，把持政权而造成的。二是士庶界限森严。只有那些祖辈有人做过大官，名望很高，而且世代相传都做大官的人，才算作是士族。士族中间又有高下之分。世代长期做大官的，是士族中的最高层，如东晋的王氏、谢氏等；其他大族虽然也在士族范围之内，但与最高层的士族相差悬殊。如陶渊明的曾祖父陶侃以军功官至大司马，但陶侃出身并非门阀士族，所以，在当时被人讥骂为“小人”。高门士族为了保持他们高贵的血统，绝对不与门第底的庶族通婚。高门士族如果与庶族通婚，则会招来非难和打击。据《晋书·杨佺期传》记载，杨佺期是东晋弘农华阴（今陕西华阴东南）人，汉代太尉杨震的后人。杨佺期自认为门第高贵，但当时的人对他加以排斥、打击，原因之一就在于杨佺期“婚宧失类”，即与庶族通婚。

到了南、北朝后期，门阀制度逐渐衰落。特权的世族大家凭借出身门第就可以世代为官，他们不懂得“耕稼之苦”、“劳役之勤”。有的士族没见过马，一见到马叫、踢跳，便十分震恐，甚至惊问道：“这是老虎，怎么叫马呢?”到隋唐时，废除九品中正制，实行科举制，门阀制度也就最终消亡了。

395. 什么是玄学？它在两晋时期是怎样繁荣的?

玄学一词出自《老子》一书中的一句话：“玄之又玄，众妙之门。”玄学就是指对《老子》、《庄子》、《周易》这三部书的研究和解释。它是儒家学说和道家学说的结合，所讨论的是一些远离实际的抽象的问题，如有、无；才、性；本、末；言、意等。

玄学的产生有其思想渊源。汉末，儒家经学不是烦琐荒诞，便是流于谶纬迷信，不能再作为统治的思想武器。于是，一些思想家突破儒家的限制，杂采各家，特别是推崇道家，创立了一套新的思想体系，即玄学。玄学的产生也有社会的原因。魏晋时期，因为封建统治者内部互相残杀，一些士大夫和门阀贵族朝不保夕。他们力图寻找一种精神寄托和应付事变的理论，崇尚玄虚的老庄学说正好适合他们的需要。于是，他们就转向讨论一些玄而又玄的问题。

玄学通过精致的哲学理论形式来传播。他们讨论的中心在于建立一个以无为本的唯心主义体系。如魏晋玄学最早的代表人物何晏和王弼，都认为“天地皆以无为本”，被称为“贵无派”。在政治思想上，王弼又提出“名教”出于“自然”的观点。名教是指封建社会的政治制度、伦理道德；自然指玄学中所讲的“道”，即天道和人类本性。而“竹林七贤”中的嵇康、阮籍认为自然和名教是对立的，主张“越名教而任自然”。西晋玄学的代表人物向秀和郭象则认为，现存的“名教”是“自然”的最好表现，为统治秩序辩护。虽然各人说法不一，但都在证明“贵自然”，即让生活态度符合自然原则，也就是符合人性，统治者也要做到“自然无为”。

玄学在其认识论和思想方法上，主张“得意忘象”和“得象忘言”。王弼根据庄子“得鱼忘筌”的说法，提出“言者所以明象，得意忘象；象者所以存意，得意忘象”（《周易略例·明象》），意思是说言语是为了明象的，如果已经明确了象的意义，就可以把言语忘掉。象是用来保存意的，如果已经得到了意，可以把象忘掉。好比过河，桥梁是过河的工具，过了河，桥可以拆除。玄学的这一求简得意的方法与汉儒的烦琐学风是截然不同的，因此，玄学在当时能很快地在社会上流行开来。

玄学对当时的思想解放做出了贡献，它为一部分士大夫蔑视礼法和个性自由创造了条件，但另一方面，玄风所及也有其坏的影响，它又为一些士大夫不关心社会、逍遥空虚、生活腐化、道德堕落提供了挡箭牌。玄学家们崇尚清谈，其内容都是一些脱离现实的空洞议论。清谈发展到东晋，完全成为口头虚语，纸上空文。执政的达官贵人终日口谈玄理，不屑管理政务，是导致东晋灭亡的一个原因，也就是所谓的“清谈误国”。《世说新语》就是专门记录魏晋清谈的一部书。

玄学虽尤以东晋社会为盛，但随着东晋王朝的灭亡以及佛教在南朝的兴盛，玄学逐渐退出了历史舞台。

396. 魏晋风度的主要内涵是什么?

所谓“魏晋风度”，是指魏晋时期名士们表现出来的风度。它是特定时期中的独特文化现象，说它独特，是因为魏晋时期独有的历史条件造就了魏晋名士，这个条件就是门阀世族的形成及其在经济、政治、文化领域中所占有的统治地位、所发挥的主导作用。魏晋风度的形成，本身有一个过程，它的产生在东汉末年就开始酝酿了，而在以后的发展过程中，魏晋风度的内涵不断得到丰富、完善，直到东晋才最后完成、定型。东晋名士表现出来的“烟水之气”、“风流自赏”，是为后人认同了的魏晋风度的主要内容。唐代大诗人杜牧说：“大抵南朝皆旷达，可怜东晋最风流”（《润州》其一），正表达了这种认同感。以下是魏晋风度几个主要的表现形态：

一是处变不惊，镇静自若。这一风度表明了魏晋名士具有的弘度大量。他们内心坚定，不为外物所干扰，无论得失宠辱，乃至生死之际，都未尝扰乱内心的平衡，表现出超人的镇静。《世说新语》将这一风范题为“雅量”。处变不惊，往往可以化险为夷。东晋成帝咸和三年（328），苏峻作乱，与庾亮战于建阳门外，庾亮大败，率左右十余人乘小船向西逃走。左右发箭射追兵，不料手忙脚乱，误中舵工。舟中一时大乱，以为有人叛变。庾亮不动声色，从容地说：“此手所发箭若使射着贼人，贼人怎么可以抵挡！”一场生死攸关的变乱，在庾亮这镇静自若、从容谈笑中平息下来，不能不归功于庾亮所具有的名士风度。

二是旷达傲世，任率自然。旷达、任率，是魏晋名士的本色。《世说新语·任诞》记载，王子猷（徽之）在大雪之夜，眠觉以后，开室饮酒，忽见四周世界皎洁一片，顿起彷徨之意，忆起好友戴逵（安道）。因此，他不惮路遥，雪夜乘船，由山阴（今浙江绍兴）到剡（今浙江嵊县），船行一夜，至门前即返回。人问其故，王徽之答道：“吾本乘兴而行，兴尽而返，何必见戴？”见戴本非目的，目的在于“尽兴”，兴尽自然回来，这就是名士风度。

三是风神潇洒，不滞于物。魏晋名士凭心而行，恣意而往，以自我为中心，虽遭遇突如其来的变故，却能保持内心的平衡。王衍一次和王导一起参加族人的宴会，饮酒时王衍问一个人说：“我以前托你办的事，怎么一直没办？”不料那个人竟然恼羞成怒，拿起食盒砸在他脸上。王衍一句话没有说，擦洗完毕，拉着王导一起离去。

四是超入玄心，表里澄澈。在魏晋名士看来，周围的一切，山水鸟虫无不与人相通，这相通点就是玄心。他们本着玄心的体会，充满美感地审视这世界，他们内心澄澈，也追求着同样澄澈的事物。所以，他们不独自己珍惜、欣赏这种境界，而且往往因此而思念友人，如王徽之在皎洁的大雪之夜思念戴安道即是。另一名士刘惔则这样说道：“清风朗月，辄思玄度。”玄度是许询，当时被公认为有高情远致。刘惔在清风朗月之时自然地想起了许询，说明二者之间有相通之处，这就是清风朗月澄明的世界与许询玄远的心怀相同相通。

五是一往情深，天然风流。魏晋名士对玄心的体会，还表现在他们对事物的一往情深上。竹林七贤之一的王戎曾说过：“圣人忘情，最下不及情，情之所钟，正在我辈。”与前人相比，东晋人重情更为深挚，更带有艺术的美感。东晋废帝太和四年（369），桓温率军北伐，路经金城见到他当年为琅邪内史时亲手所种柳树都已十围粗壮，慨然而叹曰："木犹如此，人何以堪!"攀条折枝，泫然流泪。回想当年自己仅仅二十三岁，如今转眼已成六十之翁，当年的一腔豪气，满怀抱负，似要付诸东流，而这非金石之躯也自然不堪岁月的折磨。抚今追昔，不由人不掉泪。这里所表现的是一个英雄悲壮的感叹，这感叹流露出对生命无比留恋的深情，具有很强的艺术感染力，因而千百年来，风流不减!

"魏晋风度"已经成为文化史上的一个专有名词。它是其他任何一个时期所不具备的，它既不可再现，也不可模仿。后世有多少文人骚客仰慕其风流而亦自称"六朝人物"，然而充其量仅得其皮毛而已。

附录一

西晋世系

（265～316，共52年）

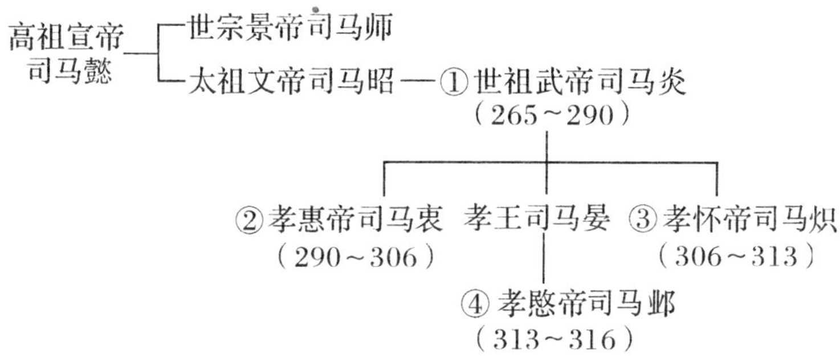

东晋世系

（317～420，共104年）

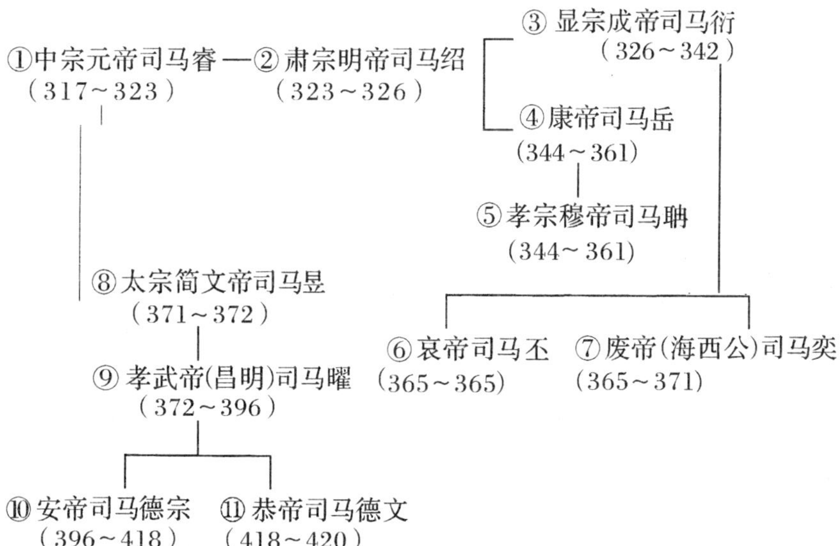

附录二

两晋大事年表

265 年	晋武帝泰始元年	司马炎逼魏主禅位，魏亡，西晋建立。炎即晋武帝。
266 年	晋泰始二年	罢农官，所统悉属郡县。晋取消屯田。
277 年	晋咸宁三年	制定王国置军制度。大国置上、中、下三军，共五千人；次国置上、下二军，共三千人；下国置一军，一千五百人。
279 年	晋咸宁五年	晋武帝发兵二十余万，分六路攻吴。
280 年	晋咸宁六年	晋军到达建业，孙皓出降，吴亡。全国统一。颁布占田、课田和户调的法令。
290 年	晋武帝太熙元年 惠帝永熙元年	晋武帝死，子惠帝即位。“八王之乱”开始。
296 年	晋元康六年	氐帅齐万年率领关中氐、羌族人民起义。
298 年	晋元康八年	关中连年饥荒，略阳、天水等六郡汉族和巴氐族百姓数万家十万余口，流入蜀地就食。
299 年	晋元康九年	太子洗马江统著《徙戎论》。
301 年	晋永康二年	氐人李特率领流民在绵竹起义，进攻成都。
304 年	晋惠帝永安元年 建武元年 永兴元年	匈奴左贤王刘渊在离石起兵，建国号汉。
306 年	晋永兴三年 光熙元年	“八王之乱”结束，前后凡十六年。 李特子李雄称帝，国号大成。
307 年	晋怀帝永嘉元年	命琅邪王司马睿都督扬州、江南诸军事，假节，移镇建业。睿以王导为谋主，引用顾荣、贺循等。
308 年	晋永嘉二年	刘渊称汉帝。
309 年	晋永嘉三年	刘渊子刘聪两次进攻洛阳，均败，乃还。 石勒攻巨鹿、常山，集衣冠人物为“君子营”。用张宾为谋主。
311 年	晋永嘉五年	汉刘曜攻入洛阳，杀士民三万余人，俘晋怀帝。自洛阳陷落，中原士族大批南迁。
313 年	晋永嘉七年	汉王刘聪杀晋怀帝。司马邺在长安即位，是为愍帝。

	愍帝建兴元年	祖逖被司马睿任为豫州刺史，率部曲渡江北伐。
316 年	晋建兴四年	汉刘曜攻陷长安，晋愍帝出降，西晋亡。
317 年	晋元帝建武元年	琅邪王司马睿在建康即晋王位，自此史称东晋。
		汉刘聪杀晋愍帝。
318 年	晋建武二年	晋王司马睿称帝。
	大兴元年	汉主刘聪死，刘曜即皇帝位，迁都长安，改国号为赵（前赵）。
319 年	晋大兴二年	石勒在河北称赵王（后赵）。
322 年	晋元帝永昌元年	王敦以讨刘隗、刁协为名，在武昌起兵。
327 年	晋成帝咸和二年	庾亮征苏峻入朝，苏峻与祖约起兵反。
329 年	晋咸和四年	石勒攻入关中，前赵亡。
336 年	晋咸康二年	发布“壬辰诏书”，禁止封山占水。实无效果。
345 年	晋穆帝永和元年	晋以桓温为荆州刺史。
349 年	晋永和五年	后赵石虎称帝，梁犊起义。
		后赵冉闵夺得政权，杀胡、羯二十余万人。
353 年	晋永和九年	王羲之写出《兰亭集序》。
354 年	晋永和十年	桓温伐前秦，至灞上，因缺粮退兵。
356 年	晋永和十二年	桓温伐羌人姚襄，攻入洛阳。建议东晋迁都洛阳，朝廷不听。
357 年	晋升平元年	苻坚起兵杀苻生，即帝位。任用汉人王猛。
364 年	晋哀帝兴宁二年	桓温主持土断，称“庚戌制”（三月初一）。
369 年	晋废帝海西公太和四年	桓温北伐前燕，以粮竭而退。
370 年	晋太和五年	前秦灭前燕。
373 年	晋孝武帝宁康元年	桓温死。东晋军政大权由谢安和桓冲掌握。
376 年	晋孝武帝太元元年	前秦灭前凉、代，统一北方。
383 年	晋太元八年	前秦与东晋发生淝水之战，前秦败。
385 年	晋太元十年	谢安死，琅邪王司马道子为扬州刺史，专权。
386 年	晋太元十一年	拓跋珪建立北魏。
395 年	晋太元二十年	拓跋珪在参合陂灭后燕主力，坑杀四五万人。
398 年	晋安帝隆安二年	王恭、殷仲堪和桓玄联合起兵声讨司马道子。
399 年	晋隆安三年	孙恩起义。
403 年	晋元兴元年	桓玄称帝，国号楚。
404 年	晋元兴三年	刘裕在京口起兵讨桓玄，桓玄死。
407 年	晋义熙三年	刘裕入建康，任扬州刺史、录尚书事，控制了东晋

		朝廷大权。
410 年	晋义熙六年	刘裕灭南燕。
413 年	晋义熙九年	刘裕主持土断。
416 年	晋义熙十二年	刘裕攻后秦。次年后秦亡。
420 年	晋恭帝元熙二年 宋武帝永初元年	刘裕建立宋王朝，东晋亡。南朝开始。

（据刘精诚《两晋南北朝史话》（略有删节），中国青年出版社，1993 年。）

附录三

十六国简表

	国　名	创建者	建立年代	民　族	亡于何国
西晋末年建立的两国	成一汉	李特—李雄	304	氐巴	347 年亡于东晋
	汉一前赵	刘渊—刘曜	304	匈奴	329 年亡于后赵
东晋初年建立的四国	后　赵	石　勒	319	羯	350 年亡于冉魏
	前　燕	慕容皝	337	鲜卑	370 年亡于前秦
	前　凉	张　茂	320	汉	376 年亡于前秦
	前　秦	苻　健	351	氐	394 年亡于西秦
淝水战后建立的十国	后　秦	姚　苌	384	羌	417 年亡于东晋
	后　燕	慕容垂	384	鲜卑	409 年亡于北燕
	西　秦	乞伏国仁	385	鲜卑	431 年亡于夏
	后　凉	吕　光	385	氐	403 年亡于后秦
	北　凉	沮渠蒙逊	401	匈奴	439 年亡于北魏
	南　凉	秃发乌孤	397	鲜卑	414 年亡于西秦
	南　燕	慕容德	398	鲜卑	410 年亡于东晋
	西　凉	李　暠	400	汉	421 年亡于北凉
	夏	赫连勃勃	407	匈奴	431 年亡于吐谷浑
	北　燕	冯　跋	409	汉	436 年亡于北魏

（据白寿彝总主编《中国通史》第五卷，上海人民出版社，1995 年。）